D1717430

 **Die Bonus-Seite**

Ihr Vorteil als Käufer dieses Buches

Auf der Bonus-Webseite zu diesem Buch finden Sie zusätzliche Informationen und Services. Dazu gehört auch ein kostenloser **Testzugang** zur Online-Fassung Ihres Buches. Und der besondere Vorteil: Wenn Sie Ihr **Online-Buch** auch weiterhin nutzen wollen, erhalten Sie den vollen Zugang zum **Vorzugspreis**.

So nutzen Sie Ihren Vorteil

Halten Sie den unten abgedruckten Zugangscode bereit und gehen Sie auf **www.galileodesign.de**. Dort finden Sie den Kasten **Die Bonus-Seite für Buchkäufer**. Klicken Sie auf **Zur Bonus-Seite/Buch registrieren**, und geben Sie Ihren **Zugangs-code** ein. Schon stehen Ihnen die Bonus-Angebote zur Verfügung.

Ihr persönlicher **Zugangscode**

mc74-xvf3-dnz6-qut8

Uwe Koch, Dirk Otto, Mark Rüdlin

Recht für Grafiker und Webdesigner

Der praktische Ratgeber für Kreative

Galileo Press

Liebe Leserin, lieber Leser,

eigentlich möchten Sie kreativ sein, sich um den anstehenden Website-Relaunch kümmern oder die neue CI für Ihren Kunden entwickeln, und nun das: Auf Ihrem Schreibtisch türmen sich die Unterlagen zur Steuererklärung, Rechnungen, Versicherungspolicen und vieles mehr.

Damit Sie den Schreibtisch und den Kopf rasch wieder für die wirklich wichtigen Dinge freihaben, beantworten die drei Rechtsanwälte Uwe Koch, Dirk Otto und Mark Rüdlin auf den folgenden Seiten alle organisatorischen und rechtlichen Fragen, die sich Ihnen als Grafiker oder Webdesigner stellen. Anhand von typischen Beispielen aus dem Arbeitsalltag erklären sie Ihnen in verständlicher Sprache vom Minijob bis hin zur Gründung einer GmbH alles, was Sie als Kreativer wissen müssen: Was muss ich beim Start in die Selbstständigkeit beachten? Wie kann ich meine kreative Leistung schützen? Welche Versicherungen sind für mich sinnvoll? Was gehört alles in einen Vertrag? Wie führe ich eine Gewinnermittlung durch? Was kann ich tun, wenn mein Auftraggeber nicht zahlt, und was muss ich bei einer Reklamation beachten?

Um Ihnen die Arbeit weiter zu erleichtern, haben die Autoren außerdem Musterverträge und Checklisten erstellt. Sie finden sie nicht nur im Buch, sondern können sie auch unter *www.galileodesign.de/bonus-seite* kostenlos herunterladen. Einfach den Code von der vorderen Innenklappe des Buches eingeben und Sie gelangen in den exklusiven Bereich für Leser.

Viele erhellende Informationen wünscht Ihnen

Ihr Frank Paschen
Lektorat Galileo Design

frank.paschen@galileo-press.de
www.galileodesign.de
Galileo Press • Rheinwerkallee 4 • 53227 Bonn

Auf einen Blick

Der Name Galileo Press geht auf den italienischen Mathematiker und Philosophen Galileo Galilei (1564–1642) zurück. Er gilt als Gründungsfigur der neuzeitlichen Wissenschaft und wurde berühmt als Verfechter des modernen, heliozentrischen Weltbilds. Legendär ist sein Ausspruch *Eppur si muove* (Und sie bewegt sich doch). Das Emblem von Galileo Press ist der Jupiter, umkreist von den vier Galileischen Monden. Galilei entdeckte die nach ihm benannten Monde 1610.

Lektorat Katharina Geißler, Frank Paschen
Korrektorat Katharina Geißler, Frank Paschen
Einbandgestaltung Barbara Thoben, Köln
Typografie und Layout Vera Brauner
Herstellung Katrin Müller
Satz SatzPro, Krefeld
Druck und Bindung Bercker Graphischer Betrieb, Kevelaer

Dieses Buch wurde gesetzt aus der Linotype Syntax Serif (9/12,75 pt) in FrameMaker. Gedruckt wurde es auf chlorfrei gebleichtem Offsetpapier.

Gerne stehen wir Ihnen mit Rat und Tat zur Seite:
katharina.geissler@galileo-press.de
bei Fragen und Anmerkungen zum Inhalt des Buches

service@galileo-press.de
für versandkostenfreie Bestellungen und Reklamationen

julia.bruch@galileo-press.de
für Rezensions- und Schulungsexemplare

Bibliografische Information der Deutschen Nationalbibliothek
Die Deutsche Nationalbibliothek verzeichnet diese Publikation in der Deutschen National-bibliografie; detaillierte bibliografische Daten sind im Internet über *http://dnb.d-nb.de* abrufbar.

ISBN 978-3-8362-1844-3

© Galileo Press, Bonn 2012
10. Auflage 2012

Das vorliegende Werk ist in all seinen Teilen urheberrechtlich geschützt. Alle Rechte vorbehalten, insbesondere das Recht der Übersetzung, des Vortrags, der Reproduktion, der Vervielfältigung auf fotomechanischem oder anderen Wegen und der Speicherung in elektronischen Medien. Ungeachtet der Sorgfalt, die auf die Erstellung von Text, Abbildungen und Programmen verwendet wurde, können weder Verlag noch Autor, Herausgeber oder Übersetzer für mögliche Fehler und deren Folgen eine juristische Verantwortung oder irgendeine Haftung übernehmen. Die in diesem Werk wiedergegebenen Gebrauchsnamen, Handelsnamen, Warenbezeichnungen usw. können auch ohne besondere Kennzeichnung Marken sein und als solche den gesetzlichen Bestimmungen unterliegen.

Inhalt

TEIL III: Vertragsrecht

TEIL IV: Sozialrecht

TEIL V: Recht des Selbstständigen

TEIL VI: Steuern

ANHANG I: Musterverträge und Checklisten

ANHANG II: Gesetzestexte

TEIL I
Schutz der
kreativen Leistung

1   Einleitung

Startet man als Grafiker oder Webdesigner ins Berufsleben, steht man mit vielen Fragen alleine da. Die nachfolgenden Kapitel geben Orientierung auf dem steinigen Weg in die Selbstständigkeit und in der Zeit danach.

Dieser erste Buchteil beschäftigt sich mit dem Schutz der eigenen kreativen Arbeit, der auf zwei Säulen beruht: Das sind einmal die speziellen gesetzlichen Regelungen des Urheber- und Geschmacksmusterrechts, die durch europäische Vorgaben in den letzten Jahren in ihrem Schutzniveau kontinuierlich ausgebaut wurden, und zum anderen die flankierenden Rechte des Marken- und Wettbewerbsrechts. Man muss sich aber bewusst sein, dass dieser durch die Gesetze gewährte Schutz erst in den Verhandlungen mit dem eigenen Auftraggeber und den daraus resultierenden Verträgen mit Leben gefüllt werden muss. Das im zweiten Kapitel behandelte Vertragsrecht nimmt damit eine wichtige Rolle ein. Als Grafiker muss man zweierlei können: zum einen seine Rechte kennen und zum anderen seine Rechte in den Vertragsverhandlungen adäquat durchsetzen. Diese Fähigkeiten sind bei den wenigsten von Anbeginn an vorhanden, sondern Ergebnis eines Lernprozesses. Die Aussicht auf den Auftrag macht oft blind, aber auch fehlendes Wissen. Die nachfolgenden Seiten wollen dieses Wissen vermitteln.

An erster Stelle stehen dabei die wesentlichen Informationen über das *Urheberrecht*. Die Schutzvoraussetzungen sind unkompliziert, da es keines formalen Anmeldeverfahrens bedarf, sondern durch die Fertigstellung des eigenen Produktes selbst entsteht. Auf der anderen Seite werden durch Richter mit Inhalt gefüllte Anforderungen an die Schöpfungshöhe der Arbeit gestellt. Darüber, ob man diese Schöpfungshöhe erreicht, lassen sich kaum allgemeingültige Aussagen treffen, sondern dies ist an der konkreten Arbeit zu entscheiden. Das Kapitel greift deshalb die im Grafik- und Designbereich typischen Arbeitsergebnisse auf und beschreibt deren Situation hinsichtlich ihrer Urheberrechtsfähigkeit. Auf vielfachen Wunsch unserer Leser schließt sich daran ein Kapitel zum *Fotorecht* an. In diesem Abschnitt soll Sicherheit im Umgang mit eigenem wie fremdem Fotomaterial vermittelt werden. Das Angebot von Bilddaten in der digitalen Welt ist so überflutend, dass Orientierung im Hinblick auf deren Nutzung nottut.

Im Anschluss an die Frage der Schutzvoraussetzung, welche insbesondere das Urheberrecht an die kreative Arbeit stellt, beschäftigt sich das folgende Kapitel mit der *Durchsetzung der Ansprüche* bei Plagiatsvorwurf. Und weil man auch selbst, wenn auch unbewusst, diesem Vorwurf ausgesetzt sein kann, schließt das Kapitel mit Tipps im Falle eigener *Abmahnung*.

Darauf folgt die Auseinandersetzung mit dem *Geschmacksmusterrecht*. Man könnte es als das eigentliche *Designrecht* bezeichnen. Grundsätzlich bedarf es hier einer Anmeldung, um in den Genuss dieses speziellen Schutzes zu kommen. Dank europäischer Vorgaben wird unter bestimmten weiteren Voraussetzungen ein reduzierter Schutz bereits für ein lediglich veröffentlichtes Design gewährt. Was ein Geschmacksmuster für Vorteile bringt und wann eine Anmeldung sinnvoll ist, wird in diesem Kapitel genauso geklärt wie die Kostenfrage.

Speziell für Grafiker und Kommunikationsdesigner ist das Kapitel zum *Markenrecht*. Werden Logos, Signets oder Slogans in einem Produkt- oder Dienstleistungskontext entworfen, kann über die Marke auch die grafische Gestaltung geschützt werden.

Den Abschluss bildet das *Wettbewerbsrecht*. Dies ist eine Art Auffangbecken für Ungerechtigkeiten, denen durch die spezielleren Gesetze des Kreativrechts nicht abgeholfen werden konnte. Unter den übrig gebliebenen Ungerechtigkeiten sortiert das Gesetz aber noch mal gewaltig aus, sodass nur noch wenige Fälle übrig bleiben.

2 Urheberrecht

Das Urheberrecht schafft die Grundlage der wirtschaftlichen Verwertung kreativen Schaffens. Die Arbeit des Designers ist mehr als nur die Abarbeitung eines Auftrages, der bezahlt wird. Häufiger als in anderen Bereichen des Wirtschaftslebens dient sein Schaffen auch anderen als Vorlage oder wird kopiert. Diese Partizipation am Können anderer ist auf der einen Seite für jeden Fortschritt notwendig, aber es muss zugunsten des Kreativen klare Grenzen geben. Das Urheberrecht legt hier die Bedingungen fest.

2.1 Was ist Urheberrecht?

Spricht man über das Urheberrecht, fällt immer auch der Begriff des geistigen Eigentums. Das Urheberrecht schützt das geistige Eigentum. Was bedeutet das konkret? Unter Eigentum kann sich jeder etwas vorstellen. Als Eigentümer kann man mit seinen Sachen verfahren, wie man will. Das Eigentum verschafft einem eine gewisse Exklusivität oder Monopolstellung in Bezug auf einen konkreten Gegenstand. Man kann andere von der Benutzung dieses Gegenstandes ausschließen. Die beschriebene Monopolstellung reicht dagegen nicht so weit, dass man beispielsweise den Nachbarn davon abhalten kann, exakt das gleiche Auto zu fahren wie man selbst. Der Begriff des geistigen Eigentums zieht den Kreis der Exklusivität nun weiter. Es berücksichtigt den künstlerischen Schaffensprozess, die geistige Arbeit, die sich in einer Kreation widerspiegelt, und bezieht das kreative Potenzial der Arbeit in den Schutz mit ein. Das über das Urheberrecht vermittelte Exklusivrecht endet deshalb nicht in der Möglichkeit des Ausschlusses der Benutzung, sondern geht darüber hinaus, in dem es verbietet, die kreative Leistung zu übernehmen, also zu plagiieren.

Geistiges Eigentum

2.1.1 Am Anfang steht das Werk

Jede Exklusivität oder Monopolisierung hat aber auch ihre Kehrseite. Sie verhindert eine Fortentwicklung durch Partizipation und schließt Wettbewerb aus; gerade Letzteres geschieht selten zum Wohl des Kreativen,

Schutz bestimmter Leistungen

sondern meist zum Wohl der großen Verwerter der Medienindustrie. Das Urheberrecht löst diese Spannungslage dadurch, dass nicht jede kreative Leistung diese Exklusivrechte beanspruchen kann, sondern nur sogenannte *persönliche geistige Schöpfungen*. Diese werden unter dem Oberbegriff des *Werkes* zusammengefasst, ohne dass das Gesetz selbst eine weiter gehende Bestimmung vornimmt. Konturen erhält der Begriff erst durch die Rechtsanwendung und damit letztendlich durch die Gerichte.

Ohne an dieser Stelle bereits auf weitere Einzelheiten eingehen zu wollen – das kommt später –, ist die so getroffene Auswahl für den Bereich Design recht rigoros. Die Gerichte unterscheiden nämlich zwischen zweckgebundenen Werken, denen das gesamte Werbe-/Industrie- und Webdesign zugeordnet wird, und zweckfreien Werken der freien Kunst. Die qualitativen Ansprüche, um in den Genuss exklusiver Urheberrechte zu kommen, sind an die erste Gruppe wesentlich höher. Nach einem Gutachten, das die Allianz Deutscher Designer (AGD) in Auftrag gegeben hat, sind nur etwa zehn Prozent der Leistungen aus diesem Bereich schutzfähige Werke. Vielleicht eine fragwürdige Zahl, denn sie beruht allein auf Wahrscheinlichkeitsrechnungen. Sie zeigt aber, wie schmal der Korridor ist, über den durch das Urheberrecht Schutz vermittelt wird.

Wirtschaftliche Verwertung

Die wirtschaftliche Verwertung einer Kreation setzt voraus, dass man Dritten eine solche Verwertung erlauben, vor allem aber auch untersagen kann. Diese Möglichkeit ist nicht selbstverständlich, sondern erfordert Rechte – Urheberrechte.

2.1.2 Nutzungsrechte

Jede Nutzung bedarf gesonderter Genehmigung

Ausgehend von dem Begriff des Werkes bestimmt das Urheberrecht, dass allein derjenige, der das Werk geschaffen hat, dieses auch nutzen – gemeint ist vor allem wirtschaftlich verwerten – darf. Wollen andere dies für ihn tun, brauchen sie seine Genehmigung, die in der Regel bezahlt werden muss. Das Urheberrecht differenziert die Möglichkeiten der denkbaren Nutzungen eines Werkes – etwa als Hardcopy- oder Online-Ausgabe, als nationales oder internationales Release – weitgehend aus und unterstellt jede einer selbstständigen Genehmigungspflicht.

Anders als beim Verkauf eines Pkw, mit dem der Käufer nach Erwerb tun und lassen kann, was er will, werden im Urheberrecht Genehmigungen nur punktuell für eine bestimmte Nutzung erteilt. Die Fotodesignerin überlässt beispielsweise eine Fotokollektion für einen Hardcopy-Katalog, ohne damit auch automatisch die Online-Nutzung der Fotos aus der Hand gegeben zu haben. Der Auftraggeber hätte zwar faktisch die Möglichkeit auch zur Online-Nutzung, er darf es rechtlich aber nicht. Das Urheberrecht schützt damit den Kreativen vor einer willkürlichen Ausschlachtung seines Werkes, ohne dass er selbst dafür eine

Gegenleistung erhalten hätte. Will der Auftraggeber das Werk in allen denkbaren Formen verwerten, muss das Wie der Nutzung in allen Einzelheiten abgesprochen werden. Und selbst dann reißt der Faden, der den Urheber mit seinem Werk verbindet, nicht vollständig ab.

Werden durch technischen Fortschritt neue Nutzungsmöglichkeiten erschlossen, die zum Zeitpunkt der Genehmigung noch nicht bekannt waren, darf der Auftraggeber das Werk nicht ohne erneute Genehmigung in der neuen Form verwerten. So war die Nutzung von Musiktiteln als Klingelton für Handys vor einigen Jahren noch unbekannt, sodass selbst die »Knebelverträge« der Major-Labels diese Nutzung nicht erfassten. Die Folge war: ohne Zustimmung der Musiker kein Klingelton. Umgekehrt stellt die Nutzung auf DVD keine neue Verwertungsform gegenüber der CD oder Video dar. (Zu den aktuellen Reformbestrebungen in diesem Bereich siehe Abschnitt 2.4, »Das Urheberrecht in der Informationsgesellschaft«.)

Bisher unbekannte Nutzungsmöglichkeiten

2.1.3   Anerkennung der Urheberschaft

Die wirtschaftliche Verwertung einer Kreation ist das eine. Ein anderes ist die persönliche Identifikation mit dem eigenen Werk. Das Release einer fertigen Arbeit ist immer ein besonderer Moment – man gibt ein Stück von sich selbst weg. Das Urheberrecht versucht hier eine Verbindung bestehen zu lassen, indem es jedem Urheber das Recht gibt, im Zusammenhang mit seinem Werk genannt zu werden. Die Credits gebühren ihm, egal wer letztendlich seine Arbeit verwertet. Man kann auf dieses Recht zur Namensnennung verzichten, aber vom Grundsatz her ist der Name des Urhebers von seinem Werk untrennbar. Vielen Designern stellt sich jetzt sicher die Frage, ob sie auf jeder von ihnen entworfenen Website oder Imagebroschüre ihr Firmenlogo oder einen anderen Hinweis setzen dürfen.

Credits

Das Gesetz formuliert eindeutig, indem es dem Urheber das Recht gibt, über Art und Platzierung des Urhebernachweises zu bestimmen.

Aber: Branchengepflogenheiten sehen oft anders aus, und Credits werden mit dem Hinweis auf deren Unüblichkeit verweigert. Auch wenn das Landgericht München dazu festgestellt hat, dass es sich hierbei nur um eine rechtlich nicht zu beachtende Unsitte handeln kann, ist man diesen »Gepflogenheiten« erst einmal ausgesetzt. Hat man ausdrückliche Vereinbarungen mit seinem Auftraggeber getroffen, hat man es leichter.

[+]

Tipp: Vereinbarung treffen

Man sollte trotz allem über die Art und Platzierung der Credits mit seinem Auftraggeber bei Auftragsvergabe eine Vereinbarung treffen.

Schutzdauer Urheberrecht ist im Übrigen ein sehr lang andauerndes Schutzrecht für kreative Leistungen. Nicht nur der Urheber selbst partizipiert an diesem Schutz sein Leben lang, sondern auch seine Erben kommen für weitere 70 Jahre in diesen Genuss.

2.2 Wie entsteht ein Urheberrecht?

Der große Vorteil des Urheberrechts ist, dass der Schutz von selbst entsteht. Es bedarf keines komplizierten Anmeldeverfahrens. Auch international ist in vergleichbarer Weise ein Mindeststandard an Schutz gewährleistet.

Keine Formalien Ist das Computerprogramm geschrieben, die Illustration gezeichnet oder das Foto geschossen, ist alles getan, um ein Urheberrecht an diesen Kreationen entstehen zu lassen. Dies gilt für alle nur denkbaren künstlerischen Leistungen. Nicht gesagt ist damit allerdings, dass die Leistung die qualitativen Anforderungen erfüllt, die das Urheberrecht an solche Werke stellt. Das Gesetz selbst hilft bei der Konkretisierung des Begriffs wenig weiter. Es sind die Gerichte, welche die Maßstäbe in qualitativer Hinsicht gesetzt haben. Nur ein »deutliches Überragen des Durchschnittsschaffens« lässt eine Schöpfung in die Reichweite des Urheberrechtes rücken. So wird im Streitfall nach überdurchschnittlicher *Eigentümlichkeit*, *Gestaltungshöhe* oder *Individualität* gesucht, auch mithilfe eines Sachverständigengutachtens. In den folgenden Kapiteln sollen diese Begriffe anhand der denkbaren Leistungen aus dem Web- und Grafikdesign präzisiert werden.

2.2.1 Entwürfe

Auch Vorstufen geschützt Bevor der Auftrag für einen Relaunch oder die Gestaltung einer Verpackung erteilt wird, verlangt der Auftraggeber eine Präsentation von Ideen. Skizzen und Rohentwürfe werden dann nach einem kurzen Briefing eiligst erstellt. Nach der Präsentation dann die Enttäuschung: Eine Konkurrenzagentur hat den Zuschlag erhalten. Später entdeckt man, dass die Website des Kunden auf den eigenen Entwürfen beruht.

Für Skizzen und Entwürfe gilt aber das Gleiche wie für die fertige Verpackung oder Website: Ist die Melodie für einen Jingle gesummt oder der Grobentwurf für ein Website-Layout gezeichnet, ist alles getan, was die Entstehung eines Urheberrechts voraussetzt. Jetzt hängt es von der jeweiligen Eigentümlichkeit und Gestaltungshöhe ab, ob das Schutzrecht auch wirklich entstanden ist. Schutzfähig sind also nicht nur die Endprodukte, sondern schon die einzelnen Entwicklungsstufen zum Endprodukt hin. Liegt zwischen dem Entwurf und dem Endprodukt keine weitere künstlerische oder kreative Leistung, kann man sich unter

Umständen gegen die von der Konkurrenz erstellte Website wehren (siehe Abschnitt 5.5, »Wie wehre ich mich gegen Urheberrechtsverletzungen?«).

[+]

Tipp: Von vornherein Klarheit schaffen

Sie sollten schon im Angebot an den Kunden festlegen, dass Skizzen und Entwürfe kostenpflichtig sind.

2.2.2   Internationaler Schutz

Auch auf internationaler Bühne sind Urheberrechte hoch angesehen. Innerhalb der Europäischen Union gelten ohnehin nahezu die gleichen Rechtsstandards wie in Deutschland. Aber aufgrund internationaler Verträge, an denen nahezu alle Länder der Welt beteiligt sind, existiert auch ein beachtenswerter globaler Schutz. Insbesondere für den Bereich Internet ist dies eine wichtige Voraussetzung, um Künstler abzusichern. Verfolgt man die Stellungnahmen der jeweiligen Interessenverbände, gibt es immer noch genügend Ansatzpunkte für Kritik, aber im Grundsatz ist ein Schutz der eigenen Kreationen international gewährleistet.

Die internationale Harmonisierung geht allerdings nicht so weit, dass überall das gleiche Urheberrecht gilt. Garantiert ist aber, dass die deutsche Urheberin in Frankreich wie in den USA usw. genauso behandelt wird wie ein national ansässiger Urheber. Es gelten auch bestimmte Mindeststandards, die von allen nationalen Rechtssystemen gewährleistet werden müssen, sodass man sagen kann, international besteht weitestgehend ein dem deutschen Urheberrecht vergleichbarer Schutzstandard.

Inländerbehandlung

2.2.3   Das ©-Zeichen

Welche Bedeutung hat der Copyright-Vermerk?

Der Copyright-Vermerk ist in zweifacher Hinsicht bedeutsam. Zum einen ist er nach wie vor in einigen Ländern (zu nennen sind vor allem die USA) notwendig, um alle, insbesondere prozessuale Rechte aus dem Urheberrecht überhaupt für sich reklamieren zu können. Darüber hinaus – und das ist für Deutschland besonders wichtig – führt der Vermerk an einem Werkstück zu einer gesetzlichen Vermutung der Urheberschaft bzw. Rechteinhaberschaft. Das bedeutet: Trägt eine Grafik den eigenen Copyright-Vermerk, wird von Gesetzes wegen vermutet, dass man tatsächlich der Urheber dieser Grafik ist. Will ein Dritter Rechte für sich an dieser Grafik beanspruchen, muss er – abweichend vom sonst Üblichen – den Nachweis der eigenen Urheberschaft führen. Diese Beweissituation hat manchen Prozess entschieden.

Hat der amerikanische Markt eine erhebliche Bedeutung für die Vermarktung des Werkes, sollte man es darüber hinaus beim Register of Copyrights (Adresse: Library of Congress, Copyright Office, 101 Independence Avenue, SE, Washington, D.C. 20559–6000) hinterlegen und registrieren lassen. Die Registrierung kann auch online erfolgen (*www. copyright.gov*).

Der richtige Copyright-Vermerk umfasst das ©-Zeichen, den Namen des Urhebers und das Jahr, in dem das Werk geschaffen wurde: © Peter Müller, 2010.

Recht auf Copyright-Vermerk?
Eine ebenfalls in diesem Zusammenhang häufig gestellte Frage ist, ob man einen Anspruch gegenüber seinen Kunden auf Platzierung eines Copyright-Vermerks hat? Prinzipiell schwierig ist die Durchsetzung eines solchen Verlangens gegen den Widerstand des Kunden, denn man will ihn ja behalten. Entschieden ist, dass in den Bereichen der Massenwerbung Copyright-Hinweise unüblich sind und deshalb nicht verlangt werden können. In allen übrigen Branchensektoren kann nur die Platzierung des Vermerks zum Streitpunkt werden. Der grundsätzliche Anspruch steht außer Frage. Die Durchsetzungskraft des Anspruches ist allerdings unterschiedlich. Hat man ein urheberrechtliches Werk geschaffen, hat man einen positiven gesetzlichen Anspruch, in anderen Fällen nur einen gewohnheitsrechtlichen. In jedem Fall lohnt sich der unvoreingenommene Dialog mit dem Kunden.

[+]

> **Tipp: Ordner mit Copyright-Vermerk**
> Sind die zu kennzeichnenden Werke in Dateien enthalten, kann man diese in einem Ordner zusammenfassen, der mit dem Copyright-Vermerk versehen ist. Der Vermutungstatbestand gilt dann für den gesamten Ordnerinhalt.

2.3 Wer ist Urheber?

Von der Idee eines Webdesigns, eines Multimediawerkes oder einer Werbekampagne bis zum fertigen Produkt hat meist eine Vielzahl von Personen ihren Beitrag zum Gelingen geleistet. Wer ist aber der eigentliche Urheber?

Entscheidend wird die Frage für die wirtschaftliche Partizipation am Werk. Nur der Urheber hat die in der Einleitung erwähnten exklusiven Rechte an einer Kreation, die notwendig sind, um diese zu Geld zu machen.

Nur natürliche Personen
Urheber eines Werkes ist grundsätzlich derjenige oder sind diejenigen, die das Werk geschaffen haben. Damit ist aber nur so viel klar, dass nur Menschen Urheber sein können, auch wenn sie Maschinen benutzen.

Nur: Wird damit beispielsweise der Fotograf, dessen Fotos ich in mein Webdesign eingebunden habe, auch Urheber der Website? Oder noch pointierter: Genießt auch der Drucker, der die Werbeplakate gedruckt hat, ein Urheberrecht an diesen?

Die letzte Frage ist schnell mit Nein beantwortet. Urheberschaft knüpft an die Beteiligung während des Entstehens eines Werkes an. Die Mitwirkung in der Vorbereitung oder anschließenden Reproduktion macht niemanden zum Urheber.

Mitwirkung am Entstehen des Werkes

Schwieriger ist die Beantwortung der ersten Frage. Sucht die Webdesignerin sich ihre Fotos aus einem Pool ausschließlich selber aus, liegt die Entscheidung damit allein bei ihr, ist auch nur sie Urheberin der Website; egal von welcher Qualität das Foto ist.

Arbeiten Designerin und Fotograf aber zusammen und finden so beispielsweise überhaupt erst zu einem Motiv, liegt eine Miturheberschaft nahe. Das entscheidende Kriterium ist das zielgerichtete Zusammenwirken an einem einheitlichen Werk. Das obige Beispiel der Einbindung einer Fotografie in ein Webdesign beschreibt einen Grenzbereich. Die Fotografie wird in den meisten Fällen als eigenständiges Werk selbstständig und unabhängig verwertbar sein, was der Einheitlichkeit entgegensteht. Betrachtet man aber das gesamte Webdesign, so verschmelzen die Arbeitsschritte der Strukturierung und der optisch-künstlerischen Umsetzung miteinander. Die gelungene Website ist nicht fragmentarisch, sondern eine Einheit. Das beteiligte Team ist damit in der Regel Miturheber des gesamten Designs. Vorausgesetzt natürlich, das Webdesign scheitert nicht an den vom Urhebberecht selbst aufgestellten Hürden für einen Schutz (siehe Abschnitt 3.3, »Wann ist ein Screendesign geschützt?«).

Zusammenarbeit mehrerer

> **Hinweis: Urheberrecht bei Zusammenarbeit mehrerer**
> Also: Bei Kreationen, die in Teamprozessen durch aufeinander aufbauende Beiträge entstehen, ist Urheber nicht nur eine Person, sondern das gesamte Team.

[+]

2.3.1 Mitgesellschafter

Nicht selten haben wir Fälle, in denen sich zwei oder mehrere ehemalige Partner einer Agentur streiten, wer denn nun die Rechte an den in der gemeinsamen Zeit geschaffenen Kreationen hat. Aus urheberrechtlicher Sicht ist die Antwort die gleiche wie zuvor. Haben die Partner sich die Arbeit in der Art geteilt, dass der eine die Kreativabteilung und der andere beispielsweise die kaufmännische Seite übernommen hat, liegen sämtliche Urheberrechte in Händen des Kreativen. Nur dann, wenn beide Hand in Hand am kreativen Workflow beteiligt waren, sind sie auch beide Rechteinhaber.

Mitgesellschafter und Partner

Für den Fall des Scheiterns der gemeinsamen Unternehmung ist in beiden Fällen heftiger Streit vorprogrammiert, wenn man nicht Vorkehrungen im Gesellschaftsvertrag getroffen hat (siehe Teil V, »Recht des Selbstständigen«, Abschnitt 22.1.2, »Gesellschaft bürgerlichen Rechts (GbR)«). Man sollte vorab klären, wer die Kreationen in Zukunft weiter verwerten soll und wie die anderen entsprechend entschädigt werden können. Außerdem kann man bereits im Gesellschaftsvertrag festlegen, dass die Nutzungsrechte an Kreationen der einzelnen Gesellschafter grundsätzlich auf die Gesellschaft übergehen. Man hat dann den Vorteil einer klaren Zuordnung der Rechte zum Gesellschaftsvermögen. Nicht mehr der eigentliche Urheber (Gesellschafter), sondern die Gesellschaft im Ganzen entscheidet dann über die weitere Verwertung. Hier wird die weiter vorne getroffene Unterscheidung zwischen Urheberrecht und dem aus ihm folgenden Nutzungsrecht deutlich. Urheberrecht und Nutzungsrecht können auseinanderfallen, d. h. unterschiedlichen Personen zustehen.

2.3.2 Konsequenzen

Nur gemeinschaftliche Verwertung

Die mit der Urheberschaft verbundenen Rechte liegen nicht mehr nur in der Hand einer einzelnen Person, sondern in den Händen aller. Ohne Vereinbarung untereinander müssen sie schwerfällig immer gemeinsam entscheiden. Um zu verhindern, dass die Mitglieder der Gruppe sich in der anschließenden Verwertung der Arbeit gegenseitig behindern, sollte man sich vorher darüber verständigen, welche Mehrheiten abschließend entscheiden können.

2.3.3 Miturheber in Arbeitsverhältnissen

Sonderregelungen existieren für (Mit-)Urheber in Arbeitsverhältnissen. Die Firma selbst kann zwar nie Urheberin eines Werkes sein, sondern immer nur ihre Angestellten. Aber diese haben von Gesetzes wegen all ihre Nutzungsrechte bereits vorab an ihren Arbeitgeber abgetreten. Damit entscheidet allein jener, was mit dem Werk geschieht. Dies gilt selbstverständlich nicht für solche Werke, die außerhalb des Arbeitsverhältnisses in der »Freizeit« entstehen.

Arbeiten, die man als Angestellter gemacht hat

Deshalb ist Vorsicht geboten, wenn man Arbeiten, die man als Angestellter gemacht hat, auf der eigenen Website als Eigenreferenz nutzen will. Grundsätzlich ist dafür die Zustimmung des Arbeitgebers erforderlich. Diese kann man sich vorab im Arbeitsvertrag holen, aber auch später für den konkreten Fall. Arbeitsproben, die man für eine Bewerbung braucht, sind für diesen Zweck frei verwendbar.

2.4   Das Urheberrecht in der Informationsgesellschaft

Schon bei der Umsetzung der Enforcement-Richtlinie durch das »Gesetz Was ist neu? zur Verbesserung der Durchsetzung von Rechten des geistigen Eigentums« im Jahre 2008 wurde politisch weiterer Reformbedarf im Urheberrecht aufgrund der rasanten Entwicklungen in der digitalen Welt angemahnt. Unter dem Schlagwort *3. Korb* wird seit Sommer 2010 nun diese weitere Novelle des Urheberrechts in den Fachgremien und im Parlament diskutiert. Die geplanten Neuerungen betreffen aber nach momentanen Stand den Grafik- und Webdesignbereich nicht im Kern. Außerdem ist ungewiss, wann und in welcher Form die Änderungen tatsächlich Gesetz werden, weshalb auf weitere Ausführungen zur Novelle an dieser Stelle verzichtet wird.

Seit dem 13.09.2003 ist das Urheberrecht, insbesondere aufgrund von Vorgaben der Europäischen Union, durch zahlreiche Reformen gegangen. Um einen Überblick zu erhalten, was sich seit dem Jahre 2003 verändert hat, werden die einzelnen Novellierungen chronologisch skizziert. Abschließend soll ein Ausblick auf die Auswirkungen für das Grafik- und Webdesign gegeben werden.

2.4.1   Der erste Korb

Mit dem sogenannten *ersten Korb* im Jahre 2003 wurde versucht, dem digitalen Phänomen der unbegrenzten Kopiermöglichkeiten habhaft zu werden. Gleichzeitig wurde mit dem Begriff der »öffentlichen Zugänglichmachung« eine neue Nutzungsform im Gesetz etabliert und damit das Internet als Vertriebsweg urheberrechtlich geschützter Werke anerkannt. Nicht durchringen konnte man sich seinerzeit, auch den Katalog der Werkarten (§ 2 UrhG) dem neuen Medium anzupassen, etwa durch die Einführung des Begriffes »Multimediawerk«. Begründet wurde dies damit, dass der Katalog ohnehin nicht abschließend zu verstehen sei und eine Herausbildung dessen, was schutzfähig ist, den Gerichten überlassen bleiben solle. In diesem Zusammenhang steht eine Entscheidung des Landgerichts Köln aus dem Frühjahr 2008. Darin ging es um Gestaltungen in virtuellen Lebenswelten, konkret um den virtuellen Entwurf des Kölner Doms. Das Gericht stellte klar, dass es für die Entscheidung nicht eines Rückgriffs auf eine neue Werkart (Multimediawerk) bedürfe, denn entscheidend sei nicht die Art der Festlegung des Werkes, etwa in Form von digitalen Daten (Binärcode), sondern vielmehr die durch Sprache, Bild und Ton vermittelte gedankliche Aussage. Allein diese konstituiere die schöpferische Leistung, die ins Urheberrecht führe. Nach Ansicht des Gerichts genügen damit die Begrifflichkeiten des letzten Jahrtausends, um auch das digitale Zeitalter zu fassen.

Die Novelle richtete sich aber zunächst gegen Tauschbörsen und Crack-Software. Die Industrie beklagte Milliardenverluste. Verboten wurden deshalb der Vertrieb von und die Werbung für Software, die in der Lage ist, Kopierschutzmechanismen zu umgehen. Der Bundesgerichtshof hat in einem Urteil vom Juli 2008 bekräftigt, dass dieses Verbot auch im privaten Bereich gilt. Verboten ist nicht nur der Vertrieb solcher Software, sondern schon die Ermöglichung des Zugangs zu ihr, etwa durch einen Link. In Tauschbörsen wurde das Anbieten von Musik- oder Filmdateien zum Download für andere untersagt. Der Download selbst blieb zunächst im Graubereich. Am Anfang war das Verbot ein Papiertiger, weil die Nutzer von Tauschbörsen anonym blieben. Neue Software und die Mithilfe vieler Staatsanwaltschaften änderten dies jedoch Ende 2006. Eine Abmahnwelle gegen Privatpersonen wurde losgetreten. Mittlerweile werden einige Strafverfolgungsbehörden und auch Gerichte vorsichtiger und verweigern die Zusammenarbeit.

2.4.2 Der zweite Korb

Mit einiger Verspätung, nämlich erst zum 01.01.2008, wurde der sogenannte *zweite Korb* der Urheberrechtsnovelle in Kraft gesetzt.

Im Anschluss an das eben beschriebene Werbungs- und Angebotsverbot für Tauschbörsen wurde mit dieser zweiten Novelle eine Gesetzeslücke geschlossen. Seitdem ist nicht mehr nur das Anbieten, sondern auch der Download in Filesharingsystemen grundsätzlich rechtswidrig und damit verboten.

In Bezug auf die viel diskutierte Privatkopie und deren Durchsetzungsfähigkeit hat der zweite Korb jedoch nichts von der Kritik aufgenommen oder gar zugunsten der Nutzer korrigiert. Unter dem Schlagwort Privatkopie streiten die Gelehrten und die Wirtschaft über die künftigen Möglichkeiten zum Zugang zu Informationen. Es geht dabei nur vordergründig um die Privatkopie als solche. Vielmehr entscheidend ist, ob sich technische Schutzmaßnahmen gegen das Herstellen von Kopien in Zukunft durchsetzen werden oder ob dem unter anderem durch das Recht der Privatkopie Grenzen gesetzt werden. Die Privatkopie wird zwar auch in Zukunft erlaubt bleiben, aber nur solange kein Kopierschutz umgangen wird. Faktisch ist damit in naher Zukunft das Ende der Privatkopie besiegelt, denn welchen Grund sollte die Medienindustrie haben, auf Kopierschutz zu verzichten? Ein Digital Rights Management durch technische Schutzmaßnahmen ist natürlich nicht per se etwas Schlechtes. Die Kritiker sehen nur die Gefahr, dass ohne gesetzliches Korrektiv der freie Informationszugang gefährdet wird und in Zukunft Wirtschaftsinteressen darüber entscheiden, wer an welche Informationen herankommt. Wissen und Kunst sind aber auch Gemeingut einer Gesellschaft und dürften deshalb nicht so weitgehend protektiert werden. Allerdings hat das Bundesverfassungsgericht angedeutet, dass ein verfassungsrechtliches Gebot der Privatkopie nicht besteht.

Es bleibt weiterhin abzuwarten, ob die Neuregelung des Gesetzes die Probleme der Musik-, Film- und Softwareindustrie tatsächlich im Kern erfasst oder, ob sie aufgrund starker Lobbyarbeit nur für kurze Zeit vor dem notwendigen Strukturwandel bewahrt bleibt.

Eine weitere für Grafiker und Webdesigner interessante neue Regelung, betrifft die nunmehr vorhandene Möglichkeit der Einräumung von Rechten an noch nicht bekannten Nutzungsarten. Nach dem bis zum Inkrafttreten geltenden Urhebergesetz war es für Verwerter nicht möglich, sich schon heute die Rechte für die Verwertungsmöglichkeiten von morgen zu sichern. In der Medienwelt fand diesbezüglich die Auseinandersetzung um das SPIEGEL-Archiv auf CD-ROM besondere Aufmerksamkeit. Journalisten stritten mit dem Verlag, ob Artikel, die vor dem Zeitalter der CD-ROM geschrieben und veröffentlicht waren, auch digital archiviert und verbreitet werden dürfen. Die Journalisten erhielten unter anderem deshalb Recht, weil es nach damals geltender Gesetzeslage nicht zulässig war, Verwertungsrechte für Nutzungsarten zu erwerben, die zum Zeitpunkt des Erwerbs noch nicht bekannt waren. Die Sicherung exklusiver, ausschließlicher Rechte beschränkte sich notwendig auf bekannte Nutzungsformen.

Dies hat sich nunmehr geändert. Allerdings wird diese Regelung zum einen durch Formerfordernisse (Schriftform/§ 31 a UrhG) an den Vertrag und zum anderen durch einen nachträglichen Honoraranspruch (§ 32 c UrhG) flankiert. Der Urheber muss also in einem schriftlichen Vertrag der Einräumung zustimmen und kann diese Zustimmung innerhalb von drei Monaten auch noch nachträglich widerrufen. Die Klausel »Der Urheber überträgt sämtliche ausschließlichen Nutzungsrechte an dem Werk, auch für solche Nutzungsarten, die zum heutigen Zeitpunkt noch nicht bekannt sind, an den Lizenznehmer« erhält eine neue Bedeutung. Konnte man diese früher ignorieren, ist sie heute zulässig, und man sollte flankierende Honorarregelungen aufnehmen bzw. die Zustimmung explizit von der Zahlung eines weiteren Honorars abhängig machen. Das Gesetz sieht dies zwar vor, dennoch halten wir einen zusätzlichen, klärenden Hinweis für notwendig. Dies gilt umso mehr, als in vielen Verträgen mit der Formulierung »Mit der Honorarzahlung sind sämtliche Ansprüche abgegolten« gearbeitet wird. Die Klarstellung, dass dies aber nicht für noch nicht bekannte Nutzungsformen gilt, verhindert spätere Auseinandersetzungen.

Totaler Rechte-Buy-out

2.4.3 Enforcement-Richtlinie

Die durch das am 01.09.2008 in Kraft getretene »Gesetz zur Verbesserung der Durchsetzung von Rechten des geistigen Eigentums« in

Auskunftsanspruch gegen Provider

nationales Recht umgesetzte EU-Richtlinie schafft einen unmittelbaren Auskunftsanspruch u. a. gegen Internet-Service-Provider (ISP). Zur Durchsetzung des Urheberrechts in der Informationsgesellschaft sollen die Rechteinhaber mit besseren Informationen ausgestattet werden. ISPs werden deshalb unter bestimmten weiteren Voraussetzungen verpflichtet, bei offensichtlichen und gewerbsmäßigen Urheberrechtsverletzungen Dritter die dazugehörigen Userdaten herauszugeben. Das Landgericht Köln hat in einer Entscheidung vom 02.09.2008 dazu festgestellt, dass eine Gewerbsmäßigkeit auch schon vorliegen kann, wenn nur eine einzige umfangreiche Datei unmittelbar nach der Veröffentlichung des Tonträgers in Deutschland öffentlich zugänglich gemacht wird. Strittig ist noch die Frage, ob der Auskunftsanspruch unter einem Richtervorbehalt steht, also stets beim Landgericht geltend gemacht werden muss (§ 101 Abs. 9 UrhG). Der Richtervorbehalt gilt indes nur für Verkehrsdaten. Das Landgericht Offenbach hat aber dynamische IP-Adressen als Bestandsdaten qualifiziert und damit die Auskunft über den Anschlussinhaber dem Richtervorbehalt entzogen. Es bleibt abzuwarten, in welcher Richtung sich die Rechtsprechung verfestigen wird.

2.4.4 Schutzfristverlängerung für Tonaufnahmen

Längere Schutzfristen beachten

Im Rahmen der Harmonisierung des Urheberrechts, d. h. der EU-weiten Standardisierung des Urheberrechts, wurde beschlossen, die Schutzfristen für ausübende Künstler auf Tonträgeraufnahmen von bisher 50 Jahren auf nunmehr 70 Jahre nach erstmaligen Erscheinen der Tonaufnahme zu verlängern. Erfasst wird das Leistungsschutzrecht der Interpreten, nicht das Urheberrecht der ursprünglichen Komponisten. Für letztere Gruppe gilt nach wie vor eine Schutzfrist von 70 Jahren gerechnet ab dem Tod des Komponisten. Von den Änderungen profitieren werden in erster Linie die Major-Labels und nicht die Künstler.

Bei der kommunikativen Nutzung von gemeinfreien Musikstücken etwa zu Werbezwecken sind nunmehr die verlängerten Schutzfristen für die Interpreten zu beachten. Beispielsweise würde der Titel »Twist and Shout« – unter anderem von den Beatles gecovert und 1964 auf LP veröffentlicht – nach dem bisher geltenden Recht im Jahr 2014 gemeinfrei werden und dürfte ohne Lizenzen an die Ex-Beatles genutzt werden. Mit der Umsetzung der EU-Richtlinie verschiebt sich dieser Zeitpunkt in das Jahr 2034. Die Kommunikationsbranche muss das nicht nur in der Budgetplanung, sondern vor allem zur Vermeidung von Rechtsstreitigkeiten im Blick haben.

2.5 Weitere Schutzrechte

Neben dem Urheberrecht existieren weitere Schutzrechte:

Was gibt es noch? Eine Aufzählung

1. Erfindungen können als *Patente* oder *Gebrauchsmuster* Schutz finden. Relevant werden könnte diese Schutzform beispielsweise für Computerprogramme. Der Bundesgerichtshof schließt heute die Patentfähigkeit nicht mehr generell aus, beschränkt diesen Schutz aber auf technische Lösungen, die ihren Schwerpunkt in den Hardwarekomponenten haben. Ein Bereich, der im Grafik- und Webdesign nur eine untergeordnete Rolle spielt.

2. Als »kleines Urheberrecht« bezeichnet wird das *Geschmacksmusterrecht* (siehe Abschnitt 6.1, »Was ist ein Geschmacksmuster?«). Unter diesem befremdlichen Begriff werden prinzipiell alle Designleistungen zusammengefasst, überwiegend aber aus den Bereichen Industrie- und Modedesign.

3. Das *Markenrecht* (siehe Abschnitt 7.1, »Wann gibt es Schutz für Produktbezeichnungen?«) dient dem Schutz von Kennzeichen. Alle Stilmittel, die genutzt werden, um eine Ware oder eine Dienstleistung von einer anderen zu unterscheiden, sind potenziell markenfähig.

4. Am Ende steht das *Wettbewerbsrecht* (siehe Kapitel 8, »Wettbewerbsrecht: Ein alternativer Designschutz?«). In Ausnahmefällen kann ein Verhalten eines Konkurrenten, das über die anderen Rechtsvorschriften nicht abgewehrt werden kann, doch noch unterbunden werden.

3   Die einzelnen Werke

Wie die Einleitung gezeigt hat, gibt das Gesetz mit seinen vagen Begriffen dem juristischen Laien nur ungenügend Auskunft über seine Rechte. Es bedarf einer Übersetzung. Im Folgenden soll deshalb anhand konkreter Beispiele Licht ins Dunkel gebracht werden.

3.1   Wann ist eine Illustration geschützt?

Ob durch ein Logo ein Wiedererkennungswert für ein Unternehmen geschaffen wird oder Werbeaussagen durch Bebilderung verstärkt werden – Illustrationen haben unterschiedlichste Funktionen. Die Anforderungen, die das Urheberrecht an sie stellt, sind hoch.

Illustrationen sind Werke der bildenden Kunst und sollten aus diesem Grunde einen sehr weitgehenden Schutz genießen. Die Rechtsprechung des Bundesgerichtshofes unterscheidet allerdings für Illustrationen zwischen zweckgebundenen und zweckfreien Werken. Das Schwarzwaldmotiv ist als Kunst fürs Wohnzimmer einmal ein Werk, das andere Mal, etwa als Werbeillustration für einen Magenbitter, nicht.

Schöne Künste contra angewandte Kunst

Seinen Grund findet diese unterschiedliche Behandlung der sogenannten *angewandten Kunst*, der sämtliche Leistungen aus dem Bereich Grafik-, Industrie- und Webdesign zugeordnet werden können, darin, dass es für diese »Kunstformen« einen weiteren gesetzlichen Schutzmechanismus gibt. Angesprochen ist damit das Geschmacksmusterrecht, das für die Bedürfnisse der angewandten Kunst besser passen soll, aber eben nur gegen bezahlte Anmeldung zu haben ist (für Einzelheiten siehe Abschnitt 6.1, »Was ist ein Geschmacksmuster?«). Die Frage des Urheberschutzes entscheidet sich für ein und dieselbe Illustration deshalb nicht ausschließlich anhand ihrer individuellen Gestaltung, sondern auch nach ihrer Zweckrichtung. Der Designer wird hier zu Unrecht benachteiligt. Allerdings ist diese Rechtsansicht selbst vom Bundesverfassungsgericht abgesegnet. Es hatte über das Signet »Das Laufende Auge« von Franz Zauleck zu entscheiden. Und es entschied, dass ein unterschiedliches Schutzniveau zwischen schöner und angewandter Kunst nicht gegen das Grundgesetz verstoße.

Trotz dieser Erschwernisse ist selbstverständlich auch für die Werbeillustration der Urheberschutz nicht von vornherein ausgeschlossen.

Am »einfachsten« gelingt der Sprung ins Urheberrecht dann, wenn auf eine Kombination aus Konzeption und Formgebung zurückgegriffen wird. So hat das Landesgericht Köln der Illustration der Krankenkassenkarten der gesetzlichen Krankenversicherer Schutz gewährt.

Leonardo-Mann schutzfähig

Der »Leonardo-Mann« als Symbol für Gesundheit auf der einen Seite, die in Form eines Regenbogens gehaltene Deutschlandfahne auf der anderen bringen nach Ansicht des Gerichtes in besonderer künstlerischer Art zum Ausdruck, was über die Karte vermittelt werden sollte: eine deutschlandweite Dienstleistung der Gesundheitsvorsorge. Der im Anschnitt gezeigte »Leonardo-Mann« sei ungewöhnlich und deshalb eine überdurchschnittliche bildnerische Gestaltung.

Kombination der Gestaltungsmittel

Deutlich wird, dass besonders die Kombination der Gestaltungselemente in den Vordergrund gerückt wird. Der Deutschlandfahne allein und wahrscheinlich auch dem »Leonardo-Mann« wäre der Schutz wohl versagt geblieben.

Einfache Logos

Einfache Logos wie etwa das der Visa International Association werden unabhängig von ihrer Konzeption aufgrund ihrer reduzierten Formgebung vom Urheberschutz nicht erfasst. Gleichwohl genießt das beschriebene Logo Schutz. Zwar nicht nach dem Urheberrecht, aber als *Registered Trade Mark* (®) auch nach dem deutschen Markenrecht (siehe Kapitel 7, »Markenschutz«, Abschnitt 7.3, »Wann ist das Corporate Design geschützt?«, und Abschnitt 7.3.1, »Firmenlogo«).

Verfremdungen

Ob witzigen Veränderungen – wie etwa vermenschlichten Tierfiguren – die notwendige Gestaltungshöhe zugesprochen werden kann, hängt stark vom jeweiligen Einzelfall ab. Dem rosaroten Panther wurde sie beispielsweise abgesprochen. Hinzutreten müssen noch weitere Gestaltungen in der Figur selbst, die Farbgebung allein reicht nicht aus.

[+]

Hinweis: Illustrationen besser geschützt

Illustrationen und Urheberrecht sind sich in der Praxis nicht ganz so fremd wie die meisten übrigen Designleistungen, aber auch hier existiert leider kein Automatismus für deren Schutz.

3.2 Wann ist ein Layout geschützt?

Auch diese klassische Designleistung steht unter dem Dogma erhöhter Qualitäts- und Individualitätsanforderungen, wie sie generell für Werke der angewandten Kunst gelten.

Dies hat die Allianz Deutscher Designer (AGD) veranlasst, eine Änderung des Gesetzes zu fordern: Künftig solle nur noch – dem europäischen Standard entsprechend – die eigene geistige Leistung und nicht irgendein durch die Gerichte zu bestimmendes künstlerisches Niveau Schutzvoraussetzung sein (*www.agd.de*). Bis dahin gilt, was die Gerichte nicht müde werden zu wiederholen: »Die Anordnung von Text und Bild zueinander zeichnet zwar eine individuelle Eigenart aus. Einen darüber hinausgehenden besonderen ästhetischen Gehalt kann man einem Layout in der Regel dagegen nicht zusprechen.« Dies wäre für einen Urheberschutz aber gerade notwendig. Die Formulierung schließt zwar nicht per se aus, dass auch ein Layoutschutz existiert, dieser wird faktisch aber nur in seltenen Ausnahmefällen anerkannt.

Layoutschutz: faktisch nicht existent

Daran ändert auch das teilweise in das deutsche Recht übernommene europäische Leistungsschutzrecht nichts. Die mögliche Einordnung eines Layouts als Sammelwerk ist lediglich ein theoretischer Gewinn. Zwar reicht hier eine individuelle Gestaltung aus, um Schutz zu beanspruchen. Allerdings ist dann die Schutztiefe so gering, dass über die dem Layout zugrunde liegenden Einzelwerke Text und Bild viel mehr zu erreichen ist.

Sammelwerke

Fazit: Layoutschutz

Layoutschutz ist in den meisten Fällen ein bloß theoretischer Schutz vor Nachahmung.

[«]

3.3 Wann ist ein Screendesign geschützt?

Die Konzeption eines Internet-Auftritts für einen Kunden bedeutet viel Arbeit, denn die unterschiedlichsten Problemlösungen sind zu kombinieren. Die Website ist Visitenkarte des Unternehmens und soll künstlerischen Ansprüchen genügen, gleichzeitig aber auch ein Optimum an Funktionalität aufweisen. Eine Leistung, die von den Gerichten sehr stiefmütterlich behandelt wird.

Beispiel: Kreativ kopiert
Eine Webdesign-Agentur hat für eine Großbank Websites zu den Sicherheitsmerkmalen des Euro konzipiert und ins Netz gestellt. Der Auftritt fand bei einem Konkurrenten Gefallen, der Gleiches für eine andere Bank gestalten sollte. Die Seiten unterschieden sich in der zugrunde liegenden Programmierung, Farbgebung und Schriftgestaltung. Die Grundstruktur des Auftritts sowie einzelne Bilder und Animationen waren identisch übernommen.

Das Beispiel zeigt keinen Einzelfall. Ärgerlich für den Betroffenen – für die Branche insgesamt aber auch ein Segen. Ohne die Inspiration aus dem Netz würde sicherlich die kreative Vielfalt verloren gehen, die das Internet auszeichnet, so jedenfalls der O-Ton aus vielen Agenturen.

Ein nur theoretischer Schutz?

Die Rechtsprechung ist im Ergebnis auf diese Linie eingeschwenkt und lehnt einen Rechtsschutz ab. Sie begründet ihre Entscheidungen mit einem Vergleich zu den Fällen der Übernahme von Werbekonzepten in den klassischen Medien oder von Fernsehshow-Formaten. Die Vergleichbarkeit bestehe, weil das Screendesign zunächst nur eine neue Form der Darstellung, nicht aber eine neue Werkart sei. Der immer gleiche Tenor lautet: Grundsätzlich seien diese schutzfähig, aber die Messlatte an den Grad der Individualität müsse hoch gelegt werden, sodass sie in der Regel gerissen werde. Es mehren sich zwar Stimmen, die das professionelle Webdesign in der Regel einem Urheberschutz unterstellen wollen. Dabei werden die unterschiedlichsten Wege diskutiert, aber die Rechtsprechung reagiert verhalten. So beklagt sich der Bundesverband Digitale Wirtschaft (BVDW), dass das Urheberrecht noch nicht im digitalen Zeitalter angekommen sei. Die letzte Gesetzesnovelle trägt zwar den Namen »Urheberrecht im digitalen Zeitalter«, beschäftigt sich aber überwiegend mit den Problemen des digitalen Datenklaus im Internet. Eine positive Anerkennung von Multimedia-Werken sei nicht erfolgt. Die Probleme blieben so die alten.

Alles halb so schlimm

Betrachtet man das obige Beispiel, wird aber auch deutlich, wie theoretisch der Streit oft ist. Es ist eher selten der Fall, dass das Design tatsächlich eins zu eins übernommen wird, sodass der jeweilige eigene Stempel im Seitendesign zu erkennen bleibt, was von großer Wichtigkeit ist.

Schutz über Einzelbestandteile

In der Regel sind es einzelne Bausteine wie Fotos, Grafiken oder Animationen, die übernommen werden. Diese Kreationen können aber eigenständigen Werkschutz genießen, sodass man gegen ihre Verwendung in diesen Fällen vorgehen und so das gesamte Internet-Konzept des Konkurrenten angreifen kann. Zugegebenermaßen sind zwar einzelne Teile schnell von der Website genommen und durch andere ersetzt. Aber die Erklärungsnöte gegenüber dem Kunden, weshalb man eine bereits fertige und für gut befundene Website noch einmal verändern müsse, zeigen oft schon genügend Wirkung.

In einer der letzten Entscheidungen zur ungenehmigten Übernahme von Inhalten von Websites hat das OLG Hamm allerdings festgestellt, dass nicht jede, auch nicht jede identische Übernahme von Inhalten untersagt werden kann. Erforderlich ist immer, dass der konkrete Inhalt selbstständig schutzfähig ist – was das Gericht im konkreten Fall für eine computergenerierte Grafik verneint hatte. Die Kläger konnten sich auch mit der Berufung auf das Wettbewerbsrecht nicht durchsetzen (siehe Kapitel 8, »Wettbewerbsrecht: Ein alternativer Designschutz?«). Die identische Übernahme von Designs blieb folgenlos. Anders dagegen das Landgericht Berlin in einer Entscheidung aus dem Jahre 2006. Hier ging es auch um ein Webdesign, es wurden zwar keine Grafiken übernommen, dafür aber Texte, welche die angebotenen Dienstleistungen auf der Seite beschrieben. Es ging also nicht um Literatur, sondern um sachliche Beschreibungen. Dennoch erkannte das Gericht in der Übernahme eine Urheberrechtsverletzung. Zur Begründung führte es die sogenannte *Kleine Münze* (siehe Abschnitt 3.11, »Wann ist ein Text geschützt?«) an. Damit wird deutlich, dass die grafische Gestaltung gegenüber der textlichen im Nachteil ist.

Dies bestätigt auch ein Urteil des Oberlandesgerichts Rostock aus dem Sommer 2007. Es hatte einen Fall zu entscheiden, in dem eine Webagentur auf Anerkennung ihrer Urheberschaft an einer Website klagte. Das Gericht hat wieder dem eigentlichen Design einen Schutz versagt. Weder sei die HTML-Programmierung als Computerprogramm noch die eigentliche Seite als Multimediakunstwerk geschützt. Aber die Bearbeitung der Inhalte mit dem Ziel einer Optimierung für Suchmaschinen sei eine persönlich geistige Schöpfung im Sinne eines Sprachwerkes und deshalb über § 2 Abs. 1 Nr. 1 UrhG geschützt. Im konkreten Fall hatte die Optimierung bewirkt, dass die Seite bei Eingabe von für den Kunden relevanten Suchwörtern dessen Seite unter den ersten 10 Treffern in den großen Suchmaschinen auftauchte. Das Urteil zeigt, dass die Rechtsprechung sich zum Webdesign immer weiter ausdifferenziert. Auch wenn der Tenor, dem Webdesign meist den Schutz zu versagen, über die Jahre geblieben ist, entstehen immer neue Einfallstore über die man zu seinem Recht kommen kann.

Urheberrecht bei Suchmaschinenoptimierung

Üblicherweise besteht der eigene Auftrag aber gerade darin, aus vom Kunden überlassenem Material einen Internet-Auftritt zu entwerfen. In einem von uns betreuten Fall hatte eine Agentur den Auftrag, den Relaunch der Website eines Modehauses zu konzipieren und zu gestalten. Texte und Fotos wurden vom Auftraggeber zur Verfügung gestellt. Es kam hinzu, dass der Kunde unterschiedliche Agenturen mit dem deutschlandweiten und dem internationalen Auftritt betraut hatte. Abgesehen von der Sprache waren die Designs wie voraussehbar identisch. In unserem Fall hat man sich außergerichtlich geeinigt, aber wir sehen für vergleichbare Fälle gute Chancen, auch vor Gericht zu seinem Recht zu kommen. Wenn auch nicht über das Urheberrecht, so in diesen Fällen – trotz des zitierten Urteils des OLG Hamm – doch über das Wettbewerbsrecht (siehe Kapitel 8, »Wettbewerbsrecht: Ein alternativer Designschutz?«).

Ergänzender Leistungsschutz

In die gleiche Richtung gehen zwei Entscheidungen des Landgerichts Frankfurt bzw. des Landgerichts Köln aus 2007. Beide Gerichte haben die Nachahmung von Websites aus wettbewerbsrechtlichen Erwägun-

Sklavische Nachahmung: Schutz nur für den Kunden?

gen untersagt, allerdings hatten die Website-Inhaber gegen Konkurrenten geklagt. Das Wettbewerbsrecht greift nämlich oft nicht für den Designer, sondern nur für dessen Kunden ein. Neben der Nachahmung des Webdesigns sind nämlich zusätzliche wettbewerbliche Bedingungen erforderlich, um eine Untersagung zu rechtfertigen. So hatten im vom Landgericht Frankfurt entschiedenen Fall zwei Reisebuchungsportale mehr oder weniger die gleiche Buchungsmaske. Der am Markt jüngere Konkurrent hatte abgeschaut. Das Landgericht entschied, dass durch die Nachahmung und der relativen Bekanntheit des am Markt älteren Anbieters eine Verwechslung von Original und Plagiat zu befürchten sei. Es untersagt deshalb die Verwendung der jüngeren Buchungsmaske. Geschützt wird hier also die Gefahr der Verwechslung und nicht das Design an sich. Da man als Webagentur nach Kundenspezifikationen arbeitet, wird man in der Regel ein für die eigene Agentur typisches und unverwechselbares Design kaum beweisen können. Das Design entspricht dem CI des Kunden, weshalb meist nur er gegen Nachahmungen vorgehen kann.

Screendesign als Computerprogramm geschützt? Manche Autoren vertreten die Auffassung, modernes, insbesondere interaktives Webdesign sei als Ausdrucksform des das Design generierenden Computerprogramms geschützt. Diese Auffassung hatte sogar die Rechtsprechung des Oberlandesgerichts Karlsruhe hinter sich: Der Senat hatte 1997 entschieden, dass Bildschirmoberflächen tatsächlich Ausdrucksformen des sie generierenden Computerprogramms seien und deshalb nach der »kleinen Münze« zwar nicht als Werk im Sinne des § 2 Abs. 2 UrhG (siehe Abschnitt 2.1.1, »Am Anfang steht das Werk«), aber als Computerprogramm (§ 69 a Abs. 2 und 3 UrhG) Schutz genössen. Diese Rechtsprechung hatte bis Anfang 2010 Bestand. In einem Urteil aus April 2010 hat der Senat aber nunmehr seine Auffassung ausdrücklich geändert. Er vertritt nicht länger die Ansicht, dass Bildschirmoberflächen Ausdrucksform eines Computerprogramms in dem vom Gesetz verstandenen Sinne sind. Die Revision zum BGH wurde nicht gesucht, so dass zur Zeit kein Gericht das Screendesign als Ausdrucksform eines Computerprogramms schützt. Diese Sichtweise, d. h., das Bildschirmoberflächen nicht Ausdrucksform des sie generierenden Computerprogramms sind, wird nunmehr auch ausdrücklich vom Europäischen Gerichtshof gestützt. In einer Anfang 2011 veröffentlichten Entscheidung (Urteil vom 22.12.2010, Az. C-393/09) hat sich das höchste europäische Gericht in dieser Richtung festgelegt. Die Schutzmöglichkeit von Screendesigns über das Computerprogramm bleibt damit bis auf Weiteres akademischer Natur.

Sprachwerk oder Datenbank? Teilweise wird argumentiert, dass das Webdesign über die Auswahl und Anordnung von Texten und Bildmaterial jedenfalls als Sprachwerk zu schützen sei. Aber das funktioniert auch nur dann, wenn die Texte selbst schutzfähig sind. Die Einbindung in ein Webdesign allein reicht nicht. Auch der Versuch, Websites als Datenbanken zu begreifen, führt nicht prinzipiell weiter. Denn der Schutz als Datenbank setzt voraus, dass für sich unabhängige Elemente beispielsweise methodisch angeordnet werden. Genau daran wird es beim Webdesign aber häufig scheitern. Man sollte diese Option aber in jedem Fall prüfen oder prüfen lassen, denn bei positivem Ausgang kann man auf diesem Wege wenigstens gegen eine identische Übernahme vorgehen (siehe dazu Abschnitt 5.5, »Wie wehre ich mich gegen Urheberrechtsverletzungen?«).

[«]

Fazit: Schutz von Webdesign

Dem Webdesign wie Multimedia-Produktionen bleibt von den Gerichten die Anerkennung in großen Teilen versagt. Meist erreicht man nur einen Schutz über die zugrunde liegenden Einzelwerke oder einen Leistungsschutz als Datenbank. Besonderes Augenmerk sollte man deshalb dem Wettbewerbsrecht schenken (siehe Kapitel 8, »Wettbewerbsrecht: Ein alternativer Designschutz?«).

3.4 Wann ist eine technische Grafik geschützt?

Die Darstellung technischer Daten, etwa in Bedienungsanleitungen, Werbeplänen oder Overlays, kann trotz des engen Gestaltungsspielraums schutzfähig sein. Geschützt ist aber stets nur die konkrete Darstellung, nicht der dargestellte Gegenstand oder Inhalt.

Es liegt in der Natur der Sache, dass bei der Umsetzung technischer Abläufe in grafischer Form der individuellen Gestaltung enge Grenzen gesetzt sind. Die Erwähnung im Gesetz zeigt aber, dass die Nutzung eines verbleibenden Spielraums als urheberrechtsfähige Leistung anerkannt werden soll. Die Anforderungen an die Gestaltungshöhe (siehe das Abschnitt 2.2, »Wie entsteht ein Urheberrecht?«) sind deshalb nicht zu hoch anzusetzen. Gleichwohl ist es notwendig, dass die Darstellung nicht nur vollständig oder exakt, sondern darüber hinaus besonders übersichtlich oder anschaulich ist. Die Schutztiefe reicht dann auch nur so weit wie der eigene gestalterische Spielraum. Was technisch vorgegeben ist, darf kopiert werden, nicht aber das, was der Grafiker daraus gemacht hat.

Geringe Anforderungen an Gestaltungshöhe

3.4.1 Piktogramme

Auch Piktogramme sind deshalb als technische Zeichnungen grundsätzlich schutzfähig. Wird die inhaltliche Vorgabe, die mit dem Piktogramm verbildlicht werden soll, wie etwa durch das »No Smoking-Zeichen« lediglich in einfacher Form umgesetzt, ist eine Monopolisierung dieser

Leistung wohl nicht gerechtfertigt. Anders sieht es dagegen aus, wenn beispielsweise bestimmte Eigenarten historischer Gebäude als Zeichen wiedergegeben werden.

3.4.2 Icons

Die in der gesamten EDV als Navigationshilfen verwendeten Icons sind zwar grundsätzlich den Piktogrammen ähnlich. Aber in den meisten Fällen – wie etwa bei allen gängigen Textverarbeitungsprogrammen und den meisten Webdesigns – sind sie lediglich exakte Umsetzung der technischen Vorgabe. Diese Symbole müssen für jedermann Verwendung finden können. Es kommt nämlich nicht darauf an, ob der Inhalt auch über ein anderes Icon hätte vermittelt werden können, sondern allein darauf, ob das Icon neben der exakten Verbildlichung noch weitere Gestaltungselemente aufweist.

3.4.3 Niederschwelliger Schutz möglich

Geschmacksmuster-anmeldung

Hat man wirklich besondere Icons oder Piktogramme entworfen und will man sichergehen, dass diese nicht durch Dritte verwendet werden, kann man sie beim Deutschen Patent- und Markenamt anmelden und gegen Gebühr registrieren lassen (Geschmacksmuster). Dieser Schutz ist zwar nicht ganz so umfassend, allerdings in seinen Voraussetzungen noch leichter zu erlangen (siehe auch Abschnitt 6.3, »Was bringt das europäische Designrecht?«).

3.5 Wann ist ein Foto geschützt?

Analog und digital

Die Fotografie nimmt innerhalb des Urheberrechts, und zwar gleichgültig, ob analog oder digital aufgenommen bzw. wiedergegeben, eine besondere Stellung ein. Sie ist nicht nur als Werk, sondern auch als Leistung als solche geschützt. In der praktischen Konsequenz ist damit ein nahezu hundertprozentiger Schutz erreicht.

Auch Schnappschüsse geschützt

Die Rechtsprechung macht sich in den meisten Fällen schon gar nicht mehr die Mühe, zwischen dem Foto als Werk, dem ein überdurchschnittliches individuelles Schaffen etwa in der Ausschnittwahl zugrunde liegt, und dem Schnappschuss zu unterscheiden. Denn meistens kommt es, jedenfalls für die Frage des Urheberschutzes, tatsächlich nicht darauf an. Der wesentliche Unterschied liegt in der Schutzdauer: Während Schnappschüsse lediglich für 50 Jahre nach ihrem erstmaligen Erscheinen geschützt sind, gilt für Fotos mit individuellem Werkcharakter die Schutzdauer von 70 Jahren nach Tod des Urhebers. Schutzrechtsverletzungen treten in der Regel auch nicht durch Plagiate auf, sondern insbesondere zu Zeiten der digitalen Bildverarbeitung und Veröffentlichung

durch ungenehmigte Kopien. Die Frage, inwieweit ein durch den Foto-
künstler geschaffenes Motiv über das Foto selbst Schutz genießt und so
gegen Nachahmung geschützt ist, stellt sich nur in wenigen Fällen. Im
Bereich des Grafik- und Webdesigns wird sie jedenfalls nicht relevant.

Die Rechtsprechung hat klargestellt, dass Lichtbilder unabhängig von Computergenerierte Grafiken
ihrer fotografischen Ausgestaltung Schutz genießen. Erforderlich ist
aber, dass sie mithilfe strahlender Energie erzeugt werden. Da dies auf
computergenerierte Grafiken nicht zutrifft, bleiben diese schutzlos.

3.5.1   Geringfügige Übernahme

Was passiert aber, wenn man sich selbst einmal in einer fremden Bildda-
tei bedienen will? Ist die Übernahme eines Stücks vom Himmel oder von
ein wenig Straßenpflaster noch vom Schutz des Originalfotos umfasst
und deshalb verboten? Beim Schnappschuss in der Regel nicht, jedenfalls wenn das eigentliche Motiv ein anderes ist. Bei der Fotokunst kann
es anders aussehen, denn hier sind auch eindrucksvolle Details gegen
Übernahme geschützt, vergleichbar mit dem Kopieren von ein paar Seiten eines Romans.

3.5.2   Thumbnail-Formate

Zahlreiche Suchmaschinen bieten auch Bildsuchfunktionen an. Die Tref-
feranzeige in der Suchmaschine erfolgt meist im Thumbnail-Format. In
diesem Zusammenhang werden wir immer wieder gefragt, ob Fotos in
einem nicht weiterbearbeitbaren Format ohne Genehmigung genutzt
werden dürfen.

In mehreren Entscheidungen hat das Landgericht Hamburg sich mit
dieser Frage befasst, und es hat – gleich für welche Nutzung – geurteilt,
dass auch Thumbnail-Formate genehmigungsbedürftige Vervielfältigungen des Originals sind. Die Suchmaschinenanbieter hatten argumentiert, dass eine Bildsuchfunktion im Internet nicht angeboten werden
könne, wenn jeweils eine Rechteklärung vorangeschaltet werden müsse.
Die Richter hielten dieses Argument zwar für überzeugend, aber nicht
für mit der aktuellen Rechtslage übereinstimmend. Der Gesetzgeber sei
gefragt, wenn er dem Exklusivrecht eine weitere Schranke hinzufügen
wolle.

Der Bundesgerichtshof hat die Rechtslage jedenfalls im Bereich Such- BGH: Thumbnails in Suchmaschinen zulässig
maschinen am 29.04.2010 (I ZR 69/08) zugunsten der Suchmaschi-
nenbetreiber neu bewertet. Die Nutzung von Thumbnails sei zwar eine
urheberrechtliche Vervielfältigungshandlung, so die Richter, diese sei
aber nicht widerrechtlich. Dies gilt jedenfalls solange, wie zumutbare
Schutzmaßnahmen gegen die Darstellung in Suchmaschinen durch den
Fotografen nicht ergriffen würden.

Wann ist ein Foto geschützt?   **43**

Bei der Webseitengestaltung ist darauf zu achten, dass diese Rechtsprechung für Suchmaschinen ergangen ist. Sie kann deshalb keinesfalls auf die Nutzung von Thumbnailformaten insgesamt ausgedehnt werden. Im Gegenteil: Dadurch dass der BGH das Vorliegen einer urheberrechtlichen Vervielfältigungshandlung bestätigt hat, ist eine Nutzung außerhalb von Suchmaschinen ohne Genehmigung unzulässig.

3.6 Wann ist ein Film oder Multimediawerk geschützt?

Film
Ähnlich wie im Bereich der Fotografie existiert für laufende Bilder ein sehr weitreichender Schutz. Es wird wieder nicht nur der Film als Werk geschützt, sondern davon unabhängig auch die Herstellung eines Films als Leistung.

Großzügiger Schutz
Während für Filmwerke ein Mindestmaß an besonderer individueller Gestaltung zu fordern ist, wird im anderen Fall dem Herstellungsprozess selbst, unabhängig von einem besonders individuellen Charakter der am Ende produzierten bewegten Bilder, ein Schutzrecht zugesprochen. Filmmaterial, auch bloßes Rohmaterial, ist damit zu nahezu 100 Prozent geschützt. Die Länge des Streifens ist gleichgültig. Entscheidend ist allein, dass über die Bilder eine, wenn auch kurze Geschichte erzählt wird.

Multimedia-Werke
Für Multimedia-Werke stellt sich zusätzlich, neben ihrer etwaigen Schutzfähigkeit als Datenbank (siehe Abschnitt 3.3, »Wann ist ein Screendesign geschützt?«), die Frage, ob nicht nur die eigentlichen Videosequenzen einer Multimedia-Produktion alleine, sondern auch die Produktionen als Ganzes Filme sind und darüber Schutz genießen.

Schutz über Einzelwerke
Diese juristisch sicher spannende Frage ist für die Praxis nur von geringem Gewinn, denn solange eine gefestigte Rechtsprechung auf diesem Gebiet fehlt, gibt es keine verlässlichen Aussagen. Eine Entscheidung des Landgerichts Köln aus dem Sommer 2005 hat einen möglichen Filmcharakter einer Multimedia-Produktion in seinen Urteilsgründen nicht einmal erwähnt. Außerdem kreist die Diskussion auch nicht um die Frage, ob überhaupt ein Schutz besteht, sondern nur darum, ob das 35 Jahre alte Urhebergesetz den Anforderungen der neuen Medien gerecht werden kann. Festzuhalten bleibt: Aus unserer Sicht sollte man sich für den Moment an den Schutz halten, der über die Einzelwerke der Multimedia-Produktion, d.h. Text, Bild und Musik, erreicht wird. Das so erreichte Schutzniveau erfasst die relevanten Fälle. Es bleibt weiter abzuwarten, wie die Rechtsprechung sich entscheidet.

3.7   Wann ist eine Animation oder ein Computerspiel geschützt?

Ob nun ein einfacher Bilderwechsel oder die Integration von ganzen Computerspielen – Bewegung auf den Sites gehört dank schneller Plug-ins heute zum Standard. Ist die analoge Welt des Urheberrechts den interaktiven Anforderungen gewachsen?

3.7.1   Animation

Jede Animation besteht aus einer Bildfolge, die einem beliebigen Medium entnommen ist. Ob Texte, Grafiken oder Fotografien, alles lässt sich bewegt darstellen. Soweit die einzelnen Bilder für sich Urheberschutz genießen, ist eine weitere Untersuchung ihrer Schutzfähigkeit als Ganzes nur noch theoretisch. Ihre Schutzfähigkeit als Bildfolge ist dann nämlich die Konsequenz aus dem Einzelbildschutz.

Schutz durch Einzelbilder

Wenn entweder die Bildfolge aus nicht selbstständig schutzfähigen Werken besteht (einfache Piktogramme) oder wenn die Urheberschaften an den Einzelbildern und der Bildfolge/Animation auseinanderfallen, wird es dagegen interessant, ob auch die Animation für sich Schutz genießt. In beiden Fällen würde der Urheber der Animation sonst nämlich leer ausgehen.

Animation als eigenständiges Werk

Ein Beispiel aus unserer Arbeit betraf den Fall, dass die Sicherheitsmerkmale der Euroscheine auf der Website einer Großbank in animierter Form dargestellt wurden. Es entstand der Eindruck eines sich bewegenden Geldscheines, wodurch die Nuancen der Sicherheitsmerkmale sichtbar wurden.

Fotofolge

Für Bildfolgen, die den Eindruck des bewegten Bildes entstehen lassen, gilt Ähnliches wie bezüglich der Fotografie: Auch sie genießen einen Schutz in doppelter Hinsicht. Sie sind Filmwerke, wenn eine bestimmte individuelle Gestaltungshöhe erreicht ist (z. B. Zeichentrick), oder sie genießen unter geringeren Anforderungen Schutz als sogenannte *Laufbilder*.

Einfache Bildfolgen stellen in der Regel noch keine Filmwerke dar. In den meisten Fällen wird man aber auf den Laufbildschutz zurückgreifen können mit der Folge, dass die Grafikerin ein eigenes Recht erhält, mit dem sie sich gegen die *identische* Übernahme zur Wehr setzen kann. Aber Achtung: Ein eigenes Recht an der Animation entbindet nicht von der Notwendigkeit, sich an den zugrunde liegenden Einzelbildern die Rechte gesichert zu haben.

Das Gesetz stellt allein darauf ab, dass der Eindruck eines bewegten Bildes erzeugt wird. Es sollte für Grafiken deshalb das Gleiche wie für die Fotofolge gelten. Das rote Dreieck, das sich im dreidimensionalen Raum um die eigene Achse dreht, wäre gleichfalls gegen exakte Übernahme

Achtung bei Grafiken

geschützt. Es ist allerdings damit zu rechnen, dass die Rechtsprechung Bedenken erheben wird, hier könnten an sich schutzunfähige Leistungen über einen Umweg zu Schutz gelangen. Solche Animationen werden – wenn überhaupt – nur einen sehr schmalen Schutzkorridor für sich beanspruchen können.

3.7.2 Computerspiel

Verfolgt man die Rechtsprechung, sind Computerspiele lediglich als Laufbilder geschützt. Die bekannten Fälle betrafen allerdings nur die identische Übernahme von Spielen. In diesen Fällen ist es in der Tat nicht erforderlich, sich weiter gehende Gedanken über den Werkcharakter von Computerspielen zu machen. Letztendlich hängt es wieder vom konkreten Spiel ab – es spricht aber nichts gegen ihren Filmcharakter, vergleichbar mit Comicstrips.

Die dem Computerspiel zugrunde liegende Programmierung genießt in jedem Fall Schutz (siehe Abschnitt 3.8, »Wann ist ein Computerprogramm geschützt?«).

[»]

> **Fazit: Schutz von Animationen**
>
> Animationen, denen eine individuelle Eigenart zugrunde liegt, genießen nach unserer Auffassung einen selbstständigen Schutz. Der zu beanspruchende Schutzkorridor wird meist aber nur sehr schmal sein und nur die identische Übernahme verhindern können.

3.8 Wann ist ein Computerprogramm geschützt?

Der visuellen Gestaltung eines Screendesigns liegt auf der zweiten Ebene eine programmtechnische Umsetzung zugrunde. Ist über den Quelltext möglicherweise das gesamte Design geschützt (siehe auch den Absatz zur Marginalie »Screendesign als Computerprogramm geschützt?« in Abschnitt 3.3 auf Seite 37)?

3.8.1 Ausdrucksformen eines Computerprogramms

Screendesigns als Ausdrucksform des Computerprogramms

Das Computerprogramm ist urheberrechtlich in all seinen Ausdrucksformen geschützt. Auch wenn die Gerichte es in jeder Entscheidung wieder hervorheben, so herrscht doch Einigkeit, dass das konkrete Screendesign nicht als Ausdrucksform der Programmierung zu begreifen ist. Es verhält sich eher umgekehrt. Die Programmierung ist lediglich Hilfsmittel zur Kommunikation des Website-Layouts im Netz. Die Designleistung muss deshalb von der Programmierung getrennt betrachtet werden. Dennoch können identische Website-Inhalte ein Indiz für die Verletzung des Urheberrechts an den sie generierenden Computerprogrammen sein.

Europäische Leistungsschutzrechte

Wie für den gesamten Designbereich durch den AGD gefordert, sind Computerprogramme schon immer dann geschützt, wenn sie Ausdruck einer eigenen geistigen Schöpfung des Programmierers sind. Weiter gehende qualitative oder ästhetische Gesichtspunkte, wie sie bei den anderen Werkarten vorliegen müssen, sind keine Voraussetzungen.

Ganz einfache Programmstrukturen

Konsequenz ist, dass lediglich die reinen HTML-Quelltexte, die nur die Anordnung von eingebundenen Text- oder sonstigen Dateien steuern, aus einem Schutz als Computerprogramm herausfallen. Alle komplexeren Sprachen – wie ActiveX, Java, DHTML oder Perl –, die vor allem zur Steuerung multimedialer und datenbankgesteuerter Websites verwendet werden, sind dagegen als Computerprogramme geschützt.

3.8.2 Wie weit reicht der Schutz?

Nur selten werden die eine Website steuernden Programmcodes, einschließlich Java-Skripte und -Applets, von einem Nachahmer im Ganzen übernommen. Interessant sind in der Regel nur besonders elegante Programmierlösungen einzelner Teile aus dem Design. Oft sind es auch nur clevere Grundideen, auf die dann eine eigene unabhängige Programmierung aufgebaut wird. Die beispielsweise von AOL immer wieder ungefragt vorgenommene Updating-Prozedur wäre ein Beispiel für eine Programmierungsidee. Solche Ideen sind grundsätzlich frei; erst wenn die konkrete Programmierung in ihrem Wesensgehalt übernommen wird, greift man in den Programmschutz ein. Die konzeptionelle Struktur eines Programms ist damit geschützt, nicht aber die Idee zur Problemlösung.

[«]

> **Fazit: Unterschiedliche Maßstäbe**
>
> Die Maßstäbe, die an Computerprogramme angelegt werden, sind deutlich niedriger als jene an Designleistungen. Im Webdesign erhält man so ein zusätzliches Instrumentarium an die Hand, um die eigene Kreation abzusichern.

3.9 Wann ist der Quellcode geschützt?

Es herrscht immer wieder Verwirrung darüber, welche Detailinformationen dem eigenen Auftraggeber über das auf seinem Server lauffähige Programm mitzuteilen sind. Kann ich beispielsweise die der Programmierung zugrunde liegenden Quelltexte zurückhalten, auch dann, wenn ich (noch) nicht mit der anschließenden Programmpflege betraut bin?

Beispiel: Kundenportal

Eine Internet-Agentur wird beauftragt, ein Kundenportal zu erstellen. In den Vertragsverhandlungen kristallisiert sich heraus, dass der Auftraggeber sich über die Website-Pflege noch keine abschließenden Gedanken gemacht hat, das Projekt aber unbedingt schnell auf den Weg geschickt werden soll. Nach Fertigstellung der Produktion verlangt der Kunde auch die Herausgabe der Quellcodes. Die Kalkulation der Agentur erfolgte in der Hoffnung, auch mit der Website-Pflege beauftragt zu werden. Was nun?

Quellcode selbstständig geschützt

Wie in dem vorausgehenden Kapitel beschrieben, sind Computerprogramme in jeder Ausdrucksform vor Nachahmung geschützt. Dies gilt selbstverständlich auch für die zugrunde liegenden Quelltexte (Quellcodes). Aus Sicht des Urheberrechts ist deshalb der Quellcode selbstständig geschützt, und es obliegt in dem obigen Beispiel der Agentur, ob sie eine Nutzung nur des ausführbaren Programms oder auch des Quellcodes zulässt (siehe Abschnitt 2.2, »Wie entsteht ein Urheberrecht?«). Umgekehrt wird der Auftraggeber einwenden, dass das Kundenportal ausschließlich für seine Zwecke entwickelt worden sei und deshalb eine Zurückhaltung der Quellcodes für die Agentur nicht von Interesse sein könne. Außerdem hätte der Verbleib zur Folge, dass sie als Kunden quasi gezwungen seien, auch die Website-Pflege von der Agentur durchführen zu lassen. Die Argumente auf beiden Seiten sind einleuchtend. Die Agentur kalkuliert zukunftsorientiert, und der Auftraggeber möchte seine Entscheidungsfreiheit nicht beschnitten wissen.

Vertragliche Vereinbarungen entscheidend

Die Lösung dieser Pattsituation findet sich in den Vereinbarungen, welche die beiden Parteien getroffen haben. Dabei gilt in erster Linie das, was ausdrücklich auf Papier festgehalten wurde; aber daneben wird auch entscheidend sein, was die Parteien darüber hinaus schwarz auf weiß festgehalten hätten, wenn sie sich der Bedeutung bewusst gewesen wären. Man schaut also bildlich gesprochen auch hinter die Kulissen.

Vertragsklausel

Eine typische Vertragsklausel (Variante 1) könnte wie folgt aussehen:

> »Die Agentur verpflichtet sich, eine gebrauchstaugliche Website im (HTML-)Format einschließlich der zugrunde liegenden Quelltexte zu übergeben.«

Aber auch die folgende Klausel (Variante 2) führt zum gleichen Ergebnis:

> »Sämtliche urheberrechtlichen Verwertungsrechte an der Website werden von der Agentur an den Auftraggeber übertragen.«

In beiden Fällen hat die Agentur dem Ausverkauf ihrer Rechte zugestimmt. Sie hat sich verpflichtet, dem Kunden die Möglichkeit zu verschaffen, nunmehr ausschließlich und allein die Programmierung zu nutzen und folglich auch Dritte mit der Website-Pflege zu betrauen.

Ganz anders sieht das Ergebnis bei folgender Formulierung (Variante 3) aus:

> »Die Agentur ist zur Überlassung des dem ablauffähigen Programm zugrunde liegenden Quellcodes einschließlich der dazugehörigen Entwicklungsdokumentation nicht verpflichtet.«

Mit dieser Vertragsgestaltung hält die Agentur entscheidende Teile ihrer Arbeitsleistung berechtigterweise zurück. Damit ist erreicht, dass Quellcode oder sonstige Entwicklungsdokumente, die für eine Weiterentwicklung der Websitebenötigt werden, noch bei der Agentur bleiben und ausschließlich zu ihrer Verfügung stehen.

Fehlt eine Regelung, wie mit dem Quellcode verfahren werden soll, gilt als Faustregel, dass bei ausschließlich für einen Auftraggeber konzipierten Webauftritten der Quellcode mitzuliefern ist. Enthält dieser Programmierlösungen, die nicht an die Öffentlichkeit kommen dürfen, ist eine explizite vertragliche Regelung dringend anzuraten.

Vertrag schweigt

Quellcode: Verträge

Welche Klausel sich gegenüber Ihrem Kunden durchsetzen lässt, liegt natürlich nicht allein in Ihren Händen. *Aber:* Ihre Honorarkalkulation sollte im Grundsatz auf der eingeschränkten Rechteeinräumung beruhen (Variante 3), d. h. der Quellcode kostet extra.

Fehler im Quellcode

Durch vertragliche Regelung kann nicht verhindert werden, dass zur *Fehlerbehebung* in die der Website zugrunde liegende Programmierung durch den Kunden eingegriffen wird (siehe auch Kapitel 14 zur Gewährleistung bzw. zur Gestaltung der AGBs). Eine aktive Unterstützung durch den Urheber wird dabei aber nicht geschuldet.

3.10 Wann ist eine Datenbank geschützt?

Beispiel: Bundesliga-Spielplan

Der Wettveranstalter WinWin versorgt sich mit den notwendigen Spielplänen für seine Wettgeschäfte über die offizielle Website der Bundesliga. Der Betreiber klagt auf Unterlassung.

Nach heutigem umgangssprachlichen Verständnis gilt als Datenbank eine Ansammlung von Daten in elektronischer Form. Aus urheberrechtlicher Sicht greift dieses Verständnis zu kurz.

3.10.1 Was ist eine Datenbank?

Systematische Datensammlung

Eine Datenbank im Sinne des Urheberrechts besteht aus einer Sammlung unabhängiger Elemente, die systematisch oder methodisch geordnet sind. Für die Ordnung ist etwa eine alphabetische Anordnung ausreichend. Damit ist etwa das Telefonbuch eine Datenbank.

Wesentliche Investition

Während die obige Definition die Datenbank inhaltlich beschreibt, bedarf es im Hinblick auf die verbundenen Exklusivrechte und der sehr extensiven Begriffsbestimmung eines einschränkenden Korrektivs. Dieses Korrektiv findet sich in dem Erfordernis, dass die Datenbank eine wesentliche Investition erforderlich machen muss. In den vergangenen Jahren sind zahlreiche Rechtsstreitigkeiten bis zum Europäischen Gerichtshof zu der Frage ausgetragen worden, ab welchem Umfang eine Investition als wesentlich gilt und welche Investitionen zu berücksichtigen sind.

Eine summenmäßige Bezifferung ist aufgrund der Heterogenität der ergangenen Entscheidungen nicht möglich. Zu erkennen ist jedoch, dass die Gerichte relativ großzügig mit dem Begriff umgehen. Ebenfalls festzustellen ist, dass die Wesentlichkeit aus Sicht des Datenbankherstellers und dessen wirtschaftlicher Kraft beurteilt wird. Dies legen jedenfalls so unterschiedliche Entscheidungen nahe, die einmal Investitionen in Millionenhöhe für ausreichend erachten und einmal solche im gerade fünfstelligen Bereich.

Der Datenbankschutz wird aber nur solchen Investitionen gewährt, die sich unmittelbar auf die Datenbankerstellung beziehen und nicht auf die Generierung der in ihr enthaltenen Daten. Damit sind in erster Linie solche Kosten zu berücksichtigen, die im Zusammenhang mit der Beschaffung, Aufarbeitung und Speicherung vorhandener Daten entstehen.

Beispiel »Spiel- oder Rennpläne«

Deshalb sind auch die Spielpläne der Bundesliga oder Rennpläne von Pferderennen keine wesentliche Investitionen erforderlich machende Datenbanken. Die Organisation der Bundesliga oder von Pferderennen und damit zusammenhängend die Generierung der Spiel- bzw. Rennpläne ist zwar eine wesentliche Investition. Diese bezieht sich aber nicht unmittelbar auf die Datenbank, sondern auf den Spiel- bzw. Rennbetrieb und bleibt deshalb für die Frage des Datenbankschutzes unberücksichtigt.

Eigenleistung

Die mit der Erstellung der Datenbank verbundenen Investitionen müssen nicht notwendigerweise im Einsatz von Geld liegen. Ausreichend ist auch der Einsatz von menschlichen oder technischen Ressourcen oder Mitteln, sofern sie in quantitativer oder qualitativer Hinsicht wesentlich sind und im unmittelbaren Zusammenhang mit der Erstellung der Datenbank stehen. Die quantitative Beurteilung bezieht sich auf Mittel, die sich beziffern lassen, und die qualitative Beurteilung auf nicht quantifizierbare Anstrengungen.

3.10.2 Was ist bei der Entnahme aus Datenbanken zu beachten?

Beispiel: Automobilbörse
Die Software AG bietet eine Software an, die parallel in sämtlichen Automobilportalen und nach Vorgaben des Nutzers nach passenden Autos sucht. Ein Automobilportal verlangt Unterlassung.

Das Recht an einer Datenbank wird immer dann verletzt, wenn solche Teile nach Umfang und/oder Qualität entnommen werden, dass dadurch die Investition, die hinter der Datenbank steckt, gefährdet wird. Erforderlich ist dafür eine Entnahme in einem Umfang, der selbst eine wesentliche Investition darstellen würde. Im vorangehenden Abschnitt wurde festgestellt, dass die Gerichte den Begriff der wesentlichen Investition sehr großzügig auslegen. Deshalb ist auch bei der Entnahme aus vorbestehenden Datenbanken Vorsicht geboten. Nur dann, wenn die Überschneidungen weniger als 8 % ausmachen, kann man sicher sein, nicht in den Bereich der wesentlichen Übernahme zu geraten. **Wesentliche Bestandteile**

Neben der Übernahme wesentlicher Teile ist auch die wiederholte systematische Entnahme unwesentlicher Teile untersagt, sofern diese Handlung einer normalen Auswertung der Datenbank zuwiderläuft oder die berechtigten Interessen des Datenbankherstellers unzumutbar beeinträchtigt. Erforderlich ist dafür nach einem Urteil des OLG Hamburg unter anderem, dass in der kumulierten Summe jeder einzelnen systematischen Entnahme die Entnahme eines wesentlichen Teils der Datenbank liegt. Damit sind hohe Hürden für den Datenbankhersteller gelegt, denn dieser muss dies im Zweifel nachweisen. **Systematische Entnahme**

In einem vom Bundesgerichtshof dieses Jahr entschiedenen Fall ging es darum, ob eine unzulässige Entnahme von Teilen einer Datenbank nur dann vorliegt, wenn diese Teile physisch kopiert werden, oder ob es ausreichend ist, wenn die Übernahme nach einer eigenen Abwägung im Einzelfall erfolgt. Hintergrund war die Frage, ob die inhaltliche Auseinandersetzung und Für-gut-Befindung einzelner Inhalte einer Entnahme entgegensteht, d. h., ob nur der Akt des Copy and Paste verboten sein soll. Der BGH hat die Frage dem EuGH vorgelegt, und dieser hat entschieden, dass es auf die Art der Datenermittlung nicht ankommt. Entscheidend sei allein, ob auf diese Weise ein wesentlicher Teil der Datenbank übernommen worden sei. Ein Indiz für eine solche Übernahme **Copy and Paste** sei immer die inhaltliche Übereinstimmung der Datensätze. Liegt diese vor, muss der Übernehmer darlegen, weshalb diese nicht auf einer Entnahme beruht – was schwierig sein dürfte.

Beispiel »Automobilbörse«

Im Beispiel »Automobilbörse« wurde eine Software angegriffen, die automatisch in kurzen Zeitintervallen die Datenbanken aller Automobilportale anhand von individuell einstellbaren Kriterien absuchte. Das Oberlandesgericht Hamburg stellte fest, dass nur dann eine Entnahme aus der Datenbank vorliegen würde, wenn bei jedem einzelnen Nutzer dieses Kriterium erfüllt sei. Nur dann könnte die Software selbst gegen Datenbankrechte verstoßen. Einen solchen Verstoß konnte das Gericht aufgrund der Größe der Datenbank nicht feststellen, denn die Nutzer suchten schließlich nach bestimmten Modellen.

3.11   Wann ist ein Text geschützt?

Ob markiger Werbeslogan oder Gebrauchsanweisung für einen Wäschetrockner – die Kunst liegt in der Formulierung. Wo der Texter eigene Gestaltungsmöglichkeiten behält, besteht ein großzügiger Schutz des Textes.

Texte sind geschützt – fast immer

Die Logik der Rechtsprechung ist einfach. Im Bereich der angewandten, zweckgebundenen Kunst existiert für das Design mit dem Geschmacksmusterrecht ein Unterbau, dessen Schutzmöglichkeiten für diese Werkarten vorrangig sein sollen. Urheberschutz wird in der Regel versagt. Für Texte dagegen gibt es diesen Unterbau nicht, mit der Folge eines großzügigeren Umgangs mit dem Urheberrecht. Selbst für Gebrauchsanweisungen oder Hilfe-Menüs von Computerprogrammen, bei denen die Technik selbst Vorgaben für die textliche Gestaltung gibt, ist es in vielen Fällen ausreichend, wenn der verbleibende Spielraum durch den Texter genutzt wird. Aber auch hier sind Grenzen vorgezeichnet.

3.11.1   Werbeslogans

Zu kurz!

Markige oder witzige Slogans sind sicher Ausdruck einer individuellen geistigen Schöpfung, und dennoch lehnt die Rechtsprechung hier mit dem Argument der Kürze einen Urheberrechtsschutz ab. Die notwendige Gestaltungshöhe lasse sich in einem Satz nicht finden. Wieder eine Restriktion, die sich nur mit der kommerziellen Zweckgebundenheit des Slogans erklären lässt. Eine Monopolisierung soll verhindert werden.

Es bleibt abzuwarten, wie sich die Rechtsprechung hier entwickelt. Die unterschiedliche Behandlung ein und desselben Rechtsbegriffes wird zu Recht kritisiert. Außerdem lässt der Vergleich zur Musik Zweifel an der restriktiven Rechtsprechung aufkommen. Schon wenige Töne machen die Musik und garantieren einen Urheberschutz. Das ohnehin fragwürdige Argument der Kürze vermag deshalb nicht zu überzeugen. Auch ein Blick in die Vergangenheit, in der Werbeslogans in Versform sehr beliebt waren, zeigt meines Erachtens die Widersprüche in der Rechtsprechung. Einem so kernigen Satz wie »Biegsam wie ein Frühlingsfalter bin ich im Forma-Büstenhalter« wurde Urheberschutz zugebilligt. Zugegebenermaßen kommt hier das Gestaltungsmittel des Reimes zusätzlich zum Einsatz, aber ob darin wirklich ein Mehr an individueller Kreativität zu sehen ist, möchten wir bezweifeln. Für den Moment bleibt allerdings nur der Tipp, die Rechtsprechung immer wieder herauszufordern, denn so können den Gerichten irgendwann die Argumente für die Versagung von Urheberschutz für kurze Sätze ausgehen.

3.11.2 Kataloge

So wie einige Unternehmen heutzutage erkannt haben, dass auch allgemeine Geschäftsbedingungen nicht abschreckend sein müssen, sondern werbewirksam eingesetzt werden können, so gilt dies erst recht für die Gestaltung von Katalogen, Werbeprospekten und selbst von Gebrauchsanweisungen. Die Formulierungen werden mit Bedacht gewählt, auch wenn der Rahmen der Gestaltung sicherlich eng ist. Wird er dennoch genutzt, genießen die Texte Schutz.

3.11.3 Die Kehrseite

Urheberrechte sind Exklusivrechte. Je enger der Rahmen ist, der durch das Produkt selbst und nicht durch die individuelle Leistung des Texters vorgegeben ist, umso schmaler ist wieder der Korridor der Schutzfähigkeit. Technische Beschreibungen wie Hilfe-Menüs oder Gebrauchsanweisungen sind nur gegen im Wesentlichen identische Übernahme geschützt. Anders der anspruchsvolle Roman – hier genießen der Lauf der Handlung, die Entwicklung der Charaktere, also auch inhaltliche Aussagen des Textes Schutz.

[+]

> **Tipp: Geschicktes Vorgehen**
>
> Im Bereich Werbedesign sind es immer wieder die ähnlich übernommenen Texte, die ein Vorgehen gegen die »Kopie« aussichtsreich machen, auch wenn man vordergründig über die Layoutübernahme stolpert, der man meist machtlos gegenübersteht.

3.12 Wann ist eine Tonfolge geschützt?

Es braucht nicht viel an individueller Gestaltung, um Musikstücken das Tor zum Urheberrecht zu öffnen. Ob Schlager oder NDW – auch sie genießen Schutz, nicht nur die Klassiker der E-Musik. Gilt Gleiches aber auch schon für nur einen wenige Töne umfassenden Jingle?

Nur wenige Töne reichen

Urheberrecht ist keine Mathematik. Es gibt folglich keine von vornherein festgelegte Mindestzahl an Tönen, die für einen Schutz erforderlich wären. Das Oberlandesgericht Hamburg hat aber bereits entschieden, dass schon drei Töne eine ausreichende Gestaltungshöhe haben können. Auch ganz kurze Jingles sind damit grundsätzlich urheberrechtsfähig. Allerdings entscheidet nicht allein die Anzahl der Töne, sondern die gesamte Komposition. Wir haben deshalb unsere Zweifel, ob beispielsweise die Klingeltöne des T-Mobile-Jingles im Streitfall wirklich Schutz beanspruchen könnten. Im Hinterkopf der Richter stünde immer die Zweckgebundenheit des Jingles: Er dient zur Identifizierung der Dienstleistungen von T-Mobile. Hierfür gibt es Schutz nach dem Markenrecht (siehe Abschnitt 7.3, »Wann ist das Corporate Design geschützt?«). Anders sieht es dagegen für den lange Zeit von Toyota genutzten Jingle »Nichts ist unmöglich ...« aus. Diesem wurde auch Urheberschutz zugebilligt.

Bekannte Musikstücke nur gegen Genehmigung

Gleiches gilt für Jingles, die als Teile bekannten Musikstücken entnommen sind. Die Zweckgebundenheit kann hier auch als bloße gedankliche Stütze der Argumentation nicht herhalten. Ist der Originalsong trotz verkürzter Verwendung in seinen Grundzügen noch zu erkennen, gilt das Urheberrecht auch für den Jingle. Will man also kurze Teile eines bekannten Songs nutzen, benötigt man dafür eine Genehmigung des Urhebers bzw. der Verwertungsgesellschaften (Lizenzen).

Sound-Sampling

Die Extraktion einzelner Töne mittels digitaler Aufbereitung, sogenanntes *Sound-Sampling*, führt dagegen zu einer so weitgehenden Zerstückelung des Originalwerkes, dass die einzelnen Samples beliebig kombiniert und frei verwertet werden dürfen.

Gecovert

Aufgrund der Harmonisierungsbestrebungen auf EU-Ebene sind an sich gemeinfreie Stücke, die von bekannten Musikern gecovert wurden, nunmehr für einen Zeitraum von 70 Jahren nach deren Erstveröffentlichung geschützt – aber natürlich nur die Coverversion. Bisher galt eine Schutzfrist von 50 Jahren, weshalb man bei der Auswahl von Musikstücken neu und genau hinschauen muss.

3.13 Was ist bei der Einbindung von Musik zu beachten?

Beispiel: Musikalischer Online-Shop

Der Online-Shop-Betreiber Megastore will sein Portal musikalisch unterlegen. Um Kosten zu sparen, schwebt ihm das Einbinden eines Inter-

netradios vor. Wichtig ist ihm dabei, dass die Musikrichtung sich dem vermeintlichen Geschmack seiner Kunden anpasst.

3.13.1 Einbindung von Musikdateien

Webseiten im Internet lassen sich durch Technologien wie Flash, Shockwave und Midi multimedial mit Sound und Musiken ausstatten. Will man geschützte Musikdateien im Internet nutzen, benötigt man dazu die Genehmigung der Rechteinhaber an dem Titel. Nur, wer sind die Rechteinhaber?

Praktisch wäre es, wenn man sich lediglich an eine Institution wenden müsste, um für sein jeweiliges Online-Projekt die notwendigen Rechte zu erhalten. Mit den Verwertungsgesellschaften (siehe den Abschnitt 5.4, »Wo beschaffe ich mir Lizenzen?«), insbesondere der GEMA, stehen solche Institutionen eigentlich bereit. Die Frage ist nur, ob diese auch die notwendigen Rechte einräumen können? **Lizenzierungsdschungel**

Die GEMA erhält ihre Berechtigung zur Lizenzierung von Musiktiteln aus den Berechtigungsverträgen mit den Künstlern. Dieser Berechtigungsvertrag beinhaltet aber zum einen nur eine Lizenzierung des Vervielfältigungsrechtes und auch das nur außerhalb einer Nutzung in Werbespots. Zum anderen gibt es Musiktitel, an denen die GEMA Rechte zu einem Zeitpunkt erworben hat, zu dem es noch keine Internetnutzung gab. Der BGH hat nun in einem Mitte 2009 veröffentlichen Urteil entschieden, dass eine einseitige Änderung dieser bestehenden Altverträge nicht möglich ist. Die GEMA kann die Internetnutzung folglich nur dann lizenzieren, wenn ihr die Rechte nachträglich eingeräumt wurden. Ansonsten muss man sich unmittelbar an den Künstler bzw. den Musikverlag wenden. **Lizenzumfang**

Weiterhin zu beachten ist, dass die GEMA zunächst nur die Rechte der Komponisten und nicht die Rechte der Musiker, die den Musiktitel eingespielt haben, und auch nicht die Rechte der Tonträgerhersteller, die den Titel produziert haben, wahrnimmt. Vor einer Nutzung ist deren Genehmigung zusätzlich einzuholen. In der Regel sind die Musiker mit dem Tonträgerhersteller vertraglich verbunden, sodass jedenfalls von diesem die Rechte zentral erworben werden können. Vor einer Nutzung sind deshalb in jedem Fall die GEMA und der Tonträgerhersteller zu kontaktieren. **Musikverlage**

Gleichfalls wird von der GEMA nur Hintergrundmusik lizenziert, d. h., die Titel dürfen nicht in eigenständigen Multimediawerken zum Einsatz kommen. Soll dies geschehen, muss man den Komponisten sowie den Tonträgerhersteller fragen. **Nur Hintergrundmusik**

Der Berechtigungsvertrag sieht zwar eine Einschränkung für Werbespots vor. Die Rechte zur Nutzung verbleiben beim Komponisten und werden nicht von der GEMA wahrgenommen. Die Untermalung von **E-Commerce**

Firmen- oder Produktinformationen auch zur Verkaufsförderung fällt allerdings nicht unter diese Schranke: Hierbei handelt es sich nicht um Werbespots. Die Nutzung kann bei der GEMA ab 360 € pro Musiktitel lizenziert werden. Die genauen Kosten hängen von Art der Nutzung und der Intensität des Seitentraffics ab.

3.13.2 Einbindung von Musikstreams

Lizenz
Wie sieht die Notwendigkeit der Lizenzbeschaffung nun aus, wenn man sich vorhandene Musikstreams durch Verlinkung auf passende Internetradios zunutze macht? Klar ist, dass man als »Sender« eines eigenen Internetradios entsprechende Lizenzen erwerben muss. Was gilt aber im Falle der bloßen Verlinkung auf vorhandene »Radios«? In der analogen Welt benötigt jedes Ladenlokal, in dem Musik abgespielt wird, um die Kunden zu unterhalten, dafür eine GEMA-Lizenz. Hintergrund ist das Recht auf öffentliche Wiedergabe, das ausschließlich dem Künstler gebührt. Der Unterschied zum Link ist allerdings der, dass der Online-Shop nicht selbst die Musik abspielt bzw. öffentlich wiedergibt, sondern lediglich die Möglichkeiten des Internets nutzt. Um bei dem Bild aus der analogen Welt zu bleiben: Der Online-Shop macht lediglich die Tür auf, damit die Musik von nebenan auch bei ihm zu hören ist. Das Recht zur öffentlichen Wiedergabe kann deshalb nicht betroffen sein. Fraglich ist allerdings, ob der Shop-Betreiber durch die Verlinkung nicht möglicherweise selbst zum »Sender« wird und damit eine vergleichbare Lizenz benötigt wie für das originär sendende Radioportal. Soweit ersichtlich sind zu dieser speziellen Fragestellung noch keine Gerichtsurteile ergangen.

Geklärt ist indes die Situation in der analogen Welt. Werden terrestrische Signale zentral empfangen und dann über eine interne Verteileranlage (etwa in Hotelzimmern) wieder ausgegeben, ist dieser Vorgang eine Sendung im urheberrechtlichen Sinne. Gleichgültig ist dabei, dass das gleiche Ergebnis durch Installation einer eigenen Empfangsanlage in jedem Hotelzimmer hätte erreicht werden können. Der Bundesgerichtshof betont in seinen Entscheidungen, dass diese nicht technisch, sondern wertend bedingt seien. So fallen etwa kleinere Verteileranlagen in Mietshäusern nicht unter das Senderecht. Sind diese Beispiele nun auf den Bereich Verlinkung übertragbar? Wir meinen, man muss die Frage von der Art und Weise der Werknutzung her beantworten und nicht von deren technischer Umsetzung. Von diesem Standpunkt aus betrachtet, ist der Sender des Musiktitels die eigene Website, denn es kann keinen Unterschied machen, ob man die abgespielten Titel als Musikdateien selbst hinterlegt oder aber sich diese via Internetradio besorgt. Mit der Verlinkung auf ein Internetradio wird man damit selbst zum Sender und benötigt eine entsprechende Lizenz.

Die sogenannten *Webradio-Tarife* unterscheiden zwischen solchen Angeboten, die mit der Musik keine Gewinne erzielen, und solchen, bei denen Gewinne generiert werden. Entscheidend ist die Kausalität zwischen dem Angebot von Musik und den erzielten Einnahmen. Betreibt man etwa einen CD-Handel im Internet, handelt es sich um eine kommerzielle Nutzung, die mit der Musik Gewinne erzielt. Auch bei Werbung wird man vorsichtig sein müssen. Die Verwertungsgesellschaften argumentieren, dass der User sich die Werbebanner ohne Musik nicht angeschaut hätte. Damit liegt eine Kausalität vor, die eine besondere Lizenz erfordert. Die für diesen Einsatz notwendige Lizenz ist erheblich teurer und mit einem größeren Verwaltungsaufwand verbunden. Nutzt man den Link für Produkte, die nicht in einem unmittelbaren Zusammenhang zur Musik stehen, kommt man mit einer Privatlizenz aus. Diese ist bei der GEMA schon ab 30 € pro Monat zu haben.

Tarife

Aufpassen muss man allerdings bei sogenannten *personalisierten Streams*, d. h. bei Angeboten, die an die vermeintliche eigene Kundschaft angepasst sind. Alle Webradios bieten solche Funktionalitäten an. Leitet man diese Angebote im eigenen Shop weiter, benötigt man spezielle Lizenzen. Welche genau das sind, hängt vom Einzelfall ab, da bei solchen Unicasts unterschiedliche Urheberrechte betroffen sein können.

Personalisierte Angebote

Die Einbindung von Internetradios in den eigenen Shop kann tatsächlich eine kostengünstige Alternative sein. Genau prüfen sollte man allerdings den Einsatz von sogenannten *Unicasts*. Die technischen Möglichkeiten bei den Radioanbietern sind verlockend. Sie können aber schnell zu Auseinandersetzungen mit den Rechteinhabern, insbesondere den Verwertungsgesellschaften führen.

Beispiel »Unicasts«

4   Fotorecht

In Abschnitt 3.5, »Wann ist ein Foto geschützt?«, wurde schon dargelegt, wann Fotos vor Nachahmungen geschützt sind. Darum soll es an dieser Stelle nicht mehr gehen. Vielmehr wird der Rahmen abgesteckt, innerhalb dessen man Fotos nutzen und verwerten kann. Angefangen bei der Bildbeschaffung (insbesondere über sogenannte *Microstock-Agenturen*) über die Grenzen freier Motivwahl bis hin zu Verwertung und der Verantwortlichkeit des Grafikers bzw. seines Kunden für Rechtsverletzungen bei der Verwertung werden die sensiblen Punkte beschrieben.

4.1   Was ist bei der Bildbeschaffung zu beachten?

Ist die Motivsuche abgeschlossen, muss man bei der Bildbeschaffung als Nächstes darauf achten, dass man vom Berechtigten die für die intendierte Nutzung ausreichenden Rechte einholt. **Kein gutgläubiger Erwerb**

Anders als im Bereich Musik, der nahezu vollständig von der GEMA (siehe Abschnitt 5.4, »Wo beschaffe ich mir Lizenzen?«) abgedeckt wird, liegt die Erteilung von Nutzungsrechten an Fotos überwiegend in den Händen von Bildagenturen. Die VG BildKunst vertritt zwar auch die Rechte von Fotografen, aber meist nicht in Hinblick auf die Reproduktionsrechte. Man ist deshalb auf Bildagenturen bzw. Bildportale angewiesen. **Verwertungsgesellschaften**

4.1.1   Bildportale und Agenturen

Beispiel: Bilderwerb in Microstock-Portalen
Die Grafikagentur Dreamteam entwirft für ihren Kunden ein Logo. Die Kosten müssen niedrig gehalten werden, weshalb zur Bildbeschaffung auf Microstock-Portale zurückgegriffen werden soll. Die Lizenzbedingungen sind transparent, alles scheint klar. Und dann gibt es doch Post vom Anwalt. Der gute Glaube und die Lizenz schützen davor nicht!

Gerade sogenannte *Microstock-Agenturen* bieten über das Internet Fotografien, Vektorgrafiken und auch Videos zum kostengünstigen **Microstock-Agenturen**

Download an. Die Lizenzen versprechen eine räumlich und zeitlich unbegrenzte Nutzungsmöglichkeit, und das für meist weniger als 10 €. Dies funktioniert natürlich nur deswegen, weil die Portale eben nur eine Plattform zur Verfügung stellen, auf der mehr oder weniger jeder seine Fotografien vermarkten kann. Die Agenturen regeln zwar über Allgemeine Geschäftsbedingungen und auch über entsprechende Hinweise beim Up- und Download-Vorgang die Bedingungen, die eingehalten werden müssen, aber bei der Masse an Bildmaterial kann und will niemand deren Einhaltung kontrollieren.

Kontrollpflicht beim Nutzer
Diese Kontrollpflicht obliegt dem Endnutzer. Eine schwere Bürde, denn um Rechtssicherheit zu haben, muss er die Rechtekette an dem Foto, Video oder der Vektorgrafik bis zum ursprünglichen Urheber zurückverfolgen. Reißt die Kette auf diesem Weg ab, scheitert der gesamte Rechteerwerb. Und zwar unabhängig davon, ob die Lizenz von der Microstock-Agentur ordnungsgemäß erworben wurde. Das liegt daran, dass das deutsche Urheberrecht keinen gutgläubigen Erwerb kennt. Man kann Rechte also nur dann erwerben, wenn der Verkäufer/Lizenzgeber diese auch tatsächlich besitzt. Einen Rechtsschein (etwa wie beim Autokauf der Fahrzeugbrief oder beim Hauskauf das Grundbuch) gibt es im Urheberrecht nicht. Das bedeutet, dass man nur dann eine belastbare Lizenz erhält, die man an seinen Kunden weitergeben und die dieser nutzen kann, wenn der tatsächliche Urheber das Bild in der Datenbank hinterlegt hat. Nicht jeder Bild-Upload erfolgt aber vom Berechtigten. Die Weitergabe an bzw. die Nutzung eines solchen Bildes durch den Kunden sind Rechtsverletzungen. Daran ändert auch der Umstand nichts, dass mit dem Upload garantiert wird, selbst Urheber der Aufnahme zu sein bzw. alle notwendigen Rechte zu besitzen.

Unterlassung
Daher kann man auf Unterlassung in Anspruch genommen werden, obwohl man sich im Besitz einer Lizenz wähnt. Peinlich wird die Situation, wenn der Kunde ins Visier einer Abmahnung kommt. Weder der Kunde noch die Agentur können sich auf ihre Gutgläubigkeit berufen, denn der Unterlassungsanspruch ist verschuldensunabhängig. Einigt man sich in der Folge nicht mit dem eigentlichen Rechtinhaber, bleibt nur eins: Das Foto muss aus dem Verkehr gezogen werden.

Folgen
Als Agentur wird man in einer solchen Situation möglichst versuchen, dem Kunden entgegenzukommen, um diesen unabhängig von einer rechtlichen Verpflichtung schadlos zu halten. Man muss dabei die Abmahnkosten, die Lizenzgebühren für den wirklichen Urheber für die zurückliegende Nutzung sowie die Kosten einer Ersatzbeschaffung für den eigenen Kunden im Blick haben. Im Hinterkopf hat man dabei die Idee, sich diese Kosten bei dem Betreiber des Online-Portals wiederzuholen. Man hat ja schließlich dort eine ordentliche Lizenz erworben. Außerdem

ist der Betreiber leicht identifizierbar und meist finanzkräftiger als der »falsche« Urheber. Allerdings ist diese Hoffnung meist trügerisch, denn man hat oft keinen adäquaten Schadensersatzanspruch.

Anders als der verschuldensunabhängige Unterlassungsanspruch erfordern lizenzvertragliche oder urheberrechtliche Schadensersatzansprüche ein Verschulden. Ohne Verschulden der Bildagentur hat man keinen Anspruch auf Ersatz der angesprochenen Kosten. Man kann sich also nur dann bei der Bildagentur schadlos halten, wenn diese für die Nutzungsrechtsverletzung ein eigenes Verschulden trifft. Zwar verpflichtet das Urheberrecht den Erwerber, in einer Rechtekette Nachforschungen anzustellen, ob sein Rechtserwerb rechtmäßig war. Er muss nachfragen und sich gegebenenfalls Lizenzverträge zeigen lassen, und er darf sich nicht allein auf das Wort seines unmittelbaren Vertragspartners verlassen. Gibt sich aber der unmittelbare Vertragspartner als Urheber aus, würden Nachforschungen ins Leere laufen. Die Annahme eines Verschuldens käme in diesen Fällen einer Garantiehaftung gleich, die es nach der Schuldrechtsreform aber nicht mehr gibt. Vielfach wird man deshalb seine Kosten nicht bei der Bildagentur zurückholen können. Letztendlich haftet allein der falsche Urheber, sofern er denn identifizierbar und finanzkräftig ist.

Weiter erschwert wird die Situation dadurch, dass die Betreiber der einschlägigen Bildportale ihren Sitz nicht in Deutschland haben. Selbst wenn man ein Verschulden nachweisen könnte, müsste man nämlich den Prozess vor einem ausländischen Gericht am Sitz des Unternehmens führen. Das Prozessrisiko und die verbundenen Kosten werden damit unkalkulierbar, sodass man meist auf eine Rechtsverfolgung verzichten wird. Die gleichen Einschränkungen gelten natürlich auch bei einer Rechtsverfolgung gegenüber dem »falschen« Urheber. Dies lohnt sich nur dann, wenn der Prozess in Deutschland geführt werden kann.

Das eben zur Haftung zwischen Grafik und Bildagentur Gesagte gilt natürlich auch gegenüber dem eigenen Kunden – mit einer Ausnahme: Der Gewährleistungsanspruch auf Nacherfüllung oder Minderung ist verschuldensunabhängig. Man muss dem Kunden deshalb immer entweder ein neues Logo entwerfen oder das Honorar zurückerstatten.

Man sollte deshalb genau abwägen, wie kulant man dem eigenen **Kulanz** Kunden gegenüber sein will. Zwingend steht man diesem gegenüber nur in der Gewährleistungspflicht.

Exkurs: Gewährleistungspflichten auf Nachbesserung beschränken

Beschränkt man seine Gewährleistungspflichten zunächst auf Nachbesserung und gewährt erst nach zwei gescheiterten Versuchen die übrigen Ansprüche, erhält man sich seinen Honoraranspruch, auch wenn man ein anderes Foto zur

Grundlage des Layouts machen muss. Darüber hinaus verhindert man wie im Beispiel der erledigten Printanzeige einen Anspruch möglicherweise überhaupt, nämlich wenn das eigene Nachbesserungsrecht die übrigen Gewährleistungsansprüche des Kunden sperrt.

[+]

Tipps

▸ Hinweis an den Kunden zur Lizenzproblematik bei Microstock-Agenturen

▸ Nur seriöse Online-Bildarchive nutzen, Nutzerbewertungen beachten

▸ Nutzung von Bildarchiven mit Sitz in Deutschland

▸ Nur Bilder mit nachvollziehbarem Copyright-Vermerk

▸ Urheber recherchieren und kontaktieren. Der Urheber ist meist auf dem Bild mit angegeben.

▸ AGB: Beschränkung auf Nachbesserung: Volle Gewährleistung erst nach dem Scheitern der Nachbesserung

4.1.2 Herstellerfotos

Bei der Nutzung von Herstellerfotos bei der Produktpräsentation ist zu beachten, dass an diesen Fotos Fotografenrechte existieren. Man darf deshalb nicht einfach die Fotos übernehmen. Es kommt vor, dass Hersteller die Weiternutzung von Produktfotos genehmigen, aber dafür bestimmte Bedingungen aufstellen. Diese sind dann natürlich zu beachten. Ist es notwendig, das Produkt selbst darzustellen, sollte man selbst einen Fotografen beauftragen, der die entsprechenden Aufnahmen anfertigt. Bei der Nutzung fremder Marken ist zu beachten, dass man die fremden Markenrechte nicht verletzt (siehe dazu Abschnitt 4.4, »Was ist bei der Abbildung fremder Produkte zu beachten?«).

4.2 Was ist bei Personenaufnahmen zu beachten?

Beispiel: Bloß eine Randfigur
Der Kunde will sein 10-jähriges Firmenjubiläum auf seiner Website kommunizieren. Dazu sollen Bilder von der großen Gala ins Netz. Zum Teil handelt es sich um weitwinklige Saalaufnahmen, aber auch einige Close-ups sind dabei. Nach der Zustimmung der Abgebildeten zur Veröffentlichung gefragt, zuckt der Geschäftsführer nur mit den Schultern.

Recht auf Anonymität | Gesetzessystematisch ist die Abbildung von Personen grundsätzlich nur mit deren Zustimmung erlaubt. Dieser Grundsatz erfährt Ausnahmen aufgrund besonderer Bekanntheit der abgebildeten Person (Personen der Zeitgeschichte), dem Zusammenhang der Aufnahme (öffentliche Versammlungen) oder der Zufälligkeit der Abbildung (Beiwerk). Diese Ausnahmen werden in einem Abwägungsprozess wieder begrenzt durch ein möglicherweise bestehendes überragendes Interesse des Abgebildeten an seiner Anonymität. Man tut deshalb gut daran, nach Möglichkeit die Zustimmung der Abgebildeten einzuholen.

4.2.1 Bild versus Bildnis

Sind die Abgebildeten aufgrund des Motivs oder der großen Anzahl nicht erreichbar, stellt sich die Frage, ob die Aufnahmen dennoch veröffentlicht werden dürfen. Die Antwort lautet: Bilder dürfen veröffentlicht werden, Bildnisse dagegen nicht. Wann ist aber ein Foto ein Bild und wann ist es Bildnis? Als Faustregel kann man sich merken, dass beim Bildnis die Abgebildeten aus dem Gesamtkontext des Motivs herausgelöst ist. Entscheidend ist also, ob aus der Betrachterperspektive die abgebildeten Personen als Gegenstand der Aufnahme erscheinen (Blickfang/Bildnis) oder hinter einem gegenständlichen Motiv verschwinden (Beiwerk/Bild). Voraussetzung für ein Bild ist damit zweierlei: Das Foto darf keine Person zum Thema haben, und zum anderen muss das Foto das Recht auf Anonymität der abgebildeten Personen respektieren. Die Rechtsprechung hat daraus die Formel entwickelt, dass ein genehmigungsfreies Bild dann vorliegt, wenn die Person(en) hinweggedacht werden könnte(n), ohne dass der Charakter des Bildes verändert würde. Streng genommen läuft die Ausnahmeregel damit leer, denn diese Forderung ist kaum zu erfüllen. Ein Foto verliert stets an Dynamik, wenn Personen fehlen. Die Rechtsprechung hat dieses Argument vor dem Hintergrund des Schutzzweckes – nämlich dem Recht auf Anonymität – akzeptiert und erlaubt Personen zur Auflockerung eines deutlich im Vordergrund stehenden gegenständlichen Motivs.

Beispiele für Fotos als genehmigungsfreie Bilder sind weitwinklige Aufnahmen von Gebäudeansichten, bei denen sich ein Publikumsverkehr nicht vermeiden lässt. Entscheidend ist aber nicht der Umstand der Aufnahme, sondern die Wirkung der Abbildung beim Betrachter. Bezogen auf das Beispiel fallen die Close-ups aus dieser Ausnahmeregel heraus. Ohne Zustimmung der Abgebildeten ist eine Veröffentlichung unzulässig. Bei der Saalaufnahme ist die Beantwortung schwieriger: Steht die Darstellung des Saales als Motiv im Vordergrund oder aber die anwesenden Personen? In der Regel wird man wohl zum Ergebnis kommen, dass die Personen nicht nur Beiwerk sind. Entscheidend ist aber immer die Wirkung beim Betrachter.

Bildnisschutz

Beispiel »Fotos als genehmigungsfreie Bilder«

[+]

> **Tipp: Spiel mit Unschärfen**
>
> Das Spiel mit Unschärfen macht auch ein nachträgliches Heraustreten aus dem Bildnisschutz möglich.

4.2.2 Grenzen der Anonymität

Das Recht auf Anonymität findet dort seine Grenze, wo der Einzelne im Rahmen eines öffentlichen Ereignisses bewusst die Öffentlichkeit sucht. Das Anliegen muss damit ein öffentliches sein. Das Gesetz zählt beispielhaft Versammlungen und Demonstrationen auf. Diese Aufzählung ist aber nicht abschließend. Entscheidend ist, dass sich mehrere Personen im kollektiven Willen zusammenfinden, etwas gemeinsam in der Öffentlichkeit zu tun. Private Veranstaltungen fallen, auch wenn diese öffentlich wahrnehmbar sind, aus der Ausnahmeregelung heraus. Eine weitere Voraussetzung ist, dass die Aufnahme das Ereignis in den Vordergrund stellt und nicht einzelne Personen oder gestellte Szenen. Die Aufnahme eines einzelnen Demonstranten kann nicht Gegenstand der Privilegierung sein. Ob der Spaziergang im Park oder die Fahrt in der U-Bahn als kollektiver Wille zu einem gemeinsamen Ereignis zu begreifen sind, ist zu bezweifeln. Anhand des Beispiels zeigt sich, dass auch die Frage, wann eine Privatveranstaltung vorliegt, manchmal schwer zu beantworten ist. Firmenfeiern mit ausschließlich internen Gästen wird man aber als privat einordnen müssen. Eine genehmigungsfreie Veröffentlichung scheidet deshalb aus.

Ob man darüber hinaus eine bestimmte Anzahl an Personen benötigt, um eine privilegierte Versammlung oder einen ähnlichen Vorgang anzunehmen, ist nicht eindeutig zu beantworten. Die Anzahl der teilnehmenden Personen ist Indiz für den Zweck der Zusammenkunft und kann bei geringer Teilnehmerzahl eher für eine private Veranstaltung sprechen. Letztendlich entscheidend ist aber, ob es sich um einen bewussten gemeinsamen Auftritt in der Öffentlichkeit handelt und die Aufnahme dieses Ereignis und nicht einzelne Personen zum Gegenstand hat.

[+]

> **Hinweis: Hausrecht des Veranstalters**
>
> Aufnahmen von öffentlichen Veranstaltungen in geschlossenen Räumen unterliegen dem Hausrecht des Veranstalters. Innenaufnahmen bzw. deren Veröffentlichung können aus diesem Grund unzulässig sein (siehe Abschnitt 4.3, »Was bedeutet Panoramafreiheit?«).

4.2.3 Personen der Zeitgeschichte

Beispiel: Prominent ist nicht gleich prominent
*Mit prominenten Köpfen Werbung machen und nichts dafür bezahlen –
eigentlich ein klarer Fall: Das geht nicht. Die Kampagne »Big News Small
Size«, die mit montierten Babyfotos eines früheren Außenministers warb,
bekam das teuer zu verstehen. Dagegen war der zurückgetretene Finanz-
minister für eine Autovermietung billig zu haben.*

Eine weitere Ausnahme vom Genehmigungsvorbehalt der Veröffentlichung von Personenaufnahmen bilden Aufnahmen aus dem Bereich der
Zeitgeschichte. Dieser Ausnahmetatbestand hat einen sehr weiten Anwendungsbereich, greift allerdings nur für die publizistische Verwertung
und nicht für die illustratorische oder werbliche. Personenaufnahmen
sind frei, wenn an der Veröffentlichung des Bildnisses ein berechtigtes
Informationsinteresse eines nicht lediglich völlig unbedeutenden Teils
der Öffentlichkeit besteht. Man spricht verkürzt von »relativen« und
»absoluten Personen der Zeitgeschichte«. Der Bericht über den Wiener
Opernball darf deshalb die dort Anwesenden zeigen. Denn ein Ereignis
wie etwa der Opernball macht Personen in der Berichterstattung jedenfalls für diesen Moment zu relativen Personen der Zeitgeschichte, die
deshalb genehmigungsfrei abgebildet werden können. Entscheidendes
Kriterium ist das Informationsinteresse der Öffentlichkeit. Bei gesell-
schaftlichen Ereignissen besteht dieses durchaus an der Teilnahme an
sich und ist nicht auf bestimmte »prominente« Personen beschränkt.
Das Interesse muss aber »berechtigt« sein und besteht nur im Zusammenhang mit einer konkreten Berichterstattung über das Ereignis. Die
Fotos sind kontextgebunden. Nicht jede Neugier am Verhalten der
Reichen und Berühmten ist »berechtigt«. Der BGH hat auf Druck des
Europäischen Gerichtshofes für Menschenrechte die Bebilderung von
redaktionellen Beiträgen mit Szenen aus dem Privatbereich Prominenter
eingeschränkt.

Es ist Ausdruck der Menschenrechte, dass es absolut geschützte
Rückzugsbereiche des Individuums geben muss, in denen das Individuum eine Konfrontation mit Öffentlichkeit nicht befürchten muss.
Das Individuum hat die Grenzen dieses absolut geschützten Bereiches
selbst in der Hand. Derjenige, der zum eigenen Nutzen die Öffentlichkeit sucht, gibt damit einen großen Teil seines Privatbereichs auf, anders
dagegen der zurückgezogen Lebende. Die Rechtsprechung hat Bereiche
bzw. Sphären des sozialen Lebens festgelegt, die vom öffentlichen Auftritt bis zum Blick ins Schlafzimmer reichen. An diesen Sphären wird
das berechtigte Informationsinteresse, und damit das Recht zur geneh-
migungsfreien Veröffentlichung gemessen. Je intimer der Bereich/die

*Berechtigtes Infor-
mationsinteresse*

*Bildnisschutz ist
Menschenrecht*

Sphäre ist, umso mehr tritt das berechtigte Informationsinteresse hinter den absoluten Schutz der Person zurück. Die Einzelheiten sind stark vom Einzelfall abhängig und letztendlich für den Presse- und nicht für den Grafikbereich interessant.

Keine Kinder-
aufnahmen

Abschließend soll darauf hingewiesen werden, dass Aufnahmen von Minderjährigen, auch wenn über ihre Begleiter berichtet wird, tabu sind. In Grenzen können natürlich auch Kinder Personen der Zeitgeschichte sein. Die Sphären sozialen Wirkens, die trotz dieses Umstandes absolut geschützt sind, sind aber wesentlich größer als bei Erwachsenen.

Werbung

Die Zulässigkeit der werblichen genehmigungs- und honorarfreien Nutzung von Prominentenbildnissen hat dagegen nichts mit deren Einordnung als Personen der Zeitgeschichte zu tun. Die kommerzielle Auswertung der eigenen Persönlichkeit obliegt ausschließlich dem Abgebildeten. Macht ein Dritter sich dessen Werbewirksamkeit zunutze, geht dies nur mit Genehmigung. Fehlt diese, sind rückwirkende Lizenzzahlungen fällig. Im Falle des ehemaligen »grünen« Außenministers beliefen sich diese auf 200 000 €. Zwar gibt es von diesem Grundsatz auch wieder Ausnahmen. Deren Grenzziehung ist allerdings so schwierig, dass man die Finger davon lassen sollte. So hat der Bundesgerichtshof im Falle des unter der Schröder-Regierung zurückgetretenen Wirtschaftsministers zwar die beiden vorinstanzlichen Urteile aufgehoben, mit dem Argument, dass die Meinungsfreiheit auch in der Werbung gelte und deshalb die kritische werbliche Auseinandersetzung mit dem Rücktritt des Ministers abdecke. Rückblickend kann man sicher auch erklären, warum die Abwägung zwischen Persönlichkeitsrecht auf der einen und Meinungsfreiheit auf der anderen Seite hier in letzter Instanz zugunsten der Meinungsfreiheit ausging. Schon der Instanzenzug zeigt, dass belastbare Aussagen über die kommerzielle Nutzung von Prominentenbildnissen allenfalls an den Randbereichen möglich sind.

[»]

Fazit: Personenaufnahmen bzw. deren öffentliche Nutzung

Aufnahmen von Personen bzw. die öffentliche Nutzung solcher Aufnahmen erfordert die Zustimmung des Abgebildeten. Hintergrund ist das Recht auf Anonymität als Ausdruck des Persönlichkeitsrechts bzw. das individuelle Selbstbestimmungsrecht, wie viel Öffentlichkeit man im eigenen Leben zulassen möchte. Ausnahmen von der Genehmigungspflicht bestehen dort, wo das Motiv dem Recht auf Anonymität gerecht wird. Dies entscheidet sich durch eine Abwägung des Zwecks und des Blickwinkels der Aufnahme gegenüber dem Persönlichkeitsrecht des Abgebildeten.

4.3 Was bedeutet Panoramafreiheit?

Beispiel: Verhüllter Reichstag
Das Künstlerpaar Christo und Jeanne-Claude hat Mitte der 90er-Jahre den Reichstag verhüllt. Die Bilder gingen um die Welt. Ein Kunde wünscht, dass auf seiner Website von ihm selbst gemachte Fotos dieses Happenings eingebunden werden.

Der Begriff Panoramafreiheit stammt aus dem Urheberrecht und beschreibt eine Ausnahme vom ansonsten bestehenden exklusiven Verwertungsrecht des Urhebers. Im folgenden Abschnitt möchten wir den Begriff aber weiter verstanden wissen. Er soll synonym stehen für eine Grenze der exklusiven Verwertung von sowohl urheberrechtlich geschützten Werken als auch allen anderen Gegenständen, die nur durch die Eigentumsordnung geschützt bzw. einer bestimmten Person zugeordnet sind.

4.3.1 Urheberrechtliche Panoramafreiheit

An öffentlichen Straßen bzw. Plätzen gelegene urheberrechtlich geschützte Werke dürfen unter bestimmten Umständen genehmigungs- und honorarfrei benutzt werden.

Die erste Voraussetzung ist, dass nur solche Kunstwerke privilegiert genutzt werden können, die sich dauerhaft an öffentlichen Straßen oder Plätzen befinden. Entscheidend ist die Widmung durch den Künstler oder den Nutzungsrechtsinhaber. Es muss sich nicht notwendig um unvergängliche Kunst handeln, d.h., auch Abbildungen von Graffiti oder gar Eiskunst können unter die Panoramafreiheit fallen. Schwierig ist die Situation dann, wenn man den Widmungszweck nicht kennt. Gibt es also Anhaltspunkte, an denen man ein »bleibendes Kunstwerk« erkennt? **Bleibende Kunstwerke**

Ein Indiz für die Dauerhaftigkeit des Verbleibs ist das erkennbare Zusammenspiel zwischen Kunstwerk und Umgebung als Stilmittel. Dieses Zusammenspiel muss um seiner selbst willen existieren und darf keinen anderen Grund haben, wie etwa das Aufstellen von Skulpturen anlässlich des Geburtstages des Künstlers. Hier mag die Skulptur in Interaktion mit der Umgebung treten, aber die eigentliche Widmung ist der Geburtstag. **Interaktion mit der Umgebung**

Am Beispiel von Graffiti, sofern sie denn künstlerisch sind, lässt sich der Grundsatz der Widmung zum Verbleib gut darstellen. Graffiti sind aus Sicht der Hauseigentümer sicher nicht zum ewigen Verbleib gedacht. Gleichwohl hat der Sprayer durch Wahl des Trägermediums seiner Kunst zum Ausdruck gebracht, dass die Widmung bleibend sein soll. Damit **Graffiti**

sind Graffiti aber noch lange kein »Freiwild«, denn auch dann, wenn diese unter die freie Benutzung fallen, sind die Urheberpersönlichkeitsrechte zu respektieren.

Im Beispiel hat nun der Bundesgerichtshof (Urteil vom 24.01.2002 – I ZR 102/99) entschieden, dass die Verhüllung des Reichstages durch Jeanne Claude und Christo nicht bleibend war und deshalb nicht unter die Panoramafreiheit fällt. Begründet wird dies damit, dass das Merkmal »bleibend« voraussetze, dass ein Kunstwerk jedenfalls für seine Lebensdauer an diesem Ort verbleiben solle. Die Lebensdauer könne zwar flüchtig sein, gegen eine dauerhafte Widmung spreche aber, wenn die Ausstellung von vornherein zeitlich begrenzt ist, ohne dass dies durch das Kunstwerk selbst vorgegeben ist.

[+]

> **Hinweis: Vergängliche Kunstwerke**
>
> Auch vergängliche Kunstwerke fallen unter die Panoramafreiheit, sofern sie für ihre Lebensdauer an einem öffentlichen Platz ausgestellt sind.

Wie bereits angesprochen, sind nur solche Kunstwerke »frei«, die an öffentlichen Straßen und Plätzen aufgestellt sind. Auch um dieses auf den ersten Blick eindeutige Kriterium wurde bis zum BGH gestritten. Festzuhalten ist zunächst, dass das Kunstwerk selbst an dem öffentlichen Platz aufgestellt sein muss. Es reicht nicht aus, wenn es nur vom öffentlichen Raum aus sichtbar ist, sich aber in einem umfriedeten Raum befindet. Gleichgültig ist dabei, ob die Absperrung eine Hecke oder ein Schaufenster ist. Aber selbst, wenn das Kunstwerk direkt an der Straße steht, sind nur die Ansichten »frei«, die auch unmittelbar von der Straße aus zu sehen sind. Es wird also nicht das gesamte Kunstwerk »frei«, sondern nur eine bestimmte Ansicht. Man darf aus diesem Grunde auch nur von der öffentlichen Straße/dem öffentlichen Platz selbst aus das Foto machen. Mag die Perspektive aus einem gegenüberliegenden Haus oder aus der Krone eines Baums heraus auch besser sein – eine solche Aufnahme fällt nicht mehr unter die Panoramafreiheit.

4.3.2 Exklusivrechte am Eigentum und Panoramafreiheit

Beispiel: Schloss Sanssouci

Zur Illustration eines Bildbandes über Schlösser werden auch Bilder von Schloss Sanssouci in Potsdam benutzt. Diese stammen von Fotograf X. Vertrieben wurden sie auf dessen Veranlassung über ein Bilderportal. Die Schlösserverwaltung verlangt mit Anwaltsschreiben Lizenzgebühren für die Nutzung der Fotos im Bildband.

Der Grund für Exklusivrechte an urheberrechtlich geschützten Werken wurde bereits dargelegt (siehe Abschnitt 2.1, »Was ist Urheberrecht?«). Der Urheber kann jeden anderen von der Benutzung seines Werkes ausschließen. In diesem Abschnitt soll nun der Frage nachgegangen werden, ob nicht jeder Gegenstand – jedenfalls in Bezug auf seine fotografische Verwertung – dem Eigentümer ein Exklusivrecht gibt. Kann man etwa schöne Oldtimer, die man auf der Straße sieht, einfach fotografieren? Oder muss der Besitzer jedes Mal um Erlaubnis gefragt werden? Ändert sich die Situation, wenn der Oldtimer in einem Museum oder auf einer Messe steht? Genehmigung einholen

Der Bundesgerichtshof hat Mitte der 70er-Jahre dazu eine Entscheidung (Urteil vom 20.09.1974 – I ZR 99/73, »Schloss Tegel«) getroffen, die in diesem Zusammenhang immer wieder zitiert wird. Es ging in dem Urteil um die Abbildung eines Gebäudes, das selbst nicht urheberrechtlich geschützt war. Dennoch sollte die gewerbliche Nutzung einer Fotografie des Gebäudes nur mit Zustimmung des Eigentümers zulässig sein. In einer späteren Entscheidung hat der Bundesgerichtshof diese Rechtsprechung dahingehend konkretisiert, dass der Genehmigungsvorbehalt nicht für Aufnahmen gilt, die von öffentlichen Straßen und Plätzen aus erfolgten. Er hat damit auch in diesem Zusammenhang die Grundsätze der urheberrechtlichen Panoramafreiheit angewendet. Fotografische Abbildungen von nicht öffentlich zur Schau gestelltem Eigentum – egal ob Gartenanlage, Oldtimer oder Hund – sind nach dieser Rechtsprechung nur mit Genehmigung des Eigentümers zulässig.

Diese Rechtsprechung hat der BGH nun Ende 2010 in der Schloss-Sanssouci-Entscheidung (Urteil vom 15.12.2010 – V ZR/45/10) dahingehend weiter präzisiert, dass eine Eigentumsverletzung durch Veröffentlichung des Fotos nur dann in Betracht kommt, wenn das *nicht öffentlich zugängliche* Grundstück zu dessen Aufnahme betreten werden muss. Die anspruchsbegründende Rechtsverletzung liegt damit nicht in erster Linie in der Anfertigung des Fotos – anders als etwa im Urheberrecht – sondern im Betreten des Grundstückes. Soweit war die Entscheidung kongruent mit jener der Vorinstanz, dem Brandenburgischen OLG. Für Privatgrundstücke ist die Rechtslage damit klar, denn diese sind grundsätzlich nicht öffentlich zugänglich. Die gewerbliche Nutzung von auf diesem befindlichen Motiven ist nur mit Genehmigung zulässig, wenn ein Betreten des Privatgrundstücks zur Aufnahme erforderlich ist.

Anders als die Vorinstanz sieht der BGH die staatliche Schlösserverwaltung als öffentlichen Eigentümer aber nicht per se in einer Sonderstellung in Bezug auf die öffentliche Zugänglichkeit ihrer Besitztümer. Öffentliches Eigentum unterscheide sich nicht grundsätzlich von Privateigentum. Das gelte auch für kostenfrei zugängliche Parkanlagen. Entscheidend sei die Widmung: Anders als öffentliche Straßen und Plätze

Schloss-Sanssouci-Entscheidung von Ende 2010

Öffentliche Parkanlagen

seien Kulturgüter nur begrenzt frei zugänglich, weshalb eine Verwertung dieser Kulturgüter etwa durch Fotoaufnahmen nur mit Genehmigung zulässig sei. Nur so könnten diese Kulturgüter zweckentsprechend ausgewertet und erhalten werden.

Grundsätzlich ist damit öffentliches Eigentum dem Privateigentum gleichgestellt. Mit seiner Aussage, dass sich öffentliches Eigentum nicht in Widerspruch zu seinem öffentlichen Auftrag stellen dürfe, hat das Gericht sich letztendlich nur eine Hintertür für kommende Entscheidungen offengelassen. Es fehlen Hinweise im Urteil, wann der öffentliche Eigentümer eine Sonderstellung inne haben könnte. Wenn dies bei kostenlos zugänglichen Parkanlagen schon nicht der Fall sein soll, fällt es schwer, Ausnahmen vom ausgeurteilten Grundsatz der Gleichstellung zu denken.

Für den Fotografen ergibt sich daraus: Die Nutzung von Fotografien ist nur dann genehmigungsfrei zulässig, wenn die Benutzungsordnung dies ausdrücklich so vorsieht. Enthält die Park- oder Hausordnung keine entsprechenden Hinweise, ist grundsätzlich von einer Genehmigungspflicht auszugehen.

[+]

> **Hinweis: Fotografieren zu kommerziellen Zwecken**
>
> Freies Fotografieren zu kommerziellen Zwecken in öffentlichen Gebäuden oder Parks nur mit ausdrücklicher Genehmigung.

Beispiel »Sanssouci« Für das Beispiel bedeutet dies, dass die Verwertung der Aufnahmen von Schloss »Sanssouci« ohne die Zustimmung der Schlösserverwaltung als Eigentümerin nicht zulässig ist. Dies gilt nicht nur für die Anfertigung der Fotos zu kommerziellen Zwecken, sondern auch für die anschließende Verwertung in Bildbänden oder auf Postkarten. Gleiches gilt für den Oldtimer, der auf einem von der Straße aus nicht einsehbaren Privatgrundstück parkt. Ein Bildportal könnte demnach die Rechte an solchen Fotos nicht wirksam einräumen, und einen gutgläubigen Erwerb von Rechten gibt es nicht (siehe Abschnitt 4.1, »Was ist bei der Bildbeschaffung zu beachten?«). Die Folge wäre ein Lizenzanspruch für bereits erfolgte und ein Unterlassungsanspruch zur Verhinderung zukünftiger Rechtsverletzungen.

4.3.3 Panoramafreiheit international

Beispiel: Der Eiffelturm bei Nacht

Klickt man auf die Seiten des Betreibers des Eiffelturms in Paris, erfährt man dort, dass Fotos des Eiffelturms bei Tag erlaubt sind, die Nutzung von Nachtaufnahmen des illuminierten Turms aber nur mit Genehmigung zulässig ist. Gilt die Panoramafreiheit nicht international?

Das deutsche Urheberrecht und damit auch die Regelungen über die Panoramafreiheit finden nur in Deutschland Anwendung. In anderen Ländern Europas bzw. weltweit gelten zum Teil andere, zum Teil vergleichbare Regeln wie in Deutschland. In Frankreich, Belgien und Dänemark, um nur einige Beispiele zu nennen, gilt die Panoramafreiheit nur eingeschränkt. Gleiches gilt etwa für die USA. Dort sind Architekturwerke, die nach dem 01.12.1990 errichtet wurden, nur mit Genehmigung des Architekten bzw. Rechteinhabers verwertbar. Will man Fotos von Kunstwerken an öffentlichen Plätzen und Straßen nutzen, stellt sich die Frage, nach welchem Recht sich die Zulässigkeit beurteilt.

Analoge Nutzung

Werden Fotos etwa des »Atomiums« aus Brüssel nur in Deutschland vertrieben, z. B. auf Postkarten oder Flyern, müsste ein Verletzungsprozess auch in Deutschland geführt werden. Nach internationalem Prozessrecht ist der Prozessort nach Wahl des Verletzten der Sitz der beklagten Partei bzw. der Ort, an dem die Urheberrechtsverletzung begangen wurde. Bei auf Deutschland beschränkter analoger Nutzung käme damit in der Regel deutsches Recht zur Anwendung – mit der Folge, dass die Panoramafreiheit Geltung haben würde. Bei Vorliegen der oben beschriebenen Bedingungen, wäre damit eine genehmigungsfreie Nutzung möglich. Dehnt man dagegen die Nutzung territorial aus bzw. schafft die Voraussetzungen dafür, wird es problematisch.

Internetnutzung

Nutzt man das Motiv im Internet, ist der mögliche Verletzungsort jeder Ort, an dem das Motiv bestimmungsgemäß abgerufen werden kann. Zwar gibt es in Bezug auf die Internetverbreitung prozessuale Einschränkungen, um eine Allzuständigkeit jedes beliebigen Gerichtes auf der Welt zu verhindern. Aber diese Einschränkungen sind wieder abhängig vom national anzuwendenden Prozessrecht und deshalb nicht eindeutig zu beantworten. Ob ein belgisches Gericht bei der Verwendung des Fotos auf einer deutschsprachigen Internetseite, die sich nur an deutsche Besucher richtet, eine bestimmungsmäßige Abrufbarkeit in Belgien, und damit die eigene Zuständigkeit verneinen würde, ist jedenfalls fraglich. Die Nutzung im Internet birgt damit erhebliche Gefahren.

Beispiel »Eiffelturm bei Nacht«

Bezogen auf das Beispiel kommt noch hinzu, dass auch bei Anwendung deutschen Rechts zu klären wäre, ob die Panoramafreiheit hier überhaupt zu einer privilegierten Nutzung führt. Es kann trefflich darüber gestritten werden, ob die Lichtinstallation als bleibendes oder als vorübergehendes Kunstwerk zu verstehen ist. Vor der Nutzung von Fotomaterial, das nächtliche Lichtinstallationen (so wie die des beleuchteten Eiffelturms) zeigt, sollte man sich die Genehmigung dazu einholen.

[+]

Hinweis: Ausländische Gerichtsstände bei Internetnutzung

Die Internetnutzung eröffnet bei einer Rechtsverletzung eine Reihe möglicher Gerichtsstände, auch im Ausland. Man sollte deshalb bei im Ausland gelegenen Motiven bzw. bei nicht in Deutschland lebenden Fotografen an Folgendes denken: Was in Deutschland erlaubt ist, kann anderswo verboten sein.

4.4 Was ist bei der Abbildung fremder Produkte zu beachten?

Beispiel: Die Marke im Foto

Straßenimpressionen oder Häuseransichten, die auch große Werbeplakate mit Markenprodukten ins Bild setzen, sind keine Seltenheit. Kann ich solche Fotos zur Illustration der Kundenwebseite nutzen, oder sperrt die Marke eine Verwendung?

Die Darstellung von Markenprodukten genießt in aller Regel keinen Schutz nach dem Urheberrecht. Wie in Kapitel 7, »Markenschutz«, dargestellt wird, genießen aber auch Marken Exklusivrechte. Diese Exklusivität beschränkt sich auf die markenmäßige Benutzung, also auf die Benutzung als Unterscheidungsmerkmal zwischen unterschiedlichen Produkten. Die bloße Vervielfältigung der fremden Marke verletzt anders als im Urheberrecht die fremde Marke noch nicht, sondern sie muss funktional zur Unterscheidung eines Produktes von einem anderen verwendet werden. Die Illustration einer Website, die der künstlerischen Stimmung wegen eine Straßenimpression mit Werbeplakat in den Vordergrund rückt, ist damit zunächst keine markenmäßige Benutzung der abgebildeten Marke. Etwas anderes kann allerdings dann gelten, wenn man nicht die Stimmung der Straße, sondern das Image der Werbung für seine Illustration nutzen möchte. Taugt das Image der Marke als Zugpferd für das eigene Produkt oder die eigene Dienstleistung, ist Vorsicht geboten. Benutzt man beispielsweise zur Illustration einer eignen Kleidermarke Straßen und Gebäudeimpressionen, die Werbung bekannter Kleidermarken zeigen, wird die Situation kritisch. Das Markenrecht kennt auch keine etwa der Panoramafreiheit vergleichbaren Ausnahmen. Entscheidend ist die Zielrichtung bei der Verwertung des Bildes und nicht der Umstand der Aufnahme, weshalb es dieses Korrektivs nicht bedarf.

Aufgrund der Streitwerte, die schnell sehr hoch werden, und der mittlerweile computerprogramm-gestützten Aufspürung solcher Verletzungshandlungen sollte man solche Fotos nur gut beraten verwenden. Ansonsten drohen die gleichen Konsequenzen wie in Abschnitt 4.1, »Was ist bei der Bildbeschaffung zu beachten?«, beschrieben – nämlich das Verbot der weiteren Nutzung. Dies führt gegenüber dem Kunden nicht nur zum Gesichtsverlust, sondern auch zu Gewährleistungs- und gegebenenfalls zu Schadensersatzansprüchen.

4.5   Fotowettbewerbe

Ganz gleich, ob man selbst an einem Fotowettbewerb mit eigenen Bildern teilnehmen will oder aber der Kunde zur Marketingzwecken einen solchen Wettbewerb ausrichten möchte, gilt es, einige goldenen Regeln zu beachten.

Beispiel: Umsetzung eines Fotowettbewerbs
Zum 60. Jahrestag der Allgemeinen Erklärung der Menschenrechte will eine Zeitung einen Fotowettbewerb für Jugendliche und jungen Erwachsenen zum Thema »Menschenrechte« veranstalten. Sie beauftragt die Agentur Dreamteam mit der Umsetzung.

4.5.1   Teilnahmebedingungen

Für den Veranstalter eines Fotowettbewerbs ist es zunächst wichtig, im Vorfeld zu entscheiden, in welcher Form die eingesandten Fotos verwendet werden sollen. Danach richten sich nämlich anschließend die Teilnahmebedingungen und die einzuräumenden Nutzungsrechte. Man sollte der Versuchung widerstehen, sich ohne nachvollziehbaren Grund umfassende Rechte (Rechte-Buyout) einräumen zu lassen. Eine solche Regelung muss sich am AGB-Gesetz messen lassen und wird häufig scheitern. Solche Total-Buyouts sind für den Teilnehmer überraschend bzw. mit den wesentlichen Grundsätzen des Urheberrechts nicht vereinbar und deshalb unzulässig. Folgende Punkte sollte man vorab klären: | *Vorüberlegungen*

▶ Soll die Nutzung nur unmittelbar für den Wettbewerb oder auch darüber hinaus möglich sein? (So pauschal ist das schwierig. Insbesondere sind eine inhaltliche Konkretisierung und die Festlegung eines zeitlichen Rahmens erforderlich.)

▶ Soll die Nutzung nur online erfolgen oder auch für eine Ausstellung möglich sein?

▶ Wofür sollen die Preisträgerfotos genutzt werden: Zur PR-Veröffentlichung? Zur Weiternutzung in einem anderem Kontext? (Eine Konkretisierung ist erforderlich.)

▶ Wie lange soll die Nutzungsbefugnis bestehen?

▶ Ist die Nutzung der Fotos auch durch andere Partner beabsichtigt?

- Soll eine Altersgrenze für die Teilnahme festgelegt werden? (Bei Minderjährigen ist die Zustimmung der Erziehungsberechtigten erforderlich.)
- In welchem Format müssen die Fotos eingereicht werden?
- Was geschieht nach Ende des Wettbewerbs mit den Fotos?

Nutzungsrechte transparent

Hat man genau abgesteckt, in welchem Rahmen man die Fotos nutzen möchte, kann man den intendierten Nutzungszweck beschreiben. Mit dieser Beschreibung in den Teilnahmebedingungen erreicht man schon viel, denn die Teilnehmer stimmen einer Rechteeinräumung mit ihrer Anmeldung in jedem Fall im Rahmen des beschriebenen Zweckes zu. Das gilt auch ohne jede juristische Formulierung – einfach nur durch die Mitteilung, was man vorhat. Hinzukommt, dass man auf diese Weise Transparenz und Lust zur Teilnahme schafft. Sind die Teilnahmebedingungen nämlich kompliziert formuliert, müssen die ausgelobten Preise schon zugkräftig sein. Auf der anderen Seite muss man beachten, dass bei einer solch offenen Formulierung die Rechteeinräumung keinesfalls weiter geht, als der mitgeteilte Zweck dies nahelegt. Kann man den genauen Ablauf noch nicht abschätzen, muss man auf abstrakt juristische Formulierungen zurückgreifen.

Nutzungsrechte Teilnehmer

Neben der Sicherung von Nutzungsrechten an den Wettbewerbsfotos sollte man die Teilnehmer auf die Einhaltung und Achtung von Rechten Dritter (Urheberrechte/Bildnisrechte) verpflichten. Man sollte insbesondere darauf bestehen, dass nur Fotos eingereicht werden, dessen Urheber der Teilnehmer selbst ist und über die er noch nicht anderweitig verfügt hat. Für die Einhaltung dieser Spielregeln muss der Teilnehmer sich mit seiner Unterschrift haftbar machen lassen.

Jugendliche

Bei jugendlichen Teilnehmern kommt das Problem hinzu, dass diese selbst keine rechtsverbindlichen Erklärungen abgeben können. In den Teilnahmebedingungen sollte deshalb eine Altersgrenze angegeben werden. Flankierend sollte man das Alter auch bei der Anmeldung abfragen. Minderjährige Teilnehmer müssen die Einwilligung der Eltern nachweisen. Dafür ist es ratsam, ein eigenes Erläuterungs- und Unterschriftenfeld auf den Teilnahmeformularen bereitzuhalten. Schwierig bis gar nicht kontrollierbar ist die Einhaltung der Altersvorgaben bei Wettbewerben im Internet. Das Risiko ist mit tragbaren Mitteln auch nicht zu bewältigen. Bei fairen Teilnahmebedingungen ist es aber wohl auch nicht besonders akut.

Konsequenzen

Der Wettbewerbsausrichter darf nur die Bilder zeigen, für die er auch die notwendigen Rechte erworben hat. Für den wirksamen Rechteerwerb ist er selbst verantwortlich. Läuft da etwas schief, haftet der Ausrichter gegenüber dem tatsächlichen Rechteinhaber – und zwar unabhängig davon, was in den Teilnahmebedingungen steht. Diese ermöglichen nur einen Rückgriff auf den Teilnehmer. Jeder Wettbewerb ist damit mit Risiken verbunden, die sich rechtlich nicht ausschließen lassen.

4.5.2 Teilnehmer

Der erste Rat an einen potenziellen Teilnehmer von Fotowettbewerben lautet, die Teilnahmebedingungen ganz und aufmerksam durchzulesen. Häufig locken Wettbewerbe mit Ruhm oder attraktiven Preisen und wollen doch eigentlich nur günstiges Fotomaterial sichten.

Teilnahme-
bedingungen
lesen

Man sollte darauf achten, dass eine Rechteeinräumung nur in dem Umfang verlangt wird, wie sie für die Austragung des Wettbewerbs nachvollziehbar und für die Öffentlichkeitsarbeit notwendig ist, die den Wettbewerb begleitet. Etwas anders kann nur dann gelten, wenn die weitere Nutzung durch den Wettbewerbsausrichter mit einem angemessenen Nutzungsentgelt einhergeht.

Skeptisch sollte man auch der Einräumung eines Bearbeitungsrechtes gegenüberstehen. Sicherlich bedarf es der Möglichkeit, die Fotos in einen Gesamtkontext des Wettbewerbs zu stellen und zu diesem Zweck zusammenzuführen, die Fotos gegebenenfalls auf andere Trägermaterialien zu ziehen oder in ihrer Größendarstellung zu verändern. Man sollte aber darauf achten, dass die Befugnisse zur Bearbeitung für einen selbst nachvollziehbar sind.

Bearbeitungsrecht

Als Teilnehmer muss man sich anhand seines Fotomaterials vergewissern, ob man auch tatsächlich Inhaber aller erforderlichen Rechte ist. Der Wettbewerb erfährt möglicherweise eine große Breitenwirkung mit der Folge, dass auf Rechtsverletzungen wesentlich empfindlicher reagiert wird als etwa im privaten Bereich. Inhaltlich zu überprüfen sind zunächst die Motive. Nach den oben bereits dargestellten Problemfeldern ist zu differenzieren. Enthält das Motiv Personenaufnahmen (siehe Abschnitt 4.2, »Was ist bei Personenaufnahmen zu beachten?«) oder Aufnahmen aus Parkanlagen (siehe Abschnitt 4.3, »Was bedeutet Panoramafreiheit?«), benötigt man die Zustimmung Dritter. Man sollte sich die Zustimmung auch immer schriftlich geben lassen und die Teilnahmebedingungen des Fotowettbewerbs mit übergeben, um Missverständnissen vorzubeugen.

Rechte sichern

In einem zweiten Schritt gilt es festzustellen, ob man die Rechte an den zur Teilnahme ausgewählten Fotos nicht schon anderweitig vergeben hat. Dazu sollte man die eigenen Lizenzverträge studieren. Problematisch sind vor allem solche Fotos, die man für einen Auftraggeber geschossen hat, ohne dass es Absprachen zur Rechteeinräumung gibt, also keine Lizenzvereinbarung existiert. Ob man diese Fotos für den Wettbewerb weiterverwenden darf oder nicht, hängt von der Auslegung des Umfangs des seinerzeitigen Auftrages ab. Dabei kann man bekanntlich zu unterschiedlichen Ergebnissen kommen. Man behält die Rechte auch nicht automatisch, weshalb man in Zweifelsfällen beim ehemaligen Auftraggeber besser um Erlaubnis fragt.

[+]

> **Tipp: Vorbehaltsklausel**
>
> Man kann für solche Eventualitäten einer Wettbewerbsteilnahme in den AGB durch eine entsprechende Vorbehaltsklausel vorsorgen.

Rückgabe Um zu verhindern, dass die eigenen Fotos nach dem Wettbewerb in falsche Hände geraten, sollte man bei analogen Aufnahmen auf der Rücksendung bestehen. Enthalten die Teilnahmebedingungen dazu keine Regelungen, sollte man die Übernahme der Portokosten anbieten. Denn dann kann man auf der Rücksendung bestehen. Dies gilt selbst dann, wenn die Teilnahmebedingungen eine Rücksendung explizit ausschließen. Eine solche Festlegung wäre unwirksam.

Bei lediglich online/digital übermittelten Fotos sollte man vom Veranstalter einen Löschungsnachweis verlangen.

Copyright-Vermerk Die eingereichten Fotos müssen immer einen Urhebervermerk tragen. Dieser dient im Falle einer späteren Auseinandersetzung dem Nachweis der eigenen Urheberschaft. Der Hinweis schützt damit nicht vor einer Rechteverletzung, sondern erleichtert deren Aufarbeitung. In welcher technischen Art der Vermerk aufgebracht wird, ist gleichgültig. Wichtig ist allerdings, dass jedem Foto ein Vermerk zuzuordnen ist. Das gelingt auch schon dann, wenn man den Dateiordner, in den man alle Fotos hineinpackt, entsprechend kennzeichnet.

5   Verwendung fremder Inhalte

Fortschritt – gleich auf welchem Sektor – baut notwendig auf Vorbestehendem auf. Gerade auch künstlerisches Schaffen lebt von der Inspiration, die oft von außen angestoßen wird. In den vorangegangenen Kapiteln ist viel von Exklusivität die Rede gewesen. Wo liegen deren Grenzen?

5.1   Darf ich fremde Ideen verwerten?

Ob ein Fernsehshow-Format oder eine Werbeidee: Schutz genießt nur die konkrete Ausgestaltung, nicht das dahinter liegende Prinzip.

Ob Jörg Pilawa oder Günther Jauch – die hinter dem Quizshow-Format stehenden Ideen sind identisch. Gleiches gilt für manche Werbeanzeigen. In einigen Fällen ist die Idee sicherlich vom jeweils anderen geklaut, und dennoch kann derjenige, der als Erster auf dem Markt war, nichts dagegen tun. Ideen sind frei.

Die Idee trägt den Inhalt eines Werkes, während primär nur die konkrete Ausgestaltung, die Form eines Werkes einen Urheberschutz beanspruchen kann. Je höher die Gestaltungshöhe, die Individualität eines Werkes ist, desto mehr verschmelzen diese Gegenpole ineinander. Ausdrucksform und Inhalt werden in diesem fließenden Prozess irgendwann untrennbar miteinander verknüpft und sind dann insgesamt geschützt. Die Idee ist aus der Ausdrucksform nicht mehr herauszulösen, wie etwa der Aufbau und die Entwicklung von Charakteren eines Romans nicht aus der Gesamtgeschichte herauszulösen sind.

Im Bereich des Web- und Grafikdesigns sind dagegen in der Regel Inhalte nicht geschützt, sondern nur die konkrete Ausdrucksform des Werkes. Wie in Abschnitt 3.2, »Wann ist ein Layout geschützt?«, dargestellt, hält die Rechtsprechung sich in der Werbung überhaupt mit einem Urheberschutz zurück, sodass man die einer fremden Werbekampagne zugrunde liegende Grundidee grundsätzlich für sich nutzbar machen kann.

Wann ist eine Idee eine Idee?

[»]

> **Fazit: Das Wie einer Problemlösung ist nie geschützt**
>
> Das Wie einer Problemlösung ist nie geschützt. Die Idee, etwa Webdesigns mit Navigationsleisten zu versehen, Frames oder bestimmte Programmiersprachen wie etwa Flash zu verwenden, muss jedermann möglich sein. Erst die konkrete Anordnung oder Ausgestaltung auf der eigentlichen Website ist einem Urheberschutz zugänglich.

5.2 Darf ich fremde Kreationen verwerten?

Zustimmung Benötige ich für eine Website ein bestimmtes Foto oder für einen Jingle ein Musikstück, kann ich mir die Zustimmung des jeweiligen Urhebers einholen und dann selbstverständlich auch fremde Kreationen verwerten.

Darf ich das Werk aber auch verändern, beispielsweise den Text eines Jingles auf das Produkt umtexten? Oder kann ich es in einem anderen Zusammenhang nutzen? Was mache ich, wenn mir nur Teile eines vorbestehenden Werkes gefallen, muss ich mir auch dann eine Erlaubnis für die Nutzung besorgen? Die ersten beiden Fragen betreffen den Umfang einer genehmigten Nutzung, die letzte die Reichweite der Exklusivität von Urheberrechten.

5.2.1 Umfang der Genehmigung

Wie im Eingangskapitel erwähnt, werden Nutzungsrechte/Urheberrechte grundsätzlich nur punktuell übertragen. Es existiert ein fein ausdifferenziertes System unterschiedlicher Nutzungsarten, die für sich selbstständig sind. Eine kommerzielle Verwertung eines Werkes erforderte eine Vielzahl von Nutzungsrechten. Um ein Foto für einen Katalog nutzen zu können, muss ich es vervielfältigen und verbreiten dürfen. Für beides benötige ich deshalb die Genehmigung. Der Gesetzgeber hat aber weiter erkannt, dass sowohl das Vervielfältigen als auch das Verbreiten in technisch unterschiedlichster Weise möglich ist und – was das Entscheidende ist – darin unterschiedliche wirtschaftliche Verwertungspotenziale stecken. An diesen soll der Urheber beteiligt sein, weshalb mit der Genehmigung der Verbreitung nicht jegliche Form genehmigt ist. Das Foto, das ich meinem Auftraggeber für die Hardcopy-Ausgabe eines Kataloges überlasse, kann dieser nicht ohne weitere Genehmigung auch online nutzen, obwohl beides eine Form des Verbreitens ist. Die negative Folge dieses urheberfreundlichen Rechts ist, dass ihm Vertragswerke vorgelegt werden, die jede Verständlichkeit verloren haben, da alle Eventualitäten Berücksichtigung finden sollen.

Zweck der Nutzung Ausgangspunkt für den Umfang der Rechtseinräumung ist immer, zu welchem Zweck der Auftraggeber um Genehmigung der Nutzung nachgefragt hat. Werden weiter keine Vereinbarungen getroffen, erhält er nur die Rechte, die er zu der vorgesehenen und vereinbarten Verwendung braucht. Ein Hardcopy-Katalog ist eben kein Online-Katalog. Genauso wenig berechtigt die Überlassung von Illustrationen für eine bestimmte Werbekampagne die Nutzung für eine weitere mit anderem Inhalt.

Auch Veränderungen am Werk sind ausschließlich Sache des Urhebers, d.h. das Umtexten oder Übersetzen eines Textes bedarf der Genehmigung. Ausgenommen sind aber kleinere Veränderungen, die beispielsweise aus redaktionellen Gründen notwendig werden.

Bearbeitungen nur gegen Genehmigung

5.2.2 Umfang der Exklusivität

Ist die Übernahme eines Stücks Himmel aus einem Foto oder eines Hintergrundes einer Website eine Urheberrechtsverletzung?

Es kommt darauf an (siehe auch Abschnitt 3.6, »Wann ist ein Film oder Multimediawerk geschützt?«). Beim einfachen Foto im Allgemeinen nicht. Bei der künstlerischen Fotografie kann auch die Übernahme eines eindrucksvollen Details verboten sein. Beim Webdesign ist meist gegen eine zurückhaltende Übernahme auch nichts einzuwenden.

Der Umfang der Exklusivität hängt entscheidend von der Individualität des Werkes ab. Je ausgeprägter diese ist, desto mehr geht auch der Schutz ins Detail. Es ist aber immer am übernommenen Detail zu entscheiden, ob eine Urheberrechtsverletzung vorliegt. Ein Beispiel: Briefe sind grundsätzlich keine Werke und genießen deshalb auch keinen entsprechenden Schutz. Enthält der Brief aber ein persönliches Gedicht, ist dieses als Schriftwerk geschützt. Aber nur dieses Detail, der Rest des Briefes bleibt frei.

Exklusivität von Gestaltungshöhe abhängig

Eine erlaubte Nutzung liegt außerdem dann vor, wenn in dem neuen Werk die Vorlage verblasst. Die eigene Gestaltung muss also am Gesamteindruck dominierend sein, die Inspiration durch ein anderes Werk darf aber durchaus noch durchschimmern. Die Gerichte haben etwa eine satirische Aufarbeitung des Asterix-Comics als zulässig angesehen. Auch wenn die Zeichnungen frappierend ähnlich seien, überlagere die satirische Aussage das Original, sodass dieses dahinter verblasse, so der Bundesgerichtshof.

Auf der anderen Seite können besonders charakteristische und eigentümliche Werke über ihren eigentlichen Kontext hinaus geschützt sein. So hat etwa das Landgericht Köln (Urteil vom 10.08.2011 – 28 O 117/11) entschieden, dass die literarische Figur »Pippi Langstrumpf« auch in ihrer gegenständlichen Gestaltung etwa auf einem Foto Schutz genießt. Es ist nicht die Illustration der Figur, sondern deren sprachliche Beschreibung, die dafür Ursache ist. Abbildungen, welche diese sprachlichen Charakteristika der Figur übernehmen, sind rechtsverletzend. Der Schutzbereich ist damit sehr weit, da er assoziativ aus der sprachlichen Beschreibung gebildet wird und nicht aufgrund einer illustrierten Vorlage. Wer ein Modell anzieht, frisiert und schminkt wie Pippi Langstrumpf und anschließend mit den Aufnahmen wirbt, braucht eine Lizenz der Erben von Astrid Lindgren.

Digitale Kopie   Das Internet bringt aus Sicht des Urheberrechtes den Nachteil, dass sämtliche Inhalte auf das Einfachste auf den eigenen Rechner kopiert werden können, um anschließend weiterbearbeitet zu werden.

Auch das Speichern geschützter Inhalte zur anschließenden kommerziellen Weiterbearbeitung ist grundsätzlich eine zustimmungspflichtige Handlung. Die fehlende Zustimmung macht aber lediglich die Kopie angreifbar, nicht auch das in freier Bearbeitung geschaffene neue Werk.

Private Nutzung   Fremde Kreationen, die ausschließlich im privaten Umfeld genutzt werden sollen, dürfen dagegen im verhaltenen Umfang kopiert werden, sofern keine Kopierschutzvorrichtungen umgangen werden. Diese müssen nicht von technisch komplizierter Art sein. Ausreichend ist, dass eine Kopie nicht ohne Weiteres angefertigt werden kann.

5.2.3   Open-Content-Lizenzen

Als Gegenbewegung zur Exklusivitätswahrung der großen Rechteverwerter hat sich schon früh eine Open-Source-Gemeinde formiert. Geistiges Eigentum ist in dieser nicht ein exklusives Recht, sondern zur freien Nutzung aller bestimmt. Der Softwarebereich hat gezeigt, welch starkes innovatives Potenzial in dieser Philosophie stecken kann.

Open-Content spielt für den Produzenten kommerzieller Webdesigns zwar nur eine untergeordnete Rolle, denn man will die eigene Arbeit ja verkaufen. Interessant wird die Möglichkeit allerdings für die Einbindung von durch Open-Content-Lizenzen genehmigten Inhalten in die eigene Arbeit. Klar sollte einem dabei sein, dass Open-Content-Lizenzen den unter ihnen geführten Inhalt nicht gänzlich freigeben, sondern nur innerhalb der Grenzen der Lizenz. Man muss sie deshalb lesen und sich an die Vorgaben halten. Einige Lizenzen erlauben beispielsweise nur die nichtkommerzielle Nutzung. Für Kundendesigns kann man auf solche Inhalte dann nicht zurückgreifen. Aber auch zur Selbstdarstellung auf der eigenen Website ist solcher Content tabu, denn auch diese ist kommerziell.

Es gibt nicht *eine* Open-Content-Lizenz, sondern viele. Auf den Seiten des Instituts für Rechtsfragen der freien und Open-Source-Software (*www.ifross.de*) kann man sich einen Überblick verschaffen. Gemeinsam ist allerdings den meisten, dass sie eine Entscheidung darüber treffen:

1. ob man die Inhalte kommerziell nutzen darf
2. dass es einen Urhebernachweis geben muss

3. dass die Inhalte frei bleiben müssen und
4. dass sie nur unter Hinweis auf die jeweilige Lizenz genutzt werden dürfen.

5.3 Welche Daten sind nach Auftragsbeendigung herauszugeben?

Aus der Herstellung von Schrift, Gestaltung und Bildern entsteht oft eine Fülle von Daten auf Seiten des grafischen Betriebs. Wenn der Auftraggeber die Zusammenarbeit mit dem Typo-Studio oder dem Betreuer des Internet-Auftritts beendet, fordert er oft die Herausgabe dieser Dateien. Der Kreative schuldet aber im Allgemeinen nur das Ergebnis, nicht die Arbeitsmittel aus allen Entwicklungsstufen.

5.3.1 Wem gehören die Daten im digitalen Workflow?

Wem gehören die Daten beim Partnerwechsel? Als Erstes überlegt der Dienstleister, ob es nicht ein geistiges Eigentum an seiner Arbeit gibt. Theoretisch könnten ein Layout, ein Webdesign, eine typografische Gestaltung oder gar eine digitale Bildbearbeitung Urheberschutz haben – als Werk der angewandten Kunst. Aber in der Praxis wird den aufgezählten Leistungen fast nie die ausreichende Eigentümlichkeit und Gestaltungshöhe zuerkannt. Urheberschutz für ein Layout ist also die Ausnahme (siehe Abschnitt 3.2, »Wann ist ein Layout geschützt?«).

Bei Fotos ist das Gesetz großzügiger. Wer eigene Aufnahmen angefertigt hat, um einen Katalog herzustellen, der kann sich gegen deren Verwendung in anderen Werbemitteln wehren. Denn »im Zweifel« (so heißt es immer, wenn man nichts Schriftliches hat) sind die Nutzungsrechte nur für diesen konkreten Job an den Kunden gegangen. **Fotos**

Hat der Webdesigner eigene Programme geschrieben, um seine Gestaltung darzustellen, dann sind diese Programme geschützt, auch wenn sein Ergebnis (das Screendesign) von jedem nachgeahmt werden dürfte. Will der Auftraggeber die Sites zum Beispiel in einer anderen Sprache adaptieren oder unter einer weiteren Top-Level-Domain veröffentlichen, braucht er die erneute Zustimmung des Webdesigners. Das gilt allerdings nur für selbst geschriebene Programme, nicht für reine Anwendungen einer Webdesign-Software. **Computerprogramme**

In vielen Fällen steuert weder die Agentur noch der Hersteller etwas urheberrechtlich Geschütztes bei. Der Auftraggeber liefert Vorlagen, Bilder, Daten und Anweisungen – der Dienstleister formt daraus ein druckreifes Ergebnis. Erst wenn der Auftraggeber den Dienstleister wechseln will, fällt ihm auf, dass er bisher nicht »alles« bekommen hat: Die Daten **Vorlagen** befinden sich auf dem Rechner der Agentur oder des Pre-Press-Betriebs – aber nicht auf seinem.

Arbeitsmittel Hier beginnt das Tauziehen. Der Kunde sagt: »Das sind meine Daten!« Allerdings: Was die Parteien miteinander verabredet hatten, nennt das Gesetz »Werkvertrag«. Zu den Pflichten aus einem Werkvertrag gehört es nicht, dem Kunden alle Pläne oder Materialien auszuhändigen. Der Werkunternehmer schuldet nämlich »nur« das Ergebnis. Folglich darf die Fotografin ihre Negative behalten und der Schneider seine Schnittmuster. Für die Dateien auf dem Rechner des Druckvorstufenbetriebs gilt nichts anderes.

5.3.2 Verhandlungssache

Diese Regel kann man vertraglich ändern. Wer als Werbetreibender Wert darauf legt, auch bei späteren Werbemitteln über alle Bilder, Texte und Layouts zu verfügen, der schreibt in seinen Auftrag: »Alle Bilddateien werden in High-End-Qualität, alle sonstigen Dateien in einem weiter bearbeitbaren Format auf einer CD übergeben.« Der Auftragnehmer seinerseits sollte darauf hinweisen, dass solche Zusatzleistungen nicht ohne eigene Vergütung zu haben sind.

5.4 Wo beschaffe ich mir Lizenzen?

War es im Bereich der analogen Medien schon oft nerven- und vor allem zeitraubend, sich für bestimmte Werke die notwendigen Lizenzen zu beschaffen, so ist es in der digitalen und damit automatisch internationalen Welt zunehmend eine Kunst.

Verwertungsgesellschaften Mit den Verwertungsgesellschaften, also GEMA, VG Bild-Kunst, GVL, VFF und VG Wort, um nur die wichtigsten aus den Bereichen Musik, Fotografie, bildende Kunst, Film und Wort zu nennen, existieren Anlaufstellen für die Rechteklärung. Man muss in den allermeisten Fällen also nicht an den Künstler selbst herantreten, sondern kann sich der Verwertungsgesellschaften bedienen. Deren fachliche Aufteilung in die einzelnen Werkkategorien Musik, Bild und Film führte im Multimedia-Zeitalter zur Unzufriedenheit. Zu viele unterschiedliche Zuständigkeiten brachten Verwirrung.

Clearing-Stelle Multimedia geschlossen Mit der Clearing-Stelle Multimedia für Verwertungsgesellschaften von Urheber- und Leistungsschutzrechten GmbH als einheitliche Anlaufstelle sollte im Jahre 1996 Abhilfe geschaffen werden. Dieses Portal sollte die Rechterecherche für den Multimediabereich konzentrieren. Die Initiative ging auf eine Forderung der Europäischen Kommission zurück. Die CMMV hat ihre Arbeit allerdings zwischenzeitlich eingestellt. Rechte-Clearings müssen deshalb unmittelbar bei den Rechteinhabern oder über die einzelnen Verwertungsgesellschaften durchgeführt werden.

Wenn man für ein bestimmtes Projekt Lizenzrechte benötigt, sollte man stets den Verwertungsgesellschaften eine genaue Vorstellung von der konkreten Verwertungsabsicht geben. Denn die kommerzielle Nutzung von beispielsweise Musiklizenzen ist in unterschiedliche Sparten aufgeteilt, die gesondert bezahlt werden müssen. Außerdem müssen die Verwertungsgesellschaften auch tatsächlich Inhaber des verlangten Verwertungsrechtes sein.

Genaue Bezeichnung der Nutzung

Ein Beispiel: Noch vor wenigen Jahren war die Nutzung von Musikstücken als Klingeltöne für Handys unbekannt – jedenfalls in den Verträgen der Verwertungsgesellschaften, weshalb eine solche Nutzung auch nicht lizenziert werden konnte. Mittlerweile sind die Nutzungsverträge der GEMA entsprechend erweitert. Man sollte sich immer bei den Verwertungsgesellschaften vergewissern, ob gerade die beabsichtigte Nutzung auch tatsächlich lizenziert ist.

Selbstverständlich gibt es auch kommerzielle Agenturen, die das Rechte-Clearing und -management übernehmen. Je nach Größe der Werbekampagne oder des Webauftrittes, die oder den man gerade konzipiert, kann deren Einschaltung neben der Arbeitserleichterung auch aus haftungsrechtlichen Gesichtspunkten ratsam sein. Die Agentur beschäftigt sich anders als man selbst professionell mit nichts anderem als der Rechteklärung. Außerdem steht man bei Fehlern nicht selbst in der Schuld, sondern kann sich mit den richtigen Verträgen finanziell bei der Agentur schadlos halten.

Kommerzielle Clearing-Agenturen

Die Verwertungsgesellschaften sind in den letzten Jahren als Besitzstandswahrer immer mehr unter Beschuss gekommen. Sie seien nicht in der Lage, eine effiziente und gerechte Rechteverwertung im digitalen Zeitalter zu gewährleisten. Notwendig seien technische Lösungen. Große Hoffnungen werden dabei in Digital-Rights-Management-Systeme (DRMS) gesetzt, wobei es nach wie vor an Standards fehlt. Diese sind auch schwer zu finden, denn es fehlen zentrale Stellen, welche die Richtung vorgeben könnten. Außerdem hagelt es auch Kritik: Solche Systeme würden zu einer Rechtekonzentration bei den großen Verwertern aus der Film-, Musik- und Verlagsbranche führen. Langfristig würden damit diese Unternehmen über jedweden Informationszugang bestimmen. Es bleibt abzuwarten, ob sich solche Systeme dennoch durchsetzen.

Digital-Rights-Management

5.5 Wie wehre ich mich gegen Urheberrechts-verletzungen?

Beispiel: Fotoklau
Fotograf G. hat einem Marketingunternehmen für eine Kampagne auf Postkarten 10 Motive überlassen. Die Kampagne sollte ein Jahr lang laufen. Zwei Jahre später vertreibt das Unternehmen die Motive» als E-Postcard-Motive.

Die Abwicklung von Aufträgen mit dem Kunden ist Vertrauenssache. Man einigt sich meist in legerem Umgang, denn Folgeaufträge locken. Meistens geht auch alles klar. Was aber tun, wenn eigene Entwürfe, Texte oder Layouts plötzlich in ganz anderem Kontext auftauchen?

Beispiel: Eigenmächtige Übersetzung
Eine kleine Werbeagentur hat für einen Kunden einen Verkaufskatalog gestaltet. Später stellt sich heraus, dass der Kunde eigenmächtig Übersetzungen in Auftrag gegeben hat und den Katalog jetzt auch europaweit vertreibt.

Umfang erlaubter Nutzung

Neben Wut und Empörung tritt in einem solchen Fall die Frage: »Darf der das?« Wie in den vorangegangenen Kapiteln beschrieben, erhält man als Urheber ein exklusives Recht über sein Werk. Allein der Urheber kann entscheiden, wer die Kreation in welchem Umfang nutzen darf. Klar ist weiter Folgendes: Nehme ich einen Auftrag für einen Kunden an, räume ich ihm Rechte an dem Ergebnis ein, und zwar unabhängig von der Existenz eines Vertrages, in dem alles steht. Der Kunde muss meinen Text, meine Illustration, mein Design nutzen können. Doch wo sind die Grenzen? Dafür ist ein Vertrag von Nutzen. Die Klausel »Der Kunde erhält alle Rechte zur deutschlandweiten Nutzung des Verkaufs-kataloges« hätte schon genügt, um Klarheit zu schaffen: Die Übersetzung wäre ein Eingriff in die dem Urheber exklusiv zustehenden Rechte. Die Antwort auf die oben aufgeworfene Frage lautete dann: »Nein, der darf das nicht.«

Wenn eine ausdrückliche Vereinbarung fehlt

Fehlt eine Vereinbarung, ist für den Umfang der Rechteeinräumung danach zu fragen, was aufgrund des Auftrages dem Kunden fairerweise an Rechten hätte eingeräumt werden müssen. Die Verwertung eines deutschsprachigen Verkaufskataloges braucht die Übersetzungsrechte nicht. Auch bei Fehlen einer Vereinbarung kann im obigen Beispiel die Agentur gegen die übersetzten Kataloge vorgehen.

Aber die Übertragung des Beispiels auf einen »Online-Katalog« zeigt, wie wichtig eine klare Regelung über den Umfang der Rechteeinräu-

mung ist, denn die Nutzungsmöglichkeiten des Kunden sollen schließlich mit der Höhe des eigenen Honorars korrespondieren.

Beispiel: Online-Katalog
Die Agentur hat den Verkaufskatalog für den Online-Auftritt des Kunden
unter der Top-Level-Domain .de entworfen.

Um das Ergebnis vorwegzunehmen: Auch für den Online-Auftritt wird
man die Übersetzung angreifen können. Aber das Problem wird offensichtlich. Der Internet-Auftritt ist immer global, d.h., man könnte sich
auch auf den Standpunkt stellen, dass dem Kunden zu einer umfassenden Nutzung auch die Übersetzung in andere Sprachen möglich sein
muss.

Die Frage, ob eine Urheberrechtsverletzung vorliegt, richtet sich also
in erster Linie nach den konkreten Vereinbarungen der Parteien über
die Möglichkeiten der Nutzung der jeweiligen Werke. Fehlt eine solche
Vereinbarung, ist entscheidend, welche Rechte der Kunde gemessen an
dem vergebenen Auftrag fairerweise benötigt.

[+]

> **Tipp: Schriftliche Vereinbarung**
> Es ist nicht wichtig, wie eine schriftliche Vereinbarung aussieht. Entscheidend
> ist, dass man niedergeschrieben hat, welcher Umgang mit dem Werk erlaubt ist.

5.5.1 Dreister Klau

Häufig kommen Mandanten zu uns, die sich zuvor schon selbst vergeblich gegen die ungenehmigte und vor allem unbezahlte Nutzung ihrer
Werke zur Wehr gesetzt haben. Interessant ist vor allem folgender Fall:

Die Korrespondenz mit dem vermeintlichen Verletzer ergibt, dass
dieser sehr wohl Rechte erworben und auch bezahlt hatte, aber eben
nicht vom eigentlichen Inhaber. Und nun?

Sind an einem Werk vom Urheber Dritten keine Rechte eingeräumt   **Konsequenzen**
worden, kann er gegen jeden, der diese Werke nutzt, vorgehen. Man
muss sich also keine Gedanken machen, wer der eigentlich Böse ist, sondern kann handeln. Der Einwand, Rechte von einem Dritten erworben
zu haben, hilft dem Verletzer nicht, denn wo keine Rechte sind, können
auch keine erworben werden.

Und wie ist die Situation im Internet? Die digitale Technik ermöglicht   **Internet**
es, Kopien anzufertigen, die sich vom Original nicht unterscheiden. Weil
das alles so einfach ist, könnte man auf die Idee kommen, dass ein Werk
mit der Präsentation im Netz quasi freigegeben ist und jeder es sich
herunterladen kann. Das Einstellen ins Netz käme damit einer General-
genehmigung gleich. Dem ist allerdings nicht so. Gibt man Content zum

Download frei oder bietet man für Texte spezielle Druckansichten an, ist damit natürlich auch eine Genehmigung zur Vervielfältigung verbunden. Ansonsten bedarf jedes Kopieren einer ausdrücklichen Zustimmung.

Copyright-Vermerk   Es ist sinnvoll, seine Absichten, welche Arten der Nutzung man genehmigen will, klar zum Ausdruck zu bringen, entweder durch einen Copyright-Vermerk am Ende jeder Seite oder aber durch einen Link »Copyright«. Auch der Hinweis, dass der Content urheberrechtlich geschützt ist, bringt jedenfalls einen psychologischen Vorteil, der nicht zu unterschätzen ist.

[+]

> **Tipp: Erlaubte Nutzung deutlich machen**
>
> Die Hinweise sollten auffällig angebracht sein, beispielsweise in den Download-Vorgang eingebunden werden.

5.5.2   Verbot der weiteren Verbreitung

Ist es dennoch zu einer Rechtsverletzung gekommen, hat der Urheber in einem solchen Fall immer die Möglichkeit, die weitere Verwendung seines Werkes zu untersagen. Es ist gleichgültig, ob die Verwendung in Kenntnis der fremden Urheberrechte oder in gutem Glauben erfolgt ist.

Vertragsstrafe   Im Beispiel hat das Marketingunternehmen zwar die Seite abgehängt, nicht aber die Fotos entfernt. Mit Kenntnis des genauen Links konnte man immer noch die Fotos erreichen. Die Folge war eine empfindliche Vertragsstrafe, die dem Fotografen zusätzlich zum Honorar gebührte.

5.5.3   Unterlassungsanspruch als Druckmittel

Mit dem Unterlassungsanspruch kann man die Gegenseite in der Regel mächtig ärgern. Man stelle sich vor, eine Werbekampagne startet mit Fotografien, an denen die Agentur keine Rechte hat. Der Fotograf kann mit seiner Intervention die ganze Kampagne kippen. Hier steckt also Verhandlungsspielraum für gefällige »Honorarnachverhandlungen«. Neben dem Honorar sollte man auch immer auf einen nachträglichen Urhebernachweis bestehen. Dies bedeutet kostenlose Werbung für einen selbst.

5.5.4   Honoraranspruch?

Lassen sich auf diesem Wege keine befriedigenden Lösungen für beide Seiten finden, bleibt nur noch der Gang zu den Gerichten. Jetzt stellt sich die Frage, ob man neben dem Verbot der weiteren Verbreitung auch noch einen weiteren Honoraranspruch durchsetzen kann.

Vor Gericht hat man damit immer schon dann Erfolg, wenn der Verletzer sich überhaupt keine Gedanken über die Urheberrechte an dem verwendeten Werk gemacht hat. Wenn man mit fremden Kreationen arbeitet, muss man sich nämlich immer vergewissern, ob man die notwendigen Rechte von der richtigen Person erworben hat. Insbesondere Werbeagenturen haben hier eine besondere Sorgfaltspflicht.

Höhe des Honoraranspruchs

Wie hoch der Honoraranspruch ausfällt, hängt entscheidend vom Einzelfall ab. Grundsätzlich soll die Vergütung dem eigenen Marktwert entsprechen. Aber der ist meist nicht eindeutig beweisbar, weshalb die Gerichte auf Durchschnittswerte zurückgreifen. Solche existieren aufgrund von Erhebungen durch Berufsverbände – wie der Mittelstandsgemeinschaft Fotomarketing (MFM) – oder der Verwertungsgesellschaften. Nicht selten kommt es deshalb vor, dass man sich mit einem Honorar begnügen muss, für das man selbst die Rechte nie herausgegeben hätte. Die Gerichte gewähren zwar meist noch einen Zuschlag, um zu verhindern, dass die ungenehmigte Nutzung finanziell für den Verletzer auf das Gleiche herausläuft, als ob er sich um die Rechte bemüht hätte, aber leider nicht immer und schon gar nicht mit abschreckender Wirkung.

5.5.5 Strafrecht

In ganz besonders krassen Fällen sieht das Urhebergesetz auch eine Bestrafung bei ungenehmigter Verwertung fremder Werke vor. In der Regel werden solche Verstöße von den Staatsanwaltschaften aber dem Zivilrecht zugeordnet und nur in seltenen Fällen strafrechtlich verfolgt. Anders sieht es heutzutage bei illegalen Film- oder Musik-Downloads aus. Hier hat die Film- und Musikindustrie eine massive PR-Kampagne gestartet, die eine Kriminalisierung solcher Tauschbörsen zum Ziel hat.

[+]

Hinweis: Urheberrechtsprozesse

Man sollte mit dem Gang zum Anwalt nicht zu lange warten. Die meisten Urheberprozesse werden in einer Art Schnellverfahren erledigt. Es dauert also keine Jahre wie andere Prozesse. Diese Möglichkeit besteht aber nur dann, wenn man die Verletzung wissentlich nicht länger als zwei, drei Wochen hinnimmt.

5.6 Was tun im umgekehrten Fall: Die Abmahnung

Beispiel: Integrierte Kartenkachel

Die Betriebsfeier des Unternehmens soll dieses Jahr im Grünen stattfinden. Die Anfahrtsskizze für die Mitarbeiter wird auch auf der Website des Unternehmens gezeigt. Der beauftragte Grafiker erwirbt keine Lizenz vom Kartendienst, denn der Kartenausschnitt richtet sich nicht an Kunden. Mit der folgenden Abmahnung verlangt der Kartendienstbetreiber für die Nutzung im Format DIN A6 eine Lizenzgebühr von 850 €. Hinzu kommen Abmahnkosten in Höhe von 550 €.

Schon die Absenderzeile des Briefes, den man gerade aus dem Brief-kasten gezogen hat, verheißt nichts Gutes. Wer schon einmal von einer Abmahnung überrascht wurde, weiß, wie viel Ärger eine solche mit sich bringen kann.

Ursachen

Oft hat man gar keine Ahnung, warum man in das Schussfeld der Anwälte geraten ist. Hintergrund kann der sein, dass man zwar Lizenzen erworben hat, diese aber für die konkrete Nutzung nicht ausreichend waren oder man sie von der falschen Person erworben hat. Oft kommt es vor, dass der Kunde selbst Content, seien es Bilder oder Texte, zur Verfügung stellt. Ist er aus welchen Gründen auch immer nicht Inhaber der Nutzungsrechte, habe auch ich ein Problem. Der Urheber kann auch gegen mich vorgehen. Zum anderen kommt es vor, dass man einfach nicht wusste, dass man für bestimmte Nutzungen die Zustimmung des Berechtigten braucht. Beispiele aus unserer Arbeit betreffen vor allem den Bereich Bildrechte. Bestimmte nicht-öffentliche Location-Aufnah-men sind nur mit Zustimmung der Eigentümer der Gebäude zulässig oder die Veröffentlichung von Personenaufnahmen ist nur mit Einwil-ligung erlaubt.

Unterlassungs- und Verpflichtungs-erklärung

Die Anwaltsschreiben umreißen meist nur sehr grob, was man an-geblich falsch gemacht haben soll, um noch zusätzlich Verunsicherung zuschaffen. Sie fordern vom Angeschriebenen die Unterzeichnung einer sogenannten *strafbewehrten Unterlassungs- und Verpflichtungserklärung*, die sie der Einfachheit halber vorformuliert als Anlage gleich beilegen.

Was tun?

Als Erstes muss man klären, ob die Abmahnung einen berechtigten Hintergrund hat. Aus den im Anwaltsschreiben mitgeteilten Fristen, bis wann eine Antwort erwartet wird, ergibt sich, ob man zunächst selbst recherchieren kann oder aber unverzüglich seinerseits einen Anwalt auf-suchen muss. Ein persönlicher Anruf und die Klärung mit dem angeb-lich Verletzten können oft schon Abhilfe schaffen. Scheitert der Versuch einer informellen Klärung, sollte man sich mit einem Anwalt beraten. Wenn man sich anschließend sicher fühlt, kann man die weitere Kor-respondenz in vielen Fällen selbst führen und so wieder Kosten sparen. Kommt es zum gerichtlichen Verfahren, sollte man aber auf anwaltli-che Hilfe zurückgreifen. In den meisten Fällen muss man das sogar. Das Wichtigste im Abmahnverfahren sind schnelle Entscheidungen. Man sollte das Abmahnschreiben also nicht ignorieren und erst dann bear-beiten, wenn es gar nicht mehr anders geht.

Achtung! Vertrags-strafeversprechen

Ist man mit einer berechtigten Abmahnung konfrontiert, reicht es nicht aus, wenn man beispielsweise die Weiterveröffentlichung be-stimmter Fotos unterlässt – sie also von der Seite nimmt. Man muss dem Verletzten gleichzeitig für die Zukunft zusichern, die Veröffentlichung nicht wieder aufzunehmen, und dies durch ein angemessenes Vertragsstrafeversprechen absichern. Deshalb heißt die Erklärung auch strafbewehrte Unterlassungs- und Verpflichtungserklärung.

Kosten

Besonders ärgerlich sind die oft hohen Kosten, die mit einer Abmahnung verbunden sind. Hinzu kommt, dass man im Falle einer unberechtigten Abmahnung häufig auf den eigenen außergerichtlichen Kosten sitzen bleibt, denn anders als der Abmahner hat man keinen bzw. nur einen sehr schwachen Kostenerstattungsanspruch. Wir meinen, dass sich anwaltliche Beratung dennoch lohnt. Man sollte nur sehr klar über die Kosten der Verteidigung sprechen. Diese sind außergerichtlich durchaus Verhandlungssache.

Beispiel

Das Beispiel zeigt, dass man selbst von einer Abmahnung betroffen sein kann, ohne sich einer Schuld bewusst zu sein. Wie weiter oben auf der Seite beschrieben, hilft die eigene Unkenntnis nicht, da man in Urheberrechtssachen eine Nachforschungspflicht hat. Kommt man dieser nicht nach, handelt man jedenfalls fahrlässig. Die Folge ist, dass man auf Unterlassung und Schadenersatz in Anspruch genommen werden kann. Der Schaden wird häufig in Form der Lizenzanalogie ermittelt. Dafür dürfen die Betroffenen, im Beispiel der Kartendienst, auf ihre eigenen Lizenzmodelle zurückgreifen, sofern eine regelmäßige Lizenzpraxis nachgewiesen werden kann. Der geforderte Schadenersatz in Höhe von 850 € wird von den Gerichten akzeptiert. Auch die Abmahnkosten in Höhe von 550 € bewegen sich eher noch im unteren Bereich. Das Amtsgericht Charlottenburg hat aber auch schon Lizenz- und Abmahnkosten halbiert, sodass sich individuelle anwaltliche Beratung lohnen kann.

Tipp: Musterabmahnschreiben mit Unterlassungsverpflichtungserklärung **[+]**

Oft fordern Anwälte in den Unterlassungs- und Verpflichtungserklärungen mehr, als man von sich aus geben muss. Aus diesem Grunde haben wir im Anhang ein Musterabmahnschreiben mit Unterlassungsverpflichtungserklärung sowie entsprechenden Erläuterungen abgedruckt (siehe Anhang A.6, »Muster 6: Abmahnschreiben«).

---

6   Geschmacksmuster

Man nennt es auch das kleine Urheberrecht: Die Probleme, die im Bereich der angewandten Kunst des Web- und Grafikdesigns bestehen, sind in den vorangegangenen Kapiteln zum Urheberrecht angesprochen worden. Die Rechtsprechung versagt hier oft einen Urheberschutz mit dem Hinweis auf das Geschmacksmusterrecht. Was steckt nun hinter diesem befremdlichen Wort?

6.1   Was ist ein Geschmacksmuster?

Im bisherigen Text wurden Grafik- und Webdesign-Leistungen stets unter den Begriff der angewandten Kunst zusammengefasst, verbunden mit dem Hinweis, dass nach Ansicht der Gerichte für ihren Schutz das Geschmacksmusterrecht zuständig ist. Geschmacksmusterschutz ist also Designschutz. Geschützt werden zwei- und dreidimensionale Muster gleich welcher Herkunft in ihrem ästhetischen Erscheinungsbild. Im Vordergrund stehen Merkmale wie Linien, Konturen, Farben oder Struktur und Beschaffenheit der Oberfläche. Das Register war ursprünglich für Textil- und Tapetenmuster vorgesehen. In den vergangenen Jahren haben aber auch Webdesigner manchen Screenshot als Muster eingereicht.

Designrecht, Layoutschutz auch von Screendesigns

Nicht hierher gehören Texte, Computerprogramme, Fotos und Musikkompositionen.

Der Bundesgerichtshof beschreibt das Geschmacksmuster gerne als »Die kleine Version des Urheberrechtes«. Damit hat man jedenfalls so viel richtig verstanden, dass die Messlatte, die gerade im Web- und Grafikdesign für einen Urheberschutz sehr hoch gehängt ist, hier niedriger angesetzt wird.

»Das kleine Urheberrecht«

Zum 1. Juni 2004 ist ein runderneutes Geschmacksmustergesetz in Kraft getreten. Die Idee, es etwas handlicher als Designschutzgesetz zu bezeichnen, konnte sich im Parlament nicht durchsetzen. Inhaltlich hat es auf europäische Initiative hin allerdings einige interessante Veränderungen gegeben.

Neues Geschmacksmustergesetz

Eigenart Eigenart, nicht mehr Eigentümlichkeit ist der Begriff, an dem sich die Schutzfähigkeit von Designs in Zukunft festmacht. Der bisherige Begriff der Eigentümlichkeit knüpfte an eine bestimmte Gestaltungshöhe des Designs oder, anders ausgedrückt, an eine kreative Leistung des Designers an. Diese musste überdurchschnittlich sein, um Musterschutz zu erlangen. Das will das neue Gesetz vermeiden. Der Begriff der Eigenart setzt beim Design selbst an und schützt es, wenn der Gesamteindruck sich von dem anderer Designs unterscheidet. Maßstab für die Beurteilung des Unterschieds ist die Meinung informierter Benutzer, letztendlich damit der Leute vom Fach.

Erstes Urteil des BGH zum neuen Recht Der Bundesgerichtshof hat im April 2010 (Urteil vom 22.04.2010 – I ZR 89/08) ein erstes umfassendes Urteil zum neuen Geschmacksmustergesetz gefällt. In diesem hat er klargestellt, dass nicht Eigentümlichkeit oder Gestaltungshöhe Schutzvoraussetzung für das Geschmacksmuster seien, sondern die Unterschiedlichkeit der sich gegenüberstehenden Designs im Einzelvergleich. Bei der Beurteilung der Unterschiedlichkeit muss aber der Grad der Gestaltungsfreiheit des Entwerfers eine Rolle spielen. Das wird letztendlich bedeuten, dass je mehr Gestaltungsfreiheit besteht, umso strenger sind die Anforderungen an die Schutzfähigkeit des Musters bzw. an den notwendigen Unterscheidungsgrad. Umgekehrt hat dies aber auch zur Folge, dass in Bereichen, in denen die Gestaltungsfreiheit aufgrund technischer Vorgaben geringer ist, ein geschmacksmusterrechtlicher Schutz leichter zu erreichen sein wird.

Anmeldung erforderlich Wie bisher muss man, um Schutz zu erlangen, ein förmliches Anmeldeverfahren durchlaufen, d. h. Formulare ausfüllen. Diese Schwerfälligkeit wird zwar dadurch ein wenig abgefedert, dass es im Anschluss nicht noch ein langwieriges Prüfverfahren – wie etwa bei Patentanmeldungen – gibt, sondern die Unterlagen nur auf Vollständigkeit hin überprüft werden. Damit korrespondiert aber auch ein Nachteil, denn die Anmeldung garantiert noch kein Schutzrecht. Das Marken- und Patentamt, das für die Registrierung verantwortlich ist, fungiert quasi nur als Sammelstelle. Die eigentliche Entscheidung wird erst durch die Gerichte getroffen und auch nur dann, wenn sie aufgrund einer behaupteten Verletzung angerufen werden. Am Ende eines Prozesses kann sich herausstellen, dass der beabsichtigte Schutz gar nicht existierte, weil die Voraussetzungen fehlten.

Schutz wird vermutet Im Prozess selbst hat aber der Geschmacksmusterinhaber einen Vorteil. Mit der Anmeldung wird sein Exklusivrecht am angemeldeten Design vermutet. Damit muss nicht er, sondern der Prozessgegner gegebenenfalls das Gegenteil beweisen, was das statistische Prozessrisiko des Inhabers erheblich verringert.

6.1.1 Anforderungen an das Muster

Neben der bereits im vorangehenden Absatz angesprochen Eigenart des Designs sind weitere Punkte zu beachten:

Die konkrete Gestaltung des Musters darf nicht schon bekannt sein, dass heißt nicht zum vorbekannten Formenschatz gehören. Weder Kunden noch Konkurrenten dürfen also schon vor der eigenen Anmeldung auf eine gleiche Idee gekommen sein und diese in irgendeinem Zusammenhang den Fachkreisen vorgestellt haben. Entscheidend ist, ob den Fachkreisen des jeweiligen Marktsegments ein gleiches Muster bekannt ist oder bekannt sein könnte, d. h. die gewählte Gestaltung im Vergleich zu anderen Produkten geradezu nahe liegend ist. **Neuheit**

Auch man selbst kann die »Neuheit« zerstören, wenn man nicht innerhalb von zwölf Monaten nach der ersten kommerziellen Nutzung des Musters, etwa in der Werbung oder Vertrieb, dieses angemeldet hat. Entscheidend ist die kommerzielle Nutzung, nicht die Entwicklung des Musters. Der Bundesgerichtshof hat zu dem festgestellt, dass der neuheitsschädliche vorbekannte Formenschatz nur dann auch aus anderen angemeldeten Mustern hergeleitet werden kann, wenn diese uneingeschränkt recherchierbar sind. **Zwölfmonatsfrist**

Fazit: Nutzen der Geschmacksmusteranmeldung **[«]**

Zusammenfassend lässt sich sagen, dass die Alternative Geschmacksmusteranmeldung Vorteile nur für die industrielle Produktion bringt (Industriedesign). Im Bereich Web- und Grafikdesign steht der Nutzen zum notwendigen Aufwand in der Regel in keinem Verhältnis. Beim Screendesign kommt noch hinzu, dass die Aktualität regelmäßige Relaunches erfordert. Die vorgenommenen Veränderungen machen es erforderlich, jedes Mal aufs Neue zu überprüfen, ob das aktuelle Design vom bereits angemeldeten noch mit umfasst wird. Kleinere Veränderungen werden zwar toleriert, aber der Aufwand bleibt.

Hinweis: Europäisches Designrecht **[+]**

Die Harmonisierungsbestrebungen innerhalb der Europäischen Union haben das europäische Geschmacksmuster zuwege gebracht. Bei verkürzter Schutzfristdauer ist dieses auch schon ohne Anmeldung zu haben. Damit existiert nunmehr tatsächlich ein »kleines Urheberrecht« für den Designbereich, wenn auch ein sehr kleines. Einzelheiten gibt es im gleich folgenden Abschnitt 6.3, »Was bringt das europäische Designrecht?«.

6.1.2 Schriftzeichen

Auch Schriftfonts und grafische Symbole sind Geschmacksmuster. Piktogramme, Tierkreiszeichen, Symbole von Schachfiguren oder Wetterkarten sind damit schutzfähig. Eine langfristigere Vermarktungsmöglichkeit ist **Schriftfonts/Icons** hier gegeben, sodass sich der Aufwand der Geschmacksmusteranmeldung lohnen kann.

Digitale Schriftfonts   Gleiches gilt auch für digitale Schriftfonts. Diese beinhalten zwar auch Software, aber wie bereits in Abschnitt 3.3, »Wann ist ein Screendesign geschützt?«, angedeutet, bezieht der über die Software vermittelte Schutz die Schriftzeichen selbst nur sehr begrenzt mit ein. Digitale Schriftfonts wie Screendesigns sind eben keine Ausdrucksform des zugrunde liegenden Computerprogramms. Weiter geht der urheberrechtliche Softwareschutz aber nicht, sodass eine Geschmacksmustermeldung notwendig bleibt.

6.2   Wie melde ich ein nationales Geschmacksmuster an?

Wie oben beschrieben, vermittelt das angemeldete Geschmacksmuster eine Schutzrechtsvermutung für das Design zu Gunsten des Anmelders. Voraussetzung ist aber eine ordentliche Anmeldung.

6.2.1   Anmeldeverfahren

Antrag stellen   Zunächst muss man den Antrag auf Eintragung in die Geschmacksmusterrolle beim DPMA ausfüllen. Man erhält einen solchen Antrag auch online unter *www.dpma.de/formulare/gsm.html*. Das Formular ist übersichtlich gestaltet, sodass es ohne Hilfe ausgefüllt werden kann. Die postalische Anschrift des DPMA lautet: Deutsches Patent- und Markenamt, Dienststelle Jena, 07738 Jena.

Darstellung des Musters   Als Anlage hat man eine Darstellung des Musters, für das Schutz beantragt wird, beizufügen. Dies kann durch Fotografien oder sonstige grafische Darstellung, also auch durch Screenshots erfolgen. Die Hinterlegung im Original ist nicht mehr möglich. Auch die Größe der Darstellung ist vorgeschrieben. Sie darf nicht kleiner als 4 cm × 4 cm und nicht größer als DIN A4 sein. Ist das Muster zweidimensional nicht voll darstellbar, können auch mehrere Fotografien (bis zu sieben Darstellungen sind zulässig) aus unterschiedlichen Perspektiven eingereicht werden. Wichtig ist also eine exakte Wiedergabe des Musters, denn nur diese bestimmt den anschließenden Schutz und nicht das Original. Beim *Schriftzeichenschutz* ist zu beachten, dass die Anmeldung nunmehr das gesamte Alphabet darstellen und aus dieser Darstellung ein mindestens fünfzeiliger Text gebildet werden muss. Zuletzt sind die Gebühren zu entrichten.

Produktangabe   Die Designmuster können einzeln oder als Paket von bis zu 100 Mustern angemeldet werden. Wichtig ist dabei, dass jedes Muster einem konkreten Produkt zugeordnet und dieses bei der Anmeldung auch benannt werden muss. Erst mit der Produktbenennung wird die Anmeldung endgültig bearbeitet, und der Schutz kann erlangt werden. Die Produktbenennung kann bzw. soll anhand der Warenklassen erfolgen.

Alle Arten von Verpackungen fallen etwa in die Warenklasse 09, Webdesigns werden in der Warenklasse 20 geführt, auch wenn der Oberbegriff »Schilder« zunächst merkwürdig erscheint. Eine Auflistung sämtlicher Warenklassen kann beim DPMA (*www.dpma.de*) durch Download bezogen werden.

Zuordnung zur Warenklasse

Will man gleich mehrere Designs anmelden, die in ein und dieselbe Warenklasse fallen, oder sich – wie bei Websites üblich – schon frühzeitig denkbare Weiterentwicklungen sichern, bietet sich eine Paketanmeldung an. Bis zu zehn Muster kosten nämlich das Gleiche wie eine Einzelanmeldung.

Paketanmeldungen

Wie oben bereits beschrieben, gehört grundsätzlich zur Geschmacksmusteranmeldung auch eine Darstellung des Musters. Man kann im Zeitpunkt der Anmeldung aber die öffentliche Bekanntmachung dieses Musters verhindern, indem man dies bei der Anmeldung beantragt. Dadurch erhält man zunächst einen 30-monatigen Schutz. Will man diesen auf die gewöhnliche Schutzdauer von fünf Jahren verlängern, muss man nochmals aktiv werden und einen weiteren Antrag stellen und auch weitere Gebühren bezahlen. Man hat aber zunächst Zeit, etwa an der Markteinführung zu arbeiten, ohne dass die Konkurrenz das neue Muster schon kennt.

Aufschiebende Bekanntmachung

Das DPMA bietet seit März 2010 die Möglichkeit, Geschmacksmuster auch online anzumelden. Auch wenn die Gebühren sich dadurch reduzieren lassen, sind die Hardwarevoraussetzungen mit Signaturkarte und Kartenleser so hoch, dass sich diese Alternative für den Privatanmelder nicht wirklich stellt. Man muss deshalb nach wic vor auf dic klassische Papierform zurückgreifen, was gerade im Webdesign ärgerlich ist. Ein Blick zum Europäischen Harmonisierungsamt und dem europäischen Geschmacksmuster zeigt vor allem, dass es auch anders gegangen wäre.

Kosten

Wenn es ganz schnell gehen soll, kann man eine Anmeldung auch vorab per Telefax übermitteln. Man muss dies aber auf dem Anmeldeformular vermerken und zeitnah den Brief hinterherschicken. Die Anmeldegebühr beträgt zurzeit 70 €. Die Gebühr umfasst eine Einzelanmeldung oder eine Sammelanmeldung mit bis zu zehn Mustern. Jedes weitere Sammelmuster kostet 7 €. Will man die Möglichkeit der aufschiebenden Bekanntmachung nutzen, kostet die Einzelanmeldung 30 €. Bei einer Sammelanmeldung kostet jedes zur Anmeldung gebrachte Muster 3 €. Die Mindestgebühr beträgt jedoch 30 € pro Anmeldung. Will man den Schutz auf volle fünf Jahre erstrecken, wird die Differenz fällig, d. h., es kommen weitere 40 € für die Einzelanmeldung bzw. Sammelanmeldung bis zehn Muster hinzu. Bekanntmachungsgebühren fallen nicht mehr gesondert an. Eine Erstanmeldung eines Einzelmusters oder eines Sammelmusters von bis zu zehn Einzelmustern kostet damit entweder einmalig oder gestaffelt 70 €, eine Sammelanmeldung von beispielsweise 15 Mustern entsprechend 105 €.

6.2.2 Schutzfrist

Sind Sie wie oben beschrieben vorgegangen, sind die Muster dann erst einmal *fünf Jahre* geschützt, es sei denn, Sie haben einen Antrag auf aufschiebende Bekanntmachung gestellt; dann sind es zunächst nur 30 Monate. Will man mehr, muss man nachlegen, und zwar alle fünf Jahre bei einer *maximalen* Schutzdauer von *25 Jahren*.

Kein Paketrabatt mehr

Die Schutzfristverlängerung wird auch teurer. Die Kosten sind gestaffelt: Für eine Verlängerung um weitere fünf Jahre zahlt man 90 € pro Muster, anschließend 120 € je Muster, dann 150 € je Muster und für die letzten fünf Jahre 180 € je Muster. Auch bei Paketanmeldungen kostet nach dem fünften Jahr jedes Muster, d.h., der Paketrabatt wird dann nicht mehr gewährt. Die Kostenbestimmungen gelten, gleichgültig ob man ein neues Muster angemeldet hat oder ein bestehendes verlängert. Allein für den Fall, dass man nicht Abbildungen, sondern das Muster im Original hinterlegt hat — was bis zum 31.05.2004 noch ging –, sind die Kosten wesentlich höher.

Schriftzeichen

Das in älteren Auflagen dieses Buches noch beschriebene parallele Verfahren für Schriftfonts ist durch die Neuregelung des Gesetzes aufgehoben. Für sie gilt nunmehr das Gleiche wie für alle übrigen Designs.

Anwaltskosten

Zu diesen Anmeldekosten kommen noch die Gebühren für einen Anwalt hinzu. Auch wenn ich formell keinen brauche, wird dies in den meisten Fällen zu empfehlen sein. Nur der erfahrene Patent- oder Rechtsanwalt weiß, wie exakt das Muster beschrieben werden muss und auf welche Details es in der Abbildung ankommt. Im Prinzip kann man natürlich Muster auch ins Blaue hinein selbst anmelden und abwarten, bis es zu einem Gerichtsprozess kommt, in dem überhaupt erst geklärt wird, ob man mit dem Muster Schutz erlangt hat oder nicht. Nur ändert dies letztendlich nichts an den anfallenden Anwaltskosten, und man hat den Nachteil, dass man nicht von Anfang an eine Auskunft von kompetenter Seite hat, ob eine Schutzmöglichkeit besteht.

6.3 Was bringt das europäische Designrecht?

Der Schutz des Produkt- und Verpackungsdesigns ist durch eine europäische Verordnung deutlich verbessert worden. Das wirkt sich auch auf das Kommunikationsdesign aus. Grafiker und Screendesigner können dreisten Nachahmungen leichter begegnen. Das eingetragene Muster mit seinem unhandlichen Verfahren der Anmeldung wird um ein weiteres, nicht eintragungsbedürftiges und damit flexibleres Muster ergänzt. Der Schutz ist zwar begrenzter, aber entspricht mehr der Schnelllebigkeit des Gewerbes.

Mit dem »europäischen Geschmacksmuster« gibt es seit Mitte des Jahres 2002 ein einheitliches europäisches Designrecht, bestehend aus der Möglichkeit zum eingetragenen und nicht eingetragenen Muster. Die EU-Staaten mussten diese Vereinheitlichung in nationales Recht umsetzen, was in Deutschland durch die angesprochene Gesetzesnovelle zum 1. Juni 2004 geschehen ist. Von der Grundstruktur existiert damit nunmehr in der gesamten EU eine einheitliche Rechtslage. Daneben wurde mit dem europäischen Geschmacksmuster die Möglichkeit geschaffen, durch eine einzige Anmeldung europaweiten Schutz zu erhalten. Die Voraussetzungen für den Designschutz sind mit denen in Deutschland vergleichbar. Schutzfähig ist ein für die jeweiligen Fachkreise neues Design, das sich in seiner Eigenart von bereits bekannten unterscheidet.

EU-Verordnung

6.3.1 Nicht eingetragene Muster

Wie gesagt, das europäische Designrecht unterscheidet eingetragene von nicht eingetragenen Designs. Der Schutz Letzterer beginnt mit dem Tag, an dem die Kreation veröffentlicht wird, etwa durch Einstellen ins Internet oder Abdruck in einem Printmedium. Aufgrund des Umstandes, dass es sich um europäischen Designschutz handelt, muss die Veröffentlichung europaweit wahrnehmbar sein.

Er währt nur drei Jahre und richtet sich gegen bewusste direkte Nachahmung oder deutlich erkennbare Imitation, die nur wenige Abweichungen erkennen lässt. Voraussetzung ist aber stets, dass die Nachahmung in Kenntnis des imitierten Designs erfolgt. Damit sind natürlich Beweisprobleme vorprogrammiert. In den Genuss des Schutzes ohne Anmeldungen kommen alle zukünftigen Designs und solche, die nach dem 06.02.2003 veröffentlicht wurden.

Schutz vor bewusster Nachahmung

Das nicht eingetragene Muster ist für die deutschen Gerichte nach wie vor neu. Nur wenige Entscheidungen sind bisher bekannt geworden. Als erste erwähnenswerte Entscheidung hatte Ende 2005 das KG Berlin einen Fall zu beurteilen, in dem es um das Logo einer Salzverpackung ging. Der Designschutz wurde trotz fehlender Eintragung bejaht. Das nicht eingetragene Geschmacksmuster bietet somit eine gute Chance für Designer, ihre Rechtstellung nachhaltig zu verbessern. Wenn es das Design zulässt, sollte dieses innerhalb der Neuheitsschonfrist europaweit veröffentlicht werden. So erhält man sich auf einfache Art und Weise alle Optionen.

Veröffentlichen

[+]

Tipp: Veröffentlichung von Mustern

Es gibt spezielle Internetportale, deren Zweck es ist, Designs zu veröffentlichen, um sie als nicht eingetragene Muster zu schützen. Es ist eine Möglichkeit, wenn man die Kosten und das Verfahren einer Eintragung beim DPMA scheut.

6.3.2   Das eingetragene Muster

Europäisches Register Wer umfangreicheren und vor allem europaweiten Schutz benötigt, muss auch in Zukunft ein Eintragungsverfahren durchlaufen. Europaweit gibt es seit Januar 2003 ein Register in Alicante/Spanien. Die Anmeldungen laufen entweder direkt über das dortige Harmonisierungsamt für den Binnenmarkt (HABM, *http://oami.europa.eu/ows/rw/pages/RCD/index.de.do*) oder über unser nationales Markenamt (*www.dpma.de*), das die Unterlagen nach Spanien weiterleitet. Man hat die freie Wahl.

Keine Software Der Schutz gilt der »Erscheinungsform eines Erzeugnisses oder eines Teils davon, die sich insbesondere aus den Merkmalen der Linien, Farben, der Gestalt, Oberflächenstruktur und/oder Werkstoffe ergibt«. Und als Erzeugnisse zählt die Verordnung neben Produkten auch Verpackungen, Ausstattungen, Typografien und grafische Symbole auf. Software gilt aufgrund einer Ausnahme nicht als Erzeugnis. Damit wollte man vernünftigerweise verhindern, dass jede Bildschirmdarstellung eines Computerprogramms zum Geschmacksmuster werden kann. Computerprogramme genießen ohnehin Urheberschutz.

Voraussetzungen Der Schutz des Webdesigns wird von der Ausnahme aber nicht berührt. Es wird mithilfe von Computerprogrammen zwar erzeugt, ist aber nicht deren Erscheinungsform, d. h., das Screendesign kann unabhängig vom zugrunde liegenden Computerprogramm Schutz erhalten. Neu und originell muss ein Design sein, damit sein Inhaber gegen Nachahmer vorgehen kann.

Ausdrücklich bestimmt die Verordnung, dass bei der Beurteilung der Eigenart berücksichtigt wird, wie viel Gestaltungsfreiheit der Designer bei der betreffenden Aufgabe objektiv hatte. Beim Layout einer Bestellmaske wird man also weniger streng sein als bei einer Animation. Gleichzeitig gilt das Gleiche natürlich auch für die Konkurrenz, sodass der Schutzkorridor in diesen Fällen relativ schmal ist.

Schutzumfang Mit der Nutzung sämtlicher Verlängerungsoptionen erhält man Schutz für 25 Jahre. Entscheidender Vorteil gegenüber dem nicht eingetragenen Muster ist der, dass auch identische und ähnliche Designs, die in Unkenntnis des vorbestehenden entwickelt wurden, abgewehrt werden können. Vorausgesetzt natürlich, das eigene Design wurde früher zur Anmeldung gebracht.

6.4 Wie melde ich ein europäisches Muster an?

Die Grundstruktur der Anmeldung unterscheidet sich von dem nationalen Anmeldeverfahren nur geringfügig. Unter der Adresse *http://oami. europa.eu/ows/rw/pages/RCD/index.de.do*, Stichwort: Gemeinschaftsmuster/Formular, hat man die Möglichkeit, sich das Anmeldeformular in deutscher Sprache herunterzuladen. Daneben existiert auch ein Online-Portal (Stichwort: e-filing). Hier kann man die Anmeldeprozedur auch online durchführen. Die Muster werden nur im JPEG-Format akzeptiert und dürfen nicht größer als 2 MB sein. Sind zur korrekten Darstellung des Musters mehrere Ansichten erforderlich, ist für jede Ansicht eine eigene Anlage beizufügen.

Wie im deutschen Verfahren müssen die Muster, und zwar jedes einzelne einer bestimmten Warenklasse bzw. von einem bestimmten Produkt, zugeordnet werden. Die Anmeldung muss darüber Auskunft geben, wie das Muster später kommerziell verwertet werden soll. Die Warenklassen der deutschen und europäischen Anmeldung sind identisch. Ist man sich unsicher über die Klassifikation, erhält man beim DPMA (*www.dpma.de*) unter dem Stichwort »Locarno-Klassifikation« ein Verzeichnis.

Locarno-Klassifikation

Hat man in Deutschland bereits ein Geschmacksmuster angemeldet und möchte dieses nun europaweit schützen lassen, kann man die Priorität der deutschen Anmeldung, die nicht länger als sechs Monate zurückliegen darf, in Anspruch nehmen. Man erhält dann quasi einen rückwirkenden europäischen Schutz.

Priorität

Sämtliche Muster werden in einem öffentlichen Register bekannt gemacht und sind hierüber auch recherchierbar. Will man ein Muster schützen, der Konkurrenz die Existenz aber noch vorenthalten, kann man für 30 Monate quasi mit verdeckten Karten spielen. Will man den Schutz anschließend nicht verlieren, hat man spätestens drei Monate vor Ablauf der Frist den Antrag auf Bekanntmachung einzureichen. Die tatsächliche Bekanntmachung erfolgt aber stets erst nach Ablauf der 30-Monatsfrist

Aufschiebung der Bekanntmachung

Für die ersten fünf Jahre kostet eine Einzelanmeldung 350 €. Bei Sammelanmeldung von zwei bis zehn Mustern kommen zu den 350 € für das erste für jedes weitere Muster 175 €, ab dem elften Muster 80 € hinzu. Wird das Design nicht sofort bekannt gemacht, sondern die Schonfrist von 30 Monaten ausgenutzt, werden noch weitere Gebühren (Aufschiebungsgebühren) fällig. Diese belaufen sich ebenfalls gestaffelt auf 40 € für eine Einzelanmeldung, auf jeweils 20 € für das zweite bis zehnte Muster und anschließend auf jeweils 10 €.

Kosten

Verlängerung Auch das eingetragene Gemeinschaftsmuster lässt sich alle fünf Jahre verlängern. Die Kostenstaffeln sind identisch zum deutschen Muster, d.h. 90 € für die zweiten bis hin zu 180 € für die letzten fünf Jahre.

7   Markenschutz

Alles braucht eine Marke: Ob der Name Diana für Parfüm oder der Duft frisch geschnittenen Grases für Golfbälle – diese Kuriositäten zeigen, wie wichtig die richtige Marke für das Gelingen einer Geschäftsidee genommen wird. In den meisten Fällen ist das sicher richtig. Niemand fragt nach einem Papiertaschentuch, sondern alle fragen nach Tempo. Was gilt es aber zu beachten?

Vor einiger Zeit schlossen sich die großen Markenunternehmen unter dem Slogan »Die Marke: Etwas anderes kommt mir nicht in die Tüte« zusammen. Es musste etwas passieren, denn die Einkaufstüten waren zwar voll, aber nicht mehr mit Markenprodukten. Dabei hatte sich die Branche doch die größte Mühe gegeben, die Marke mit einem ganzen Lifestyle zu umgeben. Kommuniziert wurde schon lange nicht mehr nur der Produktname, sondern auch ein damit verbundenes Lebensgefühl, ausgedrückt in Farben und Musik. Die Möglichkeiten, sich diesen Wiedererkennungswert eines Produktes oder einer Dienstleistung schützen zu lassen, ist Gegenstand der folgenden Darstellung.

7.1   Wann gibt es Schutz für Produktbezeichnungen?

Recherchiert man den Begriff »Fireworks« beim Deutschen Patent- und Markenamt (DPMA), erhält man die Auskunft, dass dieser Name sowohl für Software, insbesondere zur Bildbearbeitung, aber auch für eine Berliner Unternehmensberatung und eine Blumenart eingetragen ist. Dagegen sucht man einen Eintrag unter »Word« für Textverarbeitungssysteme vergeblich. Damit sind die wesentlichen Kriterien beschrieben, die eine Produktbezeichnung zur eingetragenen Marke werden lassen oder eben nicht. Im Folgenden die Einzelheiten.

Marke oder nicht?

7.1.1   Kennzeichnungskraft

Umschreibt ein Produktname lediglich das Produkt selbst, wie dies etwa bei »Word« für ein Textverarbeitungsprogramm oder bei »Fireworks« für pyrotechnische Geräte der Fall ist, kann eine Markenanmeldung keinen Erfolg haben. Dies gilt auch bei der Verwendung von Anglizismen.

Kreativität gefragt!

Anders dagegen, wenn der Begriff lediglich assoziativ beschreibend wirkt. Die Möglichkeiten, welche die Software »Fireworks« in der Bildbearbeitung bietet, mögen ja einem Feuerwerk gleichkommen. Aber der Begriff beschreibt nicht unmittelbar, sondern eben nur bildlich. Daraus erklärt sich, dass ein und derselbe Begriff einmal zur Marke taugt, das andere Mal aber nicht. Entscheidend ist immer die Verbindung zwischen Name und Produkt. Je assoziativer dieses Verhältnis ist, umso mehr eignet der Begriff sich als Marke.

Orthografische Abwandlungen genügen
Der Bundesgerichtshof betont aber auch immer wieder, dass an die Kennzeichnungskraft nicht zu hohe Anforderungen gestellt werden dürfen. Der Wettbewerb macht es erforderlich, dass potenzielle Kunden mit dem Produktnamen sofort bestimmte Eigenschaften verbinden, was beschreibende Bestandteile im Namen oft erforderlich macht. Deshalb erhebt er gegen orthografische Abwandlungen beschreibender Begriffe oder sonstige Sprachregelwidrigkeiten keine Einwände. Auch das Zusammenziehen von Wortkombinationen – wie etwa bei CompuNet – kann aus zwei lediglich beschreibenden Namensbestandteilen eine eintragungsfähige Marke werden lassen.

7.1.2 Verwechslungsgefahr

Grundsätzlich genießt man mit der Eintragung einer Produktbezeichnung als Marke exklusiven Schutz gegen identische und ähnliche Verwendung durch die Konkurrenz. Wie das Beispiel »Fireworks« zeigt, reicht die Exklusivität aber nur so weit, wie dies für eine sichere Verhinderung von Verwechslungen notwendig ist. Die Webdesignerin vermutet im Blumenladen keine Software und assoziiert mit einem Bildbearbeitungsprogramm auch keine Unternehmensberatung. Trotz Gleichnamigkeit kommen die Produkte bzw. Dienstleistungen sich gegenseitig nicht ins Gehege, weshalb sie nebeneinander bestehen können.

Annahme von Lizenzvereinbarungen kann genügen
Neben diesen recht einleuchtenden Beispielen gibt es aber auch eine Reihe von Fällen, bei denen man über die durch die Rechtsprechung angenommene Verwechslungsgefahr zunächst in Grübeln gerät. Der Milchstraßen-Verlag mit seinem Titel »Max« wehrte sich 1998 gegen eine Schuhmarke gleichen Namens und bekam Recht. Was haben nun Schuhe mit einem Lifestyle-Magazin gemeinsam? Die Gerichte urteilten: den Lifestyle! Aufgrund der typischen Schreibweise des Zeitschriftentitels, die vom Schuhhersteller ebenfalls übernommen worden war, und der Tatsache, dass es sich in beiden Fällen um Lifestyle-Produkte handle, könnten die angesprochenen Kunden eine lizenzrechtliche Verbindung annehmen. Besteht diese Gefahr, dann sei auch von einer markenrechtlichen Verwechslungsgefahr auszugehen. Kann man so sehen, muss man aber nicht. Ein wenig Licht ins Dunkle bringt sicherlich die Tatsache, dass man es als üblich ansehen kann, dass Zeitschriften in der Abo-Werbung

Lifestyle-Produkte unter ihrem Namen als Geschenke verteilen. Aber Schuhe? Das Beispiel zeigt, dass der Versuch, starke Namen für sich nutzbar zu machen, gefährlich ist.

7.1.3 Sehr bekannte Marken sind tabu

Gefährlich wird es auch, wenn man sich sehr bekannte Marken zunutze machen möchte. Dies bekam die TAZ zu spüren, als sie ihre Kolumne auf der Titelseite »Tagesschau« nennen wollte. Die ARD konnte sich mit dem Argument durchsetzen, dass eine Verwässerung ihrer über Jahrzehnte nicht nur in Deutschland jedermann bekannten Marke drohe. Auf die Frage, ob man eine Tageszeitung mit dem Flaggschiff der ARD verwechseln könne, kam es gar nicht mehr an. Jedermann bekannte Marken genießen also einen wesentlich weiter gehenden Schutz. Bei ihnen kann man wirklich von einem Exklusivrecht sprechen. Auch die Telekom AG hat es geschafft, die Marke »Telekom« aufgrund Verkehrsgeltung durchzusetzen. Eigentlich ist der Begriff für die von der Telekom angebotenen Dienstleistungen rein beschreibend und damit nicht markenfähig. Umfragen haben aber ergeben, dass über 70 % der Bevölkerung mit dem Begriff Telekom zuerst das Unternehmen verbinden und nicht die Dienstleistung. Diese Bekanntheit macht eine beschreibende Kennzeichnung ausnahmsweise zur Marke.

7.1.4 Wechselwirkungen

Um eine erste Einschätzung zu bekommen, ob die eigene Marke eine andere verletzt, sind zwei Gedankenschritte notwendig.

Markenverletzung

1. Man überprüft die Zeichen auf Ähnlichkeit. Dabei ist nicht allein das Schriftbild entscheidend, sondern auch klangliche Übereinstimmung. So besteht beispielsweise Verwechslungsgefahr zwischen R 1 und EREINTZ.
2. Je ähnlicher sich die Zeichen sind, umso weiter müssen die durch sie gekennzeichneten Produkte oder Dienstleistungen auseinander liegen. Beispiel: »Fireworks«. Die Branchen Softwareherstellung und Unternehmensberatung erfüllen die Voraussetzungen. Die Aussage gilt auch umgekehrt: Ähnliche oder identische Produkte oder Dienstleistungen erfordern einen großen Abstand in der Kennzeichnung.

7.1.5 Titelschutz

Neben der Markenanmeldung gibt es unter anderen für Computerprogramme wie beispielsweise PowerPoint oder WindCad noch einen weiteren Schutzmechanismus: Sie genießen Titelschutz. Dieser Schutz ist zwar begrenzt, aber gegen unmittelbare Konkurrenzprodukte ist man abgesichert.

Keine Anmeldung, sondern Bekannt- machung

Der Titelschutz bietet noch einen weiteren Vorteil. Er entsteht mit der erstmaligen Veröffentlichung des Programms von selbst, d.h., man braucht keine umständliche Anmeldung beim DPMA. Der Schutz lässt sich auch noch weiter vorverlegen. Notwendig dafür ist eine Bekanntmachung in den anerkannten Presseorganen wie beispielsweise dem Titelschutzanzeiger.

7.2 Wann ist eine Produktverpackung geschützt?

Das Markenrecht dient der eindeutigen Identifizierung und Zuordnung von Waren und Dienstleistungen. Mit welchen visuellen Mitteln dies erreicht wird, ist gleichgültig. Auch die Gestaltung einer Produktverpackung ist geeignet, auf ein bestimmtes Produkt zu schließen.

Verpackungen sind Marken

Die Berggipfel der Schweiz in Schokoladenform verbinden viele mit einer bestimmten Schokolade, ohne auf den Namen auf der Verpackung zu achten. Alle Eltern unterscheiden auf den ersten Blick die Bausteine in den Spielzimmern ihrer Kinder. Die Form ist so typisch, dass es einer weiteren Beschreibung durch einen Namen nicht bedarf.

Ausnahmen

Klar ist aber auch, dass Verpackungen primär einen anderen Zweck verfolgen, nämlich Waren zu schützen oder transportfähig zu machen. In dieser Eigenschaft ist die Form meist durch den Zweck selbst vorgegeben. Bei Produktnamen waren es die glatt beschreibenden Begriffe, die nicht zur Marke taugen. Für Verpackungen gilt, dass solche Formen, die durch den Zweck bedingt sind, einem Schutz nicht zugänglich sind. Es leuchtet ein, dass solche Verpackungen jedermann zur Verfügung stehen müssen und nicht durch einige Unternehmen exklusiv Verwendung finden können. Für die Entscheidung, ob eine bestimmte Form frei bleiben muss oder für ein Unternehmen exklusiv gesichert werden kann, haben die Gerichte einen großen Beurteilungsspielraum. Sicherlich könnten alle Getränke in für Mineralwasser typische Flaschen abgefüllt werden, aber diese Monotonie wäre einer freien Marktwirtschaft fremd.

Originalität gefragt

Markenfähig sind deshalb nur solche Verpackungen, die durch besondere Eigentümlichkeit in ihrer Form ins Auge springen. Das Abheben von der Masse ist entscheidend, wobei nicht formgebende Gestaltungen – wie etwa eine besondere Einfärbung – unberücksichtigt bleiben. Zu Markenschutz gebracht haben es deshalb z. B. die Flaschen von Granini und Dimple.

Funktionalität reicht nicht!

Nicht schutzfähig sind dagegen solche Verpackungen, bei denen die Funktionalität besonders clever gelöst ist, z.B. eine auf dem Kopf stehende Ketchup-Flasche. Allein in der Originalität des Designs und nicht in technischen Lösungen liegt der Grund für eine Markenfähigkeit.

7.3   Wann ist das Corporate Design geschützt?

Wiedererkennung wird großgeschrieben. Ob Camel-Mann oder Bacardi-Feeling – Unternehmen sind bemüht, ihr Produkt mit einem bestimmten Lebensgefühl zu verbinden. Viel Geld fließt deshalb in ein makelloses Corporate Design.

Ein komplettes Erscheinungsbild braucht mehr als nur einen Namen. Die Auswahl von Logo, Schriften, Farben, Formaten, Bildern und Klängen folgt einer wohlüberlegten Gesamtstrategie. Hat man durch in der Regel erhebliche Investitionen eine starke Position am Markt erreicht, will man sich natürlich nach Möglichkeit vor Trittbrettfahrern schützen. Das Markenrecht bietet breite Anknüpfungspunkte für einen Schutz. Eine Marke ist nicht beschränkt auf Namen, sondern auch Formen, Farben, Klänge und sogar Gerüche identifizieren ein Produkt und sind deshalb markenfähig. Von der Grundkonzeption des Markenrechtes ist eine Monopolisierung des Corporate Designs deshalb möglich.

Corporate Design als Marke

FF Meta als exklusive Schrift des WDR oder die Farbe Gelb nur noch in Verbindung mit der Deutschen Post AG? Diese Beispiele zeigen, dass bestimmte Monopolisierungen einer Diktatur gleichkämen und jedes kreative Gestalten im Keim ersticken würden.

Grenzen

Das Corporate Design bzw. dessen Schutz stößt also dort auf seine Grenzen, wo ein Freihaltebedürfnis zugunsten des Wettbewerbs besteht. Der Bundesgerichtshof betont in seinen jüngsten Entscheidungen aber immer wieder, dass dies insbesondere für Farben nicht dazu führen darf, einen Markenschutz per se zu verhindern. Vielmehr hat eine Begrenzung auf der Ebene der Schutztiefe zu erfolgen. Damit wird die Monopolisierung begrenzt, nicht aber die Schutzfähigkeit.

7.3.1   Firmenlogo

Auch das eigene Logo ist als Marke schutzfähig. Besonders interessant wird die Möglichkeit bei Firmennamen, die aufgrund der enthaltenen beschreibenden Bestandteile ansonsten nicht geschützt sind (siehe Abschnitt 22.5, »Wie darf ich mein Unternehmen nennen?«). Deren *grafische Aufbereitung* macht sie nämlich oft als *Bildmarke* eintragungsfähig. Der Firmenname wird dadurch allerdings nicht umfassend gesichert, aber doch wenigstens in der konkreten grafischen Gestaltung.

Grafische Aufbereitung des Firmenlogos

7.3.2   Firmenfarben

Soll eine Farbe ein bestimmtes Produkt oder eine bestimmte Dienstleistung kommunizieren wie etwa Magenta die Produktpalette der Deutschen Telekom AG, ist Markenschutz nicht nur für das Firmenlogo, sondern auch für die abstrakte Farbe möglich. Der Korridor, innerhalb dessen sich der Schutz auswirkt, ist allerdings recht schmal. Die häufig

Magenta = Telekommunikation

verwendeten Grundfarben sind in der Regel aufgrund eines gesteigerten Freihaltebedürfnisses nicht markenfähig. Der Schutz von Farbmischungen, beschrieben über die RAL- oder Pantone-Nummern, ist auf nahezu identische Übernahme beschränkt. Auch an die Verwechslungsgefahr (siehe Abschnitt 7.1, »Wann gibt es Schutz für Produktbezeichnungen?«) wird man hohe Anforderungen stellen müssen. Schon geringe Abweichungen in der Farbgebung sind ausreichend, um eine Verwechslungsgefahr auszuschließen. Etwas großzügiger wird man dagegen mit sehr bekannten Marken wie etwa Maggi umgehen. Die typische Farbgebung ihrer Produktverpackungen genießt einen sehr weitreichenden Schutz.

Wir sehen also: Der Einsatz von Farbmarken setzt ein professionelles Markenmanagement voraus. Lässt man sie einfach so nebenbei laufen, kosten sie nur Geld. Farbmarken runden eine Corporate Identity ab, bilden aber niemals deren Grundpfeiler.

Anders mag es aussehen, wenn einzelne Produkte aus einer Produktpalette mit Konkurrenzprodukten in einem so heftigen Wettbewerb stehen, dass die Kaufentscheidung des Verbrauchers entscheidend auch vom visuellen Eindruck abhängt. Um zu verhindern, dass die Konkurrenz sich an die eigene Farbgebung etwa der Verpackung annähert und es so zu Fehlgriffen des Verbrauchers kommt, ist die Farbmarke sinnvoll. Auch wenn man sich die Produktpalette der Firma Jacobs anschaut, ist eine Farbmarke von Vorteil, weil man eine geschützte Unterscheidung erhält, ohne den Produktnamen zu variieren.

7.3.3 Produktdesign

3D-Marken Das Markenrecht lässt grundsätzlich auch dreidimensionale Marken zu. Damit besteht eine Möglichkeit, sich ein Produktdesign dauerhaft gegen Nachahmung schützen zu lassen. Gerade deswegen gehört diese Markenform zu den beliebtesten und am häufigsten angemeldeten. Das Markenamt sperrt sich aber häufig mit der Begründung, es bestünde ein Freihaltebedürfnis für dreidimensionale Formen. So wollte sich Porsche etwa das Design ihres Porsche Boxster als 3D-Marke schützen lassen. Das DPMA reagierte ablehnend. Es argumentierte, dass Designs über das Geschmacksmusterrecht geschützt werden. Es bestünde ein Freihaltebedürfnis hinsichtlich der dreidimensionalen Gestaltung, denn gerade bei dem engen Gestaltungsspielraum für Fahrzeuge sei es notwendig, die Formenvielfalt zu erhalten. Dem stünde eine Markeneintragung entgegen. Der Bundesgerichtshof hat zwar dieser Argumentation nicht grundlegend widersprochen, die Marke »Boxster« aber gleichwohl zur Eintragung zugelassen. Der Boxster habe eine so große Bekanntheit, dass er sich zur Herkunftskennzeichnung eigne. Es bleibt abzuwarten, wie sich die Rechtsprechung zur dreidimensionalen Marke weiterentwickelt.

7.3.4 Sound

Auch Jingles, d.h. Tonfolgen, können ein Produkt oder eine Dienstleistung identifizieren und deshalb als Marke eingetragen werden.

Nichts ist unmöglich – Toyota

Bei Neukompositionen ist die Frage nach dem Sinn berechtigt, weil man in der Regel eine Monopolisierung aufgrund der mit dem Jingle verbundenen Urheberrechte erreicht (siehe Abschnitt 3.12, »Wann ist eine Tonfolge geschützt?«). Allenfalls könnte man noch daran denken, dass durch die Anmeldung als Marke der Jingle dem Streit entzogen ist, ob tatsächlich ein Tonwerk vorliegt. Die größere Planungssicherheit mag bei Großunternehmen, denen die Anmeldegebühren wie Peanuts erscheinen, wichtig sein. Ansonsten ist aufgrund des weiten Urheberschutzes für Tonwerke eine gesonderte Markenanmeldung überflüssig.

Neukompositionen

Greift man auf altbewährte Jingles zurück, kollidiert die Möglichkeit der Markenanmeldung mit den Rechten des Komponisten. Hat man sich die entsprechenden Nutzungsrechte zur exklusiven Verwendung in der Werbung gesichert, steht der Markenanmeldung eigentlich nichts mehr im Wege. Nur im Prinzip gibt es keinen Grund mehr für eine zusätzliche Markenanmeldung, denn der Schutz wäre geringer als der über das Urheberrecht vermittelte. Außerdem steht meist Ärger mit der GEMA ins Haus, denn nahezu 99 Prozent aller Musikstücke werden durch sie verwaltet. Wirklich exklusive Rechte werden vom Komponisten deshalb kaum zu haben sein; ohne diese scheitert die Anmeldung aber.

Bestehende Kompositionen

7.3.5 Werbeslogan

Auch Slogans, die zur Wiedererkennung dienen, sind als Marke schutzfähig. Aufgrund ihrer notwendig hohen Anteile an beschreibenden Elementen ist ihr Schutzkorridor recht schmal. Der Bundesgerichtshof hat aber der ursprünglich sehr restriktiven Entscheidungspraxis des Markenamtes einen Riegel vorgeschoben. Seitdem werden auch wieder verstärkt prägnante Werbeslogans und kurze Sätze eingetragen. Voraussetzung ist natürlich immer, dass sie sich zur Herkunftskennzeichnung eignen.

WDR: Mehr hören. Mehr sehen.

Der Erfolg solcher Slogans wie »Nicht immer, aber immer öfter« basiert sicherlich überwiegend auf der hohen Frequenz ihrer Kommunikation und nicht auf Markenschutz. Allerdings scheitert eine eindeutige Kommunikation dann, wenn die Konkurrenz diese durch ähnliche Auftritte verwässert. Wo diese Gefahr besteht, ist der Markenschutz sinnvoll.

7.3.6 Schrift

Ob man mit der Schrift Corporate A automatisch DaimlerChrysler verbindet oder sich doch eher an den Wahlkampf der SPD zur Bundestagswahl 1998 erinnert fühlt, kann offen bleiben. Die Begrenztheit der

Schriftfonts

Summe leserlicher Schriften führt zu einem Freihaltebedürfnis, sodass eine exklusive Sicherung meist scheitern wird.

Außerdem ist die Zuordnung bestimmter Schrifttypen zu bestimmten Produkten oder Dienstleistungen einer verschwindend kleinen Gruppe exponierter Unternehmen vorbehalten, sodass es schon Probleme bei der Markenfähigkeit geben wird.

[»]
> **Fazit: Corporate Design**
>
> Das Corporate Design kann als Marke fast umfassend geschützt werden, auch wenn der Nutzen in einigen Bereichen nicht überragend ist.

7.4 Welchen Schutz gibt es für Firmennamen?

Mein Produkt ist meine Dienstleistung. Um dieses Produkt am Markt zu platzieren, gilt alle Anstrengung der Kommunikation eines einprägsamen Namens, mit dem möglichst die ganze Welt nur eins verbindet – nämlich mein Unternehmen. Besonders für Freelancer und Start-ups gilt es aber, einiges zu beachten.

Freie Wahl, aber mit Vorsicht

Das Firmennamensrecht hat sein verstaubtes Gewand abgelegt. Es verlangt von denjenigen Unternehmen, die im Handelsregister eingetragen sind oder aufgrund ihrer Größe als »Kaufleute« gelten, nicht mehr den Hinweis auf den Firmeninhaber. Der Fantasie der Namensfindung sind deshalb fast keine Grenzen mehr gesetzt. Notwendig ist nunmehr nur noch der Hinweis auf die Rechtsform durch die bekannten Kürzel (e. K., OHG, GmbH).

Kleine Firma – großer Name

Aufpassen muss man allerdings mit solchen Wortkombinationen, die sehr viel mehr hinter dem Unternehmen vermuten lassen, als tatsächlich der Fall ist. Die Wohnzimmeragentur als Werbehaus zu bezeichnen, ist jedenfalls grenzwertig. Aber auch hier zeichnet sich ein langsamer Wandel in der Meinung der Rechtsprechung ab. Die Frage, wann Geschäftspartner durch den Firmennamen irregeführt werden, wird zunehmend aufgeklärter und differenzierter betrachtet. Nicht alles, was der strengen Wortbedeutung nach den Schluss auf ein großes Unternehmen zulässt, wird von den angesprochenen Geschäftspartnern auch so verstanden. Das Copy-Center ist beispielsweise in seiner Größe beliebig.

Völlig unproblematisch ist die Verwendung von klingenden Fantasiebegriffen und Abkürzungen, sofern der Zusatz auf die Rechtsform nicht fehlt.

7.4.1 Kleinunternehmen

Werden im allgemeinen Sprachgebrauch die Begriffe Unternehmen/ Firma synonym gebraucht, ist die Firma im juristischen Kontext ein besetzter Begriff, der ausschließlich die Unternehmen von Kaufleuten beschreibt. Freelancer, aber auch die kleine GbR, fallen nicht darunter. Dennoch gibt es auch hier einen Spielraum bei der Wahl des Unternehmensnamens. Gegen die Verwendung als werbewirksame Geschäftsbezeichnung, um sich so vom Wettbewerb abzusetzen, lässt sich nichts einwenden, solange der angesprochene Gläubigerschutz gewahrt bleibt.

Auf Geschäftsbriefen oder Bestellungen ist allerdings darauf zu achten, dass die hinter der Geschäftsbezeichnung stehenden Personen oder Gesellschafter benannt werden. Dies kann in einer Unter- oder Fußzeile erfolgen. Langsam setzt sich die Erkenntnis durch, dass sich auch andere Berufe als Gastwirt oder Apotheker einen klingenden Namen geben und dies auch dürfen. Dennoch gibt es nach wie vor Stimmen, die das anders sehen; allerdings mit Blick auf die Gewerbeordnung zu Unrecht (für Einzelheiten siehe z. B. Abschnitt 22.5, »Wie darf ich mein Unternehmen nennen?«).

Vorsicht auf offiziellen Geschäftspapieren

7.4.2 Die Einzelheiten

Die Möglichkeiten, sich durch einprägsame und herausgestellte Unternehmensnamen vom Wettbewerb abzuheben, lassen Spielraum für die eigene Werbegestaltung. Ärgerlich und teuer wird es allerdings, wenn der eigene Auftritt geplant ist, Geschäftspapier und Visitenkarten gedruckt sind und man dann Post von einem Konkurrenten erhält, der den gewählten Namen für sich beansprucht und zur Unterlassung auffordert.

Abstand halten

Unternehmenskennzeichen, d.h. Logo und Firmenname, sind geschützt. Es wird im Grundsatz verhindert, dass zwei Unternehmen am Markt mit identischen Dienstleistungen oder Produkten im gleichen Kundensegment auftreten. Es gibt verständlicherweise kein Exklusivrecht auf Firmennamen, sondern nur dort, wo die Gefahr besteht, dass potenzielle Kunden das eine Unternehmen mit dem anderen verwechseln könnten, hilft das Recht. Die Hamburger Werbeagentur »Zum goldenen Hirschen« verletzt deshalb keine Namensrechte der unzähligen Gastronomiebetriebe gleichen Namens. Problematischer wird die Sache dagegen, wenn die Firmen »CompuNet« und »ComNet« sich im Marktsegment Vertrieb von PC-Hardware und -Software für den Netzwerkbetrieb gegenüberstehen. Hier kann es zu Verwechslungen kommen.

Firmennamenschutz nur bei gleichem oder ähnlichem Kundenkreis

Anders sieht es aus, wenn man statt einer Fantasiebezeichnung einen oder mehrere Familiennamen als Unternehmensnamen führt. Treten hier Fälle von Gleichnamigkeit auf, wie dies etwa bei Otto wahrscheinlich ist, hat man das in den meisten Fällen hinzunehmen. Niemand kann

Bei Familiennamen Gleichnamigkeit hinzunehmen

nämlich gehindert werden, seinen Familiennamen als Geschäftsbezeichnung zu führen.

Originalität bei
Namenswahl

Viele Unternehmen nutzen die Möglichkeit der freien Namenswahl, um den Geschäftsbereich, in dem sie tätig sind, zu beschreiben. Dies ist zwar möglich, hat aber zur Folge, dass man sich gegen Verwendung durch Konkurrenten nicht wehren kann. Ein wenig Originalität muss im Namen schon stecken.

Ab wann wirkt der
Firmennamenschutz?

Der Firmenname dient zur Identifizierung eines Geschäftsbetriebes. Geschützt ist er ab dem Zeitpunkt, ab dem er genutzt wird. Man muss also seinen Geschäftsbetrieb aufgenommen haben. Für die Unternehmen, die im Handelsregister eingetragen sind, ist dieser Nachweis relativ einfach, weil sie jedenfalls auf den Zeitpunkt der Eintragung verweisen können. Freelancer und die kleine GbR haben es da schwerer. Sie sind auf ihre Werbung oder Aufträge angewiesen, um die Aufnahme des Geschäftsbetriebes zu beweisen.

Die Grenzen

Sicherlich in jeder Stadt gibt es eine Eisdiele namens »Adria«, ohne dass Anwälte in Bewegung gesetzt werden, um für Gerechtigkeit zu sorgen. Der Grund ist folgender: Die angesprochenen Kundenkreise sind auf die Stadt oder gar auf den Stadtteil begrenzt. Es besteht für die Eisdiele kein Bedürfnis, einen über die Stadtgrenzen hinausgehenden Schutz zu beanspruchen. Deshalb wird er auch versagt. Wer dagegen national spürbar tätig ist, erhält den Schutz seines Unternehmensnamens auch deutschlandweit. Die bloße Internet-Präsenz reicht hierfür allerdings nicht, das eigentliche Geschäft muss im gesamten Bundesgebiet betrieben werden.

[+]

> **Tipp: Namensgleichheit durch Recherche verhindern**
>
> Die Werbeagentur »Zum goldenen Hirschen« wird bei ihrer Gründung nur wenig darüber nachgedacht haben, ob es schon andere Agenturen mit gleichem Namen gibt, dafür ist er zu ausgefallen. Anders beim Beispiel CompuNet. In einem solchen Fall sollte man recherchieren, etwa in den Handelsregistern, um böse Überraschungen zu vermeiden. Selbstverständlich übernehmen auch professionelle Dienste die Recherche, allerdings gegen Bezahlung. Unter dem Stichwort »Recherche Firmennamen« findet man sie alle in den gängigen Suchmaschinen.

7.5   Welchen Schutz gibt es für Domain-Namen?

Der Bundesgerichtshof hat in einem kürzlich veröffentlichten Urteil entschieden, dass Domain-Namen gepfändet werden können, und so deren vor allem wirtschaftlich große Bedeutung noch einmal unterstrichen. Gerade zu Anfang des Internet-Booms gab es viel Streit um die

Second-Level-Domains. Jeder wollte seinen Namen registriert sehen. Hinzu kamen Maklerfirmen, die mit auf Vorrat reservierten Domains Geld verdienen wollten. Mit der Freigabe von Umlautkennzeichnungen ist der Streit in eine weitere Runde gegangen und auch heute noch nicht beigelegt.

7.5.1   Die Einzelheiten

Von einigen Ausnahmen abgesehen, die noch erläutert werden, gilt bei der Reservierung von Domain-Namen: »Wer zuerst kommt, mahlt zuerst«. Die für die Top-Level-Domain .de zuständige DENIC (*www.denic.de*) kümmert sich zu Recht nicht um die Frage der Berechtigung einer Anmeldung, sondern prüft allein, ob die betreffende Adresse noch frei ist. Wenn ja, vergibt sie diese an den Anmelder. Nur wenn ein Rechtsverstoß offensichtlich ist, verhindert die DENIC die Registrierung. Auch auf die Schreibweise hat der Anmelder selbst zu achten. Es macht beispielsweise einen Unterschied, ob ich Kreative mit K oder C schreibe, weshalb wir unsere eigene Adresse *www.rechtfuerkreative.de* auch in beiden Schreibweisen haben eintragen lassen. Gleiches gilt für unterschiedliche Top-Level-Domains, denn für die Vergabe sind unterschiedliche Organisationen zuständig. Zwar gibt es die Möglichkeit, im Nachhinein gegen den gleichen Wortbegriff in unterschiedlicher Schreibweise oder gegen die lediglich andere Top-Level-Domain vorzugehen, aber dies bedeutet immer mehr Ärger, als wenn man von Anfang an darauf achtet.

<aside>Schnell muss man sein</aside>

Auch für die Umlaut-Domain-Registrierung (IDN) bei der DENIC galt das Prinzip »First come – first served«. Eine bevorzugte Behandlung von Domain-Inhabern mit Umlautumschreibungen fand nicht statt. Ob die Reiseplattform *Touristikbörse.de* oder die Preisdatenbank *Günstiger.de*, beide kamen zu spät mit ihrer Umlautregistrierung und mussten zunächst prozessieren. Es wäre sicher gut gewesen, wenn auch in Deutschland eine Streitbeilegungsstelle mit der Einführung der IDNs etabliert worden wäre, wie das etwa in der Schweiz geschehen ist. Die bis jetzt ergangenen Gerichtsentscheidungen lassen aber eines erkennen: Problematisch wird die Auseinandersetzung um Umlaut-Domains wohl nur bei Eigennamen, denn es gibt eben Müllers und Muellers, sodass sich der Schnellere auch durchsetzen wird. Das Landgericht Hamburg hat in der Auseinandersetzung um die Domain *Günstiger.de* durchblicken lassen, dass auch in vergleichbaren Fällen der alte Domain-Inhaber die besseren Rechte für sich beanspruchen kann, eine Domain-Übertragung sich notfalls gerichtlich durchsetzen lässt.

<aside>Umlaut-Domain</aside>

Es wurde lange Zeit ein hartnäckiger Streit um Branchenbezeichnungen wie beispielsweise *www.mitwohnzentrale.de* als Second-Level-Domain geführt. Wie in Abschnitt 7.1, »Wann gibt es Schutz für Produktbezeichnungen?«, beschrieben, sind im Markenrecht beispiels-

<aside>Branchenbezeichnungen</aside>

weise rein beschreibende Angaben unzulässig. Nicht so im Bereich der Domain-Namen. Diese sind eben keine Marken, und auch im Übrigen fehlen den Gerichten die Argumente, weshalb der Gebrauch untersagt werden sollte. Der Internet-Nutzer wisse nämlich, dass er mit der Eingabe einer bestimmten URL nur ein begrenztes Angebot an Informationen erhalte – andernfalls nutze er eine Suchmaschine.

Nicht alles erlaubt

Problematisch wird es aber, wenn unter einer solchen Branchenbezeichnung nicht nur ein Unternehmen auftritt, sondern sich mehrere unter einem klingenden Namen zusammengetan haben, so geschehen bei der angesprochenen Adresse *www.mitwohnzentrale.de*. Hinter dieser URL verbirgt sich der Ring Europäischer Mitwohnzentralen e.V., ein Dachverband unter vielen. Hier hat der Bundesgerichtshof gesagt, dass die Website mit einem Hinweis versehen sein muss, dass es noch andere Dachverbände von Mitwohnzentralen gibt. Der Internet-Nutzer könne sonst annehmen, dass weitere Dachverbände nicht existierten.

Kleine Unterschiede reichen

Als Kehrseite dieses großzügigen Umgangs mit Branchenbezeichnungen reicht es auch aus, wenn die Adressen von Konkurrenten lediglich geringfügige Unterschiede aufweisen. Ob der Unterschied in der Wahl der Top-Level-Domain (.com statt .de) liegt oder Bindestriche benutzt werden, ist egal. Nur die identische Schreibweise ist gegenüber Konkurrenz geschützt.

7.5.2 Firmenname als Domain-Name

Die Shell AG erhielt vor einigen Jahren von der DENIC eine Absage, als sie sich die Adresse *www.shell.de* zuteilen lassen wollte. Die Domain war schon zuvor für einen Privatmann mit dem Nachnamen Shell reserviert worden. Die Shell wollte sich mit der Begründung, zu spät gekommen zu sein, nicht abfinden und klagte. Der Bundesgerichtshof gab dem Konzern Recht. Grundsätzlich gelte zwar das Prioritätsprinzip, wenn zwei Anmelder mit dem gleichen Namen sich um eine Domain streiten. Aber ausnahmsweise sei hier zugunsten der Shell AG ein besseres Recht anzunehmen, denn ihr sei im Gegensatz zu der Privatperson kein Ausweichen auf eine andere Adresse möglich. Das Obsiegen Goliath gegen David war an sich nicht überraschend, aber mit den vom Gericht eng gezogenen Grenzen doch auch ein Erfolg für den Erstanmelder. Der Bundesgerichtshof hat, bestätigt durch das Bundesverfassungsgericht in 2006 in noch einem weiteren Fall das an sich geltende Prioritätsprinzip durchbrochen. Es klagte eine Rechtsanwaltskanzlei gegen einen Website-Inhaber, der unter seinem Pseudonym die Website bei der DENIC registriert hatte. Zwischen dem Pseudonym und dem bürgerlichen Namen eines Teilhabers der Rechtsanwaltskanzlei bestand Namensgleichheit. Der BGH sah hier im bürgerlichen Namen die besseren Rechte und verurteilte zur

Übertragung. Damit wird einmal mehr bestätigt, dass Gerichtsurteile Einzelfallentscheidungen sind, die nicht immer berechenbar sind.

7.5.3 Domain-Namen sind Firmennamen

Im Übrigen gilt auch im Bereich des Domain-Namens das zum Firmennamensrecht Gesagte: So weit der Schutz des Firmennamens reicht, soweit genießt dieser auch Schutz als Domain-Name gegenüber unmittelbaren Konkurrenten. Kleine Abweichungen wie das Divis oder ein anderes Kürzel hinter dem dot. reichen nicht aus, um den erforderlichen Abstand zu dem vorbestehenden Namen zu wahren. Diese sind tabu. Im Falle einer Gleichnamigkeit gilt das zur Shell.de-Entscheidung Gesagte: In der Regel obsiegt der Erstanmelder.

7.5.4 Marke

Erst recht gilt dies gegenüber eingetragenen Marken. Eine Marke wird auch als Domain-Name verwendet, sodass der Markeninhaber diesen Gebrauch gegenüber unmittelbaren Konkurrenten untersagen kann.

7.5.5 Domain-Parking

Der Bundesgerichtshof hat in einer Anfang 2011 veröffentlichten Entscheidung (Urteil vom 18.11 2010 – I ZR 155/09, »Sedo«) geurteilt, dass ein Anbieter von sogenannten *Domain-Parking-Programmen* nicht für Markenrechtsverletzungen seiner Kunden haftet, solange er von den konkreten Rechtsverletzungen keine Kenntnis hat. Entfernt er entsprechende Webseiten nach Kenntnis der Rechtsverletzung, ist er von einer weitergehenden Haftung frei. Umgekehrt benutzt derjenige, der solche Domain-Parking-Programme nutzt und als Schlagwörter fremde Markennamen zulässt, diese Schlagwörter markenmäßig. Er kann auf Unterlassung und Schadensersatz in Anspruch genommen werden. Insoweit unterscheidet sich diese Form der Werbung vom Suchmaschinenmarketing (siehe Abschnitt 11.1.5, »Google Adwords«).

7.5.6 Domain-Grabbing

Anders als bei der Shell-Entscheidung erfolgt die Reservierung der Internet-Domain beim Domain-Grabbing ausschließlich zu dem Zwecke, die Domain kommerziell zu verwerten.

Abgesehen von berühmten Firmen- und Markennamen wie etwa Shell oder WDR kann man sich gegen identische Verwendung nur dann wehren, wenn die mit dem Namen oder der Marke angebotene Dienstleistung identisch oder jedenfalls ähnlich ist. Hieran scheitert der Anspruch gegen den Grabber in der Regel. Die kommerzielle Verwertung einer Domain ist selten mit der Dienstleistung desjenigen identisch, der vom Domain-Grabbing betroffen ist.

Die Rechtsprechung hilft hier mit meist gutem Gespür durch einen Kunstgriff: Fehlt es an einem nachvollziehbaren Interesse auf Seiten des kommerziellen Händlers, hat dieser die Domain zugunsten des Namens- oder Markeninhabers freizugeben. Klar ist, dass die bloße Verkaufs- intention von Domains nicht als berechtigtes Interesse angesehen wird.

[+]

> **Tipp: Dispute-Eintrag**
>
> Es empfiehlt sich für den Fall, dass man mit einem Dritten um die Berechtigung an einer Domain streitet, bei der DENIC einen sogenannten *Dispute-Eintrag* zu erwirken. Ein entsprechendes Formular findet man auf ihrer Website (*www. denic.de/fileadmin/public/documents/legal/Einrichtung_DISPUTE.pdf*). Man ver- hindert so, dass einen der Gegner durch ständige Weitergabe der Domain an Dritte im Unklaren lassen kann, wer der richtige Anspruchsgegner ist. Dies führt im Gerichtsverfahren zu der unangenehmen Situation, dass man inhaltlich Recht hat, der vermeintliche Besitzer die Domain aber schon wieder weitergegeben hat und man nur deshalb das Verfahren verliert.

7.6   Wann ist eine Markenanmeldung sinnvoll?

Der AStA der Universität Hamburg veranstaltete Mitte der 90er-Jahre erstmals ein Campuskultur-Event mit dem Namen Sommernachtstraum. Heute ist der Sommernachtstraum eine eingetragene Marke. Lohnt sich der Aufwand?

7.6.1   Lohnt sich der Aufwand?

Anmeldung erforderlich
Während im Urheberrecht ein Schutzrecht mit der Schaffung des Wer- kes automatisch entsteht, gilt für Produktbezeichnungen, dass es eines förmlichen Anmeldeverfahrens bedarf. Ausnahmen gibt es auch hier für solche meist ältere Marken, die wirklich jeder kennt. Ein Beispiel wäre die Marke Tempo für Papiertaschentücher. Meist jedenfalls läuft aber der kreative Prozess, einen Namen für ein Produkt zu finden, parallel zur eigentlichen Entwicklung. Will man sich hier den Wettbewerbsvorteil eines exklusiven Namens sichern, geht das nur durch Anmeldung.

Modemarke
Eine Markenanmeldung kostet Geld. Für die Registrierung beim Deutschen Patent- und Markenamt (DPMA) ist eine Anmeldegebühr von 300 € pro Marke zu bezahlen. Will man den Schutz nach Ablauf der erstmaligen Schutzfrist, die zehn Jahre beträgt, um einmalig weitere zehn Jahre verlängern, schlägt dies mit 750 € zu Buche. Grundsätzlich kann man das Anmeldeverfahren zwar ohne fremde Hilfe durchführen, d. h., ohne Patentanwälte oder im Markenrecht spezialisierte Rechtsan- wälte einzuschalten. Es sind aber einige Klippen zu umschiffen, weshalb man in der Regel Anwälte zu Rate ziehen wird, die ebenfalls Geld kosten.

Schon aufgrund dieser Kostenfaktoren gilt es, genau zu überlegen, welchen Nutzen die Anmeldung tatsächlich bringt. Für ein einmal jährlich stattfindendes Kultur-Event auf dem Hamburger Campus könnten da Zweifel aufkommen.

Im Kapitel zum Schutz von Firmennamen (siehe Abschnitt 6.4, »Wie melde ich ein europäisches Muster an?«) hat sich gezeigt, dass jedenfalls ein territorial begrenzter Schutz auch ohne Markenanmeldung besteht. Die Entscheidung zugunsten einer Markenanmeldung sollte deshalb davon abhängig gemacht werden, ob in naher Zukunft eine deutschlandweite Expansion der Unternehmung erfolgen soll. Dann kann eine Markenanmeldung tatsächlich sinnvoll sein, denn ein bundesweiter Schutz des Firmennamens lässt sich so vorverlagern. Man erhält also vor einer tatsächlichen Expansion ein Exklusivrecht auf seinen Firmennamen im gesamten Bundesgebiet. **Firmenname**

Daneben hat man die Möglichkeit, die Registrierung beim DPMA für seinen eigenen Außenauftritt, sprich die Werbung zu nutzen. Viele Unternehmen halten es für einen marketingstrategischen Vorteil, ihren Firmennamen mit dem Zeichen ® zu versehen. Dies suggeriert sicherlich einen gestandeneren Auftritt und kann so vertrauensbildend wirken.

Wie in vielen Bereichen sind auch im Markenbereich Anglizismen beliebt. Häufig sieht man Produktnamen in Verbindung mit dem Zeichen ™ oder ˢᴹ auch bzw. gerade für Produktkennzeichen, die nicht als Marke eingetragen sind (™ steht für *Trade Mark*, ˢᴹ steht für *Service Mark*). Aber Vorsicht, das ™-Zeichen hat nach einer Entscheidung des Landgerichts München in Deutschland nichts zu suchen. Es suggeriere die Registrierung des Produktes als Marke im Ausland. In Wirklichkeit finde aber das ™- wie das ˢᴹ-Zeichen nur in den USA Verwendung und dort gerade für nicht eingetragene Kennzeichen. Nutzt man die Zeichen außerhalb einer Registrierung als Marke, begibt man sich auf dünnes Eis. Das Motto lautet deshalb: Finger weg! **Trade Mark ™**

Aber muss ich mein durch das ™-Zeichen markiertes Produkt, dessen Name beim DPMA als Marke eingetragen ist, vom Markt nehmen? Die Kennzeichnung lasse auf ein eingeführtes Qualitätsprodukt schließen, so das Landgericht München. Gleiches gilt aber auch für mit ® gekennzeichnete Produkte, sodass ein Wettbewerbsverstoß weniger wahrscheinlich ist. Deshalb: Ist die Änderung der Kennzeichnung nur mit großem Aufwand möglich, sollte man sich mit einem spezialisierten Rechtsanwalt über das weitere Vorgehen beraten. Gute Argumente sprechen dafür, dass jedenfalls die eingetragene Marke auch mit ™ gekennzeichnet werden kann. Markenkenner werden dieser Kennzeichnung aber weniger Qualität beimessen als dem ®-Zeichen. **Eingetragene Marke**

7.6.2 Europa- oder gar Weltmarke

Das Markenrecht ist anders als etwa das Urheberrecht auf das Land beschränkt, in dem die Anmeldung erfolgt ist. Die deutsche Marke kann also eine in Frankreich begangene Verletzungshandlung nicht absichern. Tritt man mit seinen Produkten europaweit oder gar weltweit auf, bieten die europäische Gemeinschaftsmarke und die Weltmarke den Vorteil, dass man nicht in jedem einzelnen Land um Schutz nachsuchen muss, sondern in einem einzigen Verfahren einen sehr weitreichenden Schutz erhält. Unter diesem Gesichtspunkt ist diese Form des Markenschutzes preisgünstiger, wenn auch nicht billig. Die europäische Gemeinschaftsmarke kostet zwischen 900 € und 1050 €. Der günstigere Preis gilt im Falle einer Onlineanmeldung. Die Gebühren beinhalten eine Anmeldung in drei Waren- bzw. Dienstleistungsklassen. Benötigt man mehr, kostet jede weitere Klasse zusätzlich 150 €. Die Grundgebühr für die Weltmarke beträgt 653 Schweizer Franken (SFr.). Enthält die anzumeldende Marke eine Farbe, erhöht sich diese Gebühr auf 903 SFr. Hinzu kommen noch weitere Gebühren von mindestens 115 SFr. pro Land, in dem man um Schutz nachsucht. Für die USA beträgt die individuelle Zusatzgebühr gar 337 SFr. für jede benannte Waren- und Dienstleistungsklasse. Außerdem verlangt das DPMA noch eine Gebühr in Höhe von mindestens 180 €. Beabsichtigt man tatsächlich eine internationale Registrierung, kann man sich vorab unter *www.wipo.int/madrid/en* unter dem Stichwort »fee calculator« ein Bild über die Kosten verschaffen.

Gemeinschaftsmarke Unter der Adresse *http://oami.europa.eu/ows/rw/pages/RCD/index.de.do* kann man sich die notwendigen Formulare zur Anmeldung der Europa- oder Gemeinschaftsmarke herunterladen. Daneben gibt es unter dem Stichwort »e-filing« auch die Möglichkeit der Online-Anmeldung.

Alles-oder-nichts-Prinzip Nachteilig ist, dass die Anmeldung dem Alles-oder-nichts-Prinzip folgt, d.h., scheitert die Anmeldung nur in einem Land, scheitert sie insgesamt. Die Anmeldung muss deshalb gut vorbereitet sein und lohnt sich meist nur für stark expandierende und Großunternehmen.

Weltmarke Die Welt- oder IR-Marke ist die auf internationalen Verträgen beruhende Möglichkeit der Erstreckung einer nationalen Marke auf internationales Gebiet. Der Anmelder hat es dabei selbst in der Hand zu entscheiden, auf welche Länder sich die Erstreckung beziehen soll. Es müssen also nicht alle Länder ausgewählt werden. Die Anmeldung erfolgt über das Deutsche Patent- und Markenamt, wo man unter der Adresse *www.dpma.de/formulare/marke.html* die entsprechenden Formulare findet. Das Markenamt leitet die Anmeldung an die World Intellectual Property Organization (WIPO) weiter. Lehnen einzelne Länder die Anmeldung ab, geht damit nicht – anders als bei der Gemeinschaftsmarke – die gesamte Registrierung verloren, sondern nur die für das betreffende Land.

Sucht man einen europaweiten oder gar weltweiten Schutz, sollte man unbedingt versierte Patent- oder Rechtsanwälte zu Rate ziehen – was die ganze Anmeldung natürlich nicht billiger macht.

Professioneller Rat

[«]

> **Fazit: Entscheidungshilfe zum Markenschutz**
>
> Web- und Grafikdesign ist Dienstleistung, sodass sich in der Regel allein die Frage der Anmeldung des Firmennamens oder -logos stellt, wenn es um die eigenen Belange und nicht um die von Kunden geht. Hier möchten wir folgende Entscheidungshilfe geben: Ist die Darstellung der eigenen Dienstleistung in der Kommunikation mit dem Kunden nahezu ausschließlich auf meine Person zugeschnitten, wird der Markenschutz sicherlich in der Prioritätsliste nach unten rutschen können. Eine Verwechslungsgefahr wird nur in den Bereichen der personenungebundenen Kommunikation von Dienstleistungen und Produkten zu befürchten sein.

[✓]

> **Checkliste: »Markenanmeldung«**
>
> Eine Checkliste zum Thema »Markenanmeldung« finden Sie in Anhang B.1.

8 Wettbewerbsrecht: Ein alternativer Designschutz?

Beispiel: Look and Feel

Zwei führende Unternehmen aus dem Bereich Social Network Services stritten darum, ob der eine Konkurrent das Look and Feel der Seiten des anderen so übernommen habe, dass darin eine unlautere Ausbeutung und Behinderung zu sehen sei. Der Vorwurf lautete: Der Konkurrent nutze den Erfolg des anderen, ohne vergleichbare Entwicklungs- und Markteinführungskosten aufgewendet zu haben.

Grundsätzlich ist für den Schutz von Designleistungen das Urheber- bzw. Geschmacksmusterrecht, in Ausnahmefällen das Markenrecht zuständig. Die Möglichkeiten eines adäquaten Schutzes von Designleistungen sind – wie in den vorangegangenen Kapiteln beschrieben – leider oft begrenzt. Es fragt sich, ob nicht das Wettbewerbsrecht alternativ einen Ausweg bietet.

Wie der Name schon nahelegt, will das Wettbewerbsrecht einen ehrlichen Wettbewerb konkurrierender Unternehmen untereinander sicherstellen und so auch Verbraucherrechte gewährleisten. Es fragt sich in der Tat, ob die Imitation fremder Kreationen dieser Zielsetzung nicht zuwiderläuft.

Grundsatz: Kein alternativer Schutz

Die Rechtsprechung sagt allerdings zunächst einmal Nein. Diejenigen Leistungen, denen der Schutz über das Urheberrecht versagt ist, könnten nicht durch die Hintertür des Wettbewerbsrechts Schutz genießen. Diese Kreationen seien bewusst zur freien Verfügung für jedermann gehalten. Aber auch hier gibt es natürlich Ausnahmen, wenn es gar zu arg wird.

Beispiel: Telefonbuch als CD-ROM

Ein kleines Unternehmen kam Mitte der 90er-Jahre auf die Idee, sämtliche Telefonbücher der Deutschen Telekom einzuscannen und anschließend als CD-ROM zu vertreiben.

Ausnahmen

Telefonbücher waren als reine Datensammlung in logischer alphabetischer Reihenfolge bis 1998 nach dem Urheberrecht nicht geschützt.

Die Vorinstanzen hatten aufgrund der freien und kostenlosen Verfügbarkeit der Telefonbücher auch keinen Wettbewerbsverstoß erkennen können, weshalb die Telekom zunächst unterlag. Der Bundesgerichtshof allerdings urteilte anders: Die Erhebung und Aktualisierung des Datenbestandes sei mit erheblichen Investitionen verbunden gewesen. Diese habe der Verletzer für sich genutzt, ohne dass dem eigene Investitionen gegenüberstanden. Dies sei ein wettbewerbswidriges Verhalten. Drei Gerichte, drei Meinungen.

Beispiel: Legoverpackung

Die Firma Lego hat wiederholt erfolglos versucht, sowohl die Legosteine selbst als auch deren typische, den Steinen nachempfundene, Verpackung als Marke schützen zu lassen. Nunmehr geht das Unternehmen gegen die Konkurrenz aufgrund Wettbewerbsverstoßes vor.

Die Markenanmeldung ist stets mit dem Hinweis gescheitert, dass Formen, die für das Erreichen einer technischen Wirkung kausal sind, von einer Eintragung als Marke ausgeschlossen seien. Dieses Ausschlusskriterium verfolgt den Zweck, technisch notwendige Gestaltungsformen von einem Exklusivrecht freizuhalten. Das OLG Hamburg (Urteil vom 24.02.2011 – 3 U 63/10) erkennt diesen Ausschlussgrund zwar an, aber eben nur für das Markenrecht. Dies gelte nicht gleichermaßen für das Lauterkeitsrecht, denn der ergänzende Leistungsschutz verfolge eine andere Stoßrichtung. Auch wenn man der Entscheidung im Ergebnis zustimmen mag, sieht Rechtsklarheit und Berechenbarkeit anders aus. Für das Unternehmen Lego bedeutet dies eine weitere Absicherung ihrer Monopolstellung.

Unlauterkeitsmerkmale   Festzuhalten bleibt, dass in begrenzten Ausnahmefällen das Wettbewerbsrecht einen zusätzlichen Schutz bieten kann. Neben der Imitation fremder Kreationen setzt dies ein weiteres unlauteres Verhalten des Konkurrenten voraus, denn die übernommenen Inhalte sind für sich genommen frei. Merkmale eines unlauteren Verhaltens können sein: Die fremde Leistung wird kostensparend schlicht kopiert und nicht nur als Vorlage für Eigenentwicklung genutzt, d. h., hätte im obigen Beispiel das Unternehmen die Daten selbst erhoben oder gekauft, hätte wohl auch der Bundesgerichtshof gegen die Telekom entschieden. Aber auch dann, wenn zu der Imitation eigene Leistungen hinzukommen, ist die sklavische Nachahmung von Konkurrenzprodukten, um von deren Erfolg zu profitieren, wettbewerbswidrig.

Mit Einführung des oben bereits angesprochenen nicht eingetragenen europäischen Geschmacksmusters prognostizierten einige Autoren das Ende des ergänzenden wettbewerblichen Leistungsschutzes für Designs. Dies sollte vor allem deshalb Auswirkungen haben, weil das nicht eingetragene Geschmacksmuster nur eine Schutzdauer von drei Jahren hat. Ohne ergänzenden Leistungsschutz wäre nach Ablauf der Schutzfrist jede Form der Nachahmung zulässig. Dem ist der Bundesgerichtshof in zwei Entscheidungen zu Jeansdesign in 2006 entgegengetreten. Das europäische Geschmacksmuster habe eine andere Zielrichtung als der Schutz nach Wettbewerbsrecht. Deshalb könne auch nach Ablauf der Schutzfrist noch ergänzender Leistungsschutz beansprucht werden.

Das Landgericht Köln hat sich Mitte 2009 in einer Entscheidung der **Beispiel** Frage gestellt, ob das Look and Feel einer Website schutzfähig ist, und dies im Ergebnis abgelehnt (Urteil vom 16.06.2009 – 33 O 374/08). Es bleibt festzuhalten, dass ein prägnanter Stil des Webdesigns eine wesentliche Schutzvoraussetzung, aber nicht die allein ausschlaggebende ist. Hinzukommen müssen weitere Unlauterkeitsmerkmale, die nicht mehr den Gepflogenheiten eines erwünschten, harten Wettbewerbs entsprechen. Die Meinungen, wann dies der Fall ist, gehen allerdings auseinander. Vor allem Markenunternehmen fordern einen starken ergänzenden Leistungsschutz, da sie überproportional häufig von Nachahmungen betroffen sind. Die Lobbyarbeit dieser Unternehmen ist beträchtlich. Die Rechtsprechung reagiert bis jetzt differenziert bis zurückhaltend, wie das Urteil aus Köln zeigt. Webseiten haben es hiernach auch im ergänzenden Leistungsschutz schwer. In eine ähnliche Richtung weist auch eine Entscheidung des Landgerichts Mannheim aus 2009. In dieser ging es um das Look and Feel von Reiseportalen. Das Gericht entschied, dass eine gewisse Nähe zum Marktführer hinnehmbar sei, um überhaupt die Möglichkeit eines Wettbewerbs zu eröffnen. Das Wettbewerbsrecht solle schließlich Wettbewerb fördern und nicht im Keim ersticken.

Fazit: Nutzen des Wettbewerbsrechts   **[«]**

Werden Designleistungen im großen Stil von Konkurrenten schlicht übernommen, bietet das Wettbewerbsrecht einen alternativen Schutz, wenn das Urheberrecht versagt. Gegen vereinzelte Übernahmen kann dagegen auch das Wettbewerbsrecht keinen Schutz bieten. Im Bereich Webdesign ist der vermittelte Schutz noch verhaltener.

§

TEIL II
Recht des Internets

9   Was ist Internet-Recht?

Internet-Recht, Multimedia-Recht, Online-Recht – viele Begriffe! Aber was verbirgt sich dahinter? Neben Problemen beim Erwerb von Domains und urheberrechtlichen Fragestellungen stehen die Probleme des E-Contracting und Haftungsfragen für eigene und fremde Inhalte im Mittelpunkt.

Die »unbegrenzten« Möglichkeiten der digitalen Welt haben auch das Recht vor Probleme gestellt. Die Entwicklungen gingen zu schnell, als dass man mit einem abgestimmten Regelwerk hätte reagieren können. So sind nicht nur die Begrifflichkeiten irreführend, sondern auch die Vielzahl der Gesetze, mit denen man versucht, das Internet in den Griff zu bekommen. Hinzu kommt, dass es nicht mehr allein der nationale Gesetzgeber ist, der Gesetze schreibt, sondern in zunehmendem Maße die Europäische Union. Daher gibt es auf der einen Seite deutsche Gesetze und auf der anderen europäische Richtlinien und Verordnungen, die unmittelbar oder erst nach Umsetzung in nationales Recht Geltung haben. In der täglichen Arbeit blickt man schnell nicht mehr durch. Deshalb ist eine Entwirrung dringend notwendig. Ebenso wichtig ist aber auch Aufklärung über die Gesetzeslage, denn allgemein verbindliche Standards sind nicht nur lästig, sondern bringen mehr Sicherheit und Vertrauen ins Netz.

Während die analoge Welt Vertrauen zum Kunden durch den persönlichen Kontakt aufbauen kann, wird dieser im Internet durch einen Mausklick ersetzt. Dies hat schon früh Forderungen nach mehr Transparenz im Netz laut werden lassen. Nicht nur unter Gesichtspunkten des Verbraucherschutzes, sondern auch um Schwellenängste abzubauen und damit die direkte kommerzielle Nutzung attraktiver zu machen. Die letzten Jahre haben deutlich gezeigt, welche Ernüchterung auf den ersten Hype im Internet gefolgt ist. Sicherlich finden sich die Gründe nicht allein in der Zurückhaltung der Verbraucher, wirklich Geld im Netz zu lassen, sondern vor allem in der oft verfehlten Firmenpolitik der New Economy. Aber dennoch steht eine Erkenntnis: Freeware ist im Netz beliebt; sobald aber für Content bezahlt werden soll und dafür die Daten der Kreditkarte preisgegeben werden müssen, stellt sich Zurückhaltung ein. Die Schaffung von mehr Transparenz ist ein Versuch, hier Abhilfe

Transparenz im Netz

zu schaffen. Erreicht werden soll dies durch klare Bestimmungen zum Datenschutz sowie die Einigung auf Standards in den Bereichen digitaler Signatur und Informationspflichten.

Verantwortlichkeiten im Netz

Neben der Schaffung von Transparenz war es notwendig, Verantwortlichkeiten klar abzustecken, um rechtsfreie Räume zu schließen. Man mag so viel Regelungswut auf der Datenautobahn für hinderlich halten, aber eine nachhaltige und in die Breite angelegte kommerzielle Nutzung wird nur so funktionieren. Im Jahre 1998 machte das sogenannte *CompuServe-Urteil* den Anfang. Auch Provider sollten für fremde Inhalte haftbar gemacht werden können. Das Urteil stieß auf heftige Kritik und war unter anderem der Auslöser für immer neue Anpassungen der Gesetze.

Das Telemediengesetz – Altes in neuem Gewand

Nach den turbulenten Anfangsjahren liegt nunmehr eine überwiegend ausdifferenzierte Rechtsprechung zu den meisten Themenkomplexen des World Wide Web vor. Auch wenn der Bundesgerichtshof sich noch nicht zu allen Bereichen geäußert hat – den Umfang der Impressumspflicht hat er beispielsweise gerade dem Europäischen Gerichtshof zur Vorabklärung vorgelegt –, kann man sich auf eine breite oberlandesgerichtliche Entscheidungspraxis verlassen.

Mit dem im März 2007 in Kraft getretenen Telemediengesetz hat zudem eine gesetzliche Vereinheitlichung stattgefunden. Die wesentlichen Fragen des Internet-Rechts wurden in diesem Gesetz vereinigt. Die Irrfahrt durch die Gesetzestexte hat damit ein Ende.

Mit Einführung des Gesetzes wurde eine neue Abmahnwelle prophezeit, die aber ausgeblieben ist – vor allem deshalb, weil das Gesetz nur eine Neuordnung gebracht hat. Für Sie bedeutet das, dass die Ausführungen der Vorauflagen dieses Buches zum Teledienste- und zum Teledienstedatenschutzgesetz nach wie vor Gültigkeit haben.

10 Was muss auf jeder Website zu finden sein?

Nicht nur das Gesetz schreibt bestimmte Informationspflichten zwingend vor, sondern auch die Notwendigkeit vertrauensbildender Maßnahmen beim Nutzer.

10.1 Datenschutz

Die Möglichkeiten, User-Verhalten im Netz zu beobachten und beispielsweise in Marketingkonzepte einzubauen, sind verführerisch. Umgekehrt werden viele Nutzer von der Möglichkeit abgeschreckt, dass sämtliche Datenströme bis ins Detail verfolgt werden können. Unternehmen sollten deshalb über ihre Datenschutzpolitik informieren.

10.1.1 Was bedeutet Datenschutz?

Jeder User von Internet-Angeboten muss die Möglichkeit haben, im Netz anonym zu bleiben. Das Sammeln sogenannter *personenbezogener Daten* ist deshalb für Anbieter grundsätzlich nur mit der ausdrücklichen Zustimmung des Betroffenen erlaubt, ohne dass an die Ablehnung Konsequenzen geknüpft werden dürfen. Darüber hinaus hat der Anbieter im Rahmen des Möglichen dafür Sorge zu tragen, von ihm erhobene Daten technisch so zu schützen, dass Dritte auf diese nicht zugreifen können.

Datenerhebung nur mit Einwilligung

So weit in knappen Worten das Grundsätzliche! Klar ist, dass ein praktikabler Umgang den Gegebenheiten im Internet Rechnung tragen muss und deshalb Ausnahmen braucht. Diese werden durch das Gesetz klar vorgegeben. Der Access-Provider muss sowohl die Zugangs- als auch Abrechnungsdaten eines Nutzers speichern können. Vergleichbares gilt auch für geschlossene Räume anderer Dienstanbieter. Auch diese müssen die Zugangsdaten speichern können, bei Kostenpflichtigkeit des Dienstes auch die Abrechnungsdaten. Die Datenerhebung muss sich auf das Unerlässliche beschränken. Das gilt sowohl für den Umfang der Erhebung als auch für die über die konkrete Nutzung hinausgehende Speicherung. In der Regel sind deshalb erhobene Daten nach Ende einer Nutzung zu löschen, es sei denn, es gibt stichhaltige Gründe, dies nicht zu tun (Beispiel: Access-Provider). Die für den Zugang und die Abrech-

Ausnahme

nung erforderlichen Daten sind klar zu kennzeichnen und als solche zu benennen. Beispiel: Die mit * gekennzeichneten Felder müssen ausgefüllt werden, alle weiteren Angaben sind freiwillig.

10.1.2 Cookies

Anonymisierte Nutzungsprofile
Diese Datenpakete, die auf der Festplatte eines Nutzers abgelegt werden, sind in der Regel zulässig. Aufgrund der im Netz fast durchweg verwandten dynamischen IP-Adressen ist eine Personifizierung unter normalem Aufwand nicht möglich, sodass die vom Datenschutz geforderte Anonymität gewahrt bleibt. Das Nutzungsverhalten von Kunden darf in anonymisierter Form dokumentiert werden, um sie zu Zwecken der Marktforschung, der Werbung oder der Verbesserung des Angebotes zu nutzen, es sei denn, der Nutzer widerspricht ausdrücklich. Keinesfalls dürfen die so gewonnenen Informationen einer bestimmten Person zugeordnet werden. Werbemaßnahmen müssen sich deshalb auf die eigene Seite beschränken. Das Zusenden von Newslettern oder Werbemails wird durch diese Ausnahme nicht legitimiert (siehe auch Kapitel 12, »Worauf muss ich bei Werbung im Internet achten?«).

10.1.3 Anbieterkennzeichnung

Unabhängig von der Frage, ob Datenerhebung der Zustimmung des Nutzers bedarf oder nicht, muss er wissen, wer über ihn Daten erhebt. Nur so lässt sich ein Grundvertrauen herstellen.

Impressum
Ein Impressum ist daher Pflicht auf jeder Website. Auch in anderem Zusammenhang wird es vom Gesetz gefordert, weshalb an dieser Stelle die unterschiedlichen gesetzlichen Anforderungen zusammengeführt werden sollen.

Inhalt
Ermöglicht werden soll eine schnelle und unmittelbare Kommunikation mit dem Anbieter, weshalb folgende Informationen erforderlich sind:

- ▶ Der Name und die Anschrift der Niederlassung des Anbieters nebst Telefon- und Faxnummer. Handelt es sich um eine juristische Person (GmbH, Aktiengesellschaft usw.), dann ist zusätzlich der Vertretungsberechtigte zu nennen, beispielsweise der Geschäftsführer einer GmbH.
- ▶ Weiter sollen Angaben zu finden sein, die eine schnelle, dem Medium entsprechende elektronische Kontaktaufnahme ermöglichen. Notwendig ist deshalb auch die Angabe einer E-Mail-Adresse.
- ▶ Ist der Anbieter in ein Handelsregister, Vereinsregister, Partnerschafts- oder Genossenschaftsregister eingetragen, dann muss dies unter Mitteilung der entsprechenden Registernummer angegeben werden.

- Besitzt der Anbieter eine Umsatzsteueridentifikationsnummer (die hat man nach Antrag an das Finanzamt immer, wenn Handel mit Firmen aus EU-Ländern betrieben wird), dann bedarf es auch dieser Angabe.
- Bei journalistisch-redaktionell gestalteten Seiten muss eine Person benannt werden, die für den Inhalt verantwortlich zeichnet.

Muster

Galileo Press GmbH
Rheinwerkallee 4
53227 Bonn
Telefon: 0228 42 150 0
Telefax: 0228 42 150 77
E-Mail: info@galileo-press.de
Vertretungsberechtigter Geschäftsführer: Tomas Wehren pp.
Handelsregister: AG Bonn HRB 8363
Umsatzsteueridentifikationsnummer: DE 201506817
Verantwortlich für den Inhalt: Norbert Wiessens

Das Gesetz kennt noch weitere Informationspflichten, die zwar nicht so sehr für die eigene Website interessant sind, aber die Möglichkeiten eröffnen, seine Kunden vor Fehlern zu bewahren:

Als Tipp für den eigenen Kunden

- Wird die Website im Rahmen einer Tätigkeit angeboten, für die eine behördliche Zulassung notwendig ist, dann ist die zuständige Aufsichtsbehörde zu benennen. Welche das ist, erfährt man bei der örtlichen Handels- oder Handwerkskammer.
- Hat der Anbieter eine Berufshaftpflichtversicherung, sind Name und Anschrift des Versicherers sowie der räumliche Geltungsbereich anzugeben. Diese Information kann, muss aber nicht zwingend auf der Website mitgeteilt werden. Alternativ kann der jeweilige Kunde die Information auch gesondert per E-Mail oder Brief erhalten.
- Für bestimmte freie Berufe wie Wirtschaftsprüfer, Steuerberater, Ärzte, Apotheker und Rechtsanwälte sind darüber hinaus folgende Angaben zwingend erforderlich: die Kammer, welcher der Dienstanbieter angehört; die gesetzliche Berufsbezeichnung, beispielsweise Rechtsanwälte, Apotheker usw.; der Staat, in dem ihnen die Berufsbezeichnung verliehen wurde, und die Angabe der berufsrechtlichen Regeln und wie diese zugänglich sind. Dies könnte mit einem Link auf entsprechende Sites geschehen. Einige Kammern halten diese Pflichtangaben bereits zum Download bereit.

Damit eine schnelle und unmittelbare Kontaktaufnahme für den Nutzer möglich ist, fordert das Gesetz nicht nur einen bestimmten Inhalt, son-

Platzierung

dern auch eine unkomplizierte Abrufbarkeit der Anbieterkennzeichnung. Ein verstecktes Impressum taugt so viel wie kein Impressum.

Es bietet sich deshalb an, die Daten entweder

▶ durch Setzen eines Links oder Buttons auf der Startseite oder
▶ in einer Fußzeile auf jeder Seite des Auftrittes

bereitzuhalten.

Abmahnung   Nach der jüngsten Entscheidung des Bundesgerichtshofes aus Juni 2006 (Urteil vom 20.06 2006 – I ZR 228/03) ist es ausreichend, wenn man das Impressum über zwei Links erreicht. Die Verlinkung muss aber nachvollziehbar sein. Unbeanstandet blieb der Weg über den Link »Kontakt« zum weiteren Link »Impressum«.

Ein fehlerhaftes Impressum, sei es weil die mitgeteilten Infos nicht vollständig waren oder weil die Platzierung zu versteckt war, hat in der Vergangenheit zu lästigen Abmahnungen durch Anwälte geführt. Lästig deshalb, da die Auseinandersetzungen selten der Sache, sondern meistens allein des Geldes wegen geführt wurden und auch noch immer werden. Bekommt man Post vom Anwalt, sollte man Folgendes beachten: Die Gerichtslandschaft in Deutschland zeigt noch wenig Einigkeit in den Entscheidungen. Während das eine Oberlandesgericht die gleichzeitige Angabe von Telefon- oder Faxnummern neben der E-Mail-Adresse für nicht notwendig hält, sieht das andere eine schnelle Kontaktaufnahme nur durch die Angabe beider Kommunikationsdaten als möglich an. Ein anderes Beispiel betrifft die Kennzeichnung und Platzierung des Impressums. Ein Gericht sieht dem Gesetz Genüge getan, wenn man mit zwei Klicks das Impressum erreicht, ein anderes fordert, dass man es bei einer üblichen Bildschirmauflösung ohne Scrollen erreicht. Zuletzt noch die Frage, ob nur Verbraucherschutzverbände oder auch Konkurrenten das fehlerhafte Impressum abmahnen dürfen. Zwei Gerichte, zwei Meinungen: Das eine sagt, allein das fehlerhafte Impressum begründe einen Wettbewerbsvorteil, weshalb auch Konkurrenten abmahnen dürfen. Ein anderes gibt nur Verbraucherschutzverbänden das Recht zur Abmahnung. Wie man sich richtig verhält, kann einem eigentlich nur ein spezialisierter Anwalt für den konkreten Einzelfall sagen. Deshalb lieber zu viel an Informationen ins Impressum als zu wenig.

Serienabmahnung   Ist die Abmahnung erkennbar als Serienbrief formuliert, hat man gute Chancen, jedenfalls die geforderten Anwaltsgebühren nicht bezahlen zu müssen. Der Bundesgerichtshof hat entschieden, dass bei Serienabmahnungen die Einschaltung eines Rechtsanwaltes nicht für jeden einzelnen Fall notwendig ist, dementsprechend die Kosten vom Abmahnenden und nicht vom Abgemahnten zu tragen sind.

10.1.4 Unterrichtungspflichten

Neben der Identifizierung des Anbieters muss der Nutzer darüber informiert werden, wenn Daten über ihn gespeichert werden. Dazu gehört auch der Hinweis auf eventuell platzierte Cookies, auf bestehende Widerspruchsrechte gegen die Erhebung von Daten sowie auf die Möglichkeit, erteilte Einwilligungen zu widerrufen. Die Hinweise müssen nicht zu jeder Datenerhebung gesondert, sondern können in Form einer zusammengefassten Datenschutzerklärung gegeben werden.

Die Datenschutzerklärung (Privacy Policy Statement) soll dem Nutzer die Möglichkeit geben, sich über Einzelheiten der Firmenpolitik zum Thema »Datenschutz« zu informieren. Über die eben erwähnten Hinweise hinaus sind Details zur Datensicherheit angebracht. Das Unternehmen sollte nicht nur darüber unterrichten, dass überhaupt Daten erhoben werden, sondern auch zu welchem Zweck diese gebraucht und wie diese verarbeitet werden. Begreift der User, warum er seine Anonymität aufgeben soll und welchen Nutzen er möglicherweise selbst davon hat, lässt sich Skepsis abbauen.

Datenschutzerklärung

Hier ein Beispiel für eine Datenschutzerklärung:

> »Bei jedem Zugriff eines Nutzers auf eine Seite unseres Angebotes und bei jedem Abruf einer Datei werden Daten über diesen Vorgang in einer Protokolldatei gespeichert. Diese Daten sind nicht unmittelbar personenbezogen; wir können also nicht unmittelbar nachvollziehen, welcher Nutzer welche Daten abgerufen hat. Im Einzelnen wird über jeden Abruf folgender Datensatz gespeichert:
> ▶ Name der abgerufenen Datei
> ▶ Datum und Uhrzeit des Abrufs
> ▶ übertragene Datenmenge
> ▶ Meldung, ob der Abruf erfolgreich war
> Nicht gespeichert wird die IP-Adresse des Rechners, von dem die Anfrage abgeschickt wurde. Personenbezogene Nutzerprofile können daher nicht gebildet werden. Die gespeicherten Daten werden nur zu statistischen Zwecken vom virtuellen Datenschutzbüro ausgewertet. Eine Weitergabe an Dritte findet nicht statt«.

Der notwendige Inhalt der Datenschutzerklärung ist abhängig vom Umfang der tatsächlich erhobenen Daten. Hier wurde bewusst eine am Prinzip der Datenvermeidung orientierte Erklärung als Beispiel gewählt. Die Datenschutzerklärung muss inhaltlich richtig sein, d.h., es dürfen tatsächlich nicht mehr Daten erhoben werden.

10.1.5 Einwilligung

Auf vielen Seiten im Netz werden Name, Anschrift, Alter, Berufsbezeichnung und Weiteres verlangt, bevor man zu dem Angebot der angewählten Website gelangt. Bei Marketingmaßnahmen greift das Unternehmen dann wieder auf diese Datenbestände zu, indem es Werbemails versendet. Im schlimmsten Fall werden die erhobenen Daten anderen Dienstanbietern zum Kauf angeboten. So entwickelt sich schnell ein Schneeballsystem, das die Rechte des Nutzers nicht mehr respektiert. Dieses Vorgehen ist nicht nur verboten und kann mit erheblichen Bußgeldern belegt werden, sondern es ist zum Schaden aller Dienstanbieter ein Grund für das reservierte Verhalten der Kunden im Netz.

Ausdrückliche Zustimmung Will man für Werbemaßnahmen oder zu Marktforschungszwecken personenbezogene Daten nutzen, muss man sich die *ausdrückliche* Zustimmung des Nutzers einholen und diese protokollieren. Der Nutzer muss die Zustimmung freiwillig geben, weshalb er wissen muss, dass er sein Einverständnis zur Nutzung des Dienstes nicht geben muss. Die Einwilligungserklärung muss folgende Mindeststandards enthalten:

▶ Transparente und eindeutige Information, für welchen Zweck und in welcher Form personenbezogene Daten gespeichert und verarbeitet werden. Allgemein gehaltene Formulierungen genügen diesen Anforderungen nicht.

▶ Hinweis, dass keine Pflicht zur Abgabe der Einwilligung besteht, sondern diese freiwillig erfolgt.

▶ Der Nutzer muss seine Einwilligung aktiv bestätigen. Das bloße Einblenden eines Textes genügt genauso wenig wie eine bereits voreingestellte Bestätigung. Der User muss zustimmen, nicht seiner Zustimmung widersprechen.

▶ Der Nutzer muss darauf hingewiesen werden, dass er seine Zustimmung jederzeit widerrufen kann. Die erhobenen Daten sind dann zu löschen.

▶ Es muss die Möglichkeit der jederzeitigen Abrufbarkeit der Einwilligungserklärung bestehen. Ausreichend ist, dass der abstrakte Text abrufbar ist, nicht die konkrete Einwilligung.

▶ Die Einwilligungserklärung muss protokolliert werden. Liegt eine Dokumentation nicht vor, gilt die Zustimmung als nicht erfolgt.

▶ Die Einwilligungserklärung muss layouttechnisch von anderen Erklärungen deutlich getrennt sein.

▶ Die Datenschutzerklärung darf nicht zur Voraussetzung für die Nutzung eines Dienstes gemacht werden.

Auskunft Sind personenbezogene Daten erhoben worden, muss auf Nachfrage offengelegt werden, welche Daten zu welchem Zweck und in welcher Form gespeichert wurden.

10.1.6 Digitale Signatur

Sicherheit durch Authentifizierung

Wer sich einen Auftrag per E-Mail erteilen lässt, möchte sichergehen, dass er sich im Zweifelsfall darauf berufen kann. Mit einer elektronischen Signatur hat ein Dokument selbst im gerichtlichen Verfahren einen hohen Beweiswert. Eine qualifizierte Signatur gilt in der Regel so viel wie eine handschriftlich unterzeichnete Urkunde.

So funktioniert's!

Um die elektronische Form zu verwenden, versieht der Aussteller das Dokument mit seinem Namen und der Signatur. Soll ein schriftlicher Vertrag abgeschlossen werden, dann müssen beide Parteien ein gleichlautendes Dokument in der dargestellten Weise signieren.

Allerdings gibt es ein paar Vorgänge, wo auch die signierte E-Mail nicht reicht: Das ist vor allem bei der Kündigung eines Arbeitsvertrags und auch bei der Erteilung eines Zeugnisses, bei Abgabe einer Bürgschaftserklärung, bei Verbraucherkreditverträgen sowie Schuldversprechen und Schuldanerkenntnis der Fall.

Technische Umsetzung

Alle bisher eingesetzten Produkte basieren auf dem Einsatz der sogenannten *asymmetrischen Kryptografie*. Diesem Verfahren liegt ein mathematisches Verfahren (Algorithmus) zugrunde, für das zwei unterschiedliche »Schlüssel« benötigt werden, ein privater und ein dazugehöriger öffentlicher Schlüssel (Private Key und Public Key).

Der private Schlüssel ist unbedingt geheim zu halten. Er befindet sich auf einem Datenträger – in der Regel auf einer Chipkarte – und lässt sich nur mithilfe einer geheimen PIN (oder eines wie eine PIN eingesetzten biometrischen Merkmals) verwenden. Soll eine elektronische Signatur erzeugt werden, dann werden der Private Key zum Verschlüsseln des Dokuments verwendet und der Public Key, um dieses wieder zu öffnen und zu lesen. Dem Adressaten muss der Public Key also zuvor übermittelt werden. Dokumente, die mit dem privaten Schlüssel signiert wurden, können vom Empfänger mit dem öffentlichen Schlüssel »aufgeschlossen« und gelesen werden.

Zertifizierung

Um erhebliche Sicherheitslücken zu vermeiden, die dadurch entstehen, dass der Empfänger des Public Keys nicht feststellen kann, ob dieser Schlüssel tatsächlich von der Person stammt, die sich als Besitzer ausgibt, sind sogenannte *Zertifizierungsdienstanbieter* zwischengeschaltet. Diese halten ein Verzeichnis öffentlicher Schlüssel bereit und benennen den jeweiligen Signaturschlüsselinhaber eines öffentlichen Schlüssels mittels eines qualifizierten Zertifikats. In dieses Zertifikat können neben der Zuordnung des Signaturschlüsselinhabers auch weitere Angaben aufgenommen werden wie der Umfang der Haftung oder mögliche Vertretungsrechte (beispielsweise für Vereine, Stiftungen, als Geschäftsführer einer GmbH).

Künstlername

Statt des Namens des Schlüsselinhabers kann auch sein Pseudonym in das Zertifikat aufgenommen werden, muss jedoch als solches kenntlich gemacht werden. Die Zertifizierung hat den Charakter eines elektronischen Ausweises.

Integrität des Inhalts   Die Authentizitätsprüfung, also die eindeutige Zuordnung einer Nachricht zu einer bestimmten Person, erfolgt dann unter Zuhilfenahme des öffentlichen Schlüssels und ggf. mittels Prüfung des Zertifikats durch Nachfrage bei der Zertifizierungsstelle. Mit dem öffentlichen Schlüssel kann der Empfänger auch den Hashwert entschlüsseln. Damit ist die Integritätsfunktion gewährleistet, also die Sicherheit, dass die Nachricht nicht im Nachhinein verfälscht worden ist.

Damit man eine Signatur erzeugen oder prüfen kann, muss die eigene DV mit einem Chipkartenleser und geeigneter Software mit Signierfunktion ausgestattet sein. Außerdem benötigt man eine Chipkarte, auf der sich Private Key, PIN und die Software zur Erzeugung der digitalen Signatur befinden. Diese Software soll sicherstellen, dass ohne den Willen des Besitzers keine Signaturen erstellt werden können.

Geheimhaltung   Soll hingegen sichergestellt werden, dass ein Dokument nur vom Empfänger und sonst von niemandem gelesen werden kann, dann wird das Prinzip – wie es für die digitale Signatur beschrieben wurde – umgekehrt. Der Versender eines Dokuments benötigt den Public Key des Empfängers, den er mittels Datenträger oder E-Mail vom Empfänger zugeschickt bekommt oder der sich diesen von der Website des Empfängers herunterlädt. Mit diesem öffentlichen Schlüssel wird das Dokument verschlüsselt und dann verschickt. Es lässt sich ausschließlich mit dem Private Key des Empfängers entschlüsseln.

10.2   Datenschutz in sozialen Netzwerken?

In Anlehnung an die Versionsnummern von Softwareprodukten löst der Begriff »Web 2.0« die Vermutung aus, dass im Gegensatz zu früheren Nutzungsarten eine völlig neue Generation des Internets zur Verfügung steht. Hintergrund sind die diversen interaktiven Möglichkeiten, die User nicht mehr in der Rolle des passiven Seitenbetrachters zurücklassen. Soziale Netzwerke (»Social Networks«) bieten vielfältigste Einflussmöglichkeiten, die Potenziale eröffnen, aber auch diverse Gefahrenherde schaffen. Das ist Grund genug, um einen Blick auf die Basics zu werfen. Schließlich sollen keine neuen rechtlichen Untiefen durchschritten werden.

10.2.1   Rechtliche Rahmenbedingungen

Betreibern sozialer Netzwerke soll nachstehend erläutert werden, welche rechtlichen Vorgaben beachtet werden müssen. Die meisten Informationen dazu finden sich im Telemediengesetz, einige ergänzende im Bundesdatenschutzgesetz.

Nutzerinformationen | Anbieter sozialer Netzwerke sind vor Beginn des Nutzungsvorgangs verpflichtet, ihre Nutzer darüber zu informieren, wie die Art der Nutzung gestaltet ist und in welchem Umfang zu welchem Zweck Daten erhoben werden. Diese Transparenzvorgaben beziehen sich auf die sogenannten *personenbezogenen Daten* der Nutzer. Damit sind alle persönlichen Daten zu verstehen, die Nutzer über sich selbst und ihre Lebensumstände preisgeben. Diese Informationen müssen in einer für durchschnittliche Benutzer verständlichen Form zu Beginn des Nutzungsvorgangs – oder noch besser im Rahmen der Registrierung – übermittelt werden. Darüber hinausgehende Informationspflichten bestehen nicht.

Sicherheit der Nutzerdaten | Durch organisatorische und technische Vorkehrungen muss der Anbieter eines Social Networks einen sogenannten *Systemdatenschutz* gewährleisten. Wie er diesen erreicht, ist seine Sache. Folgende Punkte sind jedoch zu berücksichtigen:

Organisatorische und technische Vorkehrungen schaffen

- ▶ Es muss die Möglichkeit eines jederzeitigen Nutzungsabbruchs bestehen.
- ▶ Nach Nutzungsende sind personenbezogene Daten zu löschen, beziehungsweise zu sperren.
- ▶ Der Schutz der Vertraulichkeit ist zu wahren und zu gewährleisten.
- ▶ Die Nutzerdaten für verschiedene Dienste dürfen nur getrennt verwendet werden können.
- ▶ Es dürfen nur Daten zusammengeführt werden, die für Abrechnungszwecke notwendig sind.
- ▶ Es dürfen keine Nutzungsprofile erstellt werden, mit deren Angaben eine Identifikation der Personen möglich ist, die hinter Pseudonymen stecken.

Nutzungsdaten | Nutzungsdaten dürfen gespeichert werden, wenn der Nutzer hierin eingewilligt hat. Damit wird das verfassungsrechtliche Grundrecht auf »informationelle Selbstbestimmung« gewährleistet und eine effektive Strafverfolgung ermöglicht, sollte ein solches Netz für Straftaten – wie Kinderpornografie, Naziparolen, Stalking, Beleidigungen usw. – herhalten müssen.

Speicherung

Sollen Nutzerdaten – beispielsweise für Werbezwecke – verwendet werden oder gar an Dritte übermittelt werden, dann muss auch dafür eine besondere Einwilligung des Nutzers eingeholt werden.

Werbezwecke

10.2.2 Sinnvolle Rahmenbedingungen

Neben den vorstehenden rechtlichen Vorgaben sollten Einstellungsmöglichkeiten zur Verfügung stehen, die über die originären Datenschutzanforderungen hinausgehen. Die Akzeptanz des sozialen Netzwerkes wird deutlich gesteigert, wenn Möglichkeiten individueller »Privacy-Einstellungen« bestehen. Der Nutzer muss entscheiden können, welche Informationen er innerhalb des Netzwerkes zur Verfügung stellt und welche er zurückhalten möchte.

Informationen über urheberrechtliche Vorgaben und zum allgemeinen Persönlichkeitsrecht, ein Verhaltenskodex für Nutzer und die faktische Möglichkeit der Anonymisierung oder Pseudonymisierung sind weitere Punkte, die zu durchdenken sind.

Datenschutz in sozialen Netzwerken

▶ Vor Beginn des Nutzungsvorgangs müssen die User über die Art, den Umfang und den Zweck der Erhebung ihrer personenbezogenen Daten informiert werden.

▶ Nutzungsdaten dürfen gespeichert werden, wenn der User eingewilligt hat.

▶ Die Verwendung, Auswertung und Übermittlung zu Werbezwecken ist nur mit einer darauf gerichteten Einwilligung erlaubt.

▶ Dem Datenschutz in sozialen Netzwerken kommt eine hohe Bedeutung zu, da er dem Schutz der Nutzer, dem Schutz des Netzwerkes und dem Schutz vor Straftaten dient.

10.2.3 Datenschutz und Social Media Plug-ins/Fanpages

Bestehende Social Networks, wie Facebook & Co., bieten die Möglichkeit der Anbindung der eigenen Website über Plug-ins. Diese Buttons werden über einen Codeschnipsel integriert und mit jedem Aufruf der Seite aktiviert. Ist der Seitenbenutzer Mitglied beim Netzwerk, wird der betreffende Seitenbesuch automatisch mit seinem Profil verknüpft und zwar ohne, dass der Button betätigt werden muss. Aber auch Nicht-Mitglieder werden in der Regel getrackt und die Information für einen längeren Zeitraum gespeichert.

Mit Bekanntmachung vom 19.08.2011 hat der schleswig-holsteinische Datenschutzbeauftragte unter anderem mit dem Hinweis auf die intransparenten Datenschutzbestimmungen, insbesondere bei Facebook, das Einbinden dieser Buttons beanstandet und alle Seitenbetreiber, die ihren Firmensitz in Schleswig-Holstein haben, zur Entfernung aufgefordert. Im Falle des fortgesetzten Verstoßes drohte er Untersagungsverfügungen und die Verhängung von Bußgeldern an. Da die Zuständigkeit der Landesdatenschutzbeauftragten länderbezogen ist, entfaltet diese Bekanntmachung in anderen Bundesländern zunächst keine Wirkung. Aber einige Datenschutzbeauftragte der Nachbarländer haben sich bereits positioniert. So haben sich etwa die Beauftragten der Länder Hamburg, Bremen, Mecklenburg-Vorpommern und Rheinland-Pfalz der Sichtweise aus dem nördlichsten Bundesland angeschlossen. Die Vertreter aus Bayern, Brandenburg, Baden-Württemberg und Nordrhein-Westfalen verhalten sich im Moment hingegen noch neutral. Von den übrigen ist zur Zeit keine Meinung bekannt.

Die dargestellte Rechtsauffassung ist auch nicht unumstritten. Als Gegenargument wird vor allem ins Feld geführt, dass nur IP-Adressen gespeichert bzw. genutzt würden, die aber nicht personenbezogen seien und deshalb auch nicht dem Datenschutz unterfielen. Wir halten dieses Argument nicht für tragfähig, denn IP-Adressen sind sehr wohl personenbezogen. Gleichwohl ist das »Verbot« quasi durch die Hintertür kaum mit dem Zeitgeist vereinbar. Es erinnert ein wenig an den Windmühlenkampf der Musikindustrie in den letzten zehn Jahren gegen das Musikangebot im Internet. Es bleibt abzuwarten, welche Balance sich in Bezug auf den Schutz persönlicher Daten und die nahezu grenzenlosen Möglichkeiten des Internets findet. Ein gewichtiges Wort werden dabei die User selbst haben.

[+]

Tipp: Umgang mit »Gefällt mir-« oder ähnlichen Buttons

Will man den »Gefällt mir-« oder ähnlich funktionale Buttons auch weiterhin benutzen, sollte man zum einen sicherstellen, dass diese erst dann Daten weiterleiten, wenn der Websitenutzer etwa durch Klicken den Button aktiviert hat. Gleichzeitig sollte man den Nutzer informieren, was er mit dem Betätigen des Buttons in Gang setzt und das die Datensammlung nicht mehr durch einen selbst kontrollierbar ist, sondern vollständig in den Händen des Social-Network-Betreibers liegt.

Fanpages

Die gleiche Problematik existiert für Fanpages. Auch hier werden von den meisten Anbietern Nutzerdaten automatisch gespeichert, was datenschutzrechtlich nicht zu rechtfertigen ist. Das Problem im Zusammenhang mit den Fanpages ist allerdings, dass diese sich nicht datenschutzkonform gestalten lassen, weil die Einflussmöglichkeiten fehlen, denn diese liegen ausschließlich beim Anbieter. Hier muss man sehr gut abwägen, ob man abschaltet oder online bleibt. Da die Einhaltung datenschutzrechtlicher Vorgaben Sache der Länder ist, sollte man sich zunächst bei den eigenen Landesdatenschutzbeauftragten informieren, wie deren Behörden es mit den Social-Media-Features halten. Es gibt unterschiedliche Auffassungen.

10.3   E-Commerce

Verbraucherschutz und Transparenz sind auch im E-Contracting wichtige Grundpfeiler. Der Gesetzgeber setzt auf ein ausdifferenziertes System aus Informationen für den Verbraucher und der Möglichkeit der anlasslosen, aber befristeten Rückabwicklung (Widerruf/Rückgabe) von Kaufgeschäften.

10.3.1   Allgemeine Informationspflichten

Der elektronische Geschäftsverkehr kennt zwei Spielarten: B to B (Business to Business, die Geschäftsbeziehungen) und B to C (Business to Consumer). Die Einhaltung einer Fülle von Informationspflichten soll Schutz durch Transparenz für den Vertragspartner gewährleisten. In vielen unterschiedlichen Gesetzen (BGB/EGBGB/TMG) sind diese bereits normiert. Im Mai 2010 sind durch die Dienstleistungs-Informationspflichten-Verordnung (DL-InfoVO) weitere Informationspflichten für Erbringer von Dienstleistungen Gesetz geworden. In weiten Teilen überschneiden sich diese mit den bereits vorhandenen. Im Folgenden wird ein Überblick gegeben. Verständlicherweise gehen die Verpflichtungen im B to C vor dem Hintergrund des Verbraucherschutzes wesentlich weiter. Der Dienstanbieter hat über folgende Punkte zu informieren:

Info-Pflichten:
B to C

▶ Identität des Anbieters nebst seiner vertretungsberechtigten Organe und ggf. Registernummer (Handels-/Vereinsregisternummer pp.). Erforderlich sind ladungsfähige Angaben, d.h., Anschrift plus Vor- und Zuname sind notwendig.

▶ Hinweis auf kommerzielles Angebot, und dass der weitere Vorgang auf den Abschluss eines Vertrages abzielt.

▶ Wie kommt der Vertrag zustande?

▶ Die verwendeten Allgemeinen Geschäftsbedingungen

▶ Gerichtsstands- oder Rechtswahlvereinbarungen, wenn nicht bereits über AGB mitgeteilt

▶ Wie können Eingabefehler während des Bestellvorgangs korrigiert werden?

▶ Unverzügliche Bestätigung der Bestellung durch den Anbieter – in der Regel via E-Mail.

▶ Mindestlaufzeit bei Verträgen, die auf unbestimmte Zeit abgeschlossen sind.

▶ Über den Preis: Preisangaben müssen Endpreise sein, also inklusive Mehrwertsteuer. Aber auch im B-to-B-Bereich sind Preisangaben nunmehr vorab erforderlich, allerdings nicht zwingend mit MwSt..

▶ Versandkosten sowie Zahlungs- und Lieferbedingungen.

▶ Preisliste mit Gültigkeitsdauer.

- Rechtzeitige Belehrung bezüglich des Widerrufs- und Rückgabe- rechts (Checkliste B.5 und B.6 im Anhang).
- Zweck und Umfang der gespeicherten personenbezogenen Daten müssen vor ihrer Erhebung mitgeteilt werden.

Die vorgenannten Informationen müssen den Usern vor Abschluss eines Vertrages zur Kenntnis gelangen. Zusätzlich sind die vorbezeichneten Hinweise spätestens bei Lieferung noch einmal in verständlicher Weise in Textform dem Kunden zugänglich zu machen.

Rechtzeitig per E-Mail informieren

Die Informationspflichten bestehen damit zum einen als Hinweis- pflicht auf der Website, und zum anderen müssen die Informationen noch einmal in Textform übersandt werden.

Vorsicht bei Widerrufsbelehrung

10.3.2 Widerrufsbelehrung

Nachdem der Gesetzgeber Mitte 2010 nach langem Tauziehen und vie- len Abmahnungen eine neue Musterwiderrufsbelehrung in Gesetzes- form auf den Weg gebracht hatte, musste diese zwischenzeitlich schon wiederholt, zuletzt mit Datum vom 04.08.2011, angepasst werden. Den Text der seit 04.08.2011 gültigen Musterwiderrufsbelehrung finden Sie unter *www.bmj.de/SharedDocs/Downloads/DE/pdfs/Mus- ter_fuer_die_Widerrufsbelehrung_gueltig_ab_4_August_2011.pdf?__ blob=publicationFile*.

Musterwiderrufs- belehrung ist Gesetz

Der frühe Anpassungsbedarf zeigt, dass das Ziel mit der Verwendung dieser Musterwiderrufsbelehrung, nunmehr grundsätzlich Rechtssicher- heit zu erzielen, nur sehr bedingt erreicht wurde. Die Gerichte finden nach wie vor Kritikpunkte an einzelnen Formulierungen, weshalb man als Shopbetreiber sich unbedingt fachmännischen Rat einholen sollte.

Die Musterwiderrufsbelehrung ist trotz allem aber eine vernünftige Alternative, die man im Zweifel nutzen sollte.

Verschiedene Oberlandesgerichte haben in Bezug auf die Widerrufs- belehrung Folgendes entschieden:

- Geht die ordnungsgemäße Widerrufsbelehrung dem Kunden nicht vor oder gleichzeitig mit dem Vertragsschluss in Textform zu, son- dern erst mit der Ware, gilt die Widerrufsfrist von *einem Monat* und nicht von 14 Tagen. Diese Rechtsprechung erfährt nunmehr eine wichtige Ausnahme, als dass die Belehrung zwar nach wie vor in Textform erfolgen muss. Dies kann aber zeitlich auch nach Vertrags- schluss geschehen, wenn zuvor in einer dem eingesetzten Kommu- nikationsmittel entsprechenden Weise und ordnungsgemäß belehrt wurde. Dies bedeutet, dass die ordnungsgemäße Onlinebelehrung vor Vertragsschluss und die nachfolgende Belehrung in Textform nicht mehr zu beanstanden ist.

- Die Widerrufsfrist beginnt erst mit ordnungsgemäßer Belehrung. Daran sind im vergangenen Jahr viele Shops gescheitert.
- Die fehlerhafte Widerrufsbelehrung ist zudem wettbewerbswidrig und kann zu Abmahnungen führen.
- Die Nennung einer Telefonnummer in der Widerrufsbelehrung ist irreführend, denn der Verbraucher könnte annehmen, einen wirksamen Widerruf auch telefonisch erklären zu können.

Wertersatz In der Vorauflage hatten wir bereits auf eine Entscheidung des EuGH (Urteil vom 03.09.2009, C-489/07) aus dem Jahre 2009 zur Wertersatzpflicht bei erfolgten Widerruf und den Auswirkungen auf die Gestaltung der Widerrufsbelehrung hingewiesen. Der Gesetzgeber hat nunmehr reagiert und die gesetzlichen Regelungen dem EuGH-Urteil angepasst sowie eine neue Musterwiderrufsbelehrung verabschiedet. Bisher sah das deutsche Recht eine Wertersatzpflicht des Verbrauchers auch für eine bestimmungsgemäße Ingebrauchnahme der Sache vor, sofern er rechtzeitig auf die Möglichkeit der Vermeidung hingewiesen wurde. Der EuGH hat entschieden, dass diese Regelung gegen europäisches Recht verstößt. Gezogener Nutzen bzw. die Verschlechterung der Sache aufgrund bestimmungsgemäßer Ingebrauchnahme zum Zwecke des Testens und Prüfens ist nicht ausgleichspflichtig.

Aufgrund der Änderung der Rechtslage zum Wertersatz sollte man Rückstellungen bilden, um die fehlende Kompensationsmöglichkeit beim Kunden abfangen zu können.

Belehrung anpassen Neben dem Wissen um diese Tatsache an sich ist es wichtig, die eigenen Widerrufsbelehrungen anzupassen. Dies gilt auch dann, wenn man die Musterwiderrufsbelehrungen verwendet. Diese bilden nämlich eine Vielzahl von Fallkonstellationen ab, die nicht notwendig auf den eigenen Shop passen. Hier kann man nicht einfach die Belehrung blind übernehmen, denn diese soll beim Verbraucher Transparenz schaffen, weshalb sie auf das konkrete Geschäft auch passen muss. Die Musterwiderrufsbelehrung bietet bei der Anpassung Hilfe. Ist man sich nicht sicher, sollte man fachkundigen Rat einholen. Fehler gehen nach wie vor zu Lasten des Shopbetreibers und stellen ein Abmahnrisiko dar.

Vorsicht Abmahnung Weist man beispielsweise auf seiner Website auf das Bestehen eines 14-tägigen Widerrufsrechts hin, überlässt die Belehrung in Textform aber erst mit Versand der Ware, ist die Widerrufsbelehrung auf der Website in den meisten Fällen fehlerhaft und damit wettbewerbswidrig, weil die Belehrung nicht unverzüglich nach Vertragsschluss in Textform erfolgte. Hier ist also nach wie vor Vorsicht und Genauigkeit geboten.

Aus dem gleichen Grund gilt es, bei der inhaltlichen Ausgestaltung vorsichtig zu sein. Immer wieder lesen wir Belehrungen auf Websites,

die formulieren, dass die Widerrufsfrist frühestens mit Erhalt dieser Belehrung zu laufen beginnt. Diese Belehrung hat zwei Fehler:

▸ Es fehlt der Hinweis auf den Erhalt in *Textform*.
▸ Notwendig ist außerdem der Hinweis auf den Erhalt der Ware.

Die Formulierung müsste also richtig wie folgt lauten:

> »Die Widerrufsfrist beginnt frühestens mit *Erhalt der Ware* und dieser Belehrung in *Textform*«.

Juristisch kann man über diese Spitzfindigkeiten sicherlich lange Streiten. Es bleibt abzuwarten, wie der BGH eines Tages entscheiden wird.
Für den Moment sollte man sich aber an diese Vorgaben halten. Möglicherweise erledigt sich die Angelegenheit aber auch von alleine. So
hat das OLG Düsseldorf (Beschluss vom 29.11.2007 – I-20 U 107/07)
den Streitwert einer fehlerhaften Widerrufsbelehrung, nach dem sich
die Abmahnkosten bemessen, von ursprünglich 15 000 € auf 900 € he-
rabgesetzt. So erzieht man Anwälte. Allerdings hat auch 2009 das OLG
Düsseldorf mit dieser Rechtsansicht keine weiteren Anhänger gefunden.
Da der Abmahner aber das Gericht, bei dem er nach Rechtsschutz nachsucht, frei wählen kann, bleibt das Geschäft nach wie vor für Anwälte
lukrativ.

Für den Widerruf genügt die Rücksendung der Ware. Das LG Coburg
hat in diesem Zusammenhang entschieden, dass in Allgemeinen Geschäftsbedingungen eine Beschränkung des Widerrufsrechts auf Fälle, in
denen die Ware originalverpackt zurückgesandt wird, unzulässig ist. Im
Einzelnen bedarf es einer eindeutigen Adresse für Reklamationen und
für den Fall des Streits der ladungsfähigen Anschrift des Unternehmens
(siehe Abschnitt 10.1.3, »Anbieterkennzeichnung«). Infos über Garan-
tiebedingungen dürfen gleichfalls nicht fehlen.

Die am 04.08.2011 in Kraft getretene, überarbeitete Musterwiderrufsbelehrung hat wie in der Einleitung bereits angesprochen weitere
Probleme beseitigt, aber immer noch nicht alle. So wird beispielsweise
im Zusammenhang mit den Rücksendekosten im Falle eines Widerrufs
um das Wörtchen »regelmäßig« gestritten und zwar mit erheblichen
Kostenfolgen. Das Gesetz erlaubt nämlich nur die Überbürdung der »regelmäßigen« Rücksendekosten – wie sie etwa bei der Aufgabe zur Post
oder vergleichbarer Paketspeditionen entstehen. Wer das nicht klar-
stellt, belehrt falsch und riskiert eine Abmahnung. Man muss also auch
weiterhin sehr aufmerksam sein.

Die im Anhang veröffentlichten Checklisten berücksichtigen die bis
zum 01.09.2011 ergangene Rechtsprechung und die am 04.08.2011
neu in Kraft getretenen Musterwiderrufsbelehrungen, sind aber im Hin-

**Seit 04.08.2011 neue
Musterbelehrungen**

blick auf die relevanten Anwendungsfälle kürzer gefasst. Nach wie vor ist hier einiges im Fluss. Bevor man einen Shop eröffnet, sollte man sich deshalb zur aktuellen Rechtslage unbedingt anwaltlich beraten lassen.

Datenschutz   Die Information über die Speicherung von personenbezogenen Daten muss vor deren Erhebung erfolgen, also jeder Bestellmaske vorangestellt sein (siehe Abschnitt 10.1.4, »Unterrichtungspflichten«).

[✓]

> **Checklisten: »Notwendige Angaben auf Websites«**
>
> Siehe zum Thema »Notwendige Angaben auf Websites« auch die Checklisten B.2, B.3, und B.4 im Anhang. In den Checklisten B.5 und B.6 finden sich Muster für die Widerrufs- und Rückgabebelehrung.

10.4   Barrierefreiheit

Webseiten der öffentlichen Verwaltung müssen Mindeststandards in puncto Barrierefreiheit einhalten. Für private und gewerblich genutzte Webseiten ist dies nach wie vor umstritten.

10.4.1   Barrierefreies Webdesign in der öffentlichen Verwaltung

Bis Ende 2005 mussten alle Websites öffentlicher Bundes- und Landesstellen ihren Internet- bzw. auch ihren öffentlich zugänglichen Intranetauftritt barrierefrei gestalten. Ziel der Gesetzesinitiative war und ist es, Informationen der öffentlichen Hand im Internet für alle Nutzergruppen nach den jeweiligen Bedürfnissen zugänglich zu machen. Dafür wurden mit der Verordnung zur Schaffung barrierefreier Informationstechnik nach dem Behindertengleichstellungsgesetz, kurz BITV, Standards gesetzt. Über den Weg der Selbstverpflichtung durch sogenannte *Zielvereinbarungen* sollte auch die freie Wirtschaft für äquivalente Lösungen gewonnen werden. Das zuständige Bundesministerium für Arbeit und Soziales (*www.bmas.de*) hat extra ein Portal eingerichtet, auf dem die teilnehmenden Unternehmen und der Inhalt der Zielvereinbarung eingetragen sind. Leider wurde von der Möglichkeit bisher nur verhalten Gebrauch gemacht. Weitere Informationen erhält man etwa unter *www.w3.org* oder *www.wob11.de*. Hier werden auch Tools angeboten, um die eigene Website hinsichtlich ihrer Barrierefreiheit zu testen. Einen kurzen Überblick über die einzuhaltenden Standards findet man auch auf der Checkliste »Barrierefreiheit« in Anhang B.8. Außerdem gibt die Verordnung selbst sehr detaillierte Anweisungen für das Design. Diese steht unter *www.wob11.de/gesetze/index.html* zum Download bereit (siehe auch Anhang D.1).

Die BITV ist durch das zuständige Ministerium überarbeitet worden. Vorbild der Neufassung sind die *Web Content Accessibility Guidelines* (WCAG 2.0) des World Wide Web Consortiums. Neben Standards für Neudesigns schreibt die Verordnung Zeitpunkte vor, bis zu welchen alte Webseiten umgestellt sein müssen. Die BITV gilt nach wie vor nur für die öffentliche Verwaltung. Will man sich einen Überblick verschaffen, findet man die Verordnung nebst Anlagen auf den Seiten des Bundesministeriums für Arbeit und Soziales (*www.bmas.de*) unter dem Stichwort BITV 2.0.

Vorbild WCAG 2.0

10.4.2 Barrierefreies Webdesign nach dem Allgemeinen Gleichstellungsgesetz

Im August 2006 wurde nach langem Ringen das Allgemeine Gleichstellungsgesetz (AGG) verabschiedet. Es verbietet unter anderem unmittelbare und mittelbare Diskriminierung aufgrund einer Behinderung in bestimmten Bereichen der Privatwirtschaft. Überwiegende Zielrichtung ist hier die Arbeitswelt und das Versicherungswesen, aber auch Verkaufsportale im Internet und damit das Webdesign werden betroffen sein. Das Gesetz verbietet eine Benachteiligung aufgrund einer Behinderung bei über das Internet abgewickelten Massengeschäften, die bei Verkaufportalen die Regel sein werden. Verkaufsportale müssen jedenfalls in zumutbarer Weise beim Neudesign dafür Sorge tragen, dass beispielsweise sehbehinderte Menschen die Möglichkeit der Bestellung erhalten. Es ist zurzeit noch nicht absehbar, wie die Einzelheiten aussehen werden. Denkbar ist aber, dass die oben vorgestellten Grundsätze zum barrierefreien Webdesign, die für die öffentliche Hand gelten und in der BITV niedergelegt sind, auch im Zivilrechtverkehr Anwendung finden.

Verkaufsportale bald barrierefrei?

Ob auch bereits vorhandene Websites geändert werden müssen, die nicht die Voraussetzungen an einen barrierefreien Webzugang erfüllen, hängt davon ab, ob die Gerichte einen sachlichen Grund für die Beibehaltung des bisherigen Designs anerkennen. Bei mittelbaren Beeinträchtigungen, die Änderungen des Webdesigns in der Regel darstellen, muss nur dann gehandelt werden, wenn sich die Umstände, aus denen sich die Benachteiligung ergibt, sachlich rechtfertigen lassen. Sicherlich sind die mit einer Umrüstung verbundenen Kosten oder die mit dem Relaunch verbundenen Gefahren der Nichterreichbarkeit sachliche Gründe. Sie müssen aber eine Erheblichkeitsschwelle erreichen und nicht bloß vorgeschoben sein. Letztendlich wird es eine Wertungs- und Beweisfrage bleiben.

Vorhandene Websites

Zu beachten ist, dass jeder enttäuschte User, sofern er im Sinne des Gesetzes gehandicapt ist, klagebefugt ist. Ob daneben auch Konkurrenten kostenintensive Abmahnungen auf den Weg schicken können, wird

Klagebefugnis der User

davon abhängen, ob die Gerichte dem AGG die Bestimmung zusprechen, im Interesse der Marktteilnehmer das Marktverhalten zu regeln.
Andernfalls fehlt es für Konkurrenten an einer Anspruchsnorm.

11 Wer haftet wann im Internet?

Hier beschäftigen wir uns mit dem Thema »Verantwortlichkeiten für Inhalte«: Hat der Betreiber einer Internet-Seite für die von ihm gebuchten Google Adwords geradezustehen? Haftet möglicherweise auch der Provider für fremde Inhalte, die lediglich über ihn verfügbar werden?

Wer die Pressemitteilungen über Urteile deutscher Gerichte zur Verantwortlichkeit für Inhalte im Internet verfolgt hat, dürfte ob der eigenen Verantwortung und des eigenen Risikos verunsichert sein. Access-Provider werden da für Inhalte in privaten Community-Räumen verantwortlich gemacht. Der Admin-C ist anscheinend für Inhalte auf der von ihm administrierten Seite haftbar. Links auf fremde Seiten darf man nur noch setzen, wenn zuvor der größte Teil eines Urteils des LG Hamburg zitiert wurde. Und auch der Service, mit sogenannten *Deep Links* unmittelbare Querverweise auf fremde Inhalte herzustellen, soll nur mit Vorsicht zu genießen sein. Für weitere Verunsicherung hat die Praxis im Umgang mit Google Adwords gesorgt, denn selbst dann, wenn man bestimmte Begriffe (Keywords) gar nicht explizit gebucht hat, sondern Google diese selbst generiert, ist man für die Rechtsverletzungen unter Umständen verantwortlich. Noch undurchsichtiger wird die gesamte Materie dadurch, dass nicht rechtskräftige Instanzurteile ihren Weg in die Presse fanden. Auch die teilweise uneinheitliche Rechtsprechung quer durch die Republik trägt zur Verunsicherung bei. Diese Unwägbarkeiten werden zwar nach und nach weniger, aber das Recht der neuen Medien ist noch relativ jung, weshalb die Findungsprozesse in der Rechtsprechung noch nicht abgeschlossen sind.

11.1 Haftung für Inhalte der eigenen Website

Typische Haftungsbereiche auf Websites sind die folgenden:

▶ Urheberrechtsverletzung, vor allem ungenehmigte Nutzung fremder Bilder und Texte
▶ Verletzung von fremden Kennzeichenrechten und Domains

- ▶ Datenschutzverstöße (siehe Kapitel 10, »Was muss auf jeder Website zu finden sein?«, Abschnitt 10.1, »Datenschutz«)
- ▶ Rechtswidrige Marketingmaßnahmen (siehe Kapitel 12, »Worauf muss ich bei Werbung im Internet achten«?)

11.1.1 Eigene Inhalte

Was ich selbst ins Internet stelle, habe ich selbstverständlich auch selbst voll zu verantworten. Gesetzesverstöße treffen mich unmittelbar. Hier gibt es keinen Unterschied zu anderen Medien. Fremde Texte, Bilder, Videos oder Musiktitel darf man nicht einfach auf seiner Seite einbinden, nur weil es so schön einfach ist. Fremde Schutzrechte (siehe Teil I, »Schutz der kreativen Leistung«) sind zu beachten. Gerade im Internet, etwa in Webmagazinen, besteht diesbezüglich bei den Machern noch einige Unsicherheit. Anhand eines Beispiels soll das dargestellt werden:

Beispiel: Fotografien von Kunstwerken
Eine Bloggerin veröffentlichte in einem Webjournal Fotoablichtungen von Gemälden, ohne sich zuvor um Genehmigungen gekümmert zu haben. Sie erhielt daraufhin Post von der Verwertungsgesellschaft VG Bild Kunst, die sie im strengen Ton auf das Versäumnis hinwies. Besondere Verwunderung löste die Rüge aus, weil das Original eines der Bilder im Reichstag in Berlin und somit im übertragenen Sinne für alle Bürger ausgestellt ist.

An dem Beispiel wird deutlich, wie vorsichtig man mit Veröffentlichungen im Internet sein muss. Das Ablichten von Kunstwerken, ob klassisch oder digital, ist eine Vervielfältigungshandlung, für deren Veröffentlichung man eine Genehmigung braucht. Das gilt nahezu ausnahmslos für jede Veröffentlichung im Internet. Ausnahmen bestehen einmal hinsichtlich ganz alter Werke nach Ablauf der 70jährigen Schutzfrist und zum anderen für solche Kunstwerke, die sich bleibend an öffentlichen Plätzen, Wegen oder Straßen befinden. Daraus ergeben sich – wie sich am Beispiel des Reichstages zeigt – zwei von Außen oft gar nicht zu beurteilende Probleme: Erstens befindet sich ein Kunstwerk dauerhaft an einem Ort, und zweitens ist dieser ein öffentlicher Platz. Letzteres hängt von der Widmung des Eigentümers ab. Freier Zugang ist zwar ein Indiz, aber eben nicht allein entscheidend. Will man selbstgemachte Fotos von Kunstwerken nutzen, sollte man nachfragen, um böse Überraschungen zu vermeiden.

Auch an Werbeaussagen, die ich im Netz treffe, bin ich gebunden, egal ob beispielsweise die Netzwerktauglichkeit einer bestimmten Software oder die Lieferbarkeit innerhalb von 24 Stunden zugesagt wurde. Werden außerhalb von Verkaufsangeboten Tipps und Informationen bereitgehalten, sind diese meist bloße Meinungsäußerungen des Autors, an die keine rechtlichen Konsequenzen geknüpft werden können.

Dennoch sind beim Betreiben einer eigenen Website, insbesondere wenn zum Beispiel persönliche Daten etwa zum Versand eines News-letters gesammelt werden, Mindeststandards in puncto IT-Sicherheit einzuhalten.

Diskretion und Sicherheit

11.1.2 Links

Das Setzen von Links auf fremde Inhalte ist ein äußerst beliebtes Gestal-tungs- und Strukturierungsinstrument auf Websites. Sie sind auf nahezu jeder Seite zu finden. Genauso sicher ist aber auch, dass bezüglich der rechtlichen Zulässigkeit noch immer sehr viel Unsicherheit herrscht. So wird insbesondere versucht, mit Disclaimern einer Verantwortung für die verlinkten Inhalte zu entgehen. Das zeigt ein Bewusstsein, aber eben auch eine gewisse Hilflosigkeit der Materie gegenüber.

Hyperlinks

Grundsätzlich ist man uneingeschränkt nur für eigene Inhalte verant-wortlich. Der Link selbst macht den fremden Inhalt zwar noch nicht zum eigenen, aber man betritt einen Grenzbereich. Je weniger Distanz man in dem den Link umschließenden Text zu den Aussagen des fremden An-bieters hält, umso mehr identifiziert man sich mit diesen. Verfolgt man beispielsweise mit dem Link konkrete eigene Werbeinteressen, wird es kritisch. Dann muss man prüfen und darf nicht einfach auf gut Glück auf fremde Inhalte verweisen.

Verantwortlichkeit für gelinkte Inhalte

Tipp: Inhalte abgrenzen

Sichtbare Abgrenzung eigener von fremden Inhalten durch einen entsprechen-den Hinweis.

[+]

Oft sieht man in Internet-Präsenzen den Hinweis, dass man sich mit den Seiten, auf die mittels Link verwiesen wird, nicht identifiziere und sich deren Inhalt nicht zu eigen mache. Man sollte allerdings wissen, dass ein solcher Freizeichnungsversuch oft nur wenig hilft, denn es kommt immer auf die konkrete Gestaltung des Links an und was man an Iden-tifizierung daraus lesen kann. Teilweise sieht man auch heute noch Dis-claimer mit dem Hinweis auf ein Urteil des Landgerichts Hamburg bzw. wörtliche Zitate daraus:

Disclaimer I

Mit Urteil vom 12. Mai 1998 – 312 O 85/98 – »Haftung für Links« hat das Landgericht (LG) in Hamburg entschieden, dass man durch die Anbringung eines Links die Inhalte der gelinkten Seite ggf. mit zu verantworten hat. Dies kann – so das LG – nur dadurch verhindert werden, indem man sich ausdrücklich von diesen Inhalten distanziert.

Durch dieses Zitat ist wenig bis nichts gewonnen. Vielmehr ist es ein Beweis für das gefährliche »Copy & Paste« im Internet. Falsches wird von anderen übernommen, und nur selten fallen die Fehler gleich so ins Auge wie in diesem Beispiel. Man distanziert sich vom Inhalt eines Links nicht dadurch ausdrücklich, dass man dies für eine Vielzahl von möglichen Links pauschal in einem Disclaimer tut. Also Vorsicht bei der Verwendung von heiklen Links! Der Disclaimer hilft bei diesen nämlich nicht wirklich weiter. Das Oberlandesgericht Stuttgart hat dies in einem Urteil aus dem Frühjahr 2006 wieder bestätigt.

Disclaimer II Teilweise liest man den Hinweis, dass man in jeden Link einen Disclaimer einbauen sollte, um so die eigene Distanzierung vom fremden Inhalt zu dokumentieren. Meines Erachtens ist das der falsche Ansatz, denn ein Disclaimer legt nahe, dass man mit der Möglichkeit rechnet, der verlinkte Inhalt sei rechtswidrig. Wenn dem aber so ist, dann verlangt das Recht von einem Prüfung und nicht einen Disclaimer. Solange es keine gesetzliche Klarstellung in Bezug auf die Verantwortlichkeit für Hyperlinks gibt, bewegt man sich im rechtsunsicheren Raum. Entscheidend für eine Haftung ist heute nicht – wie es wünschenswert wäre – die Kenntnis von rechtswidrigen Inhalten, sondern das Vorliegen von Prüfungspflichten. Damit ist einem zwar häufig faktisch geholfen, weil die Gerichte in vielen Fällen diese Prüfungspflicht verneinen. Die Gesetzeslogik drängt einen aber in die Rolle des Juristen, denn um vorher Klarheit zu haben, muss ich den Sachverhalt juristisch bewerten und kann mich nicht darauf berufen, von der Rechtswidrigkeit des verlinkten Inhalts nichts gewusst zu haben.

Werbeanzeigen Werden Werbeanzeigen auf der eigenen Seite geschaltet, ist man für deren Inhalt mitverantwortlich. Also nicht der Werbekunde allein hat zu überprüfen, ob die Anzeige den rechtlichen Vorgaben entspricht (beispielsweise ob die Anzeige bereits eine Widerrufsbelehrung enthält).

Strafbare Inhalte Eine Abgeordnete geriet in das Fahndungsnetz des Verfassungsschutzes, weil sie auf ihrer Website einen Link zu einer linksradikalen Gruppe in den Niederlanden gesetzt hatte. Ein anderes Beispiel betraf eine Website, die allein dazu diente, über Links auf beleidigende Schriften über einen Prominenten zu verweisen. In diesen Fällen geht es darum, ob man sich gegebenenfalls selbst strafbar macht. Voraussetzung ist, dass man selbst Kenntnis von den strafbaren Inhalten hat und in diesem Bewusstsein den Link setzt. Juristisch nennt sich dieses Verhalten Beihilfe zu einer Straftat, was bereits strafbar ist.

Privilegierung von Presseorganen Presseorgane sollen auch auf rechtswidrige Inhalte verlinken dürfen, wenn dies im Rahmen eines redaktionellen Artikels erfolgt, der verlinkte Inhalt nicht offensichtlich strafbar und keine Wettbewerbsabsicht besteht. Hintergrund war die Berichterstattung über illegales Glücksspiel im Internet. Der Autor versah seinen Artikel mit einem Link auf die Seiten des Wettanbieters. Anders sieht die Sache allerdings bei Verletzung von Urheberrechten auf der verlinkten Seite aus. In diesen Fällen gelte das Presseprivileg nicht.

Immer wieder Gegenstand von Gerichtsentscheidungen war die Zulässigkeit von sogenannten *Deep Links*, also Querverweise auf tiefer liegende Dokumente oder Daten eines fremden Auftrittes ohne Umweg über die Hauptindexseite. Die Betroffenen behaupteten, dass der Deep Link eine Urheberrechtsverletzung darstelle, da er die Datei, auf die er verweise, in unzulässiger Weise vervielfältige. Hintergrund der Streitigkeiten waren meist Befürchtungen des Anbieters der verlinkten Seite, dass ihm Werbeeinnahmen verloren gingen. Ein Großteil der Besucher seiner Seiten klicke sich nunmehr nicht mehr durch sein Angebot, sondern lande unmittelbar beim Zieldokument. Dadurch gingen ihm Werbefläche und somit Werbeeinnahmen verloren.

Deep Links

Der Bundesgerichtshof hat inzwischen entschieden, dass Deep Links zum Internetalltag gehörten. Der Link verletze in der Regel keine Urheberrechte. Anbieter, die Content ohne besondere Schutzvorrichtungen ins Netz stellten, hätten mit der Möglichkeit der Verlinkung zu rechnen und könnten sich deshalb nicht dagegen zur Wehr setzen. Die Entscheidung ist zwar zugunsten eines Suchmaschinenanbieters ergangen, aber in der Begründung nicht auf diese beschränkt. Wichtig ist allerdings, dass die Links als *Verweise* erkennbar bleiben.

Deep Links zulässig

Vereinzelt sind Stimmen laut geworden, die Deep Links schon dann für unzulässig halten, wenn ein Anbieter das Setzen solcher Links ausdrücklich untersagt. Hier wird man mit der BGH-Rechtsprechung davon ausgehen können, dass der Anbieter mit seinem Verbot ins Leere läuft. Schon aus Praktikabilitätsgründen ist es realitätsfern, eine Kontrolle jeder einzelnen Seite zu verlangen, insbesondere wenn man an Suchmaschinen denkt.

Genehmigungs-vorbehalt

Dokumente und Daten lassen sich vor dem direkten Zugriff über Deep Links schützen. Umgekehrt sind diese Schutzmechanismen programmiertechnisch auch problemlos zu umgehen. Der Bundesgerichtshof hat sich einer Entscheidung für diesen Fall ausdrücklich enthalten. Aber aufgrund der Erwähnung im Urteil und mit Blick auf das reformierte Urhebergesetz sollte man von einer Umgehung technischer Schutzmaßnahmen die Finger lassen.

Geschützte Dokumente

11.1.3 Konkrete Gestaltung

Aus programmtechnischer Sicht gibt es kaum Grenzen in der Art der Darstellung einer verlinkten Seite auf der eigenen Website. Anders ist das aus juristischer Sicht.

Fremde Inhalte lassen sich grafisch problemlos als eigene darstellen. Mit dem Anklicken des Links öffnet sich ein Pop-up-Fenster, ohne

Pop-up

dass man die Originalquelle erkennt. Auch wenn der Anbieter der verlinkten Seite durch das Zugänglichmachen von Daten im Netz diese
Gestaltungsform erst ermöglicht, haben die Gerichte einen Riegel vorgeschoben. Das Einbinden in den eigenen Auftritt darf zum einen die
Benutzbarkeit der fremden Seite nicht wesentlich einschränken, und
zum anderen muss erkennbar bleiben, wer der eigentliche Urheber des
Contents ist. Erforderlich ist also ein Seitenwechsel oder ein gut sichtbarer Urheberhinweis im Text.

11.1.4   Suchmaschinen

Suchmaschinen-
einträge Suchmaschineneinträge sind oft eine tückische Falle, denn auch durch
sie können Rechte Dritter verletzt werden und nicht nur durch die Inhalte auf der eigenen Seite. Ist beispielsweise eine Domain-Inhaberin
aufgrund eines gerichtlichen Urteils verpflichtet, eine Domain freizugeben, dann ist es alleine damit noch nicht getan. Denn wurde die Seite
bei Suchmaschinenbetreibern angemeldet, dann müssen diese auf die
Löschung hingewiesen werden. Wenn nicht, droht möglicher Schadensersatz, weil die Seite dort noch gelistet ist. Dauert es noch einige Zeit
bis zur tatsächlichen Löschung, dann ist dies unschädlich, da dann kein
Verschulden der Domain-Inhaberin vorliegt.

Dieses Ergebnis kann man verallgemeinern. Ist man verpflichtet, Inhalte auf der eigenen Seite zu löschen, etwa wegen Markenverletzung,
muss man auch dafür Sorge tragen, dass man mit diesem Inhalt nicht
mehr bei Suchmaschinen gelistet wird.

11.1.5   Google Adwords

Suchmaschinenmarketing funktioniert über Suchbegriffe. Um ein erfolg-
reiches Ranking zu erzielen, liegt es nahe, auf häufig verwendete Suchbegriffe zurückzugreifen. Problematisch ist dies allerdings dann, wenn
man nicht nur produktbeschreibende sogenannte *Keywords* benutzt,
sondern auch fremde Markennamen verwendet. Der Bundesgerichtshof
hatte zu diesem Themenkomplex Anfang 2009 drei Fälle auf dem Tisch,
von denen er zwei durch Urteil erledigt und den dritten dem EuGH zur
Entscheidung vorgelegt hat. Der BHG hat in der Entscheidung »Beta
Layout« (Urteil vom 22.01.2009 – I ZR 30/07) die Tendenz erkennen
lassen, dass nach seiner Ansicht die Nutzung auch von Marken in Google
Ads möglich ist, da die Nutzer mit den Trefferlisten entsprechend um-
zugehen wüssten und es deshalb allein durch die Anzeige nicht zu einer
Verwechslung kommen würde. Die fremden Markennamen dürften aber
nicht in der Trefferliste selbst erscheinen. Diese Tendenz hat der BGH
mit Urteil vom 13.01.2011 (I ZR 125/07) bekräftigt. In der Regel werden
die Suchbegriffe im Rahmen des Suchmaschinenmarketings (Adword-
Marketing) nicht markenmäßig verwendet. Es bestehen deshalb keine

markenrechtlichen Unterlassungs- oder Schadensersatzansprüche. Diese Rechtsprechung wird auch vom EuGH gestützt. Der EuGH hat aber auch Ausnahmen formuliert und somit die Letztentscheidungskompetenz wieder der Beurteilung der nationalen Gerichte überlassen. Es ist deshalb nach wie vor Vorsicht geboten. Man sollte sich vor der Buchung fremder Markennamen in jedem Fall beraten lassen.

[+]

> **Hinweis: Reaktion von Google**
>
> Google hat nach der Entscheidung des EuGH seine Markenrichtlinien für die Adword-Werbung merklich gelockert. Das Risiko tragen aber nach wie vor Sie als Nutzer.

11.1.6 Haftung für Social Media Plug-ins/Fanpages

In Abschnitt 10.2.3, »Datenschutz und Social Media Plug-ins/Fanpages«, wurde dargestellt, welche datenschutzrechtlichen Probleme sich bei der Einbindung von Social-Media-Plug-ins ergeben können. Für diese Rechtsverletzungen haftet der Seitenbetreiber unmittelbar. Allerdings ist zu beachten, dass nach einem Beschluss des Kammergerichts Berlin (29.04.2011 – 5 W 88/11) die Verletzung datenschutzrechtlicher Vorgaben kein Marktverhalten betrifft und deshalb nicht als Wettbewerbsverstoß durch die Konkurrenz geahndet werden kann. Damit ist die Gefahr von Abmahnungen auf diesem Feld begrenzt. Allerdings muss man mit Beanstandungen von Seiten des jeweils zuständigen Landesdatenschutzbeauftragten rechnen. Diese können als Verwaltungsbehörde Untersagungsverfügungen aussprechen und Bußgelder verhängen. Im Visier der Datenschützer sind allerdings die Anbieter und nicht die Nutzer von Social-Media-Plug-ins, was das Risiko für den Seitenbetreiber kalkulierbarer macht.

[+]

> **Hinweis: Aktivierung durch den Nutzer**
>
> Wer auf den Button auf der Seite nicht verzichten will, sollte dafür Sorge tragen, dass dieser erst mit der Aktivierung durch den Nutzer Daten überträgt.

11.2 Verantwortlichkeit für fremde Inhalte

Der Gesetzgeber hat versucht, mit dem Telemediengesetz bzw. dem Mediendienstestaatsvertrag aus dem Jahre 2007 den Besonderheiten des Internets Rechnung zu tragen. Das Gesetz differenziert zwischen den unterschiedlichen Providerarten und spricht unterschiedliche Privilegierungen aus.

11.2.1 Zugangsprovider

Wird durch den Dienstleister lediglich der Zugang zum WWW vermittelt, besteht für die vom User abgerufenen Inhalte keine Verantwortung. Einzige Ausnahme ist die, dass der Betreiber absichtlich mit einem Nutzer zusammenarbeitet, um rechtswidrige Handlungen zu begehen. Meist bieten die Access-Provider neben dem Zugang selbst aber auch noch Content-Portale an. Für die dort abgelegten Inhalte gilt die Privilegierung nicht. Geregelt ist nur, dass die bloß technische Bereitstellung eines Zugangs noch keine Verantwortung für die sich anschließende Nutzung des Netzes entstehen lässt.

11.2.2 Hostprovider

Privilegierung Für fremde Inhalte, die auf der eigenen Website bereitgehalten werden, ist der Inhaber nach dem Gesetzeswortlaut nur verantwortlich, wenn er von deren Rechtswidrigkeit Kenntnis hat oder ihm Tatsachen bekannt sind, die einen Rechtsverstoß offensichtlich erscheinen lassen. Klingt zunächst providerfreundlich. Unternehmen, die von Abmahnungen aufgrund fremder Inhalte auf ihrer Website betroffen waren, bezeichnen den Versuch allerdings als wenig gelungen. Der Grund liegt im Folgenden: Der Bundesgerichtshof hat entschieden, dass diese Privilegierung nur für Schadensersatzansprüche, nicht aber auch für den Unterlassungsanspruch gilt. Ohne die Privilegierung des neuen Telemediengesetzes hängt die Frage der Verantwortlichkeit für bestimmte Inhalte von Wertungen ab, die der Laie oft nicht vornehmen kann. Die Folge ist Rechtsunsicherheit. Außerdem ist es zu einer Ausweitung der Verantwortung gekommen, denn den Betreibern werden im bestimmten Rahmen *Prüfungspflichten* auferlegt, und nicht nur bei Offensichtlichkeit der Rechtsverletzung.

Spam-Mails Das Landgericht Leipzig hat einen Host-Provider für Spam-Mails verantwortlich gemacht, die unter von ihm herausgegebenen Subdomains verschickt wurden, weil er die tatsächlichen Inhaber dieser Subdomains nicht benennen konnte. Diese Entscheidung ist keine Ausnahme im eigentlichen Sinne, denn das Landgericht hat den Host-Provider letztendlich nicht für fremde Inhalte verantwortlich gemacht, sondern für seine schlampige Registrierung. Auf diese beziehen sich das Telemediengesetz und seine Privilegierungstatbestände gerade nicht.

11.2.3 Störerhaftung

Allgemeine Gesetze An anderer Stelle spricht das Telemediengesetz auch davon, dass Ansprüche zur Sperrung oder Entfernung von fremden Inhalten von den speziellen Regelungen unberührt blieben und sich stattdessen nach den allgemeinen Gesetzen richteten. Nach allgemeinen Grundsätzen haftet man für fremde Inhalte dann, und zwar als sogenannter *Störer*, wenn man in irgendeiner Weise, sei es auch ohne Verschulden, willentlich und kausal zu der Herbeiführung oder Aufrechterhaltung einer rechtswidrigen Beeinträchtigung eines anderen beigetragen hat. Als Mitwirkung genügt dabei die Unterstützung oder Ausnutzung der Handlung eines eigenverantwortlichen Dritten, sofern der in Anspruch Genommene die rechtliche Möglichkeit zur Verhinderung dieser Handlung hat. Weiterhin müssen ihn in zumutbarer Weise Kontrollpflichten für die Inhalte treffen. Die Folge ist eine nur schwer vorab zu kalkulierende Verantwortlichkeit, weil man eigene juristische Bewertungen vornehmen muss. Auch das 2007 verabschiedete Telemediengesetz hat für den angesprochenen Bereich nicht mehr Rechtssicherheit gebracht.

Mit dem Begriff des Sich-zu-eigen-Machens hat die Rechtsprechung erstmals die Störerhaftung im Internet konkretisiert. So wurde ein Forenbetreiber für in das Forum eingestellte Inhalte verantwortlich gemacht, weil er sich das Forum durch Werbeschaltungen zu eigen gemacht habe. Er habe dann Kontrollpflichten wie für eigene Inhalte. Diese Kontrollpflichten sind auch in die Zukunft gerichtet. Genau hier liegt das Problem. Die Gerichte untersagen nicht nur die konkrete Verletzungshandlung, sondern verbieten auch, vergleichbare Handlungen in der Zukunft vorzunehmen. Gegenüber dem eigentlichen Verletzer ist dies auch berechtigt, gegenüber Dritten wie Foren, Suchmaschinen oder Auktionshäusern führt diese Rechtsprechung zu nur schwer lösbaren technischen wie juristischen Problemen. Technisch ist es schwierig, vergleichbare (kerngleiche) Inhalte zu sperren, juristisch besteht das Problem in der Beurteilung von Sachverhalten als vergleichbar/kerngleich. Zuletzt hat im September 2006 das Oberlandesgericht München ein Internetauktionshaus wegen Urheberrechtsverletzungen eines Verkäufers zur Sperrung solcher Inhalte verurteilt. Das Gericht betont, dass eine Haftung erst einsetze, wenn das Auktionsportal auf die Verletzung hingewiesen wurde. Damit wird die Rechtsprechung des Bundesgerichtshofes seit der Rolex-Entscheidung fortgesetzt. Es gibt keine *präventiven*, aber *reaktive* Kontrollpflichten. Die Probleme für die angesprochenen Portale bleiben, denn sie müssen nach einem Hinweis die juristisch oft schwierige Frage beantworten, ob tatsächlich eine Rechtsverletzung vorliegt.

11.2.4 Forenhaftung

Das Landgericht Hamburg hat in einem viel beachteten Urteil Stellung genommen zur Verantwortlichkeit von Forenbetreibern für gepostete Beiträge. Das Gericht hat seiner Entscheidung die presserechtlichen Grundsätze der analogen Welt zugrunde gelegt und damit den Besonderheiten des Internets nur wenig Beachtung geschenkt. Tenor der Entscheidung war: Verlage, die eine Plattform für Veröffentlichungen im Internet schaffen und damit eine Gefahrenquelle für Rechtsverletzungen,

Sich-zu-eigen-Machen

Heise-Urteil

etwa in Form von Beleidigungen, müssen präventiv durch redaktionelle Sichtung diese Gefahrenquelle beherrschen. Tun sie das nicht, haften sie auf Entfernung der rechtsverletzenden Beiträge.

Das Oberlandesgericht Hamburg hat in der Berufungsentscheidung diese strenge Haftung ein wenig abgemildert. Eine Überwachungspflicht soll für einen Verlag erst dann bestehen, wenn er Kenntnis von rechtsverletzenden Inhalten erhält. Von diesem Zeitpunkt an muss er beispielsweise durch Sperrung tätig werden und auch für die Zukunft sicherstellen, dass weitere Rechtsverletzungen unterbleiben.

Kenntnis Generell bleibt festzuhalten: Ist man als Foren- bzw. Blogbetreiber auf rechtswidrige Inhalte aufmerksam gemacht worden, darf man dieses Wissen nicht ignorieren. Man muss aktiv werden, um den Rechtsverstoß zu beseitigen – notfalls durch Löschung des Beitrages oder Sperrung des Zugangs. Inwieweit die Entscheidungen aus Hamburg verallgemeinerungsfähig sind, d. h., jeden und nicht nur Verlage ab Kenntnis Überwachungspflichten treffen, bleibt abzuwarten. Ein Urteil des Oberlandesgerichts Brandenburg vom Juni 2006 lässt vermuten, dass eine differenzierende Betrachtung sich durchsetzen wird.

[+]

> **Hinweis: Kosten für das Abmahnschreiben**
>
> Oft erfolgt die Information über Rechtsverstöße durch den Betroffenen selbst in Form eines anwaltlichen Abmahnschreibens mit einer entsprechenden Kostennote. In diesen Fällen besteht in der Regel kein Anspruch auf Kostenersatz. Aufgrund der Besonderheiten des jeweiligen Einzelfalls sollte man sich anwaltlich beraten lassen.

11.2.5 Grenzfall

Außerdem möchten wir noch auf ein weiteres Urteil hinweisen, das zur Verantwortlichkeit des Admin-C auf der von ihm administrierten Website ergangen ist. Mehrere Landgerichte haben in 2005 entschieden, dass für den Admin-C die Privilegierungen des Telemediengesetzes nicht greifen könnten, da er kein Dienstanbieter sei. Eine Haftung habe deshalb ausschließlich anhand der oben erläuterten allgemeinen Grundsätze zu erfolgen. Hat man als Admin-C Handlungsbefugnis über die Website, ist man nach Ansicht einiger Landgerichte für die Inhalte mitverantwortlich und hat gegebenenfalls für die Sperrung zu sorgen. Man muss aber mit einer vorschnellen Sperrung einer Website vorsichtig sein, denn war diese ungerechtfertigt, ist man Ansprüchen von Seiten des Website-Inhabers ausgesetzt. Man sollte deshalb mit diesem Rücksprache halten. Das OLG Hamburg hat in 2007 die Haftung des Admin-C mit der Begründung relativiert, dass diesem aus seiner Position keine Rechte zur Einflussnahme auf die Website erwachsen. Er sei für Rechtsverletzungen deshalb nicht verantwortlich.

Tipp: Vertragliche Regelung

Es ist sinnvoll, sich vom eigentlichen Website-Inhaber durch Vertrag von den Kosten einer Inanspruchnahme freistellen zu lassen.

[+]

12 Worauf muss ich bei Werbung im Internet achten?

E-Mail – Banner – Referenzen: Das Werberecht füllt ein eigenes Buch. Dennoch soll an dieser Stelle auf Besonderheiten des Einsatzes von Werbemitteln im Internet eingegangen werden.

12.1 E-Mail

In puncto Direktmarketing ist das Versenden von E-Mails eine kostengünstige Alternative. Ob nun fortlaufend als Newsletter oder als einmalige Aktion, füllen diese Werbemaßnahmen elektronische Briefkästen. In den letzten Jahren ist das E-Mail-Marketing unter dem Stichwort Spamming sicherlich zu Recht in Verruf geraten. Die Gerichte haben schnell reagiert und das unverlangte Zusenden von E-Mails für unzulässig erklärt. Im Konfliktfall muss man mit teuren Abmahnungen oder Unterlassungs- und Schadensersatzklagen rechnen.

Also was tun? Unverlangte E-Mails zeigen in nur wenigen Marktsegmenten überhaupt messbare Erfolge. Die Angst vor Computerviren und Phishing-Mails hat die User so weit sensibilisiert, dass diese meist umgehend im Papierkorb landen. Eine sinnvolle Kundenbindung kann allenfalls mit regelmäßigen und gut gemachten Newslettern gelingen. Aber auch diese sind nur mit ausdrücklicher Zustimmung des Empfängers zulässig. In der Praxis sieht man es nach wie vor häufig, dass auf Websites die Zustimmung über einen schon angekreuzten Zusatz »Ich möchte zukünftig Informationen haben« eingeholt wird. Weiter oben im Text (siehe Abschnitt 10.1, »Datenschutz«) haben wir dargelegt, weshalb dieser Usus nicht zum gewünschten Ergebnis führt. Zustimmung darf nicht durch den Unternehmer antizipiert werden, sondern muss durch den Kunden erfolgen. Dieser muss den Haken setzen, sonst bleibt der E-Mail-Versand wettbewerbswidrig. Nicht nur, um sich rechtlichen Ärger zu ersparen, sondern auch, um eine seriöse Firmenpolitik zu dokumentieren, sollte man sich an die Regeln halten.

Ärger bei unaufgefordertem E-Mail-Versand

12.1.1 Wie macht man es richtig?

E-Mail-Werbung: Ausnahmsweise zulässig

E-Mail-Marketing ist nicht generell verboten, sondern nur die unverlangte Zusendung von Werbe-/Info-Mails. Will man diese Werbeform nutzen, ist es grundsätzlich erforderlich, die positive Einwilligung des Empfängers der Werbemail einzuholen. Zusätzlich muss sich die Einwilligungserklärung ausschließlich auf die Zusendung von E-Mail-Werbung oder Newslettern beziehen und darf nicht in weiteren Erklärungen »versteckt« sein (BGH Urteil vom 14.04.2011 – I ZR 38/10). Besonders wichtig ist es, dies zu *dokumentieren*, denn im Streitfall muss man als Versender die Einwilligung beweisen. Weiter müssen Routinen für den Empfänger/Kunden geschaffen werden, die ihm die Möglichkeit geben, die einmal erteilte Zustimmung auch wieder zu entziehen. Neben diesem sogenannten *Opt-in-Prinzip*, das die Zulässigkeit an die ausdrückliche Zustimmung des Empfängers knüpft, kann unter strengen Vorgaben auch die widerspruchslose Hinnahme den E-Mail-Versand rechtfertigen. Dieses sogenannte *Opt-out-Prinzip* ist eine Ausnahme und greift nur dann, wenn:

▶ die E-Mail-Adresse aufgrund eines Bestellvorgangs generiert wurde, ausreichend sein wird, wenn man mit dem Kunden in nachhaltiger Geschäftsbeziehung steht,

▶ der Kunde während dieses Bestellvorgangs auf die weitere Verwendung seiner E-Mail-Adresse zu Werbezwecken hingewiesen wurde,

▶ er dieser Verwendung nicht widersprochen hat,

▶ ihm die Möglichkeit eingeräumt wird, ohne besonderen Kostenaufwand einer zukünftigen Verwendung zu widersprechen,

▶ er bei jeder Verwendung auf die Möglichkeit des Widerspruchs hingewiesen wird und

▶ nur ähnliche oder gleiche Waren oder Dienstleistungen beworben werden.

Adressenhandel

Damit ist klar: E-Mail-Adressen aus Branchenbüchern oder ähnlichen Medien sind tabu. Das Gleiche gilt natürlich auch für gekaufte Adressen. Schon das erstmalige Zusenden einer E-Mail an eine nicht vom Empfänger selbst zur Verfügung gestellte E-Mail-Adresse ist unzulässig. Sicherlich ist denkbar, dass potenzielle Empfänger auch in den Handel mit ihren Adressen eingewilligt haben, aber den Nachweis wird man gerichtsfest kaum führen können.

Newsletter

Beim *E-Mail-Newsletter* gilt prinzipiell das Gleiche. Zwar regelt das Gesetz ausdrücklich nur die Werbung durch elektronische Post, aber die Gerichte fassen den Begriff der Werbung sehr weit, sodass im geschäftlichen Verkehr nahezu jede Kontaktaufnahme zu einem Kunden Werbung ist.

Die Bestelloption eines Newsletters sollte transparent sein. Die Transparenz sollte sich sowohl auf den Inhalt und die Erscheinungsintervalle beziehen als auch auf das eigentliche Bestellverfahren.

12.1.2 Das Problem

Das Problem bei Werbe-E-Mails wie auch bei Newslettern ist neben den Voraussetzungen an deren Zulässigkeit der Umstand, dass der Versender für die Einhaltung der Bedingungen beweispflichtig ist. Im Falle einer Abmahnung (siehe Abschnitt 5.6, »Was tun im umgekehrten Fall: Die Abmahnung«) muss der Versender einwandfrei nachweisen, dass die Einwilligung auch vom Empfänger stammte – ohne digitale Signatur ein fast aussichtsloses Geschäft. Der Bundesgerichtshof hat in einer Entscheidung aus dem Jahre 2004 nicht ausdrücklich auf die digitale Signatur Bezug genommen, aber klargestellt, dass geeignete Maßnahmen getroffen werden müssen, dass es nicht zu einer fehlerhaften Zusendung von Werbemails kommt. Eine Möglichkeit der Minimierung von Fehlern ist das sogenannte *Double-Opt-in-Prinzip*. Hierbei wird auf die ausdrückliche Bestellung eines Newsletters oder sonstiger E-Mail-Werbung eine Bestätigungsmail versandt, die ihrerseits durch den Empfänger wieder bestätigt werden muss (Double-Opt-in). Mit der Dokumentation dieses Vorgangs ist man in einer relativ komfortablen Beweissituation. Aber der Ärger über Spam-Mails, von denen wohl auch die Richter nicht verschont sind, hat zu einer sehr rigiden Spruchpraxis geführt, was sich professionelle Abmahnvereine zunutze gemacht haben. Vorsicht ist deshalb geboten.

Beweislast

> **Checklisten: »E-Mail«**
>
> Siehe zu dem Thema auch die Checklisten B.9, »E-Mail-Marketing«, und B.10, »Newsletter«, im Anhang.

[✓]

12.1.3 E-Postcard

Ein beliebtes Kommunikationsmittel sind auch die sogenannten *E-Postcards*. Bietet man solche auf dem eigenen Server zum Versand an, gilt im Prinzip das zum E-Mail-Versand Gesagte entsprechend. Unerwünschte E-Postcards sind gleichermaßen Spam wie E-Mails. Der Empfänger hat Unterlassungsansprüche und kann abmahnen. Die bisher zu diesem Themenkomplex ergangenen Urteile betrafen zwar den *anonymen* Versand solcher E-Postcards, was eine Haftung des Website-Inhabers neben dem eigentlichen Versender plausibel macht. Wer die Möglichkeit schafft, muss auch für deren Missbrauch geradestehen. Da aber bereits der einmalige Versand von unerwünschten Mails wettbewerbswidrig sein kann, lässt sich die Haftung wohl nicht auf diese Fälle beschränken. Auf der anderen Seite sollte der tatsächliche Absender, sofern er denn identifizierbar ist, vorrangig in Anspruch genommen werden.

[+]

Tipp: Kein anonymer Versand

Sollten Sie auf E-Postcards nicht verzichten wollen, sollten Sie darauf achten, dass sich der Absender identifiziert – also keinen anonymen E-Postcard-Versand zulassen.

12.1.4   E-Mail-Signatur

Pflichtangaben

Mit Einführung des Gesetzes über elektronische Handelsregister und Genossenschaftsregister sowie das Unternehmensregister vom 10. November 2006 (EHUG) wurde klargestellt, dass insbesondere bei GmbHs die für den Geschäftsbrief erforderlichen Angaben auch für den E-Mail-Verkehr gelten. Das Gesetz hat damit keine Änderung der Gesetzeslage gebracht, sondern lediglich klargestellt, dass auch E-Mails Geschäftsbriefe sein können. Man sollte deshalb parallel zur Anbieterkennzeichnung (siehe Abschnitt 10.1.3) die Firmendaten in eine E-Mail-Signatur einstellen und stets mitversenden. Im Juli 2007 hat beruhigenderweise das OLG Brandenburg entschieden, dass die fehlenden Pflichtangaben in der Regel die Bagatellgrenze des Wettbewerbsrechts nicht überschreiten und deshalb nicht abmahnfähig sind.

12.2   Trennungsgebot

Trennung von Werbung und Information

Eine der großen deutschen Boulevardzeitungen zeigt immer wieder, wie es eigentlich nicht laufen soll: Die Titelseite enthält Werbeanzeigen, die so layoutet sind, dass man sie von den übrigen Schlagzeilen kaum unterscheiden kann. Aber nach dem Gesetz sind Werbung und redaktionelle Teile klar voneinander zu trennen.

12.2.1   Redaktionelle Inhalte von Werbung trennen

Dies gilt auch im Internet, allerdings mit Einschränkungen: Wie soll zum Beispiel eine deutsche Großbank bei ihrer Homepage zwischen Inhalt und Werbung unterscheiden? Ist beispielsweise der Geschäftsbericht Werbung oder Information? Auch dem flüchtigen Leser wird klar sein, dass dieses Portal für ihn keine marketingunabhängigen Informationen bereithält. Eines besonderen Schutzes bedarf es deshalb nicht.

Anders sieht es dagegen für journalistische Texte aus, die mittels Link auf andere Werbeseiten verweisen. Hier muss nach einem Urteil des Kammergerichts Berlin aus 2006 der Werbelink als solcher für den Nutzer klar erkennbar sein. Wie diese Kennzeichnung im Einzelnen aussehen soll, sagt das Urteil nicht. Mitgeteilt wird jedenfalls soviel, dass der Link nicht – wie aus den Printmedien bekannt – mit dem Wort »Anzeige« gekennzeichnet sein muss, sondern andere Wege offen stehen.

12.2.2 Werbeverbote

Der Mediendienststaatsvertrag enthält auf sehr niedrigschwelligem Niveau Werbeverbote für Mediendienste. Der Staatsvertrag untersagt Werbung, die sich auch an Kinder und Jugendliche richtet, die deren Interessen schadet oder deren Unerfahrenheit ausnutzt. Daraus ergeben sich zwei Fragen: Erstens, was sind Mediendienste und zweitens, was ist eigentlich verboten?

Die Definition, die das Gesetz bereithält, hat noch nicht zu allzu viel Klarheit geführt. Sicher ist, dass reine Presseportale unter die Regelungen fallen, wie umgekehrt, dass die reine Werbeseite eines Unternehmens kein Mediendienst ist. Dazwischen werden alle Meinungen vertreten. Da der Vergleich zum Presserecht der Printmedien naheliegt, tendieren wir dazu, Mediendiensten ein gewisses journalistisches Arbeiten abzuverlangen. Unternehmenswerbseiten fallen damit in der Regel aus dem Anwendungsbereich raus. Weblogs sind dagegen Mediendienste.

Die zweite Frage bereitet mindestens genauso große Schwierigkeiten in ihrer Beantwortung. Aus wessen Blickwinkel ist zu bestimmen, ob Werbung auch für Kinder bestimmt ist? Wann wird die Unerfahrenheit von schon aufgrund ihres Alters Unerfahrenen ausgenutzt? Gerichtsurteile, die Klarheit bringen könnten, liegen noch nicht vor. Außerdem wird der Jugendschutz im Internet letztendlich durch das Jugendschutzgesetz, welches durch den Jugendmedienschutz-Staatsvertrag flankiert wird, gewährleistet. Hier geht es um Verbote von Inhalten, welche die Entwicklung von Kinder und Jugendlichen gefährden.

12.3 Eigene Referenzen

Ein bedeutender Kunde lässt nicht nur die Kasse klingeln, sondern ist zugleich Werbung. Je exquisiter die eigene Referenzliste ist, umso lukrativere Folgeaufträge locken.

Gegen solche Referenzlisten ist natürlich nichts einzuwenden. Wichtig ist nur, dass sie korrekt geführt sind. Hat man beispielsweise für einen Kunden den nationalen Internetauftritt konzipiert, muss man das auch so kenntlich machen. Erst recht, wenn ein anderes Unternehmen für den internationalen Auftritt verantwortlich zeichnet.

Und: Man sollte die Zustimmung desjenigen einholen, der als Referenz angegeben ist!

**Verschwiegenheits-
erklärungen**

Freelancer sind, wenn sie in Kooperation mit großen Agenturen arbeiten, meist gezwungen, sogenannte *Verschwiegenheitserklärungen* zu unterschreiben. Diese verbieten unter Androhung sehr hoher Vertragsstrafen, dass irgendwelche Informationen über den Job die eigenen Geschäftsräume verlassen. Verständlich, dass Interna zu Kampagnenstrategien höchster Geheimhaltung unterliegen, aber gilt das auch für den Namen des Kunden? Um sich späteren Ärger zu ersparen, sollte man das Thema Referenzliste und deren Inhalt offen ansprechen und klären. Gelingt das, ist es ratsam, anschließend diese »Ausnahme« auch in die Verschwiegenheitserklärung mit aufzunehmen.

**Wem gehört die
Referenz?**

Ist die gemeinsame Unternehmung gescheitert, weil man sich mit seinen Partnern zerstritten hat, und will man anschließend allein weitermachen, stellt sich die Frage, wie man seine Referenzliste gestaltet. Konkret: Kann man die Referenzen aus der gemeinsamen Zeit übernehmen? Die Frage ist schwierig zu beantworten, weil Referenzen zum einen etwas Persönliches sind, aber zum anderen auch einen ökonomischen Faktor auf Seiten des Unternehmens bilden. Sie sind also sowohl an Personen als auch an Unternehmen gebunden. Kann man sich nicht einigen, liegt ein Kompromiss darin, in der Referenz auf das ehemals gemeinsame Unternehmen hinzuweisen.

Aber war man nur eine Bürogemeinschaft, ist klar, dass man sich mit den Referenzen der anderen nicht darstellen darf.

§

TEIL III
Vertragsrecht

13 Verträge

Ein schriftlicher Vertrag ist nützlich, wenn eine Zusammenarbeit über längere Zeit andauert oder wenn sie langfristige Folgen hat. Für den Auftragnehmer ist es günstig, den Auftragsinhalt so genau wie möglich zu vereinbaren. Ein Vertrag kann vor endlosen Nachforderungen schützen.

13.1 Wann brauche ich einen Vertrag?

Wenn wir im Alltag von einem Vertrag sprechen, meinen wir den schriftlichen Vertrag – das Papier mit mindestens zwei Unterschriften darunter. Natürlich schließen wir auch einen Vertrag, wenn wir Schuhe kaufen oder wenn wir in ein Taxi steigen. Wir belasten diese täglichen Geschäfte aber nicht mit Paragrafen. Wenn sich die Schuhsohle nach zwei Tagen löst oder der Taxifahrer den Flughafen nicht rechtzeitig erreicht, beginnen wir zu überlegen: Was schuldet uns der andere eigentlich für unser Geld?

Das Bürgerliche Gesetzbuch (BGB) hält für viele Vertragstypen Regeln bereit, die dann zur Anwendung kommen, wenn die Parteien eines Vertrags keine genauen Absprachen getroffen haben. Oft kann ich mich auf diese Regeln verlassen, ohne sie vorher genau zu kennen. Über die Schuhe habe ich einen Kaufvertrag geschlossen, und jeder mangelhafte Neukauf kann zwei Jahre lang beanstandet werden. Also bekomme ich ein paar neue Schuhe. Mit dem Taxifahrer dagegen habe ich einen Dienstleistungsvertrag geschlossen. Dafür schuldet er mir den durchschnittlichen Service und keine Formel-1-Leistung. Also hat er Anspruch auf den Fahrpreis, auch wenn der Flieger schon weg ist.

Die gesetzlichen Regeln schützen an vielen Stellen den schwächeren Part des Vertrags, also den Käufer, Mieter oder Arbeitnehmer. Diese Bestimmungen sind meistens zwingend. Doch an mancher Stelle, und insbesondere zwischen Gewerbetreibenden, lässt sich die gesetzliche Regel durch eine vertragliche Vereinbarung abwandeln. Geht man nur nach dem Gesetz, muss der Vermieter die Schönheitsreparaturen ausführen, also tapezieren und streichen. Er kann jedoch seinen Mieter im

Notanker Gesetz

Vertrag verpflichten, die Dekoration selbst zu erneuern, wenn es erforderlich ist.

[+]

> **Hinweis: Verträge zählen viel!**
> Viele gesetzliche Bestimmungen können in Verträgen abgewandelt werden.

Wenn der Käufer kein Verbraucher ist, sondern ein Unternehmer, kann der Verkäufer sich das Recht vorbehalten, erst nachzubessern, bevor er eine neue Sache liefern muss. Andere Abwandlungen der gesetzlichen Norm kennen wir aus Arbeitsverträgen. Da werden zum Beispiel 30 Tage Jahresurlaub vereinbart. Ist der Vertrag erst unterschrieben, steht er für beide Seiten »über dem Gesetz«: Der Arbeitgeber kann jetzt nicht mehr sagen: »Aber nach dem Gesetz stehen dir doch nur vier Wochen zu.« Die Vertragspartner haben ihr eigenes Gesetz geschrieben.

Vertragsfreiheit   Diesen Vorrang des Privatrechts vor dem Gesetz nennt man »Vertragsfreiheit«. Das Gesetz zieht der Freiheit allerdings Grenzen: Manche Bestimmungen sind unabänderlich (»zwingendes Recht«), es werden soziale Mindeststandards verankert. Andere Vereinbarungen sind nur erlaubt, wenn sie individuell getroffen werden. In vorgedruckten Formularen sind sie unwirksam.

Vertrag und Gesetz

1. *Die Werbeagentur Dreamteam schreibt in ihre Allgemeinen Geschäftsbedingungen: »Ein Drittel des Honorars ist nach Vertragsschluss fällig, das zweite Drittel nach Freigabe der Entwürfe und das letzte Drittel nach Ablieferung der druck- oder sendefähigen Dateien.« Damit hat die Agentur das Gesetz zu ihren Gunsten abgewandelt. Sonst wäre das Honorar erst fällig, wenn der Kunde zufrieden die völlige Erledigung seines Auftrags bestätigt.*

2. *Die Agentur Dreamteam hat in ihrem Musterarbeitsvertrag eine Klausel: »Das Arbeitsverhältnis kann bei Auftragsmangel jederzeit mit 14-tägiger Frist gekündigt werden.« Damit kann die Agentur den Kündigungsschutz nicht umgehen, denn hier steht das Gesetz über dem Vertrag.*

[»]

> **Fazit: Vertragsfreiheit**
> Zwischen Unternehmern gibt es mehr Vertragsfreiheit als bei Verträgen, an denen ein Verbraucher, Arbeitnehmer oder Wohnungsmieter beteiligt ist.

Werkvertrag   Wer eine Leistung wie ein Screendesign, den Satz eines Buches oder das Layout einer Broschüre verkauft, schließt einen Werkvertrag und ist

»Unternehmer«. Auch hier regelt das Gesetz den Qualitätsmaßstab und die Haftung für solche Fehler, die sich erst später herausstellen. Das Gesetz kann aber nicht die Besonderheiten einer bestimmten Branche berücksichtigen. Es behandelt den Bauunternehmer, den Kfz-Meister und eben auch den Grafik- und Webdesigner gleich. Deshalb ist individuelle Gestaltung so wichtig, und zwar nicht in kompliziertem Deutsch und mit Paragrafen, sondern als inhaltliche Wiedergabe der gegenseitigen Erwartungen: Mit einem schriftlichen Vertrag kann man sich seine Aufgabe in manchen Punkten erleichtern.

13.2   Wie kommt es zum Vertragsschluss?

Die meisten Verträge im Medienbereich werden am Telefon geschlossen. Selbst dort, wo wir persönlich mit unseren Auftraggebern zusammensitzen, verzichten wir auf Förmlichkeiten, um den Pakt zu besiegeln. Wir erheben uns nicht zum feierlichen Handschlag, wie es früher üblich war, und wir trinken auch keinen Schnaps zusammen.

Das hat seine Richtigkeit. Man muss nur die Risiken kennen und ein wenig vorsorgen. Es gibt nur wenige Rechtsgeschäfte, für die das Gesetz eine ganz bestimmte Form vorschreibt: Die Übernahme einer Bürgschaft muss schriftlich erklärt werden (solange man kein Kaufmann ist), der Abschluss eines GmbH-Vertrags muss von einem Notar beurkundet werden, und für einen Hauskauf ist außer der Beurkundung auch noch der Eintrag ins Grundbuch erforderlich.

Die meisten Abmachungen im Geschäftsbetrieb des Grafikdesigns sind ohne irgendwelche Förmlichkeiten gültig. Wir brauchen noch nicht einmal eine mündliche Vereinbarung. Es reicht ein schlüssiges Verhalten (*konkludenter Vertrag*). Dieses Verhalten besteht vielleicht darin, dass ein Auftraggeber nach einigen Vorgesprächen Bilder und Dokumente übersendet. Oder es besteht darin, dass wir per E-Mail um einen bestimmten Service gebeten worden sind, und wir machen uns ohne weitere Verhandlungen an die Erledigung.

Die Formfreiheit von Verträgen ist nützlich für schnelle Abwicklungen, aber sie hat ihren Preis: Wenn man sich streitet, kann man schwer nachweisen, was man eigentlich vereinbart und ob man überhaupt verbindlich etwas vereinbart hat.

Ohne Worte

Unsere Rechtsordnung knüpft an den Abschluss eines Vertrags gewichtige Folgen. Nach dem Grundgedanken der *Vertragsfreiheit* haben die Partner mit dem Abschluss eines Vertrags ihr eigenes Gesetz geschrieben. In diesem Moment – nicht vorher und nicht nachher – übernehmen sie Pflichten, die der andere fast bedingungslos einfordern und deren Missachtung den Schuldner ins Gefängnis bringen kann.

Es kann also ganz entscheidend sein, wann das private Gesetzeswerk »Vertrag« wirklich in Kraft gesetzt wurde. Verhandlungen berechtigen im Allgemeinen noch nicht, von dem anderen etwas zu fordern, auch wenn man Zeit und Arbeit in die Vorgespräche investiert hat (siehe aber zu Entwurfshonoraren Abschnitt 15.3, »Honorar für Angebote«). Genauso wenig lassen sich Vertragspflichten nachträglich revidieren, jedenfalls nicht ohne dass der andere zustimmt und der Vertrag auf diese Weise abgeändert wird. Wenn ein Auftraggeber 200 Bildbearbeitungen geordert hat, kann er den Vertrag nicht ohne weiteres um die Hälfte kürzen.

13.2.1 Kernpunkte für Abschluss und Wirksamkeit eines Vertrags

▶ Die Partner müssen sich rechtlich binden wollen. Begeisterte Ideen von einem gemeinsamen Projekt sind noch keine Unternehmensgründung. Aber die freundliche Nebenleistung »Das kopiere ich Ihnen dann auf CD« kann eine Auftragsübernahme sein, die Regressforderungen nach sich zieht – selbst wenn es gar keine Vergütung dafür gab.

▶ Die Partner müssen sich einig sein. Das Gesetz verlangt übereinstimmende Willenserklärungen, auch wenn die äußere Form der Erklärung nicht vorgeschrieben ist.

▶ Die Übereinstimmung drückt sich meist in Angebot und Annahme aus. Im günstigsten Fall nennt das Angebot Leistung und Vergütung. Aber auch ein Vertragsangebot ohne Angaben über das Honorar reicht aus. Wenn es sich um eine Leistung handelt, für die man mit einer Vergütung rechnen muss, darf der Kreative dafür das übliche Honorar verlangen.

▶ Wenn ich ein Angebot mache, bin ich eine Zeit lang daran gebunden. Wenn der andere sagt »Topp!«, kann ich nicht zurückrudern, weil ich merke, dass ich wohl doch zu billig war.

▶ Face to face oder am Telefon kann ein Angebot nur sofort angenommen werden. Aufträge per E-Mail, Fax oder SMS binden den Anbieter so lange, wie er »den Eingang der Antwort unter regelmäßigen Umständen erwarten darf«. Bei einer Pizzabestellung muss ich mich nicht mehr gebunden fühlen, wenn ich nicht umgehend eine Bestätigung bekomme. Bei einem Kooperationsvertrag über die Errichtung einer Datenbank sind einige Tage Funkstille noch zu wenig, um mich von meinem Vorschlag wieder zu lösen. Es kommt also auch auf die Schwierigkeit der Materie an. Unter professionellen Partnern verfällt eine unbeantwortete Offerte am gleichen oder am nächsten Tag. Knapp bemessen, besonders für den Einzelkämpfer, aber leistbar mithilfe von Miet-Office und Mobilfon.

▶ Werbung ist kein Angebot, sondern nur eine Einladung, miteinander über einen Vertragsschluss zu sprechen. Wenn ich also eine Bestellung an einen Online-Verkäufer sende, bin (rechtlich) ich der Anbieter, und der Versender ist derjenige, der die Annahme erklärt – zum Beispiel indem er mich beliefert.

13.2.2 Das wird mit einem Vertrag besiegelt

▶ Hauptleistungen sind einforderbar. Der Auftraggeber darf sich jetzt darauf verlassen, dass der Auftragnehmer den Job für ihn erledigt. Wenn keine Termine bestimmt sind, darf der Auftraggeber erwarten, dass der kreative Betrieb sofort in Gang gesetzt wird und in angemessener Zeit zu Ergebnissen kommt (zu Deadlines siehe Abschnitt 16.3, »Was passiert, wenn ich den Termin nicht halte?«). Das Honorar ist meist erst nach Abschluss der Arbeit fällig (dazu siehe Kapitel 15, »Honorar«).

▶ Rücksichtnahme auf den Vertragspartner. Verträge über Kommunikationsleistungen, Beratung oder Kreation begründen immer eine Pflicht, auf die Interessen und die Rechte des Partners zu achten, ihn über Irrtümer aufzuklären und vor Schaden zu bewahren.

▶ Schadensersatz und Gewährleistung. Weil der andere sich nunmehr darauf verlassen darf, dass ich den vereinbarten Job zufriedenstellend ausführe, kann er von mir Schadensersatz verlangen, wenn ich sein Vertrauen enttäusche. Der Vertragspartner darf also nicht nur das Honorar mindern oder sogar zurücktreten, wenn die Leistung schlecht ist, er darf auch von mir zusätzliches Geld verlangen, wenn er Kosten hatte, um sich schnell einen Ersatzlieferanten zu besorgen, oder wenn ihm Umsatz verloren ging, während seine Homepage nicht aufgerufen werden konnte.

▶ Für alle Fehler, die bei Übergabe meines Produkts schon vorhanden waren, ohne dass man sie erkennen konnte, muss ich geradestehen. Als Verkäufer von Neuwaren, etwa von Software, hafte ich zwei Jahre. Reagieren muss ich mit Preisnachlass, Überarbeitung oder Neuanfertigung. Diese Pflichten gelten, wenn nichts Besonderes vereinbart ist. Ich kann sie durch Vertragsgestaltung reduzieren.

Pflichten mit Vertragsschluss

▶ Verpflichtung, den Job zu erfüllen
▶ Honorarvereinbarung muss noch nicht sein.
▶ Pflicht zu besonderer Rücksichtnahme
▶ Regresspflicht für Schäden aus schlechter Arbeit
▶ Haftung für Terminüberschreitungen
▶ Einige Jahre Gewährleistung für die Qualität

13.3 Was gilt ohne schriftlichen Vertrag?

Die meisten Verträge, die ein Kreativer rund um seine Arbeit abschließt, sind ohne besondere Form gültig. Sie lassen sich am Telefon oder mit einer einfachen Handbewegung abschließen. Wenn es später Meinungsverschiedenheiten gibt, ist nicht die Wirksamkeit des Vertrags das Problem, sondern seine Lückenhaftigkeit.

Beispiel: Krankheit der Auftragnehmerin

Eine Agentur beauftragt eine Grafikdesignerin mit Satz- und Layoutarbeiten auf Abruf. Abgerechnet werden soll nach Tagessätzen der Grafikerin. Sind keine Jobs vorhanden, soll sie Aufträge von Dritten annehmen dürfen. Aber was passiert, wenn die Auftragnehmerin krank wird? Darf sie die Aufträge der Agentur an einen Kollegen weiterreichen, dem sie vertraut und den sie ins Geschäft bringen will?

Beispiel: Überarbeitung eines Internet-Auftritts

Die Geschäftsführerin einer Handelsfirma wird mit einem Webdesigner einig, der den bestehenden Internet-Auftritt überarbeiten soll. Die Vertragspartner vereinbaren ein Honorar von 4.000 €. Sie reden auch noch über den Fertigstellungstermin. Aber sie treffen keine Abmachungen, was passiert, wenn der Auftraggeber deutlich mehr Content eingestellt haben will, als bisher vorhanden war.

Für einen Vertragsschluss kommt es nur darauf an, dass die Parteien das Allerwichtigste geregelt haben. Wer soll wem welche Leistung erbringen? Selbst eine fehlende Abmachung über das Honorar schadet dem Vertrag nicht, wenn wirklich klar ist, dass man etwas verabredet hat, was Geld kostet.

Lücken im Vertrag | Die Lücken in einem Vertrag werden vom Bürgerlichen Gesetzbuch (BGB) gefüllt. Immer wenn die Parteien vergessen haben, sich über etwas zu einigen – weil sie am Anfang ihrer Zusammenarbeit optimistisch waren und nicht an Probleme glaubten –, greift man auf das BGB zurück. Für die meisten Arten von Verträgen enthält es Regeln, die dann gelten, wenn die Parteien nichts anderes verabredet haben.

Das BGB füllt die Lücken | So dient uns das Bürgerliche Gesetzbuch – und ein paar andere Gesetze – immer einmal wieder als Notanker, wenn zwei Parteien miteinander einen Vertrag geschlossen haben, ohne daran zu denken, dass es auch schief gehen kann. Die Frage »Kann der das denn einfach machen?« beantwortet sich dann aus den Regeln, die das Gesetz für den speziellen Vertragstyp bereithält.

Die Anwendung des BGB erfolgt in zwei Schritten: Zuerst versucht man herauszufinden, welchen Typ von Vertrag die beiden Seiten eigentlich abgeschlossen haben (z. B. Softwarekauf oder Softwaremiete). In einem zweiten Schritt entnimmt man dann dem betreffenden Abschnitt des Gesetzbuchs (oder der ergänzenden Rechtsprechung des Bundesgerichtshofs) die einschlägigen Regeln.

Mit dem ersten Schritt fallen bereits Vorentscheidungen. Ob die Grafikerin den Auftrag an einen Subunternehmer weitergeben darf oder ob sie höchstpersönlich engagiert ist, entscheidet sich aus dem Vertragstyp. Daher ist die Einordnung eines Vertrags oft schon die Lösung des Problems.

13.3.1 Vertragstypen

Diese Einordnung richtet sich nicht danach, wie die Parteien ihre Abmachung genannt haben. Sie können von einem Werk gesprochen haben, und trotzdem war es ein Kauf. Sie können »Freie-Mitarbeiter-Vereinbarung« getroffen haben, aber tatsächlich handelt es sich um ein Arbeitsverhältnis.

Rechtlich eingeordnet wird ein Vertrag danach, was als Hauptleistung gewollt war: wofür das Geld gezahlt werden sollte. Bei der Grafikerin wurden vor allem ihr Können, ihr Talent und ihre Arbeitskraft eingekauft. Die Grafikdesignerin schuldet nicht das Ergebnis, sondern ihre Einsatzbereitschaft. Das ist ein Dienstvertrag. Die bekannteste Form des Dienstvertrags ist der *Arbeitsvertrag*, aber auch die Freelancerin ist in der Regel »Dienstverpflichtete« und nicht Subunternehmerin. Das hat durchaus Vorteile. Sie darf auch einmal Fehler machen. Sie darf krank werden. Wenn sie objektiv verhindert ist, muss sie keinen Ersatz stellen. Aber weil sie höchstpersönlich verpflichtet wurde, darf sie Jobs auch nicht an andere weiterreichen.

Dienstvertrag

Im zweiten Beispiel dagegen wollte der Kunde am Ende einen fertigen Internet-Auftritt haben. Den Arbeitsumfang sollte der Webdesigner selbst kalkulieren, und wenn er mit dem Honorar einverstanden war, konnte es der Auftraggeberin gleichgültig sein, wie viele Nächte er sich damit um die Ohren haut. Das nennt man einen Werkvertrag: Der Auftragnehmer muss ein einwandfreies Ergebnis liefern, er schuldet einen Erfolg. Es ist nun nicht so, dass der Kunde im Nachhinein festlegen kann, was eine erfolgreiche Arbeit ist. Aber wo konkrete Absprachen fehlen, sitzt er meist am längeren Hebel. Man sollte deshalb die gegenseitigen Erwartungen an den Erfolg präzisieren. Im Beispiel hätte eine solche Vereinbarung wie folgt lauten können: »Der Relaunch erfolgt auf Grundlage des vorhandenen, allerdings inhaltlich aktualisierten Contents« (zum nachträglichen Mehraufwand siehe auch Kapitel 14, »Allgemeine Geschäftsbedingungen«, Marginalie »Brauche ich eigene AGBs?«).

Werkvertrag

Die meisten Vereinbarungen, die ein Grafikstudio oder ein Freelancer treffen, sind Werkverträge. Solange nichts anderes vereinbart ist, gelten dafür im Konfliktfall die folgenden Regelungen:

▶ Ein Auftrag kann vom Besteller jederzeit gekündigt werden. Dann darf der Auftragnehmer eine Rechnung über die gesamte Vertragssumme schreiben, abzüglich der Einnahmen, die in der ersparten Zeit erzielt werden. Ist der Besteller damit nicht einverstanden, muss der Auftragnehmer seinen schon geleisteten Aufwand nachweisen (siehe dazu auch Abschnitt 15.2, »Honorar für nicht abgeschlossene Aufträge«).

▶ Der Auftragnehmer schuldet ein mangelfreies Werk. Wenn man nicht definiert hat, was die betreffenden Websites leisten sollen, zieht man andere Websites als Maßstab heran und leitet daraus ab, was der Besteller erwarten durfte.

▶ Wenn der Besteller Grund für eine Reklamation hat, kann er verlangen, dass der Webdesigner seine Sachen in kurzer Frist überarbeitet. Ob der Webdesigner dann Zeit hat oder in einen anderen Job eingebunden ist, zählt nicht. Der Auftraggeber darf nach Verstreichen der Frist einen anderen beauftragen. Bezahlen muss es der Webdesigner.

▶ Schlägt die Nacherfüllung fehl, kann der Besteller die Vergütung kürzen.

▶ Wartet der Webdesigner vergeblich auf Briefings oder Dokumente des Auftraggebers oder verzögern sich Freigaben, dann sollte der Webdesigner die fehlende Mitwirkung anmahnen (mit Fristsetzung!). Wenn das vergeblich ist, kann er Zeit und Aufwand in Rechnung stellen.

▶ Das Honorar kann erst verlangt werden, wenn der Besteller die Abnahme des Werks erklärt hat (zu Verzögerungen, die hierbei entstehen, siehe Abschnitt 15.4, »Was tun, wenn der Auftraggeber nicht zahlt?«).

▶ Gestaltungen oder Programmleistungen, die nicht gleich bei der Abnahme moniert werden, sind akzeptiert. Etwas anderes ist es, wenn ein Mangel nicht sofort erkennbar war, wie es bei Software oft der Fall ist.

▶ Werden in sich abgeschlossene Teile der Leistung abgenommen, ohne dass das Gesamtergebnis fertig ist, kann anteiliges Honorar verlangt werden. Beispiel: Konzept und Realisation.

▶ Bei einer Leistungskette kommt es vor, dass der Auftraggeber (Beispiel: Werbeagentur) erste Teile des Werks bereits an seinen Kunden weiterleitet und von dort auch vergütet bekommt. Dann ist auch das Honorar des »Subunternehmers« fällig.

Ein Kaufvertrag liegt vor, wenn die Sache bei Vertragsschluss schon fertig ist. Das kommt bei Standardsoftware vor, aber auch bei Fotos und Animationen, manchmal auch bei Filmen oder Jingles. Selbst ein Produkt, das noch aus Modulen zusammengestellt wird, kann eine Kaufsache sein, wenn nicht mehr die Herstellung im Vordergrund steht (Beispiele: Auto mit Sonderausstattung, Möbelkombis).

Vorteil des Kaufvertrags ist für den Verkäufer, dass er nicht auf die Abnahme warten muss, sondern mit Lieferung der Sache sein Geld verlangen kann. Auch die Gewährleistungsregeln sind ein wenig günstiger für den Verkäufer – groß ist der Unterschied aber wirklich nicht.

Anders als bei Werkverträgen umfasst ein Kauf nur selten die Einräumung umfangreicher Nutzungsrechte. Meist wird nur eine einfache Benutzung ohne weitere Vervielfältigungen erlaubt (ähnlich einem Buchexemplar, das man lesen und nur ausnahmsweise privat kopieren darf). Zu beachten ist aber beim Kauf besonders von Software: Sollen in einem Vertrag Nutzungsbeschränkungen verankert werden, die vom Gesetz abweichen, muss dies bei Abschluss des Kaufvertrags klar sein. Durch das Anklicken eines Buttons oder durch das Aufreißen einer Zellophanhülle erkennt der Kunde keine nachträglichen Bedingungen an. Entsprechende Behauptungen, zum Beispiel in Microsoft-Produkten, dienen nur der Einschüchterung.

13.3.2 Wie beweise ich den Vertragsschluss?

Wer Aufträge am Telefon entgegennimmt oder über das Honorar zwischen Tür und Angel verhandelt, sollte wenigstens eine kleine Notiz anfertigen, die das Besprochene auf einen dauerhaften Datenträger bannt.

Die Scheu vor der Schriftform hat ihren Grund nicht allein in der Hektik des Geschäfts. Mancher Auftraggeber hat Angst, sich zu verpflichten, und mancher Auftragnehmer fürchtet, die Bitte um eine schriftliche Bestätigung werde ihm als grundloses Misstrauen ausgelegt.

Es gibt aber keinen Grund, warum man eine mündliche Vereinbarung nicht in wenigen Worten fixieren sollte. Wenn man bei der Honorarvereinbarung aneinander vorbeigeredet hat, merkt man es besser jetzt als später. Und Streitereien um den Leistungsumfang beugt man ebenfalls vor, wenn man aufgeschrieben hat, worin der Job besteht und welchen Umfang er hat, in welchen Formaten die Dokumente angeliefert werden und was etwa erforderliche Extraarbeiten kosten.

Haben solche einseitigen Erklärungen eine rechtliche Bedeutung? Besonders unter Kaufleuten (z. B. von einer GmbH zur anderen) haben sie es. Aber auch der Schriftverkehr des sogenannten *Kleingewerblers* ist nicht ohne Beweiswert.

Als kaufmännische Sitte, die von den Gerichten anerkannt wird, hat sich das *Bestätigungsschreiben* herausgebildet. Eine Vereinbarung, die in einem Meeting getroffen wurde oder am Telefon, wird von einer Seite schriftlich zusammengefasst und der anderen zugesendet. Hier wird ein bereits erfolgter Vertragsschluss noch einmal protokolliert. Streng genommen kann es also keine Modifikationen mehr geben, der Brief darf nur ein exaktes Ergebnisprotokoll sein. Als Handelsbrauch ist aber rechtlich anerkannt: Abweichungen, denen nicht widersprochen wird, gelten als genehmigt. Wem als Vertreter eines kaufmännischen Betriebs solche Bestätigungsschreiben im Anschluss an eine Besprechung zugehen, der sollte sie also schnell und gründlich lesen.

Ein bisschen anders funktioniert es, wenn ich auf eine Anfrage – ein Vertragsangebot – schriftlich antworte. Dann kommt erst durch das Antwortfax der Vertrag zustande. Wenn es hier eine Abweichung gibt zwischen dem Angebot und der Bestätigung, dann liegt noch keine Übereinstimmung vor, der Vertrag ist also noch nicht perfekt. Beispiel: Ein Kunde erteilt meiner Agentur den Auftrag, den Internet-Auftritt nach einem bereits angenommenen Konzept zu erneuern, und zwar bis Ende Oktober. Meine Agentur bestätigt den Auftrag, nennt zutreffend noch einmal das vereinbarte Honorar und als Abgabetermin den 15. November. Hier müssen wir aufpassen, wenn wir auf eine Klärung verzichten.

Hat mein Auftraggeber die Konditionen geändert und ich fange trotzdem an zu arbeiten, ist der Fall einfach. Ich habe seinen neuen Vorschlag angenommen (auch wenn er für mich schlechter war). Umgekehrt kann ich mich aber nicht auf seine Zustimmung verlassen, wenn ich ihm eine Bestätigung schicke, in der ich den Job zu etwas günstigeren Bedingungen annehme. Denn streng genommen habe ich ihm gerade einen völlig neuen Vertrag angeboten. Dass ich nun anfange zu arbeiten, nachdem ich keinen Protest von ihm höre, heißt gar nichts: Von seiner Seite hätte das O.K. kommen müssen.

Auch wer Papierkram scheut, sollte gelegentlich checken, was er eigentlich in der Hand hat, wenn der Kunde es sich beim Bezahlen anders überlegt. Eine E-Mail vor Beginn der Arbeit ist keinesfalls ein Zeichen von Misstrauen. Die Klarstellungen über Leistung und Gegenleistung, auch über Termine, können freundlich verpackt werden als Dankeschön für den Auftrag. Ein Ausdruck auf Papier (»kopieren, lochen, abheften«) ist hilfreich für die eigene Abrechnung. Zu Unrecht hält sich das Gerücht, eine E-Mail hätte rechtlich keinen Wert. Eine Notarsurkunde ist sie gewiss nicht. Ein Indiz allemal.

Der formlose Auftrag

Matthew, Geschäftsführer der Werbeagentur Dreamteam, erhält einen telefonischen Auftrag. Der Manager einer Hotelkette bestellt

Papierservietten. Er ist mit seiner bisherigen Agentur unzufrieden und möchte »etwas Neues« ausprobieren.

1. Matthew bestätigt den Inhalt des telefonischen Auftrags per E-Mail. Zugleich stellt er noch eine Frage, die die Qualität des Papiers betrifft. Mit der folgenden Antwort-E-Mail hätte die Agentur einen Beleg für den beiderseitigen Vertragsschluss.

2. Doch der Kunde antwortet per Telefon. Nun schickt die Agentur ihren Entwurf und bittet ausdrücklich um schriftliche Druckfreigabe. Stattdessen ruft eine Mitarbeiterin des Hotelmanagers an und richtet aus, alles sei okay, aber es müsse schnell gehen.

3. Matthew ist misstrauisch geworden, will aber nicht unhöflich sein. Er fährt persönlich bei dem Kunden vorbei, »um noch ein paar Farbabstimmungen zu besprechen«. Dazu nimmt er eine Kollegin mit. Angestellte oder Angehörige kommen vor Gericht als Zeugen in Frage, Mit-Geschäftsführer in der Regel nicht.

Der Manager ist nicht im Hause. Der Liefertermin drängt. Matthew schreibt den Druckauftrag an die Druckerei »im Namen und im Auftrag der Seemöve Hotelbetriebs GmbH & Co KG«. Er sendet den Auftrag aber nicht an die Druckerei, sondern an seinen Kunden, mit der Bitte, das Schreiben abzuzeichnen und weiterzuleiten.

[«]

Fazit: Vorsicht ist angebracht

Wenn ein Kunde jede schriftliche Äußerung vermeidet, ist Vorsicht angebracht. Dann dürfen keine Fremdkosten im eigenen Namen ausgelöst werden. E-Mails, Briefe, Faxe aufbewahren! Selbst interne Telefonnotizen können helfen, einen Anspruch durchzusetzen.

14 Allgemeine Geschäfts- bedingungen

Um die Möglichkeiten der Vertragsgestaltung für sich zu nutzen, verwenden Unternehmen »Allgemeine Geschäftsbedingungen« (AGBs, siehe §§ 305 ff. BGB). Der Verwender von AGBs will von der gesetzlichen Norm – dem »Musterkaufvertrag« oder »Musterwerkvertrag« gemäß BGB – abweichen.

Weil vorformulierte Verträge es der anderen Seite (dem Vertragspartner des Verwenders) sehr schwer machen, die Konditionen frei zu verhandeln, schränkt das AGB-Recht (§§ 305 bis 310 BGB) die Wirksamkeit von AGB-Klauseln ein. Viele Regelungen, die in einem Individualvertrag getroffen werden dürfen, sind in Formularverträgen unwirksam.

Die Grenzen zulässiger Formularverträge sind im Bürgerlichen Gesetzbuch festgelegt.

Die Grundsätze des AGB-Rechts

▸ § 309: Regelungen gegenüber Verbrauchern, die überhaupt nicht in AGBs getroffen werden können. Beispiel: »Unsere Preise gelten unter der Voraussetzung, dass die Preise unserer Lieferanten stabil bleiben.«

▸ § 308: Regelungen gegenüber Verbrauchern, die nicht unangemessen sein dürfen. Beispiel: »Bei Lieferschwierigkeiten räumt der Kunde uns eine Nachfrist von mindestens drei Monaten ein.«

▸ § 307: Regelungen gegenüber jedermann, die eine unangemessene Benachteiligung darstellen. Beispiel: »Diese Software darf nur auf der vom Verkäufer gelieferten Hardware benutzt werden.«

Brauche ich eigene AGBs?

Ein eigener Mustervertrag zur Abwicklung der Aufträge ist doppelt nützlich: Zum einen erzieht man sich selbst dazu, Aufträge schriftlich zu bestätigen. Zum anderen kann die Haftung für eigene Fehler ein wenig reduziert werden.

Ein eigener Mustervertrag muss kein langes Klauselwerk sein. Jeder Kreative kann sich einen Standardbrief entwerfen, mit dem er Aufträge annimmt. Eine freundliche und klare Sprache ist wichtiger als Paragrafendeutsch. Die folgenden Punkte sollten bedacht und nach den eigenen Bedürfnissen eingearbeitet werden. Wirksam vereinbaren lassen sie sich aber nur, wenn sie spätestens bei Vertragsschluss ins Spiel gebracht werden. Ein reines Bestätigungsschreiben (siehe Abschnitt 13.3.2, »Wie beweise ich den Vertragsschluss?«) kann keine AGBs mehr verankern.

Hier werden die wichtigsten Vertragsinhalte beschrieben. Dabei wird zunächst die gesetzliche Regelung dargestellt. Dann folgen Anregungen und Tipps, welche Vereinbarung sich treffen lässt, wenn man die gesetzliche Regelung abändern will.

Allgemeine Geschäftsbedingungen

Allgemeine Geschäftsbedingungen sind fertige Vereinbarungen, die ein Unternehmer immer wieder in seine Verträge einbeziehen will, z. B. »Für Garderobe keine Haftung«. Geht eine Klausel zu weit, ist sie insgesamt ungültig. Es gibt keine Reduzierung der gewünschten Klausel auf das »eben noch Zulässige«.

14.1 Lieferzeit/Deadline

»**§ 271 Leistungszeit.** *(1) Ist eine Zeit für die Leistung weder bestimmt noch aus den Umständen zu entnehmen, so kann der Gläubiger die Leistung sofort verlangen, der Schuldner sie sofort bewirken.*«

Zu den Umständen auf Seiten des Auftragnehmers zählt vor allem die notwendige Bearbeitungszeit. Zu den Umständen auf Seiten des Auftraggebers gehört die termingebundene Veröffentlichung.

In der Regel verpflichtet sich der Auftragnehmer auf die Einhaltung einer Fertigstellungszeit. Im Vertrag muss aber auch festgehalten werden, welche termingebundenen Mitwirkungspflichten der Auftraggeber hat. Die Formel für die Vereinbarung von Lieferfristen lautet also: [notwendige Bearbeitungszeit] ab [Erfüllung der Mitwirkungspflicht].

Beispiel einer Vertragsklausel:

Vertragsklausel

Die Agentur erarbeitet bis (Datum 1) ein Entwurfskonzept der Website, aus dem der strukturelle Aufbau sowie die grafisch-visuelle Gestaltung nach dem Anforderungsprofil des Auftraggebers ersichtlich sind.

Der Auftraggeber wird das Entwurfskonzept innerhalb von drei Wochen bestätigen oder Änderungen anweisen. Die Agentur hat das Recht der Kündigung, wenn sechs Wochen nach Vorlage ihres Entwurfskonzepts eine bestätigte Fassung nicht erreicht worden ist.

Nach Bestätigung des Entwurfkonzeptes und Übergabe der zu integrierenden Inhalte durch den Auftraggeber wird die Agentur die Endversion innerhalb von (Wochen/Tagen) erstellen.

14.2 Inhalt der Leistung/Gewährleistung

»§ 633 Sach- und Rechtsmangel. (1) Der Unternehmer hat dem Besteller das Werk frei von Sach- und Rechtsmängeln zu verschaffen.
(2) Das Werk ist frei von Sachmängeln, wenn es die vereinbarte Beschaffenheit hat. Soweit die Beschaffenheit nicht vereinbart ist, ist das Werk frei von Sachmängeln,
1. wenn es sich für die nach dem Vertrag vorausgesetzte, sonst
2. für die gewöhnliche Verwendung eignet und eine Beschaffenheit aufweist, die bei Werken der gleichen Art üblich ist und die der Besteller nach der Art des Werkes erwarten kann.
Einem Sachmangel steht es gleich, wenn der Unternehmer ein anderes als das bestellte Werk oder das Werk in zu geringer Menge herstellt.«

Die genaue Beschreibung der bestellten Leistung liegt im Interesse des Auftragnehmers. Sie ist über AGB-Klauseln nicht zu leisten, sondern allein über formalisierte Auftragsbeschreibungen, in denen vor Vertragsschluss alle relevanten Merkmale der Leistung niedergelegt werden.

Nur dadurch gelangt der Auftragnehmer auf die sichere Seite (»vereinbarte Beschaffenheit«), und nur dadurch lassen sich Korrekturläufe von Änderungswünschen abgrenzen.

Druckauftrag

Für Druckaufträge gilt der *Klauselvorschlag*: Die vertragliche Menge gilt bis zu einer Abweichung von 2 % als erfüllt. Eine Abweichung von mehr als 2 bis 5 % gilt als geringfügig. Sie berechtigt nur zur anteiligen Minderung des Preises, nicht zur Nachlieferung.

14.3 Datenformate

»§ 642 Mitwirkung des Bestellers. (1) Ist bei der Herstellung des Werkes eine Handlung des Bestellers erforderlich, so kann der Unternehmer, wenn der Besteller durch das Unterlassen der Handlung in Verzug der Annahme kommt, eine angemessene Entschädigung verlangen.«

Sofern der Auftragnehmer technische Spezifikationen benötigt, um die Arbeit ausführen zu können, kommt der Auftraggeber in Verzug, wenn er die Spezifikationen nach konkreter Anforderung nicht nennt (BGH NJW 2001, 1718).

Um Mängelrügen zu vermeiden, die Bildschirmdarstellung erscheine nicht so, wie sie in den Offline-Dokumenten dargestellt wird, empfiehlt sich die Klausel:

<table>
<tr><td>Vertragsklausel</td><td>»Die Endversion wird optimiert auf folgende Browsertypen: (...) (...) (...)«</td></tr>
</table>

Ohne eine solche Klausel wird die Optimierung für alle gewöhnlichen Browsertypen geschuldet (§ 633 Abs. 2 BGB).

Häufige Quelle von Ärger: Aufwände wegen der nötigen Nachbearbeitung/Konvertierung des vom Kunden gelieferten Bildmaterials. Um klarzustellen, dass diese Aufwände zusätzlich zu vergüten sind, empfiehlt sich die Klausel:

<table>
<tr><td>Vertragsklausel</td><td>»Der Auftraggeber stellt die zu integrierenden Inhalte der Agentur bis zum Beginn der Erstellungsphase (Datum 1) zur Verfügung, es sei denn, es wird schriftlich eine andere Vereinbarung getroffen.

Die Bereitstellung der Inhalte erfolgt durch den Auftraggeber in elektronisch verwertbarer Form. Die Agentur teilt dem Auftraggeber die zur Weiterverarbeitung geeigneten Dateiformate mit. Werden die Vorlagen in anderen Formaten geliefert, sind die Konvertierungsarbeiten gesondert zu vergüten.«</td></tr>
</table>

Die Auftragsbeschreibung

Wencke, Geschäftsführerin der Werbeagentur Dreamteam, hat Karsten als neuen Kunden geworben. Karsten möchte einen besseren Internetauftritt für sein Unternehmen.

Karsten möchte nicht zu viel bezahlen und nicht zu wenig bekommen. Er kennt die Agentur Dreamteam noch nicht so gut. Er weiß noch nicht genau, was er will. Er möchte Vorschläge sehen. Und er möchte für alles einen Festpreis.

Dies ist ein großes Risiko für die Agentur. Wencke wird mit ihrem neuen Kunden Folgendes besprechen:

▶ *Welche Gestaltungselemente, Logos und Farben bilden die Grundlage des neuen Layouts?*

▶ *Wie viele Unterverzeichnisse soll es geben? Wie viele Bildschirmseiten? Wie viele Fotos? Wie viele Zeichen Text?*

▶ *Sind alle Fotos und Texte schon vorhanden? Hat der Kunde die vollen Nutzungsrechte daran?*

▶ *Gibt es Kontaktformulare? Eine Anfahrtsskizze? Externe Links?*

Karsten weiß längst nicht auf alle Fragen eine Antwort. Also schlägt Wencke ihm vor, den Festpreis nach dem Umfang der alten Webseiten zu berechnen. Sie erläutert Karsten auch, welche Mehrkosten bei den möglichen Erweiterungen entstehen.

[«]

Fazit: Detailgrad der Werkbeschreibung

Für den Auftragnehmer ist bei einem Festpreis die detaillierte Werkbeschreibung vorteilhaft. Für den Besteller ist es günstiger, wenn der Auftrag nur in groben Zügen bezeichnet ist.

14.4   Honorar

»§ 612 Vergütung. *(1) Eine Vergütung gilt als stillschweigend vereinbart, wenn die Dienstleistung den Umständen nach nur gegen eine Vergütung zu erwarten ist.*
(2) Ist die Höhe der Vergütung nicht bestimmt, so ist bei Bestehen einer Taxe die taxmäßige Vergütung, in Ermanglung einer Taxe die übliche Vergütung als vereinbart anzusehen.«
(ähnlich § 632: statt »Dienstleistung« heißt es dort »Herstellung des Werks«)

»§ 315 Bestimmung der Leistung durch eine Partei. *(1) Soll die Leistung durch einen der Vertragsschließenden bestimmt werden, so ist im Zweifel anzunehmen, dass die Bestimmung nach billigem Ermessen zu bestimmen ist.«*

§ 612 regelt den Fall, dass die Parteien über das Honorar gar nicht gesprochen haben. § 315 regelt den Fall »Nachher schreiben Sie mir dann eine Rechnung«.

Eine vertragliche Vereinbarung beruht auf Stundensätzen oder einem Festpreis. Eine Festpreisregelung ist nur bei exakter Beschreibung der Agenturleistung (Zahl der Abbildungen, Textmengen, Dateiformate, Bildschirmseiten usw.) wirtschaftlich.

Beispiel für eine Stundensatzregelung:

»Die Vergütung des Auftragnehmers richtet sich nach der »[Agenturname]-Stundenerfassung«, wobei die Daten dem Auftraggeber mit Rechnungsstellung, bei länger als einen Monat dauernden Projekten monatlich, übermittelt werden.

   Als Stundensätze werden vereinbart:

Kat. 1 (Beratungsleistungen):	80,00 €
Kat. 2 (Gestaltungsleistungen):	65,00 €
Kat. 3 (Projektbetreuungsleistungen):	45,00 €

Vertragsklausel

Die Stundensätze beinhalten nicht die gesetzliche Mehrwertsteuer. Enthalten sind die Kosten von Datenträgern, Datenverbindungen, Verpackungen und Porto. Kurierkosten werden ohne Aufschläge weiterberechnet. Reisen im besonderen Auftrag des Kunden werden im Nahbereich nicht und ab dem 101. km mit 0,30 € berechnet. Sonstige Spesen bei auswärtigen Leistungen werden nur nach besonderer Absprache berechnet.«

14.5 Fälligkeit des Honorars

»§ 641 Fälligkeit der Vergütung. *(1) Die Vergütung ist bei Abnahme des Werkes zu entrichten. Ist das Werk in Teilen abzunehmen und ist die Vergütung für die einzelnen Teile bestimmt, so ist die Vergütung für jeden Teil bei dessen Abnahme zu entrichten.«*

Die gesetzliche Regelung sagt, dass der Auftraggeber erst nach der Abnahme zahlen muss. Wir können stattdessen verankern, dass das Honorar nach der Übersendung oder Bereitstellung unserer Leistung fällig ist.

Voraussetzung bleibt natürlich, dass wir eine Rechnung schreiben. Das ist jedenfalls dann zwingend erforderlich, wenn der Betrag nicht schon im Vertrag genannt ist (Festpreis), sondern sich erst aus unseren Arbeitsstunden und anderem Aufwand ergibt. Klauselvorschlag:

Vertragsklausel »Die Hälfte des Honorars wird mit Bestätigung des Entwurfskonzepts fällig, die zweite Hälfte mit Abnahme oder vier Wochen nach Übergabe, wenn die Gründe der Nichtabnahme nicht bezeichnet werden.«

14.6 Haftungsmilderung

»§ 276 Verantwortlichkeit des Schuldners. *(1) Der Schuldner hat Vorsatz und Fahrlässigkeit zu vertreten, wenn eine strengere oder mildere Haftung weder bestimmt noch aus dem sonstigen Inhalt des Schuldverhältnisses, insbesondere aus der Übernahme einer Garantie oder eines Beschaffungsrisikos zu entnehmen ist.*
(2) Fahrlässig handelt, wer die im Verkehr erforderliche Sorgfalt außer Acht lässt.
(3) Die Haftung wegen Vorsatzes kann dem Schuldner nicht im Voraus erlassen werden.«

»§ 309 Klauselverbote ohne Wertungsmöglichkeit. *Auch soweit eine Abweichung von den gesetzlichen Vorschriften zulässig ist, ist in Allgemeinen*

Geschäftsbedingungen unwirksam (...) ein Ausschluss oder eine Begrenzung der Haftung für Schäden aus der Verletzung des Lebens, des Körpers oder der Gesundheit, die auf einer fahrlässigen Pflichtverletzung des Verwenders oder einer vorsätzlichen oder fahrlässigen Pflichtverletzung eines gesetzlichen Vertreters oder Erfüllungsgehilfen des Verwenders beruhen; (...) ein Ausschluss oder eine Begrenzung der Haftung für sonstige Schäden, die auf einer grob fahrlässigen Pflichtverletzung des Verwenders oder auf einer vorsätzlichen oder grob fahrlässigen Pflichtverletzung eines gesetzlichen Vertreters oder Erfüllungsgehilfen des Verwenders beruhen.«

Der Auftragnehmer haftet also auch für leichte Fahrlässigkeit, wenn kein anderer Haftungsmaßstab vereinbart ist. Dieses Haftungsrisiko birgt eine erhebliche Gefahr, denn zum Schadenersatz gehört auch der entgangene Gewinn (§ 252 BGB). Die Möglichkeiten, den Haftungsmaßstab zu mildern, sind besonders in AGBs gesetzlich beschränkt.

Die einfache Klausel »Der Auftragnehmer haftet nur für Vorsatz und grobe Fahrlässigkeit« ist daher nicht mehr wirksam. Mögliche Haftungsbegrenzungsklausel:

»Den Ersatz für Schäden des Nutzers, die von -Agentur-, seinen Mitarbeitern oder Beauftragten verursacht wurden, leistet die Agentur: a) immer, wenn eine Hauptleistungspflicht dieses Vertrags oder eine sonstige wesentliche Pflicht schuldhaft verletzt wurde, sowie b) in allen übrigen Fällen, wenn der Schaden auf Vorsatz oder grobe Fahrlässigkeit zurückzuführen ist.

Die Agentur haftet unbegrenzt a) für zugesicherte Eigenschaften, b) im Falle von Personenschäden, c) im Falle des Vorsatzes oder der groben Fahrlässigkeit und d) nach den Vorschriften des Produkthaftungsgesetzes.

In allen übrigen Fällen ist die Haftung der Höhe nach auf solche vertragstypischen Schäden begrenzt, die zum Zeitpunkt des Vertragsschlusses vernünftigerweise vorhersehbar waren. Als vorhersehbare Schadenshöhe gilt für den einzelnen Schaden die dreifache Vertragssumme.«

Vertragsklausel

Im Weiteren sollte die Agentur sich davor schützen, von Dritten in Anspruch genommen zu werden, weil die Inhalte des Kunden rechtswidrig waren oder rechtswidrig verwertet wurden:

»Die Agentur ist weder presserechtlich noch urheber- oder wettbewerbsrechtlich für die Verwendung von Inhalten verantwortlich, die der Auftraggeber liefert. Sollte die Agentur durch Dritte wegen solcher Inhalte in Anspruch genommen werden, stellt der Auftraggeber die Agentur von der Haftung frei.«

14.7 Nutzungsrechte

»**§ 31 UrhG Einräumung von Nutzungsrechten.** (...)(5) Sind bei der Einräumung eines Nutzungsrechts die Nutzungsarten nicht ausdrücklich einzeln bezeichnet, so bestimmt sich nach dem von beiden Partnern zugrunde gelegten Vertragszweck, auf welche Nutzungsarten es sich erstreckt.«

Das Nutzungsrecht des Kunden richtet sich nach dem Vertragszweck. Also ist es bei der Entwicklung eines Logos de facto umfassend, bei der Illustration einer Website dagegen sind eigenständige Printmedien nicht eingeschlossen – wohl aber die Vervielfältigung durch übliche Print-outs.

In der Regel steht der Kreative sich gut ohne ausdrückliche Vereinbarung über die Rechteeinräumung. Im Folgenden eine Klausel, die die Interessen beider Seiten zum Ausgleich bringt:

Vertragsklausel

»Sofern an den Leistungen des Auftragnehmers Urheberrechte oder sonstige gewerbliche Schutzrechte entstehen, räumt der Auftragnehmer dem Auftraggeber die zeitlich unbegrenzte und auf den gesamten deutschen Sprachraum erstreckte Nutzung für sämtliche Zwecke der werblichen Kommunikation ein. Diese Rechte werden jeweils mit vollständiger Bezahlung der Vergütung vom Auftraggeber erworben. Sofern Entwicklungsleistungen des Auftragnehmers für weitere Länder adaptiert werden, erhält der Auftragnehmer dafür ein gesondertes Honorar, das von Fall zu Fall im Voraus zu vereinbaren ist.«

Eine Besonderheit bilden Nutzungsarten, die beim Vertragsschluss noch gar nicht bekannt waren. Die technische Entwicklung der Medien führt ständig dazu, dass Kreationen zusätzliche Verwendung in später aufgekommenen Medien finden: Die Zeitschriftenjahrgänge werden zur CD-ROM, ein musikalisches Motiv wird zum Klingelton und eine Fernsehsendung zum Podcast. Sieht der Vertrag eine umfassende Rechteübertragung vor (»für alle Nutzungsarten« oder »für sämtliche Zwecke der werblichen Kommunikation«), dann umfasst das Honorar alle schon bekannten Nutzungsarten. Später aufkommende Einsatzbereiche müssen nachvergütet werden. Für sie darf zwar das Nutzungsrecht seit 2008 sozusagen blind vergeben werden, aber der Verwerter muss die Verwendung dem Urheber anzeigen und angemessen honorieren (§§ 31a und 32 c UrhG).

14.8   Kreationen Dritter

»**§ 633 Sach- und Rechtsmangel.** *(...)(3) Das Werk ist frei von Rechts-mängeln, wenn Dritte in Bezug auf das Werk keine oder nur die im Vertrag übernommenen Rechte gegen den Besteller geltend machen können.*«

Nach der gesetzlichen Regelung muss die Agentur selbst die Rechte an allen Kreationen beschaffen, die verwendet werden, also auch Lizenzen, Abgaben an Verwertungsgesellschaften. Interessensgerecht ist im All-gemeinen nur, dass die Agentur die Kosten der Fremdleistungen trägt, die sie auch selbst erbringen könnte (Beispiel: Die Agentur beauftragt einen Art Director als Freelancer), nicht aber die Kosten, die auf »echte« Fremdleistungen entfallen (Beispiel: Die Agentur erwirbt Lichtbilder/ein Shooting war von vornherein nicht geplant).

«Zieht der Auftragnehmer zur Vertragserfüllung Dritte heran, wird er deren Nutzungsrechte erwerben und im gleichen Umfang an den Auftraggeber übertragen.
Sofern nach der Auftragsbeschreibung der Erwerb von Kreativleis-tungen Dritter vorgesehen oder unumgänglich ist, wird der Auftrag-nehmer die erforderlichen Rechte erwerben und die Lizenzgebühren als Fremdkosten belasten. Widerspricht der Auftraggeber dem Rech-teerwerb, wird der Auftragnehmer die Rechte nicht erwerben und den Auftraggeber darauf hinweisen, welcher Teil des Auftrags damit unausführbar geworden ist.«

Vertragsklausel

Als zusätzliche Vereinbarungen sind an dieser Stelle zu empfehlen:

»Arbeitsmittel (Datenträger, Entwurfsmaterialien usw.) bleiben je-weils im Eigentum des Auftragnehmers.
Der Auftragnehmer wird berechtigt, in üblicher Größe und Form einen Urhebernachweis anzubringen. Der Auftragnehmer kann den Auftraggeber in seine Referenzliste aufnehmen.«

Vertragsklausel

14.9   Abwehrklausel

»**§ 305 Einbeziehung Allgemeiner Geschäftsbedingungen in den Ver-trag.** *(...) (2) Allgemeine Geschäftsbedingungen werden nur dann Bestand-teil eines Vertrags, (...) wenn die andere Vertragspartei mit ihrer Geltung einverstanden ist.*«

Gegen die allgemeinen Geschäftsbedingungen des Vertragspartners kann man sich mit einer Abwehrklausel schützen. Sie erspart es einem, sich mit dem blassgrauen Kleingedruckten des Vertragspartners auseinanderzusetzen. Denn natürlich sind diese »Einkaufsbedingungen« oder »Auftragsbedingungen« immer so abgefasst, dass sie die gesetzliche Regelung im Sinne des Auftraggebers abwandeln.

Was passiert aber, wenn ich ein Angebot mit der oben genannten Klausel schicke, und ich erhalte eine Auftragsbestätigung zurück, die etwa so beginnt: »Alle Aufträge werden ausschließlich auf der Grundlage der folgenden Bedingungen erteilt.«?

AGBs, die sich widersprechen, schließen sich gegenseitig aus. In diesem Punkt hat man sich also nicht geeinigt, und die AGBs wurden nicht Vertragsbestandteil. Es gilt die gesetzliche Regelung – mit dem Nachteil, dass auch meine Haftungsbeschränkung nicht zum Tragen kommt.

Eine Abwehrklausel lautet schlicht:

Vertragsklausel	»Allgemeine Geschäftsbedingungen des Auftraggebers werden nicht Vertragsbestandteil.«

14.10 Gerichtsstand

»**§ 29 ZPO Besonderer Gerichtsstand des Erfüllungsortes.** *(1) Für Streitigkeiten aus einem Vertragsverhältnis und über dessen Bestehen ist das Gericht des Ortes zuständig, an dem die streitige Verpflichtung zu erfüllen ist.*«

»**§ 269 Leistungsort.** *Ist ein Ort für die Leistung weder bestimmt noch aus den Umständen, insbesondere aus der Natur des Schuldverhältnisses, zu entnehmen, so hat die Leistung an dem Orte zu erfolgen, an welchem der Schuldner (...) seinen Wohnsitz hatte.*«

Aus der Zusammenschau von »Leistungsort« und »Gerichtsstand« ergibt sich: Eigentlich muss ich jeden Schuldner an seinem Ort verklagen. Wenn mir ein Kunde 300 € schuldig bleibt, dann muss die Klage an dem für ihn zuständigen Amtsgericht eingereicht werden. Und es muss irgendwer wegen einer verhältnismäßig kleinen Forderung einen Tag durch Deutschland reisen.

Mögliche Klausel:

Vertragsklausel	»Gerichtsstand ist der Sitz des Auftragnehmers.«

Eine solche Vereinbarung ist unter Kaufleuten möglich. Sie kommt nicht zustande, wenn auch der andere eine entsprechende Klausel in seinen AGBs hat.

Nur im Kontakt mit ausländischen Auftraggebern ist die folgende Klausel sinnvoll:

»Es gilt deutsches Recht unter Ausschluss des UN-Kaufrechts.« — **Vertragsklausel**

15 Honorar

Ohne Moos nix los – für unsere Arbeit möchten wir angemessen entlohnt werden. Zu Beginn eines möglichen Auftrags stellen sich nicht selten Fragen nach der Verbindlichkeit von Kostenvoranschlägen. Sind viele vorbereitende Gespräche notwendig, dann ist die Frage nach Honorar für die Angebotserstellung naheliegend. Und wie soll mit problematischen Situationen umgegangen werden, wie z. B. mit nicht abgeschlossenen Aufträgen oder massiver Zahlungsunwilligkeit des Auftraggebers?

15.1 Kostenvoranschlag

»**§ 650 Kostenanschlag.** *(1) Ist dem Vertrag ein Kostenanschlag zugrunde gelegt worden, ohne dass der Unternehmer die Gewähr für die Richtigkeit des Anschlags übernommen hat, und ergibt sich, dass das Werk nicht ohne eine wesentliche Überschreitung des Anschlags ausführbar ist, so steht dem Unternehmer, wenn der Besteller den Vertrag aus diesem Grund kündigt, nur der in § 645 Abs. 1 bestimmte Anspruch zu.*«

Der kreative Dienstleister befindet sich beim Kostenvoranschlag (KV) in einer schwierigen Lage. Zum einen kann er den tatsächlichen Aufwand oft noch nicht überblicken. Zum anderen möchte er dem Interessenten einen Preis nennen, vor dem dieser nicht zurückschreckt. Die Versuchung besteht, den Kunden mit einem niedrigen Angebot zu ködern. Der Auftraggeber wiederum möchte den Job möglichst unkompliziert darstellen, damit die Honorarkalkulation niedrig ausfällt.

15.1.1 Wie verbindlich ist ein Kostenvoranschlag?

Wie eng sich der Auftragnehmer an den Kostenvoranschlag halten muss, hängt davon ab, wer die Überschreitung des Aufwands zu verantworten hat. Voraussetzung ist aber zunächst, dass es sich überhaupt um einen Kostenvoranschlag gehandelt hat. Wurde dem Kunden nämlich ein Festpreis garantiert, dann ist dieser selbstverständlich verbindlich, egal wie groß der unerwartete Mehraufwand wird. Hier handelt es sich gar nicht um einen KV, sondern um eine vertragliche Abmachung. In

Festpreis

einem solchen Fall kann der Unternehmer spätere Sonderwünsche zwar zurückweisen oder eine Neufestsetzung des Preises verlangen. Führt er sie aber aus, bleibt es bei dem vereinbarten Honorar.

Echter Kostenvoranschlag: Geschäftsgrundlage

Anders bei dem echten Kostenvoranschlag. Er stellt nur eine Berechnung der voraussichtlichen Kosten dar. Er ist, wie die Rechtsprechung sagt, nicht Vertragsbestandteil, sondern lediglich Geschäftsgrundlage. Der tatsächliche Rechnungsbetrag darf davon abweichen.

Wenn erkennbar wird, dass der Auftragnehmer sich bei der Berechnung des Aufwands verkalkuliert hat, muss er den Auftraggeber benachrichtigen. Der darf den Auftrag kündigen oder er kann mit dem Kreativen eine kostengünstigere Ausführung verabreden. Aber er kann nicht die Fertigstellung zum kalkulierten Honorar verlangen. Wenn er kündigt, muss er sogar den bisher geleisteten Arbeitseinsatz und Aufwand bezahlen. Dabei bleibt allerdings der KV die Berechnungsgrundlage – für die schon geleistete Arbeit muss er stimmen. Wenn der Kunde seinen Auftrag nicht kündigt, obwohl er von den Mehrkosten unterrichtet wurde, dann schuldet er am Ende auch den höheren Preis.

15.1.2 Was darf für Mehraufwand berechnet werden?

Beruht der Mehraufwand nicht auf einem Kalkulationsirrtum des Dienstleisters, sondern auf Änderungswünschen des Auftraggebers, entfällt sogar die Benachrichtigungspflicht. Eine kurze Mitteilung, dass die Preiskalkulation jetzt überschritten wird, empfiehlt sich dennoch. Denn dann ist sicher, dass der Besteller weiß, wer den Mehraufwand verursacht.

Vereinbarungen

Exakte Vereinbarungen von Auftragsinhalt und Abwicklung sind die beste Voraussetzung, um nicht auf unerwarteten Mühen und Kosten sitzen zu bleiben. In welchem Dokumentformat sind Unterlagen anzuliefern? Wie viele Korrekturläufe sind inbegriffen? In welchem Zeitraum haben Freigaben zu erfolgen? Alle Anweisungen und Unterlagen, die vom Kunden während der Abwicklung kommen, sollten dokumentiert und aufbewahrt werden, bis der Job bezahlt ist.

Wird der KV aufgrund eines Kalkulationsirrtums des Auftragnehmers überschritten und wird der Kunde nicht vorher benachrichtigt, wird in der Regel die 15-Prozent-Regel gewählt: Der Besteller erhält das fertige Produkt und bezahlt den Rechnungsbetrag zuzüglich eines Aufschlags von 10 bis 20 Prozent. Eine Überschreitung des KV um einen solchen Anteil wird als geringfügig angesehen, sodass der Besteller darin keinen Grund zur Kündigung hätte finden können, selbst wenn er es vorher gewusst hätte.

Der Kostenvoranschlag

Jana hat als selbstständige Grafikdesignerin die Erstellung eines fertigen Flyers übernommen. Sie hat ihrem Kunden eine Kalkulation vorgelegt, die sich aus mehreren Gründen als falsch erweist. Jana muss für ein Foto, das sie für royalty-free hielt, Lizenzen an die Bildagentur zahlen. Die Druckkosten sind teurer als vorgesehen, weil Janas Angaben über den Anschnitt nicht stimmten, und Jana selbst arbeitet fünf Grafikstunden mehr an dem Projekt, als sie dachte.

Jana schreibt ihrem Kunden, so schwer es ihr fällt, die folgende E-Mail:
»Sehr geehrter Herr X, zu meinem Bedauern muss ich Ihnen mitteilen, dass sich das Projekt nicht zu den Kosten realisieren lässt, die ich Ihnen aufgestellt habe. Die tatsächliche Kalkulation lautet so: (...)«

Der Kunde ist verärgert und pocht auf den alten Preis. Doch Jana ist im Recht – solange sie keinen Festpreis vereinbart hat. Wenn ihre Berechnung nur ein Kostenvoranschlag war, darf sie ihn überschreiten. Sie muss es dem Kunden nur vorher sagen. Der Kunde darf kündigen und muss dann nur die Arbeitsschritte bezahlen, die für ihn einen Nutzen haben. Macht der Kunde aber mit dem alten Auftragnehmer weiter, dann dürfen die späteren Arbeitsschritte zu dem höheren Preis berechnet werden.

Dieses Verfahren ist umständlich und schafft Ärger. Zum Glück gibt es für Jana eine Hintertür. Sie muss ihren Kunden nur warnen, wenn der Kostenvoranschlag »wesentlich« überschritten wird. 15 % gelten bei den Gerichten als unwesentlich.

[«]

Fazit: Kostenvoranschlag

Ein Kostenvoranschlag – wenn er kein Festpreis ist – darf überschritten werden. Mehr als 15 % Aufschlag sind aber nur zulässig, wenn der Kunde im Voraus informiert wurde.

15.2 Honorar für nicht abgeschlossene Aufträge

»§ 643 Kündigung bei unterlassener Mitwirkung. Der Unternehmer ist im Falle des § 642 berechtigt, dem Besteller zur Nachholung der Handlung eine angemessene Frist mit der Erklärung zu bestimmen, dass er den Vertrag kündige, wenn die Handlung nicht bis zum Ablauf der Frist vorgenommen werde. Der Vertrag gilt als aufgehoben, wenn nicht die Nachholung bis zum Ablauf der Frist erfolgt.« (Zum § 642 siehe unter Nr. 6)*

»§ 645 Verantwortlichkeit des Bestellers. (1) Ist das Werk (...) unausführbar geworden, (...) so kann der Unternehmer einen der geleisteten Arbeit entsprechenden Teil der Vergütung und Ersatz der in der Vergütung*

nicht inbegriffenen Auslagen verlangen. Das Gleiche gilt, wenn der Vertrag in Gemäßheit des § 643 aufgehoben wird.«

»§ 649 Kündigungsrecht des Bestellers. *Der Besteller kann bis zur Vollendung des Werkes jederzeit den Vertrag kündigen. Kündigt der Besteller, so ist der Unternehmer berechtigt, die vereinbarte Vergütung zu verlangen; er muss sich jedoch dasjenige anrechnen lassen, was er infolge der Aufhebung des Vertrags erspart oder durch anderweitige Verwendung seiner Arbeitskraft zu erwerben böswillig unterlässt.«*

Es gibt Aufträge, die nie zu Ende geführt werden: Der Klient lehnt bereits den Entwurf ab oder er verliert unterwegs das Interesse. Wie sind die geleisteten Arbeiten zu berechnen?

Grundsätzlich kann der Auftraggeber einen Job zu jeder beliebigen Zeit kündigen. Er schuldet dann die Vergütung für die schon erbrachten und die Vergütung für die noch nicht erbrachten Leistungen abzüglich der ersparten Aufwendungen. Der Auftragnehmer – nicht der Kunde, der gekündigt hat – muss dann belegen, dass er in der frei gewordenen Zeit nicht ausgelastet war und Einbußen hatte.

Der Kunde bietet in dieser Situation oft das eine oder andere an, er stellt neue Aufträge in Aussicht oder versichert, das Projekt sei nur vorläufig aufgeschoben. Der Kreative lässt sich dadurch vielleicht dazu bewegen, nicht auf der Einhaltung des Vertrags zu bestehen. Im Streitfall aber gilt: Ein »Ausfallhonorar« etwa in Form einer 50-Prozent-Vergütung gibt es nach dem Gesetz nicht. Im Gegenteil: Macht der Auftragnehmer nicht nachvollziehbar deutlich, inwieweit er Einbußen oder gar mangelnde Auslastungen zu verkraften hatte, darf er lediglich fünf Prozent der Vergütung für die noch nicht erbrachten Leistungen in Rechnung stellen.

Umsatzsteuer

Da bei »nicht erbrachten Leistungen« kein Austausch von Leistungen (Arbeit gegen Geld) stattgefunden hat, muss für diesen Teil der Leistungen auch keine Umsatzsteuer ausgewiesen werden. Die Rechnung muss also einen Betrag mit Umsatz- oder Mehrwertsteuer für die erbrachten Leistungen ausweisen und einen Betrag ohne Umsatz- oder Mehrwertsteuer für die nicht erbrachten Leistungen.

Die fehlende Freigabe

Karsten hat die Werbeagentur Dreamteam mit einer Imagebroschüre für sein Unternehmen beauftragt. Die erste Hälfte des Honorars soll nach Freigabe der Entwürfe gezahlt werden. Versandtermin für die Broschüre ist der 31. März.

1. Ende Januar sendet Wencke für Dreamteam Layout und Textentwürfe an den Auftraggeber. Doch Karsten erteilt keine Freigabe, denn er wartet auf die Zustimmung eines Vertriebspartners.
2. Die Zeit bis zur Deadline wird knapper. Nach vergeblichen Mails und Anrufen schreibt Wencke an Karsten:

   »Lieber Karsten, seit Montag stehen wir stand-by, um mit vollem Einsatz an die Realisation unseres fantastischen Projekts zu gehen. Unsere Kapazitäten liegen brach, und das müssen wir in Rechnung stellen, wenn wir nicht bis morgen Abend eine Freigabe bekommen!«
3. Wenn Karsten kein Okay gibt, kann die Agentur ab Fristablauf ihre Stunden berechnen.

   Wencke hätte auch schreiben können:

   »Wenn wir bis morgen Abend nichts von dir hören, müssen wir unsere Zusammenarbeit beenden. Und das wäre doch schade.«

   Dieser Text wäre eine Fristsetzung mit Kündigungsandrohung gewesen. Nach Fristablauf hätte die Agentur den Vertrag beenden und die geleistete Arbeit in Rechnung stellen können. Doch das wäre nur die zweitbeste Lösung.
4. Glück für Wencke: Karsten hat die Nase voll und erklärt seinerseits die Kündigung. Das darf der Auftraggeber jederzeit und ohne Begründung. Er muss dann den abgeschlossenen Teil des Auftrags bezahlen und zusätzlich fünf Prozent des nicht durchgeführten Teils – es sei denn, der Auftragnehmer kann entsprechende Ausfälle nachweisen.

Fazit: Kündigen oder nicht?

Für den Auftragnehmer ist es besser, nicht zu kündigen, sondern nur die fehlende Mitwirkung anzumahnen. Für den Auftraggeber ist eine Kündigung des Auftrags immer riskant. Denn möglicherweise gelingt der Agentur der Beweis, dass sie trotz Kündigung durch den Auftraggeber in ihrer Arbeit schon so weit fortgeschritten war und bereits so viel Aufwand mit der Abarbeitung des Auftrags hatte, dass sie das volle Honorar verlangen kann. Entscheidend wird dann sein, wer welche Hintergründe beweisen kann.

[«]

Wer muss was beweisen?

Möchte die Agentur ihren Vergütungsanspruch beweisen, muss sie dem Auftraggeber folgende Punkte darlegen:

▶ die Kündigung durch den Auftraggeber

▶ die Mangelfreiheit der eigenen Leistung

▶ die vereinbarte Gesamtvergütung

Außerdem sollte sie vortragen:

- ▸ die Abgrenzung zwischen erbrachter und nicht erbrachter Leistung (möglicherweise unter Offenlegung der Kalkulationsgrundlage)
- ▸ die Höhe der ersparten, also noch nicht getätigten Aufwendungen, wenn gegenüber dem Auftraggeber ein höherer Betrag als fünf Prozent, bezogen auf den nicht durchgeführten Teil des Auftrags, geltend gemacht werden soll. Das ist natürlich nur sinnvoll, wenn die Agentur von der Arbeit, die ursprünglich noch geplant war, bereits mehr als fünf Prozent erledigt hat. Ansonsten ist die Fünf-Prozent-Pauschalregel günstiger.

Der Kunde hingegen muss darlegen, dass

- ▸ die Agentur eine höhere Ersparnis hat als vorgetragen – dass sie also für die noch ausstehenden Arbeiten noch nicht so viel vorgearbeitet hat – und er daher weniger bezahlen muss sowie ggf.
- ▸ dass die Weiterverwendung der erbrachten Leistungen unzumutbar war.

Empfehlenswert ist es, im Vertrag mit dem Kunden ein Kündigungsrecht auf wichtige Gründe zu beschränken, um der pauschalen Fünf-Prozent-Regelung für noch nicht ausgeführte Auftragsteile zu entgehen. Eine solche Bestimmung darf nicht in den Allgemeinen Geschäftsbedingungen stehen, sondern sollte sich im Vertragstext wiederfinden lassen.

15.3   Honorar für Angebote

»**§ 632 Vergütung.** (...) (3) Ein Kostenanschlag ist im Zweifel nicht zu vergüten.«

Bei zweistufigen Abläufen (1. Konzeption, 2. Realisation) wird oft um die Vergütung der Konzeption gestritten, wenn diese nicht zur Ausführung kommt.

Vergütungspflicht   Der entscheidende Punkt für die Vergütungspflicht ist: Es darf sich nicht um eine bloße Angebotspräsentation handeln. Im technischen Bereich werden zu Zwecken der Vertragsanbahnung teilweise umfangreiche Berechnungen angestellt. Den Aufwand für einen Kostenvoranschlag muss ein Interessent jedoch nur dann übernehmen, wenn das vorher ausdrücklich so vereinbart war. Von diesem Grundgedanken geht das Gesetz zunächst einmal aus – im Tiefbau ebenso wie im Webdesign.

Die Entwürfe für Kreationen sind dann honorarpflichtig, wenn die Entwicklungsleistung der Gegenstand eines eigenen Auftrags war. Den Anlass für Entwurfsarbeiten geben oft lockere Gespräche über geplante Werbemaßnahmen, notwendige Erneuerungen und verbesserten Auftritt. Ist aus den Umständen eine formlose Beauftragung abzuleiten, billigt die Rechtsprechung der Webdesignerin oder dem Werbegestalter einen Honoraranspruch zu. Auf die Frage, ob der Entwurf tatsächlich Verwendung findet, kommt es dabei nicht an. Denn auch ein unverwirklichtes Konzept vergrößert die Entscheidungsbasis auf dem Weg zur endgültigen Selbstdarstellung des Klienten.

15.3.1 Angebot oder Auftrag?

In Zweifelsfällen kommt es also darauf an: War es noch eine unverbindliche Anfrage oder gab es schon einen Auftrag? Da orientiert man sich so: In wessen Interesse wurde die Arbeit hauptsächlich gemacht? Stellt der Kreative vor allem sein eigenes Leistungsspektrum dar, listet er zum Beispiel auf, was er machen würde – möglicherweise durch Beispiele aus anderen Aufträgen –, dann handelt es sich nur um ein Angebot. Ein solches Angebot ist oft recht konkret auf den Kunden zugeschnitten. Aber wie bei einem Kostenvoranschlag steht das Interesse des Anbieters im Vordergrund: Er will einen neuen Auftrag. Da hilft es nichts, dass möglicherweise viele Arbeitsstunden in die Ausarbeitung geflossen sind. Das ist Akquise, und der Anbieter muss sich entscheiden, ob er die Vorarbeiten leisten will. Das Risiko, nicht beauftragt zu werden, kann er nicht auf den ausbleibenden Kunden abwälzen.

15.3.2 Bestellte Entwürfe

Ganz anders sieht es bei Leistungen sind, die der Kunde bestellt hat. Dann gilt § 632 BGB (siehe Nr. 2.4) Ob diese Umstände gegeben sind, kann man checken:

▶ Wer ist mit einer konkreten Aufgabenstellung an wen herangetreten? **Initiative**
Der Webdesigner darf ruhig den Kontakt initiiert haben, aber der Homepage-Inhaber muss irgendwann gesagt haben, dass er etwas von dem Webdesigner will – und wenn es nur eine grobe Richtung oder ein wirtschaftliches Ziel ist, das mit dem Internet-Auftritt verwirklicht werden soll.

▶ Hat der Besteller den Kreativen mit Informationen versorgt? Sollte **Briefing**
dieser sich mit den Produkten des Bestellers oder mit seinem jetzigen Werbeauftritt auseinandersetzen? Gab es ein Briefing? Wurden Ziele definiert? Wer für ein Unternehmen Werbeentwürfe entwickelt, ohne dass es einen schriftlichen Auftrag gibt, sollte also im Verlauf der Arbeit noch einmal nachfassen: Die Frage nach Details, die Bitte um Unterlagen oder genauere Anweisungen zieht E-Mails oder Faxe nach sich, mit denen sich die Auftragserteilung belegen lässt.

▶ Ist der Webdesigner als Einziger beauftragt worden? Eine Ausschreibung **Keine Ausschreibung**
an mehrere gilt als Indiz für eine unverbindliche Einladung, Angebote abzugeben. Dann lässt sich ein Honoraranspruch schwer begründen, selbst wenn die Entwürfe auf den Kunden zugeschnitten sind.

▶ Wurde die Unentgeltlichkeit des Entwurfs – vielleicht stillschweigend – vereinbart? Wenn der Gestalter zum Beispiel sagt: »Also, ich zeige euch erst einmal, wie das ungefähr aussehen könnte. Wenn ich die Seiten dann fürs Netz fertig mache, kostet das insgesamt ...« –, dann konnte der Auftraggeber das als Vereinbarung kostenloser Entwürfe verstehen.

Wenn der Kreative diese Punkte überwiegend zugunsten eines »Auftrags zwischen den Zeilen« abhaken kann, darf er für seine Arbeit eine Rechnung schreiben.

15.4 Was tun, wenn der Auftraggeber nicht zahlt?

Der Umgang mit »faulen Kunden« ist ein schwieriger Teil des Customer Relationship Managements – aber wir müssen daran denken, dass er vor allem dies ist und kein juristisches Problem.

Wir alle kennen den Grundsatz: Die Akquisition eines neuen Kunden ist um ein Vielfaches aufwändiger als die Anbahnung von Neugeschäften mit einem bestehenden Kunden. Niemand will einen Auftraggeber verärgern. Das ist für jeden Kreativen das Hauptproblem, wenn sich Kunden mit der Bezahlung des Honorars allzu viel Zeit lassen. Kommt es wirklich zum Streit, ist die Geschäftsbeziehung beendet.

Aufgabe eines ökonomischen Forderungsmanagements ist es daher, die Kommunikation mit dem Schuldner so zu organisieren, dass beide Ziele, solange es geht, miteinander verknüpft bleiben können: Das Geld soll fließen, und der Schuldner soll gern auf einen zurückkommen.

Dazu muss jede Ansprache des Zahlungspflichtigen

▶ verständlich und transparent,

▶ auffällig,

▶ verbindlich im Sinne von freundlich und

▶ verbindlich im Sinne von ernst gemeint

sein.

15.4.1 Korrekte Rechnungen

Eine Standardrechnung und eine Standardmahnung sollte jeder für sich entwickeln. Die Rechnung sollte möglichst genaue Angaben über den Leistungsumfang oder über den Grund der Forderung (»Unsere Vereinbarung vom ...«) beinhalten. Je schneller die Rechnung einem Vorgang zugeordnet und überprüft werden kann, desto eher geht sie in die Buchhaltung.

Die Rechnung darf durchaus zusätzliche (Werbe-)Botschaften an den Empfänger beinhalten: Man kann für die Auftragserteilung danken, auf andere Leistungen hinweisen oder ausdrücken, dass man sich auf weitere Zusammenarbeit freut.

Die rechtlichen Vorgaben für eine Rechnung sind:

Rechtliche Vorgaben

▶ Die Überschrift »Rechnung« ist nicht vorgeschrieben (auch wenn sie zweckmäßig ist).

▶ Die Rechnung muss ein Ausstellungsdatum haben.

▶ Die Rechnung muss eine fortlaufende Nummer haben, die nur einmal vergeben wird.

▶ Umfang und Art der Leistung müssen bezeichnet werden.

▶ Das Datum der Leistungserbringung ist aufzuführen.

▶ Die Mehrwertsteuer muss sowohl nach Prozentsatz als auch betragsmäßig ausgewiesen sein. Bei unterschiedlichen Mehrwertsteuersätzen müssen zum Beispiel Vorlagenerstellung (19 %) und Nutzungsrechtsübertragung (7 %) als getrennte Rechnungsposten erscheinen.

▶ Die Steuernummer des Ausstellers kann auch durch die Umsatzsteuer-Identifikationsnummer ersetzt werden. Eins von beiden ist aber Pflicht.

▶ Ist die Leistung von der Umsatzsteuer befreit (Beispiel Lehrtätigkeit für berufsvorbereitende Bildungseinrichtung), ist ein entsprechender Hinweis auf der Rechnung zu vermerken (Beispiel: »Gemäß Ihren Angaben sind Sie nach § 4 Nr. 21 UStG von der Umsatzsteuer befreit.«).

▶ Eine förmliche Anrede ist nicht vorgeschrieben. Der Empfänger kann also auch mit Vornamen angeredet werden, wenn man ihm üblicherweise auch unter seinem Vornamen schreibt. Die Anschrift des Rechnungsempfängers gehört jedoch dazu.

▶ Eine Unterschrift ist nicht vorgeschrieben. Besser ist sie trotzdem.

▶ Auf der Rechnung müssen alle Angaben sein, die für »Geschäftspapiere« vorgeschrieben sind: ausgeschriebene Vornamen, bei juristischen Personen die gesetzlichen Vertreter, bei Personengesellschaften alle Mitglieder, bei eingetragenen Firmen die Handelsregisternummer, außerdem die Steuernummer und natürlich die Anschrift des Rechnungsstellers.

▶ Ein Zahlungsziel oder eine Skontoregelung sind nicht vorgeschrieben.

[+]

Tipp: Umsatzsteuer-Identifikationsnummer

Eine Rechnung muss stets entweder die Steuernummer des Ausstellers oder die Umsatzsteuer-Identifikationsnummer enthalten. Empfehlenswert ist die Verwendung der Umsatzsteuer-Identifikationsnummer. Zwar wird die Nummer nur für Auslandsgeschäfte benötigt, aber das Antragsverfahren ist kostenfrei. Und wozu dann das Ganze? Ohne Kenntnis der Steuernummer lassen sich Sachbearbeiter bei der Finanzverwaltung nicht mehr zu Auskünften am Telefon »überreden«, insbesondere wenn es nicht die eigene Steuernummer ist.

Weitere Infos: *www.bzst.de/DE/Steuern_International/USt_Identifikationsnum-mer/FAQ/FAQ_Vergabe_USt_IdNr/Vergabe_FAQ_node.html*

Bei Rechnungsbeträgen bis 150 € können einige Angaben weggelassen werden (siehe dazu Kapitel 28, »Wie gehe ich mit der Umsatzsteuer um?«).

Eine Rechnung bedeutet die Aufforderung, dass nunmehr gezahlt werden soll. Diese Aufforderung ist nur dann gültig, wenn die Zahlung auch fällig ist. Normalerweise wird ein Honorar fällig, wenn der Auftraggeber die Leistung abgenommen hat oder statt der unterbliebenen Abnahme etwas anderes eingetreten ist, was die Abnahme ersetzen kann. Wenn vertraglich nichts anderes vereinbart wurde, kann der Kreative auch Abschlagszahlungen in Rechnung stellen. Die müssen sich auf Arbeitsschritte beziehen, die in sich abgeschlossen sind und für den Kunden einen eigenständigen Wert haben (Beispiel: eine CD-Version und eine Online-Version des Katalogs).

[+]

Hinweis: Steuernummer

Alle Rechnungen müssen mit Steuernummer versehen sein. Bei europaweiter Geschäftstätigkeit kann eine Umsatzsteuer-Identifikationsnummer beantragt werden. Sie darf dann an Stelle der Steuernummer auf die Rechnungen gesetzt werden. Mehr dazu finden Sie in Kapitel 24, »Was will das Finanzamt von mir wissen?«.

15.4.2 Mahnungen

Für eine fällige Zahlung darf ich ein angemessenes Zahlungsziel setzen (Beispiel: 14 Tage). Das ist aber nur eine Orientierung für den Kunden. Eigentlich ist er aufgefordert, sofort zu zahlen.

Zur Verbesserung der Zahlungsmoral bietet das Gesetz jedem Gläubiger einen Anspruch auf Verzugszinsen. Die Verzugszinsen unter Kaufleuten betragen gut zehn Prozent. Den exakten Zinssatz kann man selbst ermitteln: Aktueller Basiszinssatz (*www.bundesbank.de*) plus acht Prozent.

Wenn ich meinem Kunden mitgeteilt habe, dass ich seinen (sofort fälligen) Betrag im Laufe von zwei Wochen erwarte, ist es nicht unangemessen, in der dritten Woche eine Erinnerung (Mahnung) hinterherzuschicken. Psychologisch wichtig ist, dass die Mahnung wirklich in der dritten Woche kommt und nicht in der fünften. Denn wenn ich schon die Bitte um Überweisung binnen 14 Tagen nicht ernst gemeint habe, wird mein Schuldner mir auch weitere Ankündigungen nicht glauben.

Die Mahnung sollte noch einmal alle Informationen enthalten, die für die Abwicklung auf der Empfängerseite benötigt werden, vor allem den aufgeschlüsselten Rechnungsbetrag und die Bankverbindung. Das ist nicht vorgeschrieben, beschleunigt aber den Durchgang – sofern der andere grundsätzlich zahlen will.

Eigenes Inkasso

Bleibt die Mahnung erfolglos, dann gibt es keine rechtlichen Hindernisse, das gerichtliche Verfahren einzuleiten. Dass man drei Mahnungen geschickt haben muss, ist eine Legende. Nur sollte man darauf achten, dass man den Zugang dieser einen Mahnung wirklich beweisen kann – sonst läuft man Gefahr, auch bei gewonnenem Prozess unnötige Verfahrenskosten zu tragen.

Eine andere Frage ist, ob man nach nur einer Mahnung schon zu Gericht gehen will, immerhin bedeutet es, das Tischtuch zu zerschneiden. An dieser Stelle kann das Telefonat oder der persönliche Besuch bei dem Entscheidungsträger ein sinnvolles Instrument des Forderungsmanagements sein. Wichtig ist dabei zweierlei:

▶ Mündliche Mahnungen dürfen den Schriftverkehr nicht ersetzen (Beweisbarkeit), und
▶ Zusagen des Schuldners dürfen die eigenen Fristsetzungen nicht aufweichen.

Ein weiterer Schritt, der nicht vorgeschrieben ist, sei hier empfohlen: Eine Woche nach Versendung der Mahnung schickt man ein Fax hinterher, das nicht etwa 2. Mahnung heißt, sondern schlicht die Tatsache wiederholt, dass an dem betreffenden Datum eine Mahnung erfolgt ist. Es enthält auch keine neue Fristsetzung, sondern enthält den Hinweis, dass nach Ablauf der gesetzten Frist eine weitere Benachrichtigung des Schuldners nicht vorgesehen ist. Dieses Fax mit einem Übermittlungsprotokoll macht nicht nur Druck, sondern dient auch Beweiszwecken.

Ob man als Nächstes zum Mahngericht, zum Amtsgericht oder zum Anwalt geht, entscheidet man so:

Mahnbescheid: Nicht immer sinnvoll

▶ Erkennt mein Vertragspartner die Forderung eigentlich an und ist nur leider nicht flüssig? Dann ist der Mahnbescheid eine verhältnismäßig preiswerte Möglichkeit, den Druck zu erhöhen.
▶ Könnte mein Schuldner zahlen, wenn er wollte? Wenn der andere zahlungsunfähig ist, bedeuten Verfahrenskosten gutes Geld, das ich dem schlechten hinterherwerfe. Macht es Sinn, einen Schuldtitel für später zu haben, falls der Schuldner wieder zu Geld kommt? Wenn nicht: dann keine weiteren Aktivitäten!
▶ Bestreitet er die Forderung mit Einwänden wie »Nie bestellt«, »Nie die Rede davon« oder »War völlig unbrauchbar«? Dann wird ihn auch kein Mahnbescheid zur Zahlung bewegen. Die unterschiedlichen Po-

sitionen können jetzt nur noch vor Gericht geklärt werden. In diesem Fall gehört die Sache zum Anwalt.

Den Mahnantrag schicke ich an das Mahngericht, in dessen Bezirk ich selbst wohne, und zwar auf einem vorgeschriebenen Formular, das es im Schreibwarenhandel gibt. Alle Mahngerichte (*www.mahngerichte. de*) bieten inzwischen ein Online-Verfahren an, das aber eine vorherige Anmeldung voraussetzt und sich nur lohnt, wenn man es öfter braucht.

Aufgrund des Mahnantrags schickt das Gericht – ohne rechtliche Prüfung meiner Forderung – einen Mahnbescheid an meinen Schuldner. Der darf dann binnen 14 Tagen ohne weitere Begründung an das Gericht zurückschreiben, dass er der Forderung, ganz oder teilweise, widerspricht. Wird ein solcher Widerspruch erhoben, bleibt mir nur der Weg einer Zahlungsklage mit dem Vorteil, dass meine bisherigen Gerichtskosten angerechnet werden. Rührt mein Schuldner sich auf den Mahnbescheid nicht, kann ich nach Ablauf der Frist einen Vollstreckungsbescheid beantragen, der die gleiche Rechtskraft wie ein Urteil hat. Aber auch hier hat der Schuldner noch einmal die Möglichkeit, eine mündliche Verhandlung zu erzwingen.

Der Mahnbescheid ist vor allem ein schneller Weg zum Inkasso von Forderungen, gegen die keine Einwände erhoben werden. Aber auch dann legt mancher Schuldner Widerspruch ein, einfach um seine Zahlungspflicht hinauszuschieben.

Kosten Die Kosten jeder Zahlungsklage muss ich erst einmal vorstrecken, ebenso die Kosten des Gerichtsvollziehers. Die Gerichtskosten für einen Mahnbescheid über 4 000 € betragen rund 50 €, bei einer Klage kommen gut 260 € dazu. Die muss der Beklagte zahlen, wenn er verliert – und wenn er dann noch zahlungsfähig ist. Der Beklagte darf sich aber auch einen Anwalt nehmen. Gewinnt er den Prozess, muss ich seinen Anwalt mitbezahlen. In unserem Beispiel schlägt das mit mindestens 750 € zu Buche.

16 Reklamationen

Das größte Haftungsrisiko aus einem Auftrag ist der Schadensersatz. Wenn Software des Kunden außer Gefecht gesetzt wird, das Versandhaus für Online-Bestellungen nicht erreichbar ist oder ein Andrucktermin nicht gehalten werden kann, liegen hohe Regressforderungen in der Luft.

16.1 Was darf der Kunde reklamieren?

Was umgangssprachlich als »Garantie« bezeichnet wird, nennt sich rechtlich »Gewährleistung«. Auf diesen Begriff hat man sich geeinigt, weil Garantie im rechtlichen Sinne eine noch strengere Pflicht bezeichnet. Wenn der Anbieter zum Beispiel die Garantie jederzeitiger Verfügbarkeit seines Servers übernimmt, kommt es nicht darauf an, wer die Nichterreichbarkeit verursacht hat. Gewährleistung bedeutet dagegen nur, dass der Provider tut, was möglich und zumutbar ist, um Störungen zu verhindern oder schnellstmöglich zu beseitigen.

Gewährleistung bedeutet die Pflicht des Verkäufers oder Auftragnehmers, auch nach Ablieferung der Sache beim Kunden noch einige Jahre dafür verantwortlich zu sein, dass die Leistung zu dem Zeitpunkt, als der Kunde sie bekommen oder abgenommen hat, keinen Mangel hatte. **Gewährleistung**

Entscheidend sind also nicht spätere Verschlechterungen, sondern ist die Qualität am Anfang. Weil Kreativleistungen meist keine Verschleißteile beinhalten, betrifft die langjährige Gewährleistung in unserer Branche fast ausschließlich den versteckten Mangel bei Software. Die meisten anderen Mängel sind unmittelbar bei Ablieferung feststellbar. Und da muss (beim Werkvertrag, nicht beim Kauf einer fertigen Sache) der Besteller sofort monieren. Sonst verliert er seine Rechte auf Gewährleistung.

Was ein Mangel ist, beschreibt das Gesetz naturgemäß nur ganz abstrakt. Zunächst einmal liegt er vor, wenn das Ergebnis anders ist, als man verabredet hat. Damit wird die Vereinbarung zwischen Kunde und Kreativem die wichtigste Messlatte für einen Gewährleistungsfall. Aus diesem Grund kann gar nicht oft genug dazu geraten werden, Briefings **Was ist »mangelhaft«?**

und andere Absprachen zu protokollieren und dem Auftraggeber zuzusenden.

Die zweite Messlatte für einen Mangel ist mehr objektiver Art. Sie greift, wenn eine Vereinbarung nicht vorliegt oder nicht nachweisbar ist. Dann gilt alles als mangelfrei, was sich für die gewöhnliche Verwendung der bestellten Arbeit eignet, was dort üblich ist und was der Besteller erwarten durfte. Dieser Maßstab ist für den Kreativen recht großzügig. Denn danach ist selbst unterdurchschnittliche Qualität noch mangelfrei, es sei denn, der Klient konnte sich – etwa aufgrund der Eigenwerbung des Grafikdesigners oder besonders hoher Vergütung – auf etwas ganz Exklusives gefasst machen.

Ob eine Ausführung, die dem Klienten nicht gefällt, mangelhaft ist oder nicht, darüber kann man sich vor Gericht streiten, mit sachverständigen Zeugen und Gutachtern. Das wird man möglichst vermeiden, außer man ist den Kunden ohnehin leid. In erster Linie ist der Umgang mit Reklamationen des Kunden eine Frage des Kundenbindungsmanagements und nicht der Juristen.

16.2 Die Rechte des Kunden

Nehmen wir an, ein Job ist tatsächlich nicht gut gelaufen und ein Mangel liegt objektiv vor. Dann steht dem Kunden eine ganze Palette von Möglichkeiten zur Verfügung. Er kann Überarbeitung verlangen, er kann selbst überarbeiten lassen und die Stunden dafür ersetzt verlangen, und er kann das Honorar herabsetzen. Daneben kommen sogar ein Vertragsrücktritt und Schadensersatz in Frage.

Nachbessern oder neu machen lassen

▶ Will der Kunde eine sogenannte *Nacherfüllung*, muss er konkret sagen (besser: schreiben), was er geändert haben will. Die Rügen dürfen nicht zu pauschal sein, etwa: »Die Seiten sind zu unübersichtlich«, andererseits ist der Auftraggeber nicht für die Ursachenforschung zuständig. Das störende Ergebnis zu monieren, etwa: »Die Seiten bauen sich zu langsam auf«, ist ausreichend. (Die beiden hier genannten Beispiele müssen übrigens keinen Mangel darstellen, siehe oben.) Die Zusatzkosten der Nachbesserung trägt der Auftragnehmer. Ob er komplett neu liefert oder ob er noch einmal an das alte Werk herangeht, liegt bei ihm. Schlägt die Nachbesserung fehl (Faustregel: nicht mehr als zwei Versuche), dann darf der Kunde ohne weitere Ankündigung zurücktreten und Schadensersatz fordern. Wo der Aufwand in keinem Verhältnis zur Bedeutung des Fehlers steht, darf der Hersteller die Nachbesserung ablehnen.

Eigene Abhilfe schaffen

▶ Reagiert der Lieferant auf eine Reklamation nicht und lässt er eine Frist zur Korrektur verstreichen, darf der Auftraggeber selbst Abhilfe schaffen. Mängelanzeige und Fristsetzung können in einem Schreiben erfolgen. Die Fristen müssen realistisch, aber nicht wohlmeinend lang bemessen sein. Als »Selbstvornahme« beauftragt der Kunde oft einen anderen Anbieter. Dessen Honorar darf man dann aus eigener Tasche bezahlen. Daher: Trouble Shooting verdient hohe Priorität.

▶ Über eine Reduzierung des Kaufpreises muss man selbst dann mit sich reden lassen, wenn der Fehler so minimal ist, dass er den Aufwand einer Nachbesserung nicht rechtfertigt. Allerdings ist dann auch die Minderung gering. Die Formel für die Preisnachlassquote ist: Verhältnis des Wertes der fehlerfreien Sache zum Wert der tatsächlich erbrachten Leistung zum Zeitpunkt des Vertragsschlusses.

Vergütung mindern

▶ Vor einem Rücktritt muss der Kunde (wie bei der Selbstvornahme) eine Frist zur Nachlieferung bestimmen. Danach darf er zurückverlangen, was er gezahlt hat, muss aber auch alles zurückgeben, was er empfangen hat. Eine Erklärung, dass sämtliche Dateien von allen Rechnern gelöscht sind und alle mobilen Datenträger ausgehändigt wurden, sollte man sich schon schriftlich geben lassen.

Vom Vertrag zurücktreten

▶ Schadensersatzforderungen haben die gleichen Voraussetzungen. Tückisch am Schadensersatz: Er umfasst nicht nur die Mehrkosten des Kunden, sondern auch Gewinn, der bei normalem Ablauf einigermaßen plausibel gewesen wäre. Die wirksame Verankerung von Haftungsobergrenzen in Musterverträgen und Allgemeinen Geschäftsbedingungen ist schwer, weil die Gerichte äußerst kritisch gegen formularmäßige Freizeichnungen sind. Unter Berücksichtigung der üblichen Honorarhöhen und der typischen Risiken von Grafik- und Designleistungen ist es im engen Rahmen vertretbar, die Höhe der Haftung auf das Fünffache des Auftragswerts und auf die typischerweise vorhersehbaren Schäden, die dem Kunden bei angemessener Datensicherung entstanden wären, zu begrenzen.

Schadensersatz fordern

Da die Gewährleistungsrechte des Kunden weitreichend sind, gibt es keinen Grund für den Kreativen, zusätzliche Risiken zu übernehmen. Deswegen sollten im Zusammenhang mit Gewährleistung keinerlei Vertragsstrafeversprechen gegeben werden.

Reklamationen

Nachbessern, neu liefern, Mehrkosten ersetzen, Preis mindern, Vertrag rückgängig machen und für Schäden haften – das ist der Pflichtenkatalog des Lieferanten, wenn die Leistung nicht in Ordnung ist. Die meisten Ansprüche des Kunden setzen aber voraus, dass der Dienstleister mit Fristsetzung gemahnt wurde. Solche Reklamationen ernst zu nehmen, ist ein Gebot der Wirtschaftlichkeit.

[✓]

Checkliste: »Haftung«

Eine Checkliste zum Thema »Haftung« finden Sie in Anhang B.11.

16.3   Was passiert, wenn ich den Termin nicht halte?

Wenn der Kunde verärgert ist oder den Auftrag cancelt, ist das schon schlimm genug. Richtig gefährlich wird es allerdings bei der Forderung nach Schadensersatz. Kleine Vorkehrungen vermindern das Risiko.

Siehe AGBs   Die Einhaltung der Lieferzeiten ist eine vertragliche Pflicht des grafischen Betriebs. Auf ein besonderes Verschulden kommt es nicht an. Das Unternehmen kann sich beispielsweise nicht mit hohem Krankenstand entschuldigen. Da muss der Unternehmer eben Personalreserven bereithalten, ist die nicht ganz realitätsnahe Auffassung der Rechtsprechung. Die Haftung für höhere Gewalt kann in Allgemeinen Geschäftsbedingungen ausgeschlossen werden. Damit sind aber wirklich nur Kriege und Katastrophen gemeint. Schon Streik ist keine höhere Gewalt, sondern unternehmerisches Risiko. Fällt der Grund der Verspätung dagegen ausschließlich in die Sphäre des Auftraggebers, etwa wenn notwendige Unterlagen nicht zur Verfügung gestellt oder Freigaben trotz wiederholter Nachfrage nicht erteilt werden, hat die Überschreitung der Lieferzeit für einen selbst keine Folgen.

Es gibt Aufträge, die mit der Nichteinhaltung eines Termins unnütz werden: Die Anzeige mit Weihnachtsangeboten kommt nicht mehr ins Dezemberheft, also ist sie hinfällig. Normalerweise wird man bei jeder Anzeigengestaltung unterstellen können, dass das Geschäft mit der Termineinhaltung stehen und fallen soll. In einem solchen Fall darf der Auftraggeber vom Vertrag zurücktreten und Schadensersatz verlangen.

Zwei Vorkehrungen können helfen, damit der Computerabsturz nicht zum Ruin führt:

1. Zum einen kann der Auftragnehmer seine Haftung auf Vorsatz und grobe Fahrlässigkeit beschränken. Das kann in Allgemeinen Geschäftsbedingungen geschehen. Ob die Höhe des Schadensersatzes beschränkt werden kann, ist umstritten. Man findet in AGBs häufig eine Beschränkung auf das Fünffache oder Zehnfache des Auftragswerts. Dies geht zwar nicht gegenüber Privatleuten, aber im gewerblichen Verkehr.

Mahnung

Der Auftragnehmer kommt nicht in Verzug, bevor der Auftraggeber ihn nach Ablauf des Termins unter Setzung einer angemessenen Nachfrist gemahnt hat. Ausnahme: Der Job steht und fällt mit dem Termin.

2. Zum anderen kann der Auftragnehmer (wiederum in seinen AGBs) vereinbaren, dass er in jedem Fall erst einmal gemahnt wird, bevor er für einen Verzugsschaden aufkommen muss. Das Gesetz (§ 286 BGB) sieht zwar ohnehin eine Mahnung mit Nachfristsetzung vor, allerdings mit zahlreichen Ausnahmen: Heißt der Liefertermin »Ende August« oder »46. KW«, dann ist das »eine Zeit nach dem Kalender«. Ende August bedeutet nicht später als 31. August, 24.00 Uhr. In diesen Fällen muss der wartende Kunde eigentlich nicht mehr mahnen und erst recht keine Nachfrist setzen. Es sei denn, man hat sich darauf geeinigt. Jedenfalls gegenüber Unternehmern (auch: Freiberuflern) lässt sich das Gesetz in diesem Punkt abwandeln.
   Wenn ein Auftragstermin jedoch lautet »drei Wochen nach Übersendung der Dateien« oder »zehn Tage nach Freigabe«, dann muss der Auftraggeber auch ohne besondere Vertragsklausel mahnen und eine angemessene Nachfrist einräumen. Denn ein solcher Termin ist nur mithilfe eines anderen Datums zu bestimmen: des Tags, von dem an die Frist gerechnet wird.

Einen angestellten Gestalter treffen die Verzugsfolgen übrigens nicht – außer wenn er den Termin mit Vorsatz oder grober Fahrlässigkeit sabotiert hat.

17 Weitere wichtige Vertrags-bestandteile

Jeder Selbstständige und jedes Unternehmen muss eine Vielzahl schriftlicher Verpflichtungen eingehen. Auch wer bei wichtigen Entscheidungen professionellen Rat holt, lässt nicht jeden Handyvertrag vom Anwalt prüfen. Wer Vertragstexte selbst checken will, sollte besonders auf folgende Punkte achten.

17.1 Laufzeit

Wann komme ich von diesem Vertrag wieder los, wenn ich ihn nicht mehr will? Was sich heute gut anhört, kann morgen veraltet oder überteuert sein. Während der private Verbraucher im Allgemeinen nicht länger als 24 Monate gebunden werden kann (daher die typische Vertragszeit der Telefonanbieter), darf der Gewerbetreibende auf viele Jahre verpflichtet werden. Zehn Jahre für die Miete einer Telefonanlage gingen vor Gericht noch durch. Da heißt es: Hände weg.

Bei der Gewerbemiete ist die Laufzeit ein zweischneidiges Schwert. **Gewerbemiete** Selbst hergerichtetes Loft oder Erstbezug mit Facility Management? Bürogemeinschaft mit aufgeschaltetem Telefonempfang oder Herrschaftsetage mit Konferenzraum und Empfangsbereich? Bei der Suche nach dem geeigneten Objekt müssen Traum und Businessplan miteinander versöhnt werden. Anders als bei Wohnungen braucht der Vermieter von Büroraum kein »berechtigtes Interesse« für eine Kündigung. Einen unbefristeten Mietvertrag kann er zu jeder Zeit kündigen, um einen höheren Mietpreis herauszuschlagen. Dagegen schützt die Befristung: Für deren Dauer (oft fünf oder zehn Jahre) bleibt alles beim Alten. Nachteil: Wenn die Existenzgründung einen anderen Weg nimmt als geplant, bleibt man womöglich auf dem Studio sitzen und findet keinen Nachmieter.

Für ein Start-up sollten kürzere Kündigungszeiten erst einmal wichtiger sein als lange Preisstabilität. Mit einigem Verhandlungsgeschick erreicht man Optionen auf Vertragsverlängerung. So kann man etwa nach zwei Jahren entscheiden, ob man das Büro für weitere drei Jahre halten will, oder aber sich nach etwas Neuem umschauen.

17.2 Kompetenzen

Kann der andere mir wirklich bieten, was er verspricht? Eine kurze Überlegung sollte der Frage gelten, ob mein Partner im Besitz der Rechte ist: bei Bürogemeinschaften zum Beispiel eine Untermieterlaubnis. Aber auch bei kreativen Rechten ist die Frage berechtigt: Hat derjenige selbst die notwendigen Nutzungsrechte, wer mir Daten, Schriften, Bilder oder Programme liefern will?

17.3 Klarheit

Mit jedem Vertrag übernehme ich Pflichten. Verstehe ich sie? Oft enthält ein Vertrag Kauderwelsch, von dem ich denke: »Das wird schon seine Richtigkeit haben.« Aber niemand sollte etwas unterschreiben, was er in seiner Bedeutung nicht durchschaut. Denn aus Klauseln, die angeblich »immer schon« so lauteten, wird später errechnet, was ich schuldig bin. Wenn auch mein Gesprächspartner mir nicht erklären kann, was »die Juristen sich da ausgedacht haben«, mache ich einfach den Vorschlag, den Passus zu streichen.

17.4 Endbeträge

Zum Thema Klarheit gehört auch die Transparenz von Endbeträgen für monatliche oder einmalige Zahlungen. Natürlich kann ich nicht vorher wissen, was ich vertelefoniere oder an Heizstoff verbrauche. Wenn ich aber nicht begreife, was ein geleaster Wagen alles in allem für mich kostet, sollte ich einen anderen Anbieter fragen.

17.5 Vertragsstrafen

Vertragsstrafen dürfen unter Geschäftsleuten, aber auch mit Privaten vereinbart werden. Einen sachlichen Grund haben sie als Schutz gegen Geheimnisklau, wenn zum Beispiel bei einer Kooperation der Partner eine Software erhält, die der Urheber noch weiter vermarkten will. Als Zeichen des guten Willens oder Garantie der Termineinhaltung sollte man dagegen eine Vertragsstrafe keinesfalls versprechen. Den Risikocheck darf man nicht unter die Frage stellen: »Was soll schon schief gehen?«, sondern: »Was ist, wenn ganz dumme Zufälle zusammenkommen?«

17.6　Wettbewerbsverbot

Tückisch sind nachvertragliche Wettbewerbsverbote. Dabei wird der Dienstleister verpflichtet, nach Beendigung einer Zusammenarbeit in einem bestimmten Gebiet oder Geschäftsbereich nicht für andere zu arbeiten. Anders als bei Angestellten sind diese Wettbewerbsverbote für Selbstständige auch dann gültig, wenn keine Entschädigungen vereinbart wurden.

Beispiel: Wettbewerbsverbot

Blandine und Jana arbeiten in einer Werbeagentur, Blandine als angestellte Kreativdirektorin, Jana als selbstständige Kommunikationsdesignerin. Der wichtigste Kunde dieser Agentur ist ein großer Automobilhersteller. In den Verträgen von Blandine und Jana steht, dass sie nach Beendigung der Zusammenarbeit mindestens ein Jahr lang für keine andere Agentur tätig werden dürfen, die Automobilhersteller betreut.

Als die Agentur plötzlich ihren größten Etat verliert, kündigt sie den beiden Frauen. Nun stellt sich heraus: Jana als »Unternehmerin« muss das Wettbewerbsverbot beachten. Für Blandine als Angestellte ist es gegenstandslos, denn das Wettbewerbsverbot eines Arbeitnehmers ist unwirksam, wenn nicht gleichzeitig vereinbart wurde, dass mindestens die Hälfte des Gehalts weitergezahlt wird.

TEIL IV
Sozialrecht

18 Pflichtversicherungen: Was muss ich versichern?

Welche Versicherungen gesetzlich vorgeschrieben sind, richtet sich nach dem Beschäftigungsverhältnis. Im Folgenden werden die gesetzlichen Pflichtversicherungen für die Arbeitnehmer, für die selbstständigen Künstler und Publizisten und sodann für die übrigen Unternehmer erklärt. Dabei wird auch erläutert, wo die eigenen Gestaltungsmöglichkeiten liegen und was zu beachten ist, wenn man ein bisschen angestellt und ein bisschen selbstständig ist. Am Schluss des Kapitels findet sich ein Überblick über Risiken, die nicht zwingend versichert werden müssen, über die aber nachgedacht werden sollte.

18.1   Pflichtversicherungen des Arbeitnehmers

Im sogenannten Normalarbeitsverhältnis – das mehr und mehr aufhört, die Norm zu sein – ist ein Arbeitnehmer fünffach versichert. Dies schreibt das Gesetz zwingend vor, und da der Arbeitgeber für die Erfüllung der Versicherungspflicht haftet, braucht der Arbeitnehmer sich nicht darum zu kümmern.

Normalarbeits-verhältnis

Arbeitnehmer sind ohne weiteres Zutun in der Rentenversicherung, in der Krankenversicherung, in der Pflegeversicherung, der Arbeitslosenversicherung und in der Unfallversicherung angemeldet. Von den ersten vier Versicherungen merkt jeder Arbeitnehmer etwas auf seiner Gehaltsabrechnung: Ein Teil der Beiträge wird von ihrem Brutto einbehalten. Dieser Teil beträgt meistens 50 Prozent der Beiträge. Das bedeutet: Der Arbeitgeber schuldet der Versicherung insgesamt das Doppelte dieser Beiträge. Bei der Krankenversicherung ist der Arbeitnehmeranteil inzwischen etwas größer als der Arbeitgeberbeitrag. Die gesetzliche Unfallversicherung fällt allein den Arbeitgebern zur Last.

Die Höhe der Beiträge wird durch die Beitragsbemessungsgrenzen gedeckelt. Für die Rente und die Arbeitslosenversicherung wird kein höherer Lohn als 4800 € (Ost) bzw. 5600 € (West) zugrunde gelegt, und bei der Kranken- und Pflegeversicherung wird der Beitragssatz höchstens von 3825 € berechnet. Anders als bei der Einkommensteuer gibt es also bei der Sozialversicherung keine steigende Progression: Wer mehr verdient, zahlt prozentual weniger Versicherungsbeiträge als der Geringverdiener.

Beitragssätze (Prozentsatz des Bruttolohns) Stand: 01.01.2011		Höchstbeitrag des Arbeitnehmers
Rentenversicherung	19,9 %	557,20 €
Krankenversicherung	15,5 %	313,65 €
Pflegeversicherung	1,95–2,2 %	79,20 €
Arbeitslosenversicherung	3,0 %	82,50 €
Unfallversicherung	ca. 1 bis 1,5 % – je nach Gefahrenklasse der Tätigkeit	

Wahlmöglichkeiten Gutverdiener müssen nicht in der gesetzlichen Kranken- oder Pflegeversicherung bleiben. Ab einem bestimmten Bruttoeinkommen steht es jedem frei, stattdessen private Vorsorgeverträge zu schließen. Der Übertritt zur privaten Krankenversicherung oder Pflegeversicherung ist erlaubt, wenn seit drei Jahren das Jahresbrutto mindestens 50 850 € betrug.

Arbeitslosenversicherung und Rentenversicherung können bei Arbeitnehmern nicht durch private Alternativen ersetzt werden. Private Altersvorsorge kann also nur zusätzlich, nicht anstelle der gesetzlichen Rentenversicherungen eingerichtet werden. Hier wird die Beitragszahlung lediglich durch die Beitragsbemessungsgrenze gedeckt: In Ostdeutschland wird der Beitrag höchstens aus 57 600 € jährlich errechnet, in Westdeutschland werden die Beiträge maximal auf das Jahresbrutto von 66.000 € erhoben. Das übersteigende Einkommen bleibt beitragsfrei.

Minijobs Geringverdiener, die einen 400-Euro-Job ausüben, müssen keine eigenen Beiträge zur Sozialversicherung auf diese Tätigkeit zahlen. Der Arbeitgeber entrichtete Steuern und Sozialabgaben auf die geringfügige Beschäftigung durch eine Pauschale von 30 Prozent. Bei einem Minijob für 400 € bedeutete dies: Der Arbeitgeber zahlt monatlich 120 € an die Bundesknappschaft, darin enthalten sind 60 € Rentenbeiträge. Dies ist weniger als der gesetzliche Beitragssatz und führt auch nur zu geringerer Anrechnung auf den Rentenanspruch. Wer die vollen Rentenanwartschaften aus seinem 400-Euro-Job erhalten will, kann freiwillig einen Differenzbetrag (im Höchstfall 19,60 € im Monat) zahlen.

Beispiel: Der Minijob – brutto und netto

Jana arbeitet ca. 15 Stunden im Monat in einem Unternehmen als Online-Redakteurin. Dazu hat man eine »geringfügige Tätigkeit« vereinbart, die der Arbeitgeber bei der Knappschaft Bahn-See (www.minijob-zentrale. de) angemeldet hat. Die Vergütung beträgt 400,00 €. Der Arbeitgeber hat im Arbeitsvertrag vorgesehen, dass er die pauschalierte Lohnsteuer von der Vergütung einbehält. Dies sind 8,00 € (2 Prozent). Er hat Jana über die Möglichkeit informiert, den Rentenbeitrag aufzustocken, und Jana hat sich dafür entschieden, weil dann die Zeit dieses Jobs auf die Jahre bis zur Rentenanwartschaft voll angerechnet wird. Also behält der Arbeitgeber als Rentenbeitrag von Jana weitere 19,60 € ein.

Jana ist gesetzlich krankenversichert. Daher muss ihr Arbeitgeber als Beitrag 52,00 € für die Krankenkasse und 60,00 € Rentenbeitrag zahlen. Der Arbeitgeber führt also an Steuern und Sozialabgaben insgesamt 139,60 € ab. Brutto kostet der 400-Euro-Job für ihn 512,00 €. Jana erhält, nach Abzug von Lohnsteuer und Rentenbeitragsaufstockung 372,40 € ausgezahlt.

Insbesondere für Studenten ist eine andere Form des geringfügigen Jobs interessant: die kurzfristige Beschäftigung. Sie ist für bis zu 50 Arbeitstage erlaubt, wenn diese Befristung im Voraus vereinbart wird. Dann darf voller Lohn gezahlt werden, für den pauschal 25 Prozent als Steuern und Sozialabgaben errichtet werden. Das geht aber nur, wenn der Jobber nicht gewerblich tätig ist. Der freiberufliche Künstler kann es machen.

18.2 Pflichtversicherungen des selbstständigen Künstlers oder Publizisten

Für selbstständige Künstler oder Publizisten gilt eine ähnliche Versicherungspflicht wie für Arbeitnehmer. Dies ist für die allermeisten von ihnen eine große soziale Erleichterung. Denn die Künstlersozialkasse (KSK) steuert zu den Beiträgen für Kranken- und Pflegeversicherung und zur Rentenversicherung einen Anteil bei, der dem Arbeitgeberbeitrag im Angestelltenverhältnis vergleichbar ist. Dadurch bleibt den KSK-Mitgliedern erspart, was andere Selbstständige leisten müssen: den vollen Beitrag, einschließlich des Arbeitgeberanteils zu zahlen. Ausgenommen ist die Arbeitslosenversicherung. Dieses Risiko ist für die meisten Künstler nicht versicherbar.

Künstlersozialkasse

18.2.1 Wie funktioniert die KSK?

Der Grundgedanke der Künstlersozialversicherung (KSK) ist es, die Verwerter künstlerischer oder journalistischer Arbeit, also die Auftraggeber des »freien« Kreativen, wie Arbeitgeber an der sozialen Sicherung zu beteiligen. Dahinter steht unter anderem die Überlegung, dass früher viele schöpferische Tätigkeiten von abhängig Beschäftigten erbracht wurden, die inzwischen durch Freelancer ersetzt wurden. Der angestellte Gebrauchsgrafiker, Redakteur, Orchestermusiker, Trapezkünstler arbeitet heute auf Honorarvertrag. Die Künstlersozialkasse tritt daher an alle Unternehmen heran, die Kreativleistungen von Kreativen verwerten: Modeschulen, Musical-Theater und Markenartikler mit eigener Werbeabteilung gehören ebenso dazu wie die klassischen Agenturen, Sender oder Bühnen. Der Versicherte entrichtet an die KSK die Hälfte des gesetzlichen Beitrags zur Renten-, Kranken- und Pflegeversicherung. Die KSK schießt die andere Hälfte – den »Arbeitgeberanteil« – zu, den sie zu einem Teil aus dieser Künstlersozialabgabe der Verwerter eintreibt. Der Rest wird aus Bundesmitteln bestritten.

Leistungen der KSK Die KSK selbst ist keine Versicherung. Sie organisiert nur das Verfahren, indem sie die Beiträge von den Versicherten und Vermarktern einzieht und die Rentenversicherungsanteile an die Bundesversicherungsanstalt für Angestellte, die Kranken- und Pflegeversicherungsbeiträge an die jeweilige Krankenkasse weiterleitet.

Deshalb bleibt der Versicherte in der Wahl seiner Krankenkasse frei, und ihm stehen die gleichen Leistungen zu wie allen anderen dort Versicherten auch: kostenlose Mitversicherung von Kindern und nicht arbeitenden Ehegatten, Kranken- und Mutterschaftsgeld.

Wer über die Künstlersozialkasse in einer gesetzlichen Ersatzkasse versichert ist, steht sich dort in einer Hinsicht sogar besser als andere Selbstständige: Diese erhalten kein Krankengeld mehr. KSK-Versicherte bleiben jedoch den Arbeitnehmern auch in diesem Punkt gleichgestellt. Nach Ablauf der sechsten Woche der Arbeitsunfähigkeit wird ihnen von ihrer Krankenkasse Tagegeld gezahlt. In den ersten sechs Wochen erhalten sie allerdings nichts. Denn ihnen fehlt es an einem Arbeitgeber, der die Entgeltfortzahlung gesetzlich übernehmen müsste.

Gesetzlich oder privat krankenversichert Berufsanfänger innerhalb der ersten drei Jahre ihrer selbstständigen künstlerischen Berufstätigkeit haben die Möglichkeit, statt der gesetzlichen eine private Krankenversicherung zu wählen. Das Gleiche gilt für Höherverdienende (ab 48 600 € Mindesteinkommen in den letzten drei Jahren). Diese Wahl ist bindend, für den Höherverdienenden sofort, für den Berufsanfänger nach Ablauf der drei Jahre. Danach ist eine Rückkehr in die gesetzliche Krankenversicherung nicht mehr möglich.

Keine Arbeitslosenversicherung Die Arbeitslosenversicherung wird durch die KSK nicht abgedeckt. Scheitert die Selbstständigkeit und hat man nicht aus früheren Beschäftigungsverhältnissen Anspruch auf Arbeitslosengeld, geht man leer aus.

18.2.2 Wer kommt in die KSK?

Die spannende Frage ist nun, wer darf und wer muss in die KSK? Nach dem Künstlersozialversicherungsgesetz werden in der KSK alle Freien versichert, die eine selbstständige künstlerische oder publizistische Tätigkeit im Wesentlichen im Inland erwerbsmäßig ausüben und daraus mehr als 3 900 € im Jahr (d. h. 325 € monatlich) erzielen. In den ersten drei Jahren der freien Tätigkeit darf die Mindestgrenze sogar unterschritten werden.

Die Attraktivität der Künstlersozialversicherung ist groß, inzwischen sind rund 170 000 Künstlerinnen und Publizisten dort Mitglied. Auch Selbstständige aus angrenzenden Berufen streben unter den Schutzschirm dieser Pflichtversicherung. Das Durchschnittsnetto eines Selbstständigen beträgt knapp 1 800 €. In Deutschland leben 15 % der Haushalte von Selbstständigen unter der Armutsgrenze. Ein Drittel aller Selbstständigen wird mit ihrer Altersvorsorge nicht das Sozialhilfeniveau erreichen. Vor diesem Hintergrund leuchtet ein, dass auch Selbstständige aus nichtkünstlerischen Berufen ihre Aufnahme beantragen. Die KSK prüft also Anmeldungen daraufhin, ob es sich um Mitgliedsberufe handelt.

Ausdrücklich in die KSK aufgenommen werden:

- ▶ Fotodesigner
- ▶ Werbefotograf
- ▶ Grafikdesigner
- ▶ Multimedia-Designer
- ▶ Industriedesigner
- ▶ Mode- und Textildesigner
- ▶ Layouter
- ▶ Zeichner und Illustratoren

Neben der Tätigkeitsbeschreibung ist das Merkmal der *Selbstständigkeit* entscheidend.

Außerdem muss die künstlerische Tätigkeit überwiegend *erwerbsmäßig* ausgeübt werden. Es genügt nicht, wenn sie nur gelegentlich oder nebenbei erfolgt. Achtung: »Erwerbsmäßig« und »gewerblich« sind zwei Paar Schuhe. Wird ein Gewerbe ausgeübt (siehe Checkliste B.13), dann liegt gerade keine künstlerische Tätigkeit vor. Gelegentliche gewerbliche Tätigkeiten sind unschädlich, wenn sie Nebengeschäfte der Haupttätigkeit sind (Beispiel: Für einen Kunden wird ein Auftrag erledigt, der ausnahmsweise nur in Satzherstellung besteht).

18.2.3   Befreiung von der Versicherungspflicht

Ist man ausschließlich als selbstständiger Künstler tätig, ist eine Befreiung bei der KSK von der Krankenversicherung nur in Ausnahmefällen, von der Rentenversicherungspflicht in noch selteneren Ausnahmefällen möglich. Diese Fälle sind in den §§ 3 bis 5 des Künstlersozialversicherungsgesetzes abschließend aufgeführt. Die wichtigsten sind:

▶ Beamte bleiben versicherungsfrei.

▶ Wer andernorts gesetzlich krankenversichert ist, etwa aus einem Arbeitsverhältnis oder als Wehr-/Ersatzdienstleistender, wird befreit.

▶ Wer in den letzten drei Jahren (zum Beispiel 2009 bis 2011) die Versicherungspflichtgrenze für die Kranken- und Pflegeversicherung jeweils überschritten hat (Beispiel: 48 150 €, 48 600 €, 49 950 €), kann sich auf Antrag am Ende des betreffenden Jahres befreien lassen. (Die Versicherungspflichtgrenze liegt höher als die Beitragsbemessungsgrenze! Die aktuellen Beträge sind unter *www.beitragsbemessungsgrenze.com* zu finden).

18.2.4   Das Verfahren

Alles beginnt mit einer Postkarte an die KSK, Künstlersozialkasse, 26380 Wilhelmshaven, auf der der Anmeldewunsch signalisiert wird, oder man lädt sich das Formular aus dem Netz (*www.kuenstlersozialkasse.de*). Die KSK schickt einen umfangreichen Fragebogen zurück, der selbst den Aufwand für die Einkommensteuererklärung in den Schatten stellt. Ist einem das Ganze zu wirr, sollte man nicht zögern, fachkundige Beratung in Anspruch zu nehmen, auch wenn dies mit Kosten verbunden ist. Deren Höhe kann man vorher klären, und die Angelegenheit ist wichtig genug.

Wichtige Unterlagen sind Belege über die eigene künstlerische Tätigkeit in Form von Flyern, Katalogen, Pressebesprechungen, Verträgen oder Veröffentlichungen. Einen bestimmten Zahlungseingang auf gestellte Honorarrechnungen lässt sich die Künstlersozialkasse ebenfalls gern belegen. Allerdings werden hier von dem Berufsanfänger, der seine auf nachhaltigen Erwerb gerichtete künstlerische oder publizistische Tätigkeit gerade erst aufnehmen will, nicht viele Einnahmebeträge erwartet.

Eine Prüfung der Antragsunterlagen durch einen erfahrenen Kollegen ist sinnvoll, da Fehler nur noch schwer zu korrigieren sind. In der Regel kann man dann ein bis zwei Monate nach Einreichen des Antrags mit einem Bescheid durch die KSK rechnen.

Den Versicherungsbeginn kann sich die Versicherte selbst aussuchen. Entweder gilt der Eingangsstempel der formlosen Anmeldung als Beginn der Versicherung oder der Eingang des Fragebogens oder ein Datum, das als Beginn der freien künstlerischen Tätigkeit mitgeteilt wird. Vor dem Tag der Anmeldung kann kein Versicherungsverhältnis begründet werden. Wer also schon seit Längerem frei tätig ist, kann sich nicht nachversichern lassen.

Die Website der Künstlersozialkasse

Über die Künstlersozialkasse können Sie sich auch unter *www.kuenstlersozial-kasse.de* informieren. Über diese Website kommen Sie direkt zum Download von Informationsschriften der Künstlersozialkasse.

18.2.5 Die Beiträge

Die Beiträge richten sich – anders als bei Arbeitnehmern – nicht nach dem tatsächlich erzielten Bruttoentgelt, sondern nach den vorab geschätzten Einnahmen! Bis zum 30.11. jedes Jahres müssen die voraussichtlichen Arbeitseinkommen für das folgende Jahr gemeldet werden. Diese Schätzung bildet die Basis für den jeweils gültigen Monatsbeitrag. Die Schätzung sollte man ernst nehmen. Denn sonst nimmt die KSK eine Einkommensschätzung vor, und wer hier drei Jahre nachlässig war, dem steht eine Einkommensüberprüfung anhand der Einkommensteuerbescheide ins Haus.

Dass in der Praxis das tatsächlich erzielte Einkommen vom gemeldeten abweicht, ist unvermeidlich. Das ist aber unproblematisch. Denn rückwirkende Änderungen des Beitrags werden nicht vorgenommen. Ist deutlich geworden, dass das Einkommen von der letzten Schätzung abweicht, dann führt dies zu einer Änderung des Betrages für die Zukunft.

Die Einkommensschätzung bietet die Möglichkeit, die Sozialversicherungsbeiträge in einem gewissen Rahmen selbst zu steuern. Aber Achtung! Ist das Einkommen zu niedrig angegeben, fliegt man möglicherweise aus der KSK raus. Umgekehrt lassen sich auch schlechte Zeiten überbrücken, indem ein Betrag oberhalb der Geringfügigkeitsgrenze angegeben wird und der Verbleib in der KSK damit sichergestellt ist. Insgesamt niedrige Schätzungen führen naturgemäß auch zu lediglich geringen Rentenansprüchen, zu hohe Schätzungen zu einem schmerzhaft hohen Kranken- und Pflegeversicherungsbeitrag. Wird über Jahre hinweg ein Einkommen in der Nähe der Untergrenze angegeben, so besteht die Gefahr einer Kontrolle durch die KSK.

18.2.6 Die Probleme

In die KSK aufgenommen zu werden, wird von Jahr zu Jahr schwerer. Denn es leuchtet ein, dass dieses Modell höchst attraktiv ist, zahlt man doch nur die Hälfte der Beiträge, die sonstige Selbstständige zu entrichten haben. Da eine politische Lösung so oder in ähnlicher Form für andere Berufsgruppen auf sich warten lässt, drängen viele in die KSK, die dort eigentlich gar nicht hingehören. Die Folge ist, dass die KSK viel mehr Anträge ablehnt als früher.

Neben Nachlässigkeiten – wie Fristen nicht einhalten, Schreiben nicht beantworten – gibt es vor allem eine Hürde: Manchmal werden zu fantasievolle Berufsbezeichnungen gewählt. Man sollte sich an dem Künstlerkatalog orientieren, der als Informationsschrift Nr. 6 auf der Website der KSK (im Bereich »Unternehmen«) im PDF-Format bereitsteht. Webdesigner werden dort als »Grafikdesigner/Multimediadesigner« geführt. Entsprechen die Tätigkeitsbelege nicht dem Berufsbild des kreativen Multimediadesigners (vielleicht, weil sich vor allem Honorarrechnungen aus Trainer- oder Dozententätigkeit vorlegen lassen), dann sollte man mit seinem Antrag möglichst nahe an einer der aufgeführten Tätigkeiten bleiben.

Widerspruch bei Ablehnung

Wird der Antrag so oder mit anderen Argumenten abgelehnt, dann ist noch nicht aller Tage Abend. Innerhalb von vier Wochen kann gegen den ablehnenden Bescheid Widerspruch eingelegt werden – das genügt. Die Begründung kann mithilfe von ver.di oder einem Anwalt nachgereicht werden. Kommt es dann zu einem Widerspruchsbescheid (wieder abgelehnt), dann hilft nur noch eine Klage vor dem Sozialgericht. Ist die Widerspruchsfrist schon verstrichen? Auch nicht so schlimm. Einfach einen neuen Antrag stellen und dann ggf. rechtzeitig Widerspruch einlegen. Parallel zu Widerspruch und Klage lässt sich beim zuständigen Sozialgericht einstweiliger Versicherungsschutz beantragen.

[+]

Tipp: Widerspruch formulieren

»Gegen den ablehnenden Bescheid vom ... lege ich Widerspruch ein und beantrage, meine Versicherungspflicht in der Künstlersozialkasse festzustellen.«

18.2.7 Die Künstlersozialabgabepflicht

Schließlich ist noch ein ganz anderer Aspekt zu beachten. Es können sich schnell Situationen ergeben, in denen die Selbstständige bzw. der Freie Abgaben an die KSK zahlen muss. Das passiert, wenn man selbst zum Verwerter von künstlerischen oder journalistischen Werken geworden ist, wenn man also Honorare an andere zahlt. Verkauft man nicht nur seine eigene Leistung, sondern greift auf die Hilfe anderer Freier zurück, dann wird man abgabepflichtig. Die Künstlersozialabgabe sinkt allerdings seit Jahren kontinuierlich und betrug 2011 nur noch 3,9 % (zum Vergleich 2005: 5,8 %). Diese muss auf die jeweiligen Gesamtentgelte für freie Tätigkeit einschließlich Ausgaben und Nebenkosten, aber ohne Reisekosten und Umsatzsteuer gezahlt werden. Achtung! Liegt möglicherweise eine Abgabepflicht vor, dann empfiehlt es sich, sofort unabhängigen Rechtsrat einzuholen. Die Nachzahlungspflichten können sich auf die vergangenen fünf Jahre erstrecken.

Die gegenwärtige Rechtslage führt dazu, dass die Kreationen freier Grafiker oftmals zweifach der Künstlersozialabgabe unterliegen: Der Agenturkunde muss auf seine Vergütung für künstlerische Leistungen die Abgabe bezahlen, und die Agentur muss auf das Honorar des Freelancers Abgabe zahlen (§§ 24, 25 KSVG).

Die Abgabepflicht des Agenturkunden besteht immer dann, wenn er Werbekreationen öfter als nur ganz ausnahmsweise in Auftrag gibt und sein Auftragnehmer als selbstständiger Künstler gilt. Agenturen in der Rechtsform einer GbR werden regelmäßig als Zusammenschlüsse von Freiberuflern angesehen, doch auch der Auftrag an die GmbH erspart dem Kunden die Abgabe nicht ohne Weiteres: Wenn die kreative Leistung von einem Gesellschafter mit unternehmerischem Einfluss erbracht wird, dann wird dies der Auftragsvergabe an einen selbstständigen Künstler gleichgestellt. Das bedeutet: Auch die Vergütung an die kleine Agentur-GmbH unterliegt der Künstlersozialabgabe.

[+]

Tipp: Getrennte Rechnungen für nicht künstlerische Leistungen

Da die Abgabe nur auf künstlerische oder publizistische Leistungen erhoben wird, sollten getrennte Rechnungen über alle nicht künstlerischen Leistungen erstellt werden: Unternehmensberatung, Satz, Druck, sonstige technische Herstellung, Programmierung, Versand usw.

18.3 Pflichtversicherungen der anderen Selbstständigen

Die größte Neuerung der letzten Jahre: Selbstständige müssen krankenversichert sein. Was für Künstler und Publizisten schon lange gilt, hat der Gesetzgeber seit 2009 auch den anderen Unternehmern verordnet.

Um ihren Start im Versicherungsschutz zu ebnen, wurden die privaten Krankenversicherungen verpflichtet, einen Basistarif anzubieten, dessen Beitrag zwar so hoch sein darf wie der Beitrag der gesetzlichen Kassen, bei dem aber die Versicherer keine Gesundheitsprüfungen durchführen und keine Risikozuschläge erheben dürfen. Da der Beitrag auch hier durch die Beitragsbemessungsgrenze gedeckt ist, liegt er im Maximum bei 593 € im Monat.

Basistarif

Wer Familienangehörige ohne Krankenversicherungsschutz hat, insbesondere Kinder, der fährt mit einer gesetzlichen Krankenkasse oftmals besser. Hier gibt es kostenlosen Schutz für die familienhilfeberechtigten Angehörigen. Bei den Privaten kostet das extra.

Für alle Selbstständigen, die bisher in der KSK waren, aber sich wegen Beginn einer anderen Selbstständigkeit eigenständig versichern müssen, ist der Verbleib in der gesetzlichen Kasse (GKV) kein Problem. Für andere Selbstständige gibt es Hürden beim Wechsel.

Für Selbstständige gibt es inzwischen auch kein Krankengeld mehr. Für diesen Schutz muss eine freiwillige Zusatzversicherung abgeschlossen werden. KSK-Selbstständige haben es da besser (siehe oben).

18.4   Pflichtversicherungen beim Jobmix

Wer die Voraussetzungen als selbstständiger Künstler für eine Aufnahme erfüllt und daneben auch noch abhängig beschäftigt ist, für den gilt Folgendes: Steht die künstlerische Tätigkeit für den Lebensunterhalt im Vordergrund, verdient man hiermit also am meisten, dann ist man über die KSK kranken-, pflege- und rentenversichert. Die Bemessungsgrundlage ist allein das geschätzte Einkommen aus selbstständiger Tätigkeit.

In dem abhängigen Nebenjob ist man auf Grundlage des dort erzielten Verdienstes arbeitslosen- und zusätzlich rentenversichert. Geht es dabei um einen 400-Euro-Job, gelten dessen Regeln: Die Versicherung gegen Arbeitslosigkeit entfällt, die Rentenbeiträge werden vom Arbeitgeber nur reduziert abgeführt, können aber vom Arbeitnehmer für weniger als 20 € im Monat aufgestockt werden (siehe oben).

Bei Gutverdienern kann folgende Situation entstehen: Die künstlerische Tätigkeit steht im Vordergrund, auch von den Einnahmen her, aber es wird noch ein weiterer Beruf ausgeübt, in dem man jedoch gut verdient. Das trifft auf Beamte zu, die ohnehin nicht in die Rentenversicherung einzahlen müssen. Aber auch auf Unternehmer oder Angestellte, die in diesem Zweitjob die Hälfte der Beitragsbemessungsgrenze erreichen (das sind 2 400 € in Ostdeutschland und 2 800 € in Westdeutschland). Sie können sich von der Rentenversicherung bei der KSK befreien lassen, ebenso wie Künstler, die als Handwerker oder Landwirte bereits rentenversichert sind.

Beispiel: Beamteter Künstler
René ist ein international anerkannter Maler. Als selbstständiger Künstler muss er Mitglied der Künstlersozialversicherung werden. Als Professor an einer Akademie ist er zugleich Beamter. Ihm ist eine Ruhestandsversorgung sicher, ohne dass er in die gesetzliche Rentenversicherung einzahlen müsste. Von der gesetzlichen Krankenversicherung ist er als Beihilfeberechtigter befreit.

René kann bei der Künstlersozialkasse beantragen, auch für seine freie Tätigkeit von der Sozialversicherungspflicht befreit zu werden.

Wer einen freien Beruf ausübt, in dem er KSK-versichert ist, kann daneben eine andere, nicht künstlerische selbstständige Tätigkeit nur bis zur Geringfügigkeitsgrenze (4 800 € im Jahr) ausüben. Wird die Grenze überschritten, muss die Krankenversicherung selbst abgeschlossen werden. Der zweifach Selbstständige verliert also den Vorteil der KSK und muss für den gesamten Beitrag der Kranken- und Pflegeversicherung selbst aufkommen. Dies gilt auch dann, wenn die künstlerische Tätigkeit im Vordergrund steht.

Gleichgültig, ob der Hauptberuf unter die Künstlersozialversicherung fällt oder nicht: Jeder darf einen geringfügigen Job ausüben, dessen Abgaben pauschaliert werden, sodass ein 400-Euro-Verdienst in aller Regel netto ausgezahlt werden kann. Von mehreren Nebenjobs bleibt aber nur ein einziger sozialversicherungs- und steuerfrei. Alle weiteren Beschäftigungen, die für sich allein gesehen Minijobs sind, werden als ganz normale Beschäftigung gewertet, und es fallen die üblichen Renten- und Krankenversicherungsbeiträge an. Nur die Arbeitslosenversicherung entfällt. An das Finanzamt sind 20 Prozent pauschale Lohnsteuer abzuführen. Besteht Mitgliedschaft in einer Kirche, fällt auch noch Kirchensteuer an.

Mehrere Minijobs nebeneinander

Fehlt es an einer sozialversicherungsrechtlichen Hauptbeschäftigung und werden mehrere geringfügige Beschäftigungen ausgeübt, so werden diese zusammengezählt. Werden dabei die 400 € monatlicher Höchstbetrag überschritten, dann werden alle Minijobs zusammengezählt, und es handelt sich wieder um reguläre Arbeitsverhältnisse.

Liegen solche Sonderfälle möglicherweise vor, sollte man sich über die vorteilhafteste Gestaltung rechtzeitig vorher informieren.

Beispiel 1: Unternehmerin mit Minijob

Patricia übt als IT-Beraterin keine selbstständige Tätigkeit aus, aber drei Minijobs. Alle werden zusammengerechnet, ohne dass ein einziger Job befreit wird. Patricia rechnet aus, dass es günstiger ist, wenn sie einen Minijob als ordentlich versicherten Teilzeitjob führt. Das beschert ihr dort zwar die gesetzlichen Abgaben, aber dafür besteht wenigstens für eine der geringfügigen Beschäftigungsverhältnisse die Privilegierung.

Beispiel 2: Unternehmer mit Ferienjob

Viktor ist selbstständiger Modedesigner. Er arbeitet sechs Wochen als Animateur in einem Ferienclub. Er verdient insgesamt 2 200 € in dieser Zeit. Weil er die Tätigkeit aber nicht berufsmäßig und weniger als 50 Tage im Jahr ausübt, gilt sie als geringfügiges Beschäftigungsverhältnis, und sein Arbeitgeber darf die Steuern und Sozialabgaben als Pauschale (rund 31 Prozent) abführen.

19 Freiwillige Versicherungen: Was darf ich, und was ist völlig überflüssig?

Es gilt Unnötiges von Unentbehrlichem zu unterscheiden: Welche Versicherungen muss ich haben? Die Antwort wäre: eigentlich keine, außer den gesetzlichen Pflichtversicherungen! Denen unterliegt ein freier Grafiker nach den Bestimmungen des Künstlersozialversicherungsgesetzes, solange er nicht bestimmte Einkommensgrenzen überschreitet. Für alle anderen Wechselfälle des Lebens lautet die Frage: Welche Versicherungen sind sinnvoll?

Die folgenden Tipps gelten für alle Versicherungen:

▶ **Schwerpunkte setzen!** Die unterschiedlichsten Risiken lassen sich versichern. Daher ist es wichtig, die persönlichen Bedürfnisse zu ermitteln. Welchen Risiken bin ich ausgesetzt? Welche dieser Risiken sollten durch eine Versicherung abgedeckt werden? Muss ich alle Versicherungen sofort abschließen, oder kann ich einige auch erst später abschließen? Kleine und Bagatellschäden sollten nicht versichert werden, da die Versicherung meist teuer, der Schadensfall aber überschaubar ist.

Dazu ein kleines Beispiel: Betreibt man nicht gerade einen Laden mit riesiger Fensterfront, so wird man auf eine Glasversicherung leicht verzichten können, da eine kaputte Scheibe in der Regel finanziell nicht grundlegend durchschlägt. Aber was ist, wenn man für drei Monate krankheitsbedingt ausfällt?

▶ **Gesetzliche oder private Versicherung?** Für einige Sparten gibt es die Möglichkeit, sich gesetzlich zu versichern. Hier muss der Grundsatz lauten: erst überlegen, welche Vorteile eine private Versicherung bietet. Oft ist der Weg von einer privaten zurück zur gesetzlichen Versicherung versperrt.

▶ **Verschiedene Angebote einholen!** Preise und Leistungen unterscheiden sich zum Teil erheblich. Oft können die günstigsten Angebote über Vergleichsuntersuchungen ermittelt werden.

www.finanztest.de

▶ **Druckfrei auswählen!** Alle Angebote sollten sorgfältig ausgewählt werden. Man sollte lieber eine Nacht über eine anstehende Entscheidung schlafen, als vorschnell Beschlüsse fassen. Gute Angebote sind auch am nächsten Tag noch gute Angebote.

- **Das Rundum-sorglos-Paket?** Hände weg von umfangreichen Versicherungspaketen! Versicherungen sollten immer den individuellen Bedürfnissen der Versicherungsnehmerin bzw. des Versicherungsnehmers angepasst sein und keinen unnötigen Ballast enthalten, der auch bezahlt werden muss.

- **Vollständige und richtige Antragstellung!** Die Mühe sollte man sich machen. Das Antragsformular sollte ernst genommen und penibel ausgefüllt werden. Alle fehlenden oder falschen Angaben können im Versicherungsfall erhebliche Nachteile auslösen.

- **Vollständige Unterlagen!** In der Regel ist das Antragsformular Vertragsbestandteil, und es besteht Klarheit über die gemachten Angaben und die inhaltliche Ausgestaltung des abgeschlossenen Versicherungsvertrages. Man sollte also die Durchschrift oder Kopie des Antragsformulars sowie alle dazugehörigen Unterlagen aufbewahren und sich nicht auf die »ausgearbeiteten« Vertragsunterlagen verweisen lassen.

- **Keine langen Vertragslaufzeiten!** Von wenigen Ausnahmen wie Lebens- und Berufsunfähigkeitsversicherungen abgesehen, sollten kurze Vertragslaufzeiten von ein bis zwei Jahren vereinbart werden. Sonst werden alle Möglichkeiten vertan, auf geänderte Situationen – insbesondere günstigere Preise – einzugehen.

- **Inhaltskontrolle!** Es ist stets zweckmäßig, zu prüfen, ob die Versicherungspolice den Inhalt aufweist, mit dem man sie auch abschließen wollte. Nicht selten kommt es zu Abweichungen, die man hinterher nicht mehr korrigieren kann.

- **Pünktlich zahlen!** Es ist sinnvoll, Versicherungsbeiträge pünktlich und prompt zu bezahlen. Unpünktliche oder gar keine Zahlung gefährden den Versicherungsschutz, und der Beitrag ist dennoch fällig.

19.1 Was muss ich zum Thema Krankenversicherung wissen?

Die Sozialversicherung ist für einen Selbstständigen standardmäßig teuer, weil der Versicherte sowohl den Arbeitgeber- als auch den Arbeitnehmeranteil trägt, und weil eine Einstufung sich auf Basis der Beitragsbemessungsgrenze beläuft. Damit ist regelmäßig der Höchstbetrag zu bezahlen. Die Belastung kann dann mit 593 € im Monat zu veranschlagen sein.

Selbsteinschätzung Doch auch Selbstständige haben die Möglichkeit, als gesetzlich freiwillig Versicherte der Krankenkasse mitzuteilen, wie hoch sie ihr tatsächliches Einkommen schätzen. Es erfolgt dann eine Eingruppierung auf der Basis dieser Angaben. Aber Vorsicht: Im Folgejahr möchte die

Krankenkasse dann einen Steuerbescheid vorgelegt bekommen, der die Angaben bestätigt. Lagen die Einkünfte wesentlich über den gemachten Angaben, dann kann die Krankenkasse Beiträge nachfordern. Auf jeden Fall wird sie den Beitragssatz anheben. Eine Erstattung wird umgekehrt jedoch nicht geleistet, sollte versehentlich ein zu hohes Einkommen angegeben worden sein.

19.1.1 Gesetzlich oder privat?

Die gesetzlichen Krankenkassen arbeiten nach dem *Solidarprinzip*. Die Beiträge richten sich nach dem angegebenen Einkommen, nicht erwerbstätige oder nur geringfügig beschäftigte Familienmitglieder sind mitversichert. Alle Versicherten bekommen die gleiche Leistung. Gut Verdienende müssen für die gleiche Leistung mehr bezahlen als schlechter Verdienende.

Die privaten Krankenkassen orientieren sich dagegen am individuellen Risiko. Ältere und weibliche Mitglieder zahlen in der Regel höhere Beiträge, weil sie häufiger krank werden oder die Krankenkasse die Kosten einer Schwangerschaft trägt. Für jedes Familienmitglied muss dazu ein eigener Beitrag entrichtet werden.

Wer bisher gesetzlich pflichtversichert war, darf in einen sogenannten *Basistarif* der privaten Krankenkassen wechseln. Er ist für Frauen etwas teurer als für Männer und versichert keine Kinder mit. Die Leistungen entsprechen etwa der gesetzlichen Kasse, die Beiträge orientieren sich am dortigen Höchstsatz (ca. 593 €). Für Eltern ist das meist kein günstiges Angebot.

19.1.2 Wahl der Krankenkasse

Klare Kriterien für die Wahl zwischen gesetzlicher oder privater Krankenkasse gibt es nicht. Gegen den Abschluss einer privaten Krankenversicherung spricht es, wenn das Eintrittsalter über 45 Jahren liegt oder wenn es zwar bei 25 Jahren liegt, aber ein nur geringes Einkommen vorliegt. Eine private Krankenversicherung lohnt sich auch nicht für Ehepaare ohne Kinder mit nur einem Einkommen oder einem nur durchschnittlichen Einkommen.

Gleiches gilt für alle Ehepaare mit Kindern und nur einem Einkommen. Viele Leistungen sind im Übrigen nur gegen einen entsprechenden Aufschlag zu bekommen (Krankengeld, Mutterschaftsgeld). Der Beitrag ist auch dann voll zu zahlen, wenn eine längere Nichtschaffensperiode eingelegt werden soll oder schlicht starke Umsatzeinbrüche zu verkraften sind. Außerdem gibt es keine Sicherheit in Bezug auf stabile Beiträge, was besonders ältere Menschen oft leidvoll erfahren mussten.

Ganz entscheidend ist es zu wissen, dass einem als Grafiker oder Webdesigner aus der privaten Krankenversicherung kein Weg mehr zurück in die gesetzliche Krankenversicherung offensteht. Ist man über die KSK versichert, dann hat man die Möglichkeit, drei Jahre nach der erstmaligen Aufnahme der Tätigkeit zurück in die gesetzliche Krankenversicherung zu finden – sonst nicht mehr! Es sei denn, man gibt die Selbstständigkeit auf und geht in eine abhängige Beschäftigung. Diese Entscheidung sollte man nicht nur von der aktuellen Situation abhängig machen (»in der Privaten muss ich jetzt weniger bezahlen«), sondern von dem eigenen Lebensentwurf.

Werden Leistungen – wie Krankenhaustagegeld usw. – wichtig, die von gesetzlichen Krankenversicherungen nicht mehr abgedeckt werden oder im Grundpaket der Privaten nicht enthalten sind, dann ist an Zusatz-Krankenversicherungen zu denken. Diese können auch von Mitgliedern der gesetzlichen Krankenkassen bei den privaten abgeschlossen werden.

19.1.3 Krankengeld

Im Gegensatz zu Arbeitnehmern bekommen Freelancer im Krankheitsfall nicht sechs Wochen lang einen Großteil ihres Gehaltes weiterbezahlt. Sie müssen Grundsicherung beim Sozialamt beantragen. Mitglieder der Künstlersozialkasse erhalten ab der 7. Woche Krankengeld pro Krankheitstag. Andere Selbstständige erhalten nichts – es sei denn, man hat eine Krankentagegeldversicherung abgeschlossen. Die aber ist teuer, und Beitragsvergleiche lohnen sich!

19.2 Welche Versicherungen sind darüber hinaus sinnvoll?

Herr Kaiser von der Versicherungsagentur um die Ecke empfiehlt einem möglicherweise die unterschiedlichsten Versicherungen, ob man sie nun braucht oder nicht. Welche Überlegungen sollte man bei den einzelnen Versicherungsarten anstellen?

Die folgenden Versicherungen sollen kurz beleuchtet werden:

▶ Freiwillige Arbeitslosenversicherung für Selbstständige
▶ Berufshaftpflichtversicherung
▶ Berufsunfähigkeitsversicherung
▶ Freiwillige Renten- und Lebensversicherungen
▶ Rechtsschutzversicherung
▶ Sachversicherungen
▶ Unfallversicherung

19.2.1 Freiwillige Arbeitslosenversicherung für Selbstständige

Voraussetzungen

Auch mancher Selbstständige hat die Möglichkeit, sich im gesetzlichen Versicherungssystem gegen Arbeitslosigkeit abzusichern. Die Voraussetzungen dafür sind allerdings eng umschrieben. Längst nicht jeder kann den Service nutzen. Im Einzelnen:

▶ Man muss entweder in den letzten zwei Jahren vor Aufnahme der selbstständigen Tätigkeit mindestens zwölf Monate lang Pflichtbeiträge etwa als Angestellter in die Arbeitslosenversicherung gezahlt haben *oder* Arbeitslosengeld bzw. sonstige Entgeltersatzleistungen erhalten haben (Bezugsdauer gleichgültig).

▶ Man muss einen Monat nach Ende der Zahlungen in die Arbeitslosenversicherung bzw. nach Ende des Bezugs von Arbeitslosengeld usw. eine selbstständige Tätigkeit aufgenommen haben.

▶ Die Mindestwochenarbeitszeit der selbstständigen Tätigkeit muss 15 Stunden betragen.

▶ Spätestens einen weiteren Monat später muss man den Antrag auf freiwillige Weiterversicherung bei der Arbeitsagentur des Wohnortes stellen.

Haken

Die Versicherung heißt zwar »freiwillige Weiterversicherung«, nimmt aber die Arbeitsagentur den Antrag an, wird daraus eine Pflichtversicherung, die nicht einfach wieder »gekündigt« werden kann.

Kosten

Die monatlichen Kosten belaufen sich auf unter 40 €. Es handelt sich hierbei um Fixbeträge anders als bei Angestellten. Die Höhe des möglichen Arbeitslosengeldes bestimmt sich auch nicht nach dem tatsächlichen Einkommen, sondern nach festgelegten Bezugsgrößen. Diese sind abhängig vom jeweiligen eigenen Ausbildungsgrad und dem Ausbildungserfordernis des ausgeübten Berufes sowie von den Familienverhältnissen. Die Anspruchshöhen schwanken zwischen 546,90 €/Monat und maximal 1 364,10 €/Monat.

Anspruchsberechtigt

Wurde der Antrag auf freiwillige Weiterversicherung angenommen, erhält man im Falle von Arbeitslosigkeit Leistungen, wenn man in den letzten zwei Jahren mindestens 360 Tage Beiträge gezahlt hat.

Fazit: Freiwillige Weiterversicherung

In der jetzigen Fassung des Gesetzes ist die freiwillige Weiterversicherung sicherlich eine attraktive Möglichkeit, die eigene Selbstständigkeit abzusichern. Ganz genau hinschauen müssen allerdings Selbstständige, die erst vor Kurzem aus einem hoch bezahlten Angestelltenverhältnis ausgeschieden sind. Hier kann die freiwillige Weiterversicherung auch nachteilig sein. Lassen Sie sich beraten.

[«]

19.2.2 Berufshaftpflichtversicherung

Das Risiko für Grafiker oder Webdesignerinnen, jemandem einen Schaden zuzufügen, ist zwar nicht so hoch wie bei Ärzten oder Rechtsanwälten. Trotzdem gibt es eine ganze Menge Risiken, gegen die man nicht gefeit ist: Ein Kunde stürzt in den eigenen Büroräumen über ein herumliegendes Kabel, oder im Layout eines Katalogs oder eines Webauftritts wurde übersehen, dass die Kommunikationsdaten des Kunden nicht stimmen. Diese Beispiele sind typische Situationen, in denen man mit einer Berufshaftpflichtversicherung auf der Sonnenseite steht. Diese Versicherung beinhaltet in der Regel zugleich eine private Haftpflichtversicherung und kostet mit etwas Glück kaum mehr als Letztere.

19.2.3 Berufsunfähigkeitsversicherung

Privat vorsorgen Die Berufsunfähigkeitsversicherung ist für alle Selbstständigen wohl ein Muss – auch für diejenigen, die über die KSK versichert sind. Nur noch für diejenigen gesetzlich Versicherten, die 2001 bereits 40 Jahre alt waren, existiert eine gesetzliche Berufsunfähigkeitsversicherung. Diese war jedoch schon vor der Novellierung im Jahr 2000 nicht geeignet, den Lebensstandard zu halten. Seit 2001 gibt es nur noch eine Erwerbsminderungsrente. Der Grad der Erwerbsminderung orientiert sich daran, wie viele Stunden am Tag noch gearbeitet werden kann. Sind dies weniger als drei Stunden, lassen sich im Optimalfall noch 55 % des letzten Nettoeinkommens erzielen. Besser sieht es aus, wenn man Mitglied in der Berufsgenossenschaft ist (siehe Kapitel 20, »Muss ich einer Berufsgenossenschaft beitreten?«). Alle anderen müssen privat vorsorgen. Die Beiträge sind aber erheblich (ab 70 €/Monat). In Kombination mit einer Lebensversicherung werden zum Teil Vergünstigungen angeboten.

19.2.4 Freiwillige Renten- und Lebensversicherungen

Private Altersvorsorge kann auf sehr unterschiedlichen Wegen betrieben werden. Neben betrieblichen Altersvorsorgemodellen gibt es eine Reihe von Produkten für die private Altersvorsorge. Diese lassen sich in geförderte und ungeförderte Produkte unterteilen.

Ungeförderte Produkte Bei ungeförderten Produkten beteiligt sich der Staat nicht an der gewählten Altersvorsorge. Neben dem klassischen Eigenheim bieten sich hier private Rentenversicherungen bzw. Kapitallebensversicherungen, Fondssparpläne, fondsgebundene Rentenversicherungen, Banksparpläne oder Bundeswertpapiere an.

Geförderte Produkte Das bekannteste geförderte Produkt ist die sogenannte Riester-Rente. Der Haken an diesem Modell ist, dass Freiberufler und Gewerbetreibende nicht in den direkten Genuss der Förderung kommen. Nur wenn ein Ehepartner als abhängig beschäftigte Person förderberechtigt ist, darf auch ein Freelancer einen Antrag mit Aussicht auf Erfolg stellen. Neben Riester gibt es die Rürup-Modelle.

Bei der betrieblichen Altersvorsorge gibt es im Wesentlichen vier Modelle: Direktzusage, Unterstützungskasse, Direktversicherung und Pensionskasse. Diese vier Modelle sollten gründlich auf die eigenen Bedürfnisse hin geprüft werden.

Betriebliche Altersvorsorge

Hinweis: Überblick über Vorsorgeprodukte

Die Stiftung Warentest veröffentlicht relativ häufig in ihrer Zeitschrift *Finanztest* Informationen zu diesem Thema und gibt themenbezogene Sonderhefte heraus. Gleiches gilt für *Ökotest* (siehe *www.finanztest.de* und *www.oekotest.de*).

[+]

19.2.5 Rechtsschutzversicherung

Eine Rechtsschutzversicherung trägt in der Regel alle Gerichts- und Rechtsanwaltskosten für eine Rechtsstreitigkeit. Eine private Rechtsschutzversicherung steht allerdings nicht für selbstständig beruflich ausgelöste Versicherungsfälle ein. Hier bietet nur eine gewerbliche Rechtsschutzversicherung die Übernahme der Verfahrenskosten. Der Versicherungsschutz umfasst immer nur die Verfahrenskosten, die durch Gerichte und Anwälte entstehen, nicht aber die Folgen eines Rechtsstreites. Hat man sich gegen ein Parkticket zur Wehr gesetzt, dann zahlt die Versicherung gegebenenfalls die Verfahrenskosten, nicht jedoch das Bußgeld.

Werden der Versicherung in einem Kalenderjahr mehr als zwei Fälle gemeldet, dann neigen viele Versicherungen dazu, das Versicherungsverhältnis zu kündigen. Bei einem Aufnahmeantrag einer anderen Gesellschaft wird regelmäßig erfragt, ob zuvor schon eine Rechtsschutzversicherung bestand und wer diese gekündigt hatte. Wurde von der vorherigen Versicherung gekündigt, ist es schwierig, an eine neue Police zu kommen. Also: Es sollte stets überlegt werden, ob die Rechtsschutzversicherung für jedes Ärgernis in Anspruch genommen werden soll.

19.2.6 Sachversicherungen

Eine »normale« Hausratversicherung umfasst nur die privat genutzten Einrichtungsgegenstände, nicht die beruflichen. Ist ein Equipment vorhanden, das einen Wert hat, dann empfiehlt sich der Abschluss einer Bürosachversicherung, die schon ab 50 € im Jahr zu haben ist. Ist man beruflich viel unterwegs und transportiert man dabei teures Equipment, ist der Umfang des Versicherungsschutzes zu prüfen. Viele Versicherungen beziehen nur gegen einen entsprechenden Aufschlag auch hochwertige Sachen wie beispielsweise Laptops mit in den Versicherungsschutz ein.

19.2.7 Unfallversicherung

Neben der Berufsunfallversicherung (siehe Kapitel 20, »Muss ich einer Berufsgenossenschaft beitreten?«) besteht die Möglichkeit, eine private Unfallversicherung abzuschließen. Diese deckt das Unfallrisiko von Freizeitunfällen ab. Problematisch bei einer »normalen« Unfallversicherung ist, dass bei dauerhaften Verletzungen den speziellen Bedingungen des jeweiligen Berufs nicht adäquat Rechnung getragen wird. Daher sollte man sich überlegen, bei welchen Unfallschäden die weitere Berufsausübung unmöglich wird. Viele Versicherungen bieten speziell auf solche Risiken abgestimmte Spezial-Unfallversicherungen an.

20 Muss ich einer Berufs- genossenschaft beitreten?

Die umgelegten Versicherungsfälle bilden die Grundlage für die Bei- träge: Mit der Frage der Berufsgenossenschaften muss man sich eigent- lich nur beschäftigen, wenn man Angestellte hat. Aber auch hier gibt es Ausnahmen.

Hat man eigene Arbeitnehmer beschäftigt, so müssen diese gegen Arbeitsunfälle und Berufskrankheiten versichert werden. Das gilt auch für arbeitnehmerähnliche Freie, wenn ein Dienstvertrag zugrunde liegt (also nicht der Erfolg der fertigen Arbeit, sondern nur die Arbeitskraft für den Auftraggeber zu erbringen ist). Selbstständige Grafikerinnen und Webdesigner können auf freiwilliger Basis einer Berufsgenossen- schaft beitreten.

▶ Für Grafiker ist die Berufsgenossenschaft *Druck und Papierverarbei- tung* die richtige.

▶ Bei Webdesignern kommt es auf die genaue Tätigkeit an. Wird aus- schließlich im Bereich Internetseiten-Erstellung gearbeitet, dann ist die *Verwaltungsberufsgenossenschaft* zuständig.

In anderen Fällen kann es wieder die Berufsgenossenschaft *Druck und Papierverarbeitung* sein. Im konkreten Fall muss man sich daher informieren.

▶ Liegt der Schwerpunkt der eigenen Arbeit eher im publizistischen Bereich, dann ist die *Verwaltungsberufsgenossenschaft* zuständig.

Zu welcher Berufsgenossenschaft man gehört, kann sehr wichtig wer- den. Denn ist die Berufsgenossenschaft Druck und Papierverarbeitung zuständig, dann handelt es sich für alle Freien um eine Pflichtversiche- rung! Bei der Verwaltungsberufsgenossenschaft liegt hingegen ein frei- williges Versicherungsverhältnis vor, außer man hat eigene Mitarbeiter engagiert.

Websites der Berufsgenossenschaften

Die beiden in Frage kommenden Berufsgenossenschaften erreicht man unter *www.bgdp.de* und *www.vbg.de*.

Alle Berufsgenossenschaften arbeiten nach dem *Umlageverfahren*. Das bedeutet, dass für das laufende Jahr jeweils ermittelt wird, welcher Schadensverlauf sich gezeigt hat. Danach bemessen sich die Beiträge. Diese setzen sich aus Beitragsschlüssel, Gefahrenklasse und Versicherungssumme zusammen. Der niedrigste Beitrag liegt etwa bei 55 € im Jahr.

Die Gefahrenklasse spiegelt das Unfallrisiko des jeweiligen Berufs wider. Je höher die Gefahrenklasse ist, desto höher ist der Beitrag. Vorbereitungs- und Fertigungsarbeiten für den Druck haben eine höhere Gefahrenklasse als Grafikdesign. Hier lohnt es sich, im Voraus genaue Erkundungen einzuziehen. Die Tätigkeitsbeschreibungen unterscheiden sich oft nur in Nuancen, führen aber möglicherweise zu ganz unterschiedlichen Gefahrenklassen mit entsprechenden Folgen für den individuellen Beitrag. Eine falsche Angabe lohnt sich jedoch nicht, da diese im Versicherungsfall nachgeprüft wird und möglicherweise zu einer Neueinstufung und entsprechenden Nachzahlungen führt.

Die Versicherungssumme kann frei bestimmt werden. Sie ist unabhängig vom tatsächlichen Einkommen. Eine doppelte Versicherungssumme bedeutet demnach einen doppelten Beitrag, aber auch doppelte Leistung.

Die Leistungen bestehen bei Arbeitsunfähigkeit in einem Verletztengeld, das in direktem Zusammenhang mit der vereinbarten Versicherungssumme steht. Wird die Erwerbsfähigkeit verloren, dann zahlt die Berufsgenossenschaft eine Verletztenrente, die je nach Versicherungssumme erheblich über der Rente aus der gesetzlichen Rentenversicherung liegen kann. Bei einer Teilerwerbsunfähigkeit wird auch nur eine Teilrente geleistet. Schließlich umfasst das Leistungsangebot auch noch eine Witwen- und Halbwaisenrente, die betragsmäßig dann allerdings eher bescheiden ist.

TEIL V
Recht des Selbstständigen

21 Start in die Selbstständigkeit

Selbstständigkeit hat viele Gesichter. Sie ist Lust, Freiheit, Geld, Notwendigkeit, harte Arbeit und Enttäuschung. Ihr Erfolg beruht vor allem auf Planung und Disziplin. Gerade die ersten Schritte sind wichtig, denn sie legen das Fundament.

Der Markt für Grafiker- und Webdesignerleistungen ist nach wie vor durch ein großes Angebot gekennzeichnet. Das bedeutet: Die Anbieter stehen in harter Konkurrenz zueinander, die Nachfrager haben starke Verhandlungsmacht. Ein erfolgreicher Start in die Selbstständigkeit beruht in der Regel darauf, dass mindestens eine der folgenden beiden Voraussetzungen vorliegt.

Entweder läuft die Selbstständigkeit über Kontakte: Aus angestellter Tätigkeit ist man bereits einem bestimmten Kreis von Auftraggebern bekannt, hat Referenzen oder kann gar (rechtlich nicht ganz unbedenklich) Kunden in die Selbstständigkeit mitnehmen. Oder über die Spezialisierung: Man bietet eine Dienstleistung an, die ein Plus-Produkt umfasst, eine Ausrichtung nach dem Muster »Webdesign + Gamedesign«, »Webdesign + Special Content«, »Webdesign + Versandlogistik«.

Ganz gleich, ob man aus Enthusiasmus oder unter dem Druck des Arbeitsmarkts den Weg in die Selbstständigkeit geht: Man muss sich im Klaren sein, dass ab jetzt die Verantwortung für alle großen und kleinen Geschäftsvorgänge bei einem selbst liegt. Man ist mit Aufgaben konfrontiert, die mit kreativem Output nichts zu tun haben, sondern Büroorganisation oder Kundenakquise und Kundenbindung heißen. Um nicht schon zu Anfang den Überblick zu verlieren, ist ein durchdachtes und planvolles Vorgehen unerlässlich.

Einer subjektiven Auswahl folgend, geben wir Hinweise in folgenden Kernbereichen:

▶ Der Businessplan
▶ Der Finanzierungs- und Liquiditätsplan
▶ Netzwerke: Welche Unterstützung kann ich mir holen?
▶ Das Rechtliche: Rechtsformen und andere Formalitäten
▶ Wie geht's weiter nach der Gründung?

21.1   Businessplan

Der Businessplan ist zum einen die Bewerbungsmappe des Selbstständigen, zum anderen aber auch echte Chance zur Selbstkontrolle. Gelingt es, die eigene Geschäftsidee und deren Umsetzung in Worten oder Grafiken zu visualisieren und Bekannte und vor allem sich selbst anhand dieser Mappe von der Machbarkeit zu überzeugen, ist ein Fundament gefunden, auf dem sich aufbauen lässt. Wichtig ist es deshalb, dass man sich nicht mit vagen Allgemeinplätzen zufrieden gibt, sondern sein Projekt so weit konkretisiert, dass die einzelnen Umsetzungsschritte messbar werden.

Was will ich?   Anfangen sollte man damit, das Marktsegment genau zu beschreiben, das man ausfüllen möchte. Der Blick sollte aber auch auf die unmittelbar angrenzenden Aufgabenbereiche gehen. Weit verbreitet ist es etwa, dass Webdesign mit Webhosting oder Content-Management Hand in Hand geht. Das ist auch sinnvoll, denn beispielsweise über das Hosting erreicht man eine Kundenbindung über das eigentliche Design hinaus und eröffnet sich zusätzliche Einnahmequellen.

Was kann ich?   Über die fachliche Kompetenz hinaus gilt es abzuklopfen, ob die gesteckten Ziele von der Manpower her alleine zu bewältigen sind oder Gleichgesinnte brauchen. Zu bedenken ist auch, dass die Selbstständigkeit nicht nur aus inhaltlicher Arbeit besteht. Welche Defizite sehe ich an mir etwa in der Kundenakquise oder Büroorganisation, und mit welchen Mitteln bekomme ich diese in den Griff? Die Steuerbehörden verlangen erbarmungslos – bei Start-ups monatlich – Umsatzsteuererklärungen. Die selbst geführte Buchhaltung muss das leisten können, denn sonst bekommt die Bewältigung solcher Aufgaben schnell ein größeres Gewicht als die inhaltliche Arbeit.

Marktanalyse   Man sollte es nicht versäumen, wenn vielleicht auch nur mit einfachen und öffentlich zugänglichen Mitteln, sich einen Überblick über den existierenden Markt zu verschaffen. Wie stark und wie ausbaufähig sind meine vorhandenen Kontakte? Wie groß ist das Potenzial an neuen Kunden, und mit welchen Mitteln erreiche ich sie? Wie stark ist die Konkurrenz an dem von mir gewählten Standort? Gibt es Ausweichmöglichkeiten? Das alles sind Fragen, deren ernste Beantwortung einem helfen kann, die eigenen Chancen am Markt zu beurteilen.

Welche Risiken gibt es?   Wer heute eine Bank oder eine Bürgengemeinschaft von der Tragfähigkeit eines Geschäftskonzepts überzeugen will, muss Antworten auf die Fragen geben, die der veränderte Markt für professionelles Webdesign aufgeworfen hat. Mittelständische Nachfrager neigen verstärkt zum Selbermachen, der Zugang zu entsprechender Software wird fast zum Nulltarif erschlossen, Webdesign-Leistungen sind nachhaltig unter Preisdruck geraten. Die Nachfrager verlangen verstärkt nach Teilleistungen und sind gegenüber Pauschalpaketen zurückhaltend. Unter diesen Vorzeichen muss ein überzeugendes Geschäftskonzept anschaulich beschreiben, mit welchen besonderen Eigenschaften ein Platz auf dem Markt errungen und verteidigt werden kann.

Leitmotiv bei der Erstellung des Businessplans ist: Ich werde begründen, warum dieses Konzept aus der Sicht von Kunden plausibel ist. Ich werde begründen, warum mein Angebot auch vor dem Hintergrund der bestehenden Angebote des Wettbewerbs auf Nachfrage treffen wird. Nur dann wird der Businessplan überzeugen, wenn er die Idee nicht nur aus der Perspektive des eigenen Angebots beschreibt, sondern auch die Perspektive der Konkurrenz und der Kunden einnimmt.

Abzuraten ist davon, sich den Businessplan von professionellen Helfern schreiben zu lassen. Zwar sind einige Teile nicht eben einfach zu verfassen. Das gilt besonders für die nachfolgend beschriebene Finanzplanung. Doch die Beschreibung von Geschäftsideen durch routinierte Berater wirkt in den meisten Fällen allzu standardisiert. Die Persönlichkeit des kreativen Arbeiters tritt nicht hervor. Damit bleibt der größte Aktivposten des neuen Unternehmens verschwommen. Banken und Bürgen wollen die Kontur des Gründers erkennen.

Jeder Beginn birgt natürlich Risiken unterschiedlicher Natur, geschäftliche wie persönliche. Man sollte sie sich vor Augen geführt haben, um zu entscheiden, ob man sie schultern kann. Die finanziellen Risiken werden durch die Marktanalyse und den Finanzplan transparent. Unterschätzt werden oft die Folgen einer Existenzgründung auf das Privatleben. Auch hier sollte man sich Gedanken machen. Stehen die mir wichtigen Menschen hinter meiner Entscheidung und unterstützen diese? In der Gründungsphase wird es oft schwer sein, soziale Kontakte wirklich zu pflegen. Beruflich wird man in Zukunft voll eingebunden sein, sodass auf der privaten Seite geklärte Verhältnisse gut tun.

Hat man die anfängliche Euphorie durch diese Prüfungsphase hinübergerettet, kann es weiter gehen.

21.2   Finanzierungsplan

Wenn ich für die Anfangsinvestitionen auf Fremdkapital angewiesen bin – in der Regel Darlehen –, ist diese Aufstellung besonders wichtig. Banker denken in ihrer eigenen Welt. Nur mit einem für sie schlüssigen Finanzierungskonzept wird man das gewünschte Darlehen bekommen.

[+]

> **Tipp: Richtige Kreditbeantragung**
>
> Viele Banken bieten Workshops zur richtigen Kreditbeantragung an. Einfach bei der eigenen Hausbank nachfragen. Ein Businessplan-Tool (Microsoft Excel) mit guter Benutzerführung ist online für 29 € bei *www.gruendungszuschuss.de* erhältlich.

Kostenplan   Die Kosten des Start-ups gliedert man am besten in drei Kategorien:

▶ Investitionskosten
▶ Laufende Betriebskosten
▶ Eigene Existenzsicherung

Der Grund ist der, dass die Banken bei der Kreditvergabe Investitionsmittelkredite und Betriebsmittelkredite unterscheiden. Die eigene Existenzsicherung fällt eigentlich in den Bereich der Betriebskosten, sollte unserer Erfahrung nach aber gesondert dargestellt werden.

Die Summen dürfen keine Circa-Angaben sein, sondern müssen belegt sein. Außerdem sollte man die einzelnen Positionen noch differenzierter darstellen, die Investitionskosten etwa als:

▶ EDV
▶ Telefon/Telekommunikation
▶ Büromöbel
▶ Werbung

Je detailgenauer man arbeitet, umso klarer wird einem selbst die Kostenstruktur. Für die Bank sollte man es allerdings nicht übertreiben, um nicht unprofessionell zu wirken.

Der Kostenplan sollte mindestens drei Geschäftsjahre umfassen. Die Investitionskosten muss man dabei einmal als Gesamtkosten und einmal über ihre Abschreibungswerte (siehe Kapitel 25, »Wie führe ich die Gewinnermittlung durch?«) über die Jahre verteilt darstellen.

Gewinnprognose   Um einen schlüssigen Finanzierungsplan zu haben, müssen die Kosten nun »gegenfinanziert« und Liquiditätsreserven zur Sicherheit eingebaut werden. Hier beginnt die Schwierigkeit, denn man muss Umsatzprognosen aufstellen. Hat man schon einen potenziellen Kundenstamm mit einem grob umrissenen Budget, fallen solche Schätzungen weniger schwer. Was aber, wenn man erst einmal nur eine gute Geschäftsidee hat?

Erste Orientierungshilfen können dann von den unterschiedlichen Berufsverbänden veröffentlichte Statistiken geben. Untergliedert nach Größe und Branche sowie Dauer der Geschäftstätigkeit werden jährlich durchschnittliche Umsatzzahlen veröffentlicht. Eine weitere Anlaufstation sind die bundesweit vernetzten Industrie- und Handelskammern

(IHK), aber auch länger im Geschäft tätige Kollegen können eine Hilfe sein. Zugegebenermaßen sind diese Schätzungen schwierig.

Und jetzt kommt es zum Schwur. Der Vergleich der beiden Zahlenwerke bildet das voraussichtliche Geschäftsergebnis ab, das nicht nur für die Banken, sondern auch für einen selbst zur Richtschnur wird, an der man sich messen lassen muss. Realistischerweise wird man im Durchschnitt drei Jahre auf ein positives Geschäftsergebnis warten müssen. So lange müssen die persönlichen finanziellen Reserven halten, damit nicht das eigene Unternehmen am privaten Lebensunterhalt scheitert.

Erfolg realistisch?

[+]

> **Hinweis: Anleitungen zum Businessplan**
>
> Die Plattform *www.unternehmenswelt.de* bietet auf ihrer Website Hilfen zur Erstellung eines Businessplans an. Diese eignen sich als Checkliste. Zu den meisten der dort aufgeführten Punkte wird man tatsächlich Ausführungen machen müssen, einige können im Einzelfall ausgelassen werden.
>
> *www.existenzgruender.de/gruendungswerkstatt/businessplan_erstellen* heißt ein Angebot des Bundeswirtschaftsministeriums, bei dem mit Hilfe einer Software ein Businessplan benutzergeführt Gestalt annimmt.

Auch wenn es sich niemand wünscht, mit der Selbstständigkeit nicht erfolgreich zu sein, sollte man sich klare Vorgaben setzen, wie lange die magere Startphase anhalten darf. Sinnvollerweise sollte man nach zwei bis drei Jahren den eigenen Status noch einmal überprüfen, um gegebenenfalls rechtzeitig die Notbremse zu ziehen.

21.3   Existenzgründung

Am Anfang der Existenzgründung steht man vor einem Haufen Fragen: Wie stelle ich eine Anschubfinanzierung auf die Beine? Welche behördlichen Vorschriften muss ich beachten? Wie bin ich professionell erreichbar? Welche Ausstattung benötige ich, und wo bekomme ich sie günstig? Einen ersten Ausweg aus dem Chaos findet man in bestehenden Netzwerken. Angefangen bei den Berufsverbänden – beispielhaft seien die Allianz deutscher Designer e.V. (*www.agd.de*) und die Mediensparten von ver.di (*www.mediafon.de*; *www.connexx-av.de*) genannt – über die IHK bis hin zum Wirtschaftsministerium (*www.existenzgruender.de*) stehen Existenzgründer hoch im Kurs. Messen, Workshops und Seminare – das Angebot ist so reichhaltig, dass man darüber fast die Gründung vergessen könnte. Wir beschränken uns deshalb auf zwei wesentliche Bereiche:

▶ Private Existenzsicherung (Gründungszuschuss)
▶ Existenzgründungsprogramme

Es ist beruhigend, wenn man in der Startphase wenigstens weiß, wie man seine Miete weiter bezahlen soll. Sicherlich kann man und in einigen Fällen muss man in seinem Kreditplan auch die Kosten für die eigene Lebensführung berücksichtigen. Doch Kredite sind teuer, und da ist es gut, dass es spezielle Förderungen gibt:

▶ Gründungszuschuss
▶ Einstiegsgeld

21.3.1 Gründungszuschuss

Wer hat Anspruch? Gründungszuschuss kann bei der Arbeitsagentur beantragen, wer zum Zeitpunkt der Aufnahme der selbstständigen Tätigkeit einen Anspruch auf Arbeitslosengeld I hat, und dies für mindestens noch 90 Tage. Der Anspruch genügt, man muss dieses Geld nicht tatsächlich beziehen.

Der Förderungsempfänger darf in den letzten beiden Jahren keine vergleichbaren Förderungen in Anspruch genommen haben (frühere Ich-AG bzw. Überbrückungsgeld). Die geplante Selbstständigkeit muss einen Umfang von mindestens 15 Wochenstunden einnehmen. Eine nichtselbstständige Tätigkeit ist daneben erlaubt. Ihr Zeitumfang muss aber geringer sein als der geplante Umfang der Selbstständigkeit.

Es ist erforderlich, den Antrag zeitnah zur Aufnahme der selbstständigen Erwerbstätigkeit beim Wohnsitzarbeitsamt zu stellen. Die Berufsaufnahme wird in der Regel erkennbar durch die Ausstellung des Gewerbescheins oder – bei Freiberuflern (siehe Abschnitt 22.2, »Was muss ich anmelden?«) – die Vergabe der Steuernummer. Wer schon über einen längeren Zeitraum immer mal wieder Aufträge hatte, muss auf Nachfrage darstellen können, dass die bisherige Tätigkeit nicht »nachhaltig« war (siehe Abschnitt 22.3.1, »Wer ist gewerbetreibend?«), sondern z. B. ein Studium im Vordergrund stand.

Dauer und Höhe Gründungszuschuss teilt sich in eine Grund- und eine Aufbauförderung. Die Grundförderung entspricht in ihrer Höhe dem Anspruch auf ALG I und wird für neun Monate gezahlt. Die Aufbauförderung besteht in einer Pauschale von 300 € zur Deckung der Sozialversicherungsausgaben. Dieser Betrag reicht selbstverständlich nicht aus, es sei denn, der Förderungsempfänger ist in der Künstlersozialkasse versichert (siehe Abschnitt 18.2, »Pflichtversicherungen des selbstständigen Künstlers oder Publizisten«).

Die Aufbauförderung kann auf Antrag um sechs Monate verlängert werden. Diese Verlängerung wird bewilligt werden, wenn nicht konkrete Gründe entgegenstehen. Wichtigster Hinderungsgrund ist, dass die Geschäftstätigkeit gar nicht weiter verfolgt wird.

Im Unterschied zur früheren Regelung frisst der Gründungszuschuss den Anspruch auf ALG I auf – der Leistungsbezug wird nämlich verrechnet. Daher sollte man prüfen, ob man freiwilliges Mitglied der Arbeitslosenversicherung wird. Wer zwölf Monate durchhält, hat danach einen neuen Anspruch auf Arbeitslosengeld erworben.

Neben den allgemeinen Antragsunterlagen (siehe auch Abschnitt 21.1, »Businessplan«) muss man zusätzlich eine Stellungnahme über die Tragfähigkeit des Gründungskonzeptes einreichen. Diese Stellungnahmen erhält man zum Beispiel über:

▶ Industrie- und Handelskammern
▶ Steuerberater, Unternehmensberater, Rechtsanwälte
▶ Berufs- oder Fachverbände

Fachkundige Stelle

Die Kosten dieser Stellungnahme sollten vorher besprochen werden. Die Begutachtung kann eine lästige Bürokratie sein, wenn man genau weiß, was man will. Sie bietet aber auch die Chance, mit erfahrenen Partnern sein Gründungskonzept noch einmal durchzusprechen und Veränderungen vorzunehmen.

Ob man daneben auch noch Schulungen, sogenannte *Gründerseminare*, absolvieren muss, ist abhängig vom Arbeitsamt. Der Fallmanager wird die Teilnahme an Vorbereitungsseminaren dann vorschreiben, wenn sich die persönliche und fachliche Eignung nicht aus dem Lebenslauf und den anderen vorgelegten Unterlagen ermitteln lässt. Im Umkehrschluss: Wer eine einschlägige Qualifikation oder Berufserfahrung hat, wird kaum zu Seminaren verpflichtet werden.

21.3.2 Einstiegsgeld

Wer keine Leistungen nach dem Sozialgesetzbuch III (Arbeitslosengeld I) beanspruchen kann, sondern nur nach Sozialgesetzbuch II (Arbeitslosengeld II), ist von der Förderung mit Gründungszuschuss ausgeschlossen. Beantragt werden kann ein sogenanntes *Einstiegsgeld*.

Das Einstiegsgeld kann erhalten, wer Arbeitslosengeld II bezieht und eine selbstständige Tätigkeit aufnehmen möchte, die hauptberuflich ausgeübt werden soll. Die maximale Dauer der Förderung beträgt 24 Monate.

Die Bewilligung des Einstiegsgeldes und dessen Höhe hängen von verschiedenen Faktoren ab. Voraussetzung ist in jedem Fall ein Businessplan. Aus diesem sollte unter anderem hervorgehen, dass die angestrebte Selbstständigkeit voraussichtlich zu einer Beendigung der aktuellen Arbeitslosigkeit und der Hilfebedürftigkeit führen wird.

Es besteht kein rechtlicher Anspruch auf das Einstiegsgeld, denn es handelt sich um eine »Kann«-Regelung, womit die Entscheidung im Ermessen der Ansprechpartnerin bzw. des Fallmanagers liegt. Es ist dann Aufgabe der Antragsteller, mit der Marktfähigkeit und den Erfolgsaussichten der angestrebten Geschäftsidee zu überzeugen.

Kein rechtlicher Anspruch

Die Höhe errechnet sich, indem der monatliche Grundbetrag (die Sozial-hilfe ohne die Wohnungskosten) um etwa 50 % aufgestockt. Im Regelfall beträgt diese Erhöhung also 173,50 €. Eine Erhöhung ist denkbar, wenn der Status einer Bedarfsgemeinschaft durch weitere Familienmitglieder gegeben ist. Einstiegsgeld wird in der Regel für ein halbes Jahr bewilligt und kann verlängert werden. Bei einem Bezug von über einem Jahr – was eher selten ist – kann eine »Zuschussdegression« beschieden wer-den, das heißt, die Förderung wird gekürzt.

Der Antrag muss wie beim Gründungszuschuss einen Businessplan und eine fachkundliche Stellungnahme enthalten. Die Bewilligung steht außerdem unter dem Vorbehalt, dass die entsprechenden Mittel noch nicht erschöpft sind. Insgesamt also ein wenig attraktives Fördermodell.

21.3.3 Existenzgründungsprogramme

Auch hier hat die New Economy viel ins Rollen gebracht: Kapitalbe-schaffung als kreative Höchstleistung. Sicherlich ist fehlendes Kapital in der Gründungsphase ein Problem, dennoch möchten wir an dieser Stelle nicht das Mögliche beschreiben, sondern das Normale. Die Existenz-gründungsprogramme des Bundes, die Kredite zu günstigen Konditio-nen vergeben, halten wir für den am meisten verbreiteten Weg, an Geld zu kommen.

[+]

> **Hinweis: Staatliche Programme**
>
> Will man sich über die ganze Bandbreite von Finanzierungsmöglichkeiten und Förderprogrammen informieren, sollte man sich Zeit nehmen für die umfas-sende Übersicht des Bundeswirtschaftsministeriums zu Förderprogrammen des Bundes, der Länder und der EU unter *www.existenzgruender.de*. Hier sind außerdem kostenlos nützliche Hilfsmittel für Büroorganisation und Finanzpla-nung erhältlich. Speziell für Existenzgründungen im Multimedia-Bereich ist die Website *www.gruenderwettbewerb.de* gedacht, deren Urheber ebenfalls das Bundeswirtschaftsministerium ist.

Existenzgründungsprogramme werden unter dem Namen *Unterneh-menskredite* von der deutschen Mittelstandsbank (*www.kfw-mittel-standsbank.de*) aufgelegt. Der Kontakt erfolgt nicht unmittelbar, sondern über die Hausbank. Man sollte sich vorher informieren, welche Banken Existenzgründungen unterstützen, denn einigen ist das Risiko überhaupt zu groß, da kann das Konzept noch so gut sein. Finanziert werden der Investitionsbedarf sowie Betriebsmittel für einen bestimmten Zeitraum. Bei Investitionen bis zu einer Million Euro hat man Chancen auf eine 100-Prozent-Finanzierung. Finanzbedarf, der darüber hinausgeht, wird zu 75 Prozent abgedeckt.

21.3.4 Eigene Netzwerke aufbauen

Zur Unterstützung des professionellen Starts gibt es zahlreiche regionale, aber auch überregionale Netzwerke, die Informationen bereithalten, jedoch auch individuelle Begleitung – meist in Form von Coachings – anbieten. Zugang zu solchen Netzwerken findet man über die örtlichen Arbeitsagenturen. Ein weiteres wichtiges Standbein ist der Ausbau der persönlichen Kontakte sowohl zu Kollegen als auch zu potenziellen Kunden. Dies sind die Netzwerke, die einem die Zukunft sichern. Marketing und Werbung sind gut, aber teuer. Im Dienstleistungsbereich, in dem das individuelle Können im Vordergrund steht, ist der persönliche Kontakt immer noch die beste Eintrittskarte zu neuen Kundenkontakten.

Folgende Websites lohnen durchaus einen Blick

- *www.agd.de* (Allianz Deutscher Designer e.V.)
- *www.bvsi.de* (Berufsverband Selbstständige in der Informatik eV.)
- *www.mediafon.net* (ver.di-Angebot für Selbstständige in Medienberufen)
- *www.gruendungszuschuss.de* (als Service von Existenzgründern für Existenzgründer gedachte Website)
- *www.connexx-av.de* (ein Projekt von ver.di überwiegend für abhängig Beschäftigte in Medienberufen. In den »Medienhauptstädten« gibt es Büros und Stammtische.)

21.4 Vorsichtsmaßnahmen

Hat der Start in die Selbstständigkeit – insbesondere zusammen mit anderen Gesellschaftern oder Teilhabern – geklappt, Business- und Finanzierungsplan sind durch, die Gründungsphase ist durchlaufen, dann ist es nicht selten so wie in einer Beziehung: Nach der Verliebtheit der ersten drei bis zwölf Monate schwindet die erste Euphorie so langsam, und der Blick wird frei für all die Dinge, die bis dato ausgeblendet waren.

Plötzlich stellt man fest, dass der Mitgesellschafter lieber auf Partys »akquiriert«, als den Tag vor dem Bildschirm zu verbringen. Oder die freiherzig zugesagte, nie aber schriftlich verbindlich gewordene Zusage des »alten Hasen« in der Runde, Teile seiner Gesellschaftsanteile auf die Neugesellschafter zu übertragen, wenn vorher in Aussicht genommene Ziele erreicht werden, ist plötzlich in Vergessenheit geraten. Oder das Erstaunen wächst, wenn man feststellt, dass die Partnerin die Hälfte ihrer Arbeitszeit für eine fremde Agentur auf eigene Rechnung arbeitet – wovon nie die Rede gewesen war. Oder es wird einem endlich klar, dass man das Gesicht, das einem jeden Morgen über den Weg läuft, eigentlich noch nie leiden konnte, und man sucht nach einem »objektiven« Aufhänger, um das eigene Unwohlsein adäquat an den Mann zu bringen.

Auseinander-setzungen

Die dann zur Rede Gestellten zeigen nur in den wenigsten Fällen reuige Einsicht. Sich in einer solchen Situation schnörkellos zu trennen darf schon als Erfolg gewertet werden. Viel häufiger aber ist dadurch der Grundstein für handfeste Auseinandersetzungen gelegt. Schön, wenn man sich in einer solchen Situation auf gemeinsam fixierte Vereinbarungen und Ziele berufen kann. Unschön, wenn man nun feststellt, dass man damals auf einer unbekannten Internetseite einen Gesellschaftsvertrag kopiert und nur die eigenen Namen eingesetzt hatte. Es lohnt sich unbedingt, sich genügend Zeit zu nehmen, alle für eine gemeinsame Zusammenarbeit wichtigen Fragen für sich und dann mit den beteiligten Partnerinnen zu klären. Welche Arten von Geschäften werden angestrebt, welche nicht? Wer bringt was ein? Wer trägt wofür die Verantwortung? Über welche Fragen muss man sich wie abstimmen? In welchem Umfang sind Nebenjobs o. k., oder soll die ganze Arbeitskraft in die gemeinsame Firma gesteckt werden (auch wenn diese erst einmal gar nichts abwirft)? Wie erfolgt die Gewinnverteilung und nach welchem Maßstab wird untereinander gehaftet? Wie kommt man aus der Gesellschaft wieder heraus, oder wie kann man dem Wunschnachfolger zum Eintritt verhelfen? Diese und noch viel mehr Fragen werden in Abschnitt 22.1.2, »Gesellschaft bürgerlichen Rechts (GbR)«, genauer behandelt.

Doch was tun, wenn die Stimmung den Nullpunkt erreicht hat? Es hilft nicht weiter, einfach gar nichts zu tun. Die kleinen fiesen Spitzen und Dreistigkeiten wird man mit ziemlicher Sicherheit postwendend zurückbekommen. Fraktionsbildungen schaffen Fronten, aber keine Lösungen. Emotionaler Beistand hilft einem sicherlich selbst, für den Konfliktfall ist davon in der Regel aber keine Lösung zu erwarten. Erst recht sollte es vermieden werden, sich konsequent aus dem Weg zu gehen.

Konflikte meistern

Im ersten Schritt – gegebenenfalls unter Einbeziehung vertrauter Dritter – sollte eine Situationsanalyse erfolgen. Wo stehe ich jetzt? Welche Schwierigkeiten haben sich aufgrund der Konfliktsituation aufgetan? Wie sind mein Stand und Status innerhalb der Gesellschaft und nach außen hin? Was drohe ich bei der Auseinandersetzung zu verlieren und was zu gewinnen? An welchen Stellen kann ich Fakten schaffen und welche Auswirkungen wird dies wohl haben?

Nicht versäumen sollte man auch, sich Unterstützung einschlägiger Spezialisten zu holen. Denn häufig können die rechtlichen und steuerlichen Konsequenzen von Änderungen und Entscheidungen gar nicht kompetent abgeschätzt werden, und so mancher Fallstrick wird übersehen. Sich über die eigene Position klarer zu werden ist die Basis für einen gemeinsamen Lösungsversuch.

Und das ist der nächste Schritt: den Versuch starten, gemeinsam eine Basis zu finden – und wenn dies die geordnete Trennung ist. Leben und leben lassen ist dabei eine Devise, die sicherlich dazu beiträgt, bei allen Beteiligten die Akzeptanz für gemeinsame Perspektiven wachsen zu lassen. Sich einfach zusammenzusetzen und eine »vernünftige« Bewältigung des Streits anzupeilen führt dabei aber selten zum Erfolg. Denn oft ist der Grund für einen Streit nicht die fehlende Absprache, sondern die individuelle Auslegung derselben. Und kennt man schon den persönlichen Hintergrund der Personen, mit denen man im Clinch liegt? Was für den einen Abwägung oder Überlegung darstellt, ist für den anderen möglicherweise eine Beleidigung oder Kriegserklärung. Gerade in aufgeheizten Situationen gleicht eine Diskussion einem Minenfeld, und schnell ist eine Tretmine gefunden, die eine sachliche Diskussion unmöglich macht.

Eine aussichtslose Situation? Das muss nicht so sein. Wichtig ist es, die eigenen Wünsche und Ziele benennen zu können. Und dann? Der Einsatz professioneller Dritter hilft häufig, wieder eine gemeinsame Basis zu finden – selbst wenn dies die Trennung bedeutet. Daraus hat sich inzwischen der prosperierende Berufszweig der so genannten Mediatoren entwickelt. Das dahinter stehende Prinzip sieht so aus: Juristisch und psychologisch geschulte Mediatoren (oft Rechtsanwälte oder Psychologen) sammeln als neutrale Dritte die sich gegenüberstehenden Positionen und streben mit den Betroffenen eine Win-win-Situation an. In vielen Fällen werden zwei bis drei mehrstündige Sitzungen benötigt, um wieder einen gemeinsamen roten Faden zu finden. Bei Stundenhonoraren von 100 bis 250 € lässt sich so mit einem überschaubaren Aufwand schnell eine pragmatische Lösung finden. Die »Verliebtheit« der ersten Tage, die Zuversicht und der Glaube an das gemeinsame Projekt werden sich wohl nicht wieder einfinden. Eine konstruktive Trennung darf als Minimalziel angestrebt werden. Im glücklicheren Fall kennt man nun die Schwächen des Gegenübers und findet wieder eine gemeinsame Basis. Schließlich handelt es sich in der Regel nicht um eine Liebesbeziehung, sondern um das Ziel, selbstbestimmt und gemeinsam Geld zu verdienen.

Mediatoren

Mehr zum Thema »Mediation«

▸ *www.bmev.de*

▸ *www.bmwa.de*

Viele Industrie- und Handelskammern bieten eigene Webangebote und sind bei der Suche nach geeigneten Mediatoren behilflich.

22 Unternehmensformen

Ob One-Man-Show oder wachsendes Team – auch im Rechtlichen gibt es einige Entscheidungen zu treffen. Welche Rechtsform passt für mein Unternehmen? Welchen Spielraum habe ich bei der Wahl eines Firmennamens? Welche behördlichen Formalitäten gilt es, vor dem Start zu beachten? Zusammen mit den Kapiteln zu Versicherung und Steuern lässt sich eine individuelle Checkliste für die Unternehmensgründung und -führung zusammenstellen.

22.1 Welche Rechtsform passt für mein Unternehmen?

Welches die richtige Rechtsform ist, entscheidet sich zu Anfang meist von selbst und später weitgehend an steuerlichen Fragen und der Verteilung des unternehmerischen Risikos. Daneben kann es wichtig sein, den professionellen Auftritt durch einen Zusatz »GmbH« zu verstärken. Die Entscheidung ist wichtig genug, um sich darüber mit Profis zu beraten. Hier können aber schon einmal ein paar Tipps gegeben werden, worauf man achten und wonach man fragen sollte.

22.1.1 Ein-Mann-Unternehmen

Für den Freelancer stellt sich die Frage nach einer passenden Rechtsform in der Regel erst später. Er ist zu Anfang schlicht selbstständig. Wächst das Unternehmen stark oder benötigt man zur Expansion Investitionskapital, wird die Gründung einer Gesellschaft, meist einer GmbH (siehe Abschnitt 22.1.3) notwendig sein. Bis dahin stehen andere Dinge im Vordergrund, vor allem die Steuer. Damit geht die Frage einher: Bin ich freiberuflich oder gewerblich tätig (siehe Abschnitt 22.3, »Wer muss ein Gewerbe anmelden?«)? Davon hängt es ab, ob Gewerbesteuer zu zahlen ist. Bei Mischtätigkeiten, d. h. bei teils freiberuflicher und teils gewerblicher Arbeit, ist besondere Vorsicht geboten, um nicht in die Gewerbesteuerfalle zu tappen. Durch klare Trennung der Umsatzarten kann man Steuern sparen (siehe auch Kapitel 27, »Wie gehe ich mit der Gewerbesteuer um?«). Von Interesse ist sicher auch, ob das

Unternehmen immer den eigenen Familiennamen tragen muss oder ob man auch einen werbewirksameren Außenauftritt konzipieren kann. Die Antwort: Man kann! (Einzelheiten in Abschnitt 22.5, »Wie darf ich mein Unternehmen nennen?«.)

22.1.2 Gesellschaft bürgerlichen Rechts (GbR)

Für Grafikdesigner und andere Freiberufler ist die GbR geradezu typisch, wenn man mit mehreren Partnern in die Selbstständigkeit startet. Man stellt sich meist vor, zur Gründung einer Gesellschaft brauche man einen aufwändigen Vertragstext, der möglichst detailliert die Einzelheiten der Zusammenarbeit regelt und von allen unterschrieben ist.

Keine Formalitäten

Aber: Eine GbR ist schon dann ins Leben gerufen, wenn zwei Partner ihre Computer in ein gemeinsames Studio stellen und ab jetzt unter dem Namen »Dreamteam« gemeinsam Aufträge akquirieren und abarbeiten. Die Gesellschaft ist ein Vertrag zwischen den Partnern, auch ohne dass er in Papierform existiert. In Abschnitt 13.1, »Wann brauche ich einen Vertrag?«, wurde beschrieben, dass ohne individuelle Vereinbarung in solchen Fällen das BGB die Einzelheiten regelt. Deswegen wird die GbR mit einem anderen Namen auch als »BGB-Gesellschaft« bezeichnet. Sobald sich Partner zusammenschließen, um einen gemeinsamen wirtschaftlichen Zweck zu verfolgen, ist eine Gesellschaft entstanden, deren Regeln in den §§ 705 ff. des Bürgerlichen Gesetzbuches aufgestellt sind.

Ob man als GbR organisiert ist, hängt folglich nur begrenzt vom eigenen Willen ab und viel mehr vom äußeren Auftritt der Gruppe. Gleichzeitig haben die Partner aber auch die Möglichkeit, ihr eigenes »Gesetz« in Form eines Gesellschaftsvertrages zu schreiben. Die Vorteile liegen auf der Hand: Man kann die Art und Weise, wie die Gesellschaft funktionieren soll, den individuellen Bedürfnissen anpassen.

Beispiel: Auch eine Gesellschaft bürgerlichen Rechts

Vanessa startet als Grafikdesignerin in das Berufsleben und hat sich einer Gruppe ähnlich Arbeitender in einer alten Fabriketage angeschlossen. Die Zusammenarbeit entwickelt sich sehr schnell sehr gut. Die Gruppe beschließt, gemeinsame Hinweisschilder in der Etage und am Haus anzubringen. Auch die Briefköpfe werden modifiziert. Zwar taucht auch auf dem Briefkopf von Vanessa ihr Name, ihre eigene Telefonnummer und ihre Steuernummer auf. Doch groß darüber prangt: DREAMTEAM, versehen mit einem bunten Logo, wie es auch auf den Hinweisschildern zu finden ist. Vanessa ist dadurch zusammen mit den anderen Mitgliedern der Gruppe zu einer Scheingesellschaft mutiert, die – insbesondere im Hinblick auf die Haftung – wie eine Gesellschaft bürgerlichen Rechts behandelt wird, da die Kunden davon ausgehen können, dass die Gruppe zusammen auf gemeinsame Rechnung arbeitet.

Die GbR ist gegründet, wenn die Partner das erste Mal etwa unter dem Namen »Dreamteam« nach außen in Erscheinung treten, beispielsweise einen Auftrag eines Kunden entgegennehmen. Es spielt keine Rolle, dass der Gesellschaftsvertrag zu diesem Zeitpunkt noch nicht unterschrieben war. Es spielt auch keine Rolle, dass einzelne Partner oder alle noch anderen Jobs nachgehen.

Der Gründungsakt

Wo mehrere Partner gleichberechtigt zusammenarbeiten, gibt es auch nach langjähriger Freundschaft unterschiedliche Auffassungen von der Zusammenarbeit. Man sollte deshalb die wesentlichen Eckpunkte der gemeinsamen Unternehmung festschreiben. Kreditgeber und Finanzamt verlangen ohnehin einen schriftlichen Gesellschaftsvertrag. Die Eckpunkte können sein:

Der Gesellschaftsvertrag

- ▶ Name und Sitz der Gesellschaft
- ▶ Gesellschaftszweck: aussagekräftige Beschreibung der beabsichtigten Tätigkeit
- ▶ Ausstattung
- ▶ Verantwortlichkeiten
- ▶ Krankheit und Urlaub
- ▶ Nebenjobs und Erträge
- ▶ Gewinnverteilung/Entnahmen
- ▶ Ausscheiden/Beendigung
- ▶ Abfindung

Der Gesellschaftsvertrag legt fest, in welche Richtung die Gesellschaft sich entwickeln soll und wo ihre Schwerpunkte liegen. Aber Vorsicht: Anhand dieser Leitgedanken entscheidet auch das Finanzamt, ob die Gesellschaft als freiberuflich oder gewerblich tätig eingestuft wird. Letzteres hat die Gewerbesteuerpflicht zur Folge (siehe Kapitel 27, »Wie gehe ich mit der Gewerbesteuer um?«).

Gesellschaftszweck

Existiert bei einzelnen Gesellschaftern hochwertiges Equipment, das in der Gesellschaft Verwendung finden soll, ist zu klären, ob dies in das gemeinschaftliche Eigentum der Gesellschaft übergehen soll oder nur leihweise genutzt wird. Denkbar ist auch eine Vermietung. Werden keine Vereinbarungen getroffen, gelten im Zweifel alle Einrichtungsgegenstände im Büro als Eigentum aller Gesellschafter und nicht mehr eines Einzelnen. Wurden die Gegenstände auch vorher zur Ausübung eines Berufes verwendet, sind die steuerlichen Konsequenzen der Überführung in die Gesellschaft mit einem Steuerberater zu klären. Andernfalls kann es passieren, dass man Steuern zu zahlen hat, wo man es nicht erwartet. Werden Barmittel eingebracht, sollte festgehalten werden, wer wie viel eingebracht hat.

Ausstattung

Klären sollte man, ob man immer über alles gemeinschaftlich entscheiden will oder Geschäftsbereiche mit einem Hauptverantwortlichen

Die Verantwortung

gebildet werden. Für den letzteren Fall sollte man auch Ausnahmen formulieren, zum Beispiel für Geschäfte über 5.000 €, denn existenzielle Entscheidungen sollten in den Händen aller bleiben. Es gehört auch geregelt, mit welchen Stimmenmehrheiten gemeinschaftliche Entscheidungen getroffen werden.

Nebenjobs und Erträge
Wenn die Partner über Arbeitszeit und Vergütung keine Regelungen treffen, gilt für die Arbeitsleistung § 706 BGB: Jeder hat gleich viel zu leisten. Für die Beteiligung am Ergebnis gilt § 722 BGB: Jeder darf gleich viel vom Jahresergebnis verlangen. Beide Regeln gelten unabhängig voneinander. Vereinbaren die Partner also, dass drei Mitglieder Vollzeit arbeiten, zwei andere halbtags, gilt trotzdem die Gewinnverteilung nach Köpfen. Hier ist also eine schriftliche Vereinbarung nötig.

Werden Nebenjobs ausgeübt oder Teilbereiche auf eigene Rechnung einzelner Gesellschafter vorgenommen, sollte man dies festschreiben und auch regeln, welche Erträge der Gesellschaft zufließen und welche auf eigene Rechnung erfolgen. Außerdem muss man sich einig sein, wie viel Zeit für welchen Job verwendet wird.

Gewinnverteilung und Entnahmen
Verschiedene Maßstäbe kommen in Betracht, wenn der Gewinn nicht gleichmäßig pro Kopf geteilt werden soll. Neben der Arbeitsleistung ist auch der Umsatz ein denkbarer Faktor. Außerdem können Einlagen, die einzelne zum Aufbau des Unternehmens geleistet haben, berücksichtigt werden.

Ein weiterer Punkt sind die monatlichen Entnahmen, das heißt, wie viel jeder pro Monat vom Geschäftskonto nehmen darf. Am Anfang sollte man hier offene Regelungen einbauen, denn man weiß ja noch gar nicht, welche monatlichen Eingänge man hat. Diese Entnahmen sind übrigens keine Betriebsausgaben – die Gesellschafter sind keine Arbeitnehmer bei ihrer GbR – sondern Vorauszahlungen auf den (noch zu versteuernden!) Gewinn.

Ausscheiden
Wenn ein Gesellschafter die GbR verlassen möchte und einen Nachfolger vorschlägt, müssen alle einverstanden sein. Ansonsten wird die GbR aufgelöst, die Schulden werden bezahlt und der Rest verteilt.

Empfehlenswert ist deshalb eine Regelung: »Mit dem Ausscheiden eines Gesellschafters ist die Gesellschaft nicht aufgelöst.« Auch eine (längere) Kündigungsfrist sollte vereinbart sein. Trennung, weil die Zusammenarbeit nicht klappt, ist ebenfalls nur einvernehmlich möglich. Einen Ausschluss per Mehrheitsbeschluss gibt es im Allgemeinen nicht. Aber man kann im Vertrag einige außerordentliche Gründe vorsehen, wegen denen ein Ausschluss doch möglich ist. Das geht allerdings nur gegen Abfindung.

Abfindung
Ein ausführlicher GbR-Vertrag sollte auch die Probleme nach dem Ausscheiden eines Gesellschafters regeln, egal ob aufgrund eigener Kündigung, Ausschluss, Tod oder »Rente«.

Für Ex-Partner einer GbR gelten keine gesetzlichen Wettbewerbsbe-schränkungen. Mit der Trennung hat man möglicherweise einen neuen Konkurrenten, zudem mit Insiderwissen. Deshalb sollte man sich zu Beginn der Partnerschaft Gedanken über Wettbewerbsregelungen ma-chen, die für den Fall der Trennung greifen sollen. Während bei Arbeit-nehmern ein nachvertragliches Wettbewerbsverbot erst wirksam ist, wenn dem früheren Mitarbeiter für die Dauer seiner Enthaltsamkeit eine Entschädigung gezahlt wird, können sich Unternehmer auch ohne Entschädigung dazu verpflichten, auf einem bestimmten Gebiet oder für bestimmte Kunden nicht tätig zu sein.

Wettbewerb

Nicht zulässig auch ohne ausdrückliche Vereinbarung ist es allerdings, den eigenen Ausstieg in einem »Abschiedsschreiben« an ehemalige Ge-schäftspartner und Kunden anzukündigen und in diesem Zusammen-hang seine neuen Kommunikationsdaten gleich mitzuliefern.

Unlauterer Abschied

Größtes Risiko der GbR: Grundsätzlich haften alle Partner mit ihrem gesamten privaten Vermögen für die Verbindlichkeiten der Gesellschaft. Scheidet ein Gründungsmitglied im Laufe der Zeit aus oder kommt je-mand später dazu, muss sich jeder im Klaren sein, inwieweit er selbst für die Verbindlichkeiten der GbR aufzukommen hat.

Haftung in der GbR

Das ausscheidende Gesellschaftsmitglied haftet mit seinem privaten Vermögen für die Verbindlichkeiten der Gesellschaft, die bis zum Aus-scheiden entstanden sind. Es empfiehlt sich dringend, eine Abschluss-bilanz aufzustellen, um Klarheit über die Verbindlichkeiten zu haben.

Abschlussbilanz

Tritt man in eine existierende Gesellschaft ein, haftet man für deren Altlasten nur in Höhe der Einlage, die man gegebenenfalls beim Eintritt bezahlen musste. Für die Verbindlichkeiten, die während der eigenen Mitgliedschaft entstehen, hat man wieder mit seinem ganzen Vermögen geradezustehen. Beim Eintritt ist eine Eröffnungsbilanz aufzustellen, um die Altlasten von neuen Verbindlichkeiten zu trennen.

Eröffnungsbilanz

Jeder versteuert sich selbst, also seinen Anteil am Geschäftsergeb-nis. Jeder kann auch einen Anteil am Verlust steuerlich anrechnen lassen (Verlustzuschreibung) und mit seinen Einkünften aus anderen Tätigkeiten gegenrechnen. Die Mitglieder einer GbR werden nicht au-tomatisch zur Gewerbesteuer herangezogen. Sofern sie freiberufliche (künstlerische oder publizistische) Tätigkeiten ausüben, bleiben sie ge-werbesteuerfrei. Und vor allem: Die Zugehörigkeit zu einer GbR steht der Mitgliedschaft in der Künstlersozialkasse nicht entgegen. Auch zur Körperschaftsteuer wird die GbR nicht veranlagt, dafür zahlen die Ge-sellschafter ihre Einkommensteuer.

Steuern

[»]

Fazit: Gesellschaft bürgerlichen Rechts

Die GbR ist für Start-ups mit mehreren Partnern die typische Gesellschaftsform, denn ihre Gründung ist einfach und kostengünstig. Sie hat den großen Nachteil, dass man mit seinem gesamten privaten Vermögen für Verbindlichkeiten einzustehen hat. Perspektivisch wird man mit wachsenden Umsatzzahlen über eine Überführung in eine GmbH nachdenken müssen. Aber: Gerade am Anfang sind die mit der GbR verbundenen Gefahren in der Regel noch überschaubar.

22.1.3 GmbH

Die Gesellschaft mit beschränkter Haftung

Ihr besonderes Kennzeichen trägt die GmbH schon in ihrem Namen: Gesellschaft mit beschränkter Haftung. Sofern man sich an die Spielregeln hält, gibt es niemanden, der mit seinem privaten Vermögen für Verbindlichkeiten einstehen muss. Die GmbH hat ihr eigenes Vermögen, und nur das haftet. Man steckt somit, jedenfalls in der Theorie, nicht seine ganze persönliche Existenz in das Unternehmen, sondern eine überschaubare Kapitalsumme. Privates und Geschäftliches lassen sich so klarer trennen.

Kein Persilschein

Aber die Gründung einer GmbH kommt auch nicht einem Persilschein gleich. Ist das Kapital verbraucht – aufgrund schlechter Geschäftslage fehlen die Einnahmen –, steht man als Gesellschafter vor der Wahl, entweder frisches Geld nachzuschießen oder zuzusehen, wie die Geschäftsführer Insolvenz anmelden und so das Unternehmen begraben. In dieser Zwickmühle wird dann nicht selten doch das gesamte private Kapital in die Firma gesteckt. Auch Banken werden Kredite nur gegen zusätzliche persönliche Sicherheiten (private Bürgschaften, Hypothek aufs eigene Haus usw.) der Gesellschafter gewähren, so schließt sich der Teufelskreis, dem man eigentlich durch Gründung einer »sicheren« Gesellschaft entfliehen wollte.

Nichtsdestotrotz ist die GmbH eine wichtige und gute Gesellschaftsform. Mit wachsender Geschäftätigkeit und großen Aufträgen ist es unumgänglich, das eigene Haftungsrisiko zu begrenzen. Jeder kann ermessen, welcher Schaden entsteht, wenn die Server eines großen Online-Shop-Portals für Tage nicht erreichbar sind. Dafür möchte man nicht mit seinem Ersparten gerade stehen. Außerdem bietet die GmbH vor allem für gewerblich Tätige steuerliche Vorteile.

Die Gründung

Die GmbH gibt es, anders als die GbR, nicht umsonst. Die vier Buchstaben am Ende des Firmennamens kosten 25 000 €. Dies gilt jedoch nicht für die Ende 2008 neu eingeführte GmbH light (Näheres dazu Abschnitt 22.1.4, »Haftungsbeschränkte Unternehmergesellschaft«). Diesen Betrag, das Stammkapital, müssen die Gründungsmitglieder mindestens aufbringen und dem Gesellschaftskonto gutschreiben oder als Sacheinlagen aufbringen. Erst dann ist man von der persönlichen Haftung befreit. Diese sogenannte *Einlage* bildet die Haftungsmasse der GmbH. Zwar darf die GmbH schon mit der Hälfte des Stammkapitals, also 12 500 €, gegründet werden. Das Gesetz geht aber von einer zeit-nahen Aufstockung auf den vollen Betrag aus. Die Gesellschafter haften in der Zwischenzeit persönlich für den Fehlbetrag. Man sollte deshalb den Ausnahmecharakter dieser Regelung ernst nehmen.

Die Anmeldung zum Handelsregister und die Beurkundung des Ver-tragsschlusses werden vom Notar vorgenommen. Im Gesellschafts-vertrag werden die Stammeinlagen und damit die Stimmverhältnisse niedergelegt. Bei den Angelegenheiten, die relativ frei vereinbart wer-den können, sind die folgenden Punkte wichtig:

Der Gesellschafts-vertrag

▶ **Nach außen:** Wer ist Geschäftsführer (GF), und wer darf das Unter-nehmen gegebenenfalls allein vertreten bzw. brauchen alle wichtigen Verträge die Unterschrift von mehreren Geschäftsführern? Wenn nichts geregelt wird, gilt die gesetzliche Bestimmung: Zur wirksamen Vertretung ist die Erklärung aller Geschäftsführer nötig.

▶ **Nach innen:** Welche Geschäfte darf jeder Geschäftsführer allein täti-gen, welche müssen von mehreren Geschäftsführern abgeschlossen werden, und welche gehen überhaupt nur mit Beschluss der Gesell-schafterversammlung? Solche Beschränkungen (z. B. »bis 5 000 €«) gelten nicht gegenüber Dritten. Aber der GF, der seine Kompetenz überschreitet, ist gegenüber seiner Gesellschaft schadensersatz-pflichtig.

▶ **Mit welcher Mehrheit werden Beschlüsse der Gesellschafter ge-fasst?** Wenn drei gleichberechtigte Partner für bestimmte wichtige Fragen ein 75-Prozent-Quorum vorsehen, verankern sie damit fak-tisch eine Pflicht zum Konsens.

▶ **Dürfen die Gesellschafter auf gleichem Gebiet wie die GmbH ihre eigenen Jobs ausführen?** Wenn nichts vereinbart wird, darf ein Ge-sellschafter durchaus seine eigenen Kunden betreuen. Er schuldet zwar der Gesellschaft einen gewissen Einsatz für deren Ziele, aber ein Konkurrenzausschluss ist mit dem Gesellschaftsvertrag nicht automatisch verbunden. Hier gibt es oft am Anfang ein harmoni-sches Chaos, am Ende Streit. Man kann stattdessen vorsehen, dass brancheninterne Nebenjobs der vorherigen Zustimmung der Partner bedürfen, dass die Partner aber diese Zustimmung nicht treuwidrig verweigern werden.

▶ **Aus welchen Gründen darf ein Gesellschafter ausgeschlossen wer-den?** Zulässig sind nur gewichtige Gründe, etwa eine vertraglich untersagte Konkurrenztätigkeit oder eine Störung des Gesellschafts-zwecks, die aus der Person oder dem Verhalten des lästigen Partners entspringt. Die Voraussetzungen eines Ausschlusses einschließlich der unbedingt notwendigen Abfindungsregelung müssen bereits vorab im Vertrag stehen.

Die Förmlichkeiten sollten erleichtert werden, indem der Vertrag Abstimmungen im Umlaufverfahren (E-Mail, Telefon) vorsieht. In diesem Fall darf jeder Gesellschafter dem Verfahren widersprechen, und dann muss eine richtige Versammlung stattfinden. Beteiligen sich jedoch alle widerspruchslos an der Beschlussfassung, kann keiner nachher sagen, die Abstimmung sei ungültig gewesen.

[+]

> **Tipp: Professionelle Hilfe**
> Beim Notar kosten die Beurkundung und die Anmeldung zum Handelsregister. Einen Standardvertrag gibt es umsonst dazu. Will man individuelle Besonderheiten berücksichtigt haben, muss man einen Rechtsanwalt zu Rate ziehen.

Der Geschäftsführer
Der oder die Geschäftsführer nehmen eine Sonderstellung ein. Die Gesellschafter legen die Unternehmenspolitik fest, die Geschäftsführer setzen diese in eigener Verantwortung um. Gesellschafter- und Geschäftsführerposten sind Aufgaben, die in Personalunion durchgeführt werden können. Vor dem Gesetz haben sie aber unterschiedliche Rollen. Dem Geschäftsführer legt die beschränkte Haftung der Gesellschaft besondere Pflichten auf: Ein Jahresabschluss mit Bilanz muss erstellt und spätestens bis 30. November des Folgejahrs von der Gesellschafterversammlung genehmigt worden sein. Erst mit dieser Genehmigung geht die Verantwortung für das Geschäftsjahr auf die Gesellschaft über. Vor allem aber muss ein GF immer darauf achten, ob die Gesellschaft noch weitermachen darf oder ob er Insolvenz anmelden muss. Nicht nur Zahlungsunfähigkeit ist ein zwingender Insolvenzgrund, sondern auch Überschuldung. Damit soll verhindert werden, dass ein Unternehmen die drängendsten Gläubiger immer gerade noch aus den laufenden Einnahmen befriedigt, inzwischen aber neue Verbindlichkeiten eingeht.

Ohne deutsche Staatsangehörigkeit ist eine Aufenthaltsgenehmigung erforderlich, die selbstständige Tätigkeit einschließt (obwohl eine Geschäftsführerin oder ein Geschäftsführer eigentlich Angestellte sind). Für Staatsangehörige aus EU-Mitgliedsstaaten gelten besondere Regeln, die eine Gleichbehandlung unabhängig von der Nationalität zum Ziel haben. Eine abgeschlossene kaufmännische Ausbildung ist nicht erforderlich, um die Funktion des oder der »GF« zu übernehmen.

Wer den Job macht, sollte in jedem Fall Folgendes tun:

► Ein kleines Handbuch befragen oder ein IHK-Seminar besuchen.
► Eine Checkliste erstellen: Woran ich im Lauf des Jahres denken muss.
► Bei mehreren GFs: die Kompetenzen klar verteilen.

Versicherungen
Ein GmbH-Geschäftsführer oder eine Geschäftsführerin können nicht in der Künstlersozialkasse versichert sein, denn sie arbeiten überwiegend

in ihrem Angestelltenverhältnis, fallen also aus dem Rahmen der freiberuflichen Tätigkeit in Kunst und Publizistik, den die KSK voraussetzt. Der Geschäftsführer ist entweder sozialversicherungspflichtig – wird also wie jeder andere Arbeitnehmer versichert, mit Übernahme der Hälfte seiner Beiträge durch die GmbH – oder er ist versicherungsfrei, was oft ein Nachteil ist.

Ein geschäftsführender Gesellschafter ist dann nicht sozialversicherungspflichtig, wenn er unternehmerischen Einfluss hat, zum Beispiel wenn er Beschlüsse aufgrund einer Sperrminorität verhindern kann. Unter diesem Gesichtspunkt ist es also vorteilhaft, in einer paritätischen Dreiergesellschaft Beschlüsse mit einfacher Mehrheit zuzulassen. Dann ist jeder Geschäftsführer weisungsgebunden, und die Versicherungspflicht besteht. Folge ist: Die Gesellschafter setzen nicht nur die Arbeitgeberbeiträge als Betriebsausgaben ab, sie müssen den empfangenen Zuschuss auch nicht privat versteuern. Anders ist es beim Arbeitgeberzuschuss zur Sozialversicherung eines versicherungsfreien Geschäftsführers. Bei ihm wird der Arbeitgeberanteil wie eine Ausschüttung behandelt.

In der GmbH hat man keine Wahl, es muss bilanziert werden. Da man in der Regel den Verwaltungsaufwand nicht kompetent selbst abdecken kann, entstehen Zusatzkosten für die externe Vergabe. **Bilanzierung**

Die GmbH ist in der Gestaltungsmöglichkeit der Gewinndarstellung der GbR klar überlegen. Damit sind erhebliche Steuersparmodelle denkbar. Zum Beispiel bei der Gewerbesteuer. Die Gewinne der GbR stellen gleichzeitig den Arbeitslohn ihrer Protagonisten dar. Anders bei der GmbH: Hier können die Kreativen als Geschäftsführer angestellt werden, sodass ihr Gehalt den Gewinn der Gesellschaft schmälert. Wird damit bei der GbR das eigene Gehalt »doppelt« versteuert, denn man zahlt Gewerbe- und Einkommensteuer, ist das bei der GmbH nicht so. Trotz teilweiser Anrechnung der Gewerbesteuer auf die Einkommensteuer der GbR-Gesellschafter lohnt sich die GmbH steuerlich. Bei Freiberuflern gilt das zwar nicht im gleichen Maße, aber auch hier lohnt sich ab einem bestimmten Umsatzvolumen die Gründung einer GmbH. **Steuern**

Wer die Aufgabe des Geschäftsführers einer GmbH übernimmt, sollte sich (vorher) gründlich über die gesetzlichen Pflichten informieren. Wenn beispielsweise das Stammkapital nicht ordentlich eingebracht (zum Beispiel kurz nach Einlage wieder entnommen) wird oder die Anmeldung der Insolvenz verschleppt wird (zum Beispiel in Erwartung des rettenden Großauftrags), dann wirkt die Haftungsbegrenzung der GmbH nicht mehr, und die Gläubiger können auf das Privatvermögen des Geschäftsführers zurückgreifen. **Bekämpfung von Missbräuchen**

Ansprüche gegen die Gesellschaft können heute deutlich beschleunigt werden, weil das elektronische Handelsregister eine inländische

Geschäftsadresse vorschreibt. Ist der Geschäftsführer der GmbH nicht mehr greifbar und die GmbH zahlungsunfähig, sind die restlichen Gesellschafter an Stelle des Geschäftsführers verantwortlich. Beispielsweise müssen diese dann den Insolvenzantrag stellen. Um zu verhindern, dass Gesellschafter zu Totengräbern der Gesellschaft werden, haften sie zukünftig gegenüber Gläubigern in der Höhe, in der sie sich kurz vor der Insolvenz Zahlungen an sich selbst geleistet haben.

Pro und Contra abwägen Pro und Kontra einer GmbH-Gründung sollten mit professioneller Hilfe gegeneinander abgewogen werden. Im klassisch freiberuflichen Bereich werden es Haftungs- und Außendarstellungsfragen sein, die den Ausschlag geben. Merkt man im Kontakt mit dem Kunden, dass die eigene Professionalität aufgrund des Freelancer-Images der GbR nicht mehr kommunizierbar ist, wird man sich für die GmbH entscheiden müssen. Im gewerblichen Bereich kommen noch im stärkeren Maße steuerliche Aspekte hinzu.

22.1.4 Haftungsbeschränkte Unternehmergesellschaft

GmbH light Eine Anpassung und Erweiterung der populären GmbH auf die Bedürfnisse kapitalschwacher Gründer bietet seit einigen Jahren die Rechtsform der Unternehmergesellschaft. »Mini-GmbH«, »1-Euro-GmbH«, »kleine GmbH« oder »GmbH light« sind hier die Schlagworte. Dabei handelt es sich gar nicht um eine neue Rechtsform, sondern nur um eine besondere Spielart der GmbH. Die meisten GmbH-Regeln gelten auch für diese Gesellschaftsform. Entscheidender Unterschied ist neben der Gesellschaftsgründung ohne Mindestkapital die Regelung, dass Gewinne so lange nicht voll ausgeschüttet werden dürfen, bis im Laufe der Zeit das Mindestkapital der normalen GmbH angespart ist. Dann ist die Unternehmergesellschaft ganz von selbst in den Status einer normalen GmbH hineingewachsen.

Für solche Gesellschaftsgründungen mit maximal drei Gesellschaftern und Bargründung – alle Gesellschafter zahlen ihren vereinbarten Gesellschaftsanteil ein und ersetzen diesen nicht durch Sacheinlagen, also einen PC, ein Auto usw. – finden sich in einer Anlage zum neuen GmbH-Gesetz zwei Musterprotokolle, die eine einfache Gesellschaftsgründung ermöglichen sollen. Diese Musterprotokolle enthalten einen vorformulierten Gesellschaftsvertrag, eine Geschäftsführerbestellung und eine Gesellschafterliste. Zwar muss auch diese Gesellschaft im Handelsregister eingetragen werden, doch fallen die Gründungskosten wesentlich geringer ins Gewicht als bei einer »normalen« GmbH. Für Notar und Handelsregistereintrag sowie für die Veröffentlichung soll ein Betrag von 150 € ausreichend sein.

Limited contra Unternehmergesellschaft

Die englische Limited (Ltd.) wurde in den letzten Jahren als günstige Alternative zur »teureren« GmbH angesehen. Das Image der in Deutschland aktiven Limiteds war hingegen eher zweifelhaft. Die neue Unternehmensgesellschaft als »kleine GmbH« macht die deutsche Ltd. im Grunde überflüssig. Genau wie bei dieser kann nun eine haftungsbeschränkte Gesellschaft mit nur einem Euro Startkapital gegründet werden. Auch die Gründungskosten sind in etwa vergleichbar, ebenso die Gründungsdauer von etwa zwei Wochen. Ein großer Vorteil der neuen deutschen Gesellschaftskonstruktion sind die laufenden Kosten. Unterhaltskosten, wie sie bei einer Ltd. z.B. für Secretary-Service, Registered Office, Postweiterleitung und anderes nötig sind, fallen nicht an.

22.1.5   GmbH & Co. KG

Ihr haftete in der Vergangenheit nicht immer das beste Image an, und sie ist als Unternehmensform in kreativen Berufen selten. Nur in Ausnahmefällen lohnt es, sich näher mit der Kommanditgesellschaft zu befassen. Im Unternehmensrecht unterscheidet man Kapitalgesellschaften, die nur mit einer bestimmten Kapitalsumme ihren Gläubigern haften, und Personengesellschaften, in denen persönlich mit dem gesamten Vermögen gehaftet wird. Die GmbH & Co. KG gehört zu den Personengesellschaften, nur mit dem Trick, dass die persönliche, volle Haftung einer GmbH überlassen ist. Auf diesen Trick ist auch ihr ehemals schlechter Ruf zurückzuführen.

Die Erfindung der »GmbH & Co. KG« beruht auf folgendem Gedanken: Da eine GmbH eine juristische Person ist, kann sie auch »der Unternehmer« in einer KG sein. Folglich gruppiert sich die ganze KG um einen »persönlich haftenden Gesellschafter«, der selbst nur beschränkt haftet.

Nützlich ist diese Konstruktion, wenn eine bereits bestehende GmbH zusätzliche Investoren gewinnt, denen aber keine Anteile an der GmbH verkauft werden sollen – was ja immer den Prozentanteil der alten Gesellschafter vermindert.

Investoren als Gesellschafter mit begrenztem Risiko

Beispielsweise kreiert eine GmbH, die bisher Webdesign und Webhosting betrieben hat, einen ganz neuen Geschäftszweig: Sie wird Anbieter eines Teledienstes. Sie gewinnt andere Unternehmen und Einzelmenschen als Geldgeber für dieses spezielle Projekt. Dann kann sie diesen Investoren anbieten, »Kommanditisten« in der neuen Gesellschaft zu werden. Die neuen Gesellschafter investieren Geld, sie selbst übernimmt bzw. behält die Regie in dem Unternehmen, und ihre Geschäftsführer sind auch die Chefs der KG. Die Rolle der GmbH in diesem Konstrukt bezeichnet man als »Komplementär«. Ein weiterer Vorteil ist der, dass man der neuen Gesellschaft einen eigenen Namen geben kann.

Der Nachteil der eben beschriebenen Konstruktion einer GmbH & Co. KG ist der, dass mehrere Unternehmen von einer haftenden GmbH-Gesellschafterin abhängig sind und so das Insolvenzrisiko steigt.

Bietet selten Vorteile
Die GmbH muss keinen Beitrag zum Startkapital erbringen. Sie kann von der Beteiligung am Verlust (nicht jedoch von der Haftung gegenüber Gläubigern) vertraglich verschont werden, und es kann ihr aus den Geldern der KG eine Aufwandsentschädigung für die Geschäftsführung zugebilligt werden. Trotz dieser Gestaltungsfreiräume ergeben sich nur in besonderen Fällen steuerliche Vorteile gegenüber der GmbH. Viele Bestimmungen (über Ausschüttungen, Gesellschafterdarlehen, Geschäftsführerhaftung) sind heute ans GmbH-Recht angepasst und Schlupflöcher damit geschlossen. Die Vorteile liegen in der Möglichkeit innerhalb der KG, die Gesellschaftsverhältnisse leichter zu ändern als innerhalb einer GmbH. Unternehmen, die auf fremdes Kapital verstärkt angewiesen sind, können aus der Gesellschaftsform ihren Nutzen ziehen.

Limited
Die europäische Union bietet die vereinfachte Möglichkeit der Gründung ausländischer Unternehmen mit Sitz in Deutschland. Limited ist die GmbH des angloamerikanischen Rechtskreises. Der Gründungsaufwand ist zwar im Vergleich zur GmbH geringer, aber die Gründung muss in Großbritannien erfolgen, mit dem Nachteil, dass englisches Recht zu beachten ist. Die damit verbundenen Nachteile wiegen unseres Erachtens schwerer als die Vorteile des geringeren Gründungsaufwandes. Ohne fachmännische Hilfe sollte man sich an das Projekt nicht heranwagen.

22.1.6   Offene Handelsgesellschaft (OHG)

Die groß gewordene GbR
Zur OHG wird man automatisch, wenn man als Gewerbebetrieb eine bestimmte Größe erreicht hat. Die OHG ist also nur in seltenen Fällen eine bewusste Entscheidung. Man wird dazu und entscheidet sich lediglich bewusst gegen eine andere Rechtsform, etwa um Kosten für die Umwandlung zu sparen. Sie drückt Professionalität aus wie die GmbH, ohne jedoch die Haftungsprivilegien zu bieten. Bleibt das Risiko trotz der eigenen Größe überschaubar, ist die OHG ein gangbarer Weg. Ansonsten ist die GmbH vorzuziehen.

22.1.7   Bürogemeinschaft

Die Bürogemeinschaft ist keine Rechtsform, sondern eine Organisationsform. Sie dient dazu, Kosten zu sparen, ohne jedoch gemeinsam gegenüber Kunden aufzutreten. Man nutzt gemeinsam Büroräume, EDV-Anlage usw., wickelt aber alle Aufträge selbstständig ab. Die Grenzen zur GbR sind fließend. Will man über die reine Kostenteilung noch weitere Synergien nutzen, ist man schnell Gesellschaft (zu den Folgen siehe oben). Um diese Gefahren zu minimieren, sollte man Folgendes beachten:

▶ Kein gemeinsamer Briefkopf. Schon der Zusatz »in Bürogemeinschaft« kann jedenfalls Indiz für das Gegenteil sein.

▶ Keine gemeinsamen Rechnungen.

▶ Kein gemeinsamer Außenauftritt, weder in der Werbung noch in der Auftragsabwicklung.

Die Partnerschaftsgesellschaft

Mit einem Eintrag in das Partnerschaftsregister lassen sich Haftungsrisiken der GbR zwar nicht der Höhe nach begrenzen, aber jedenfalls sind sie der Verantwortlichkeit des Verursachers allein überlassen. Eintragungsfähig sind nur freiberufliche Partnerschaften. Eine Mischpartnerschaft ist nicht möglich. Voraussetzung der Haftungszuweisung ist allerdings die klare Trennbarkeit der Arbeitsleistungen (z. B. Text und Illustration). Es ist durchaus eine Alternative zwischen Bürogemeinschaft und GbR.

22.2   Was muss ich anmelden?

Es sind nicht viele Formalien, die ein neu gegründetes Unternehmen oder ein einzelner Selbstständiger am Beginn ihrer Tätigkeit zu erledigen haben. Fürsorglich wie der Staat ist, informieren die Behörden sich gegenseitig. Die Antwort auf die Frage »Wo muss ich mich anmelden?« lautet deshalb für einen freiberuflichen Kreativen: Erstens nirgendwo und zweitens beim Finanzamt.

Für die Selbstständigkeit in kreativen Berufen der Medienbranche ist keine Erlaubnis nötig. Es gibt keine Aufsichtsbehörde (wie etwa für die Gastronomie oder Rechtsanwälte).

Voraussetzung ist allerdings, dass ich freiberuflich arbeite, also kein Gewerbe betreibe. Ein Webdesigner oder eine Grafikerin ist freiberuflich, wenn ihre Arbeit:

▶ künstlerischen Charakter hat: Im Vordergrund der Arbeit müssen die eigenschöpferischen Anteile des Designs stehen, auch wenn im Auftrag und nach Vorgaben entworfen. Die programmtechnische Umsetzung des Designs fällt nach Auffassung des Gesetzes meist nicht in den künstlerischen Bereich.

▶ üblicherweise eine Hochschulausbildung erfordert, auch wenn diese im Einzelfall nicht absolviert wurde.

▶ als Dienstleistung überwiegend im persönlichen Arbeitsergebnis besteht.

Die Beschäftigung von Mitarbeitern steht der Freiberuflichkeit nicht entgegen, wohl aber Massenherstellung und Handel. Gewerblich ist zum Beispiel der Vertrieb von Bild- oder Grafikdateien, das Angebot von Datenbanken, das Providen oder die Agenturtätigkeit für Texte, Bilder oder Gestaltungen.

Das Finanzamt Weil vom gewerblichen Status auch die Gewerbesteuerpflicht abhängt, legen die Finanzbehörden seit jeher die Gesetzesdefinition der »freiberuflichen Tätigkeit« (§ 18 Abs. 1 Nr. 1 Einkommensteuergesetz) möglichst eng aus. Die Finanzgerichte sind ihnen oft gefolgt. Screendesign, das engen Vorgaben der Auftraggeber folgt, liegt für die Finanzämter im gewerblichen Bereich (selbst wenn die Künstlersozialkasse einen aufnimmt). Auch Fotografie wird häufig als gewerblich eingestuft (nämlich wenn sie weder aktuelle Bildberichterstattung noch freie Kunst ist). Unternehmensberater und Software-Architekten haben dagegen größere Chancen, dass ihre Tätigkeit als freier Beruf akzeptiert wird. Und digitale Bildbearbeitung ist ein Streitfall, bei dem die Finanzämter wohl durchweg zu der Auffassung neigen, die Tätigkeit sei gewerblich.

Widerspruch gegen die Einstufung als gewerblich Einen Grund, sich diese Auffassung zu eigen zu machen, gibt es nicht. Eine unterlassene Gewerbeanmeldung kann zwar mit einem Bußgeld belegt werden, doch geht diesem in der Praxis eine bußgeldfreie Aufforderung voraus. In diesem Fall sollte man aufschreiben, was für den freiberuflichen (»künstlerischen«) Charakter der eigenen Tätigkeit spricht, und diese Auffassung einreichen. Die Finanzämter haben einen Ausschuss für Zweifelsfälle. Ob man dessen Entscheidung dann akzeptiert oder einen Rechtsstreit führt, sollte man mit einem Steuerberater oder Rechtsanwalt absprechen.

Wer als Kreativer erst einmal selbstbewusst davon ausgeht, dass er eine freiberufliche Tätigkeit ausübt, teilt diese Tatsache (mit Tätigkeitsbeschreibung) dem Finanzamt formlos mit. Von dort erhält er oder sie den entsprechenden Fragebogen zur steuerlichen Erfassung. Der weitere Dialog ist sozusagen »mit Benutzerführung«.

[+]

> **Hinweis: Freie Berufe**
>
> Wer selbstständig in einem freien Beruf ist, benötigt keine Gewerbeanmeldung, keine Mitgliedschaft in der IHK und keine Eintragung ins Handelsregister. Nur das Finanzamt muss informiert werden.

22.3 Wer muss ein Gewerbe anmelden?

Wenn schon bei vielen kreativen Berufen umstritten ist, ob sie nach den Maßstäben des Gewerbe- und Steuerrechts als freie Berufe gelten dürfen, dann gibt es rund um Web und Print erst recht eine Reihe von Tätigkeiten, die eindeutig gewerblich sind.

Der Handel mit Waren (z. B. Software) gehört ebenso dazu wie Hosting (wenn es nicht völlig geringfügige Nebenleistung ist) und alle Dienstleistungen im Pre-Press-Bereich, bei denen es um die technisch-handwerklichen Aspekte der Druckvorstufe geht.

22.3.1   Wer ist gewerbetreibend?

Wenn also der Charakter der Berufstätigkeit als gewerblich angesehen werden muss, kann eine Gewerbeanzeige nötig sein – vorausgesetzt, es liegen diese drei Merkmale vor:

1. Es muss sich um eine selbstständige Tätigkeit handeln. Selbstständig handelt auch, wer in einer GbR (siehe Abschnitt 22.1.2, »Gesellschaft bürgerlichen Rechts (GbR)«) aktiv ist, nicht aber der Angestellte oder Geschäftsführer einer GmbH. Wer als Freelancer für einen Unternehmer »scheinselbstständig« arbeitet, versäumt keine Gewerbeanmeldung, weil er objektiv nicht selbstständig ist – ganz gleich, welche Überschrift den Mitarbeitervertrag ziert. **Selbstständig**

2. Die Tätigkeit muss mit Gewinnerzielungsabsicht betrieben werden. Multimedia-Arbeit in gemeinnützigen Vereinen, zum Beispiel freien Trägern der Jugendhilfe, Kulturzentren, aber auch nichtkommerzielles Networking oder Portale und Foren, die sich nicht als Werbeträger vermarkten, sind mangels Gewinnerzielungsabsicht nicht gewerblich. Besteht jedoch das Ziel, Geld zu verdienen, kommt es nicht darauf an, ob tatsächlich bereits Einkünfte erzielt werden. **Gewinnorientiert**

3. Die Tätigkeit muss nachhaltig, also nicht nur einmalig oder bei Gelegenheit ausgeübt werden. Wer – auch gegen gute Bezahlung – einmal eine Website erstellt, im Übrigen aber beispielsweise als Arbeitnehmerin beschäftigt ist oder studiert, der übt seine Tätigkeit nicht nachhaltig aus. **Nachhaltig**

22.3.2   Anmeldung

Erst wenn dauerhaft »auf eigene Rechnung« Leistungen angeboten werden, muss die Gewerbeanmeldung vorgenommen werden. Vorgesehen ist die Anmeldung zu dem Zeitpunkt, wo die Betätigung tatsächlich beginnt: mit der Anmietung eigener Räume oder mit der eigenen Internet-Präsenz, auch wenn sie vom Schreibtisch der eigenen Wohnung aus administriert wird.

Die Anmeldung ist mit einer Gebühr verbunden, die von Gemeinde zu Gemeinde schwankt, aber nicht mehr als 100 € beträgt. Die Anmeldung selbst geschieht mit einem Formular für Gewerbeanmeldung. In den meisten Fällen lässt sich dies per Download aus dem Internet fischen. Beim Ausfüllen des Formulars kann man eigentlich nichts falsch machen, da nur persönliche beziehungsweise Angaben zur Gesellschaft erfragt werden. Nur wenn man schon etwas länger im Geschäft ist, sollte man überlegen, was der Grund für die heutige Anmeldung ist. Idealerweise hat man zuvor nur künstlerisch gearbeitet und erweitert sich erst jetzt um gewerbliche Geschäftszweige.

Verspätete Anmeldung Die Anmeldung zu verpassen ist nicht unbedingt schlimm. Der erste Hinweis der Behörde kostet noch nichts. Praktisch geschieht es häufig auf dem Wege, dass kein Gewerbe angemeldet wird und dem Finanzamt gegenüber erklärt wird, dass die Tätigkeit freiberuflich ist. Kommt dieses nach einer Prüfung zu dem Ergebnis, dass doch eine gewerbliche Tätigkeit vorliegt, meldet es dies der zuständigen Behörde mit dem oben genannten Ergebnis. Erst wenn man auf diese Aufforderung hin weiterhin nichts unternimmt, können Bußgelder anfallen. Im Auge behalten muss man, dass das Finanzamt nicht gezahlte Gewerbesteuer bis zu sieben Jahre nachträglich erheben kann. Eine Steuerschuld ist aber erst entstanden, wenn überhaupt die jährlichen Gewinnfreibeträge erreicht wurden (siehe Teil VI zu den Steuern).

Die örtliche Behörde leitet die Anmeldung von sich aus weiter an die Industrie- und Handelskammer, das zuständige Finanzamt, an die Berufsgenossenschaft, das Arbeitsamt und einige weitere Institutionen. Diese melden sich dann von selbst. Außer der Anmeldung beim Finanzamt gibt es nichts, was nicht abgewartet werden könnte.

[+]

Hinweis: Teilweise gewerblich

Wenn die selbstständige Tätigkeit auch nur teilweise gewerblich ist, steht eine Gewerbeanmeldung an. Gewerbesteuer ist nicht zu befürchten, solange der Jahresgewinn unter 24 500 € liegt.

22.4 Wer muss sich beim Handelsregister anmelden?

Für die meisten Unternehmensgesellschaften (KG, GmbH, GmbH & Co. KG) ergibt sich die Anmeldung zum Handelsregister automatisch. Für die One-Man-Show und die GbR (ab Eintragung: OHG) ist sie nur vorgeschrieben, wenn der Geschäftsumfang sehr groß ist.

Das Handelsregister ist eine Unternehmenskartei, die bei einem Amtsgericht geführt wird. Man erkundigt sich am besten vorher nach dem zuständigen Registergericht durch ein Telefonat mit dem nächstgelegenen Amtsgericht unter Schilderung des Anliegens und der Adresse.

Sinn dieser Kartei ist die Transparenz im Geschäftsverkehr. Wer ist der gesetzliche Vertreter einer GmbH? Welche Tätigkeitsfelder hat das

Unternehmen angemeldet? Welches Kapital wurde eingebracht? Wer hat Prokura? Geschäftspartner sollen die Möglichkeit haben, ein paar Erkundigungen einzuziehen.

Die anfangs nur zögerliche Umsetzung des elektronischen Handelsregisters darf zwischenzeitlich als abgeschlossen gelten. Eine Eintragung ist weiterhin zu beglaubigen und beim Amtsgericht (nunmehr elektronisch) einzureichen. Die Offenlegung obliegt dann nicht mehr dem Amtsgericht, sondern dem elektronischen Bundesanzeiger.

Wurden früher Jahresabschlüsse nur zögerlich offengelegt und das Registergericht nur auf Antrag eines Interessierten tätig, macht nun der Betreiber des elektronischen Handelsregisters Druck und legt Verstöße offen.

Die wichtigsten Informationsquellen

▶ *www.ebundesanzeiger.de* (Veröffentlichungsorgan, Dort findet sich auch die Plattform für viele Anmeldungen, die im Rahmen des Unternehmensregisters getätigt werden können.)

▶ *www.unternehmensregister.de* (Hier können alle Daten über eine Gesellschaft schnell und aktuell eingesehen werden.)

Nicht jeder muss sich beim Handelsregister eintragen lassen. Freiberufler/-innen sind völlig von einer Eintragung ausgenommen, Gewerbetreibende bis zu einem Jahresgewinn von 25 000 € oder einem Jahresumsatz von 260 000 € ebenfalls. Umgekehrt sind alle Kaufleute und Kapitalgesellschaften zur Eintragung verpflichtet.

Eine freiwillige Eintragung ist problemlos möglich. Dann darf man den Zusatz »eingetragener Kaufmann« (e. K.) führen. Ob dies sinnvoll ist, das ist eine andere Frage. Denn mit der Eintragung entscheidet man sich auch für die Pflichten eines ordentlichen Kaufmanns. Konkret bedeutet das »doppelte Buchführung« und »Bilanzierung« – was mit einem gewissen buchhalterischen Mehraufwand verbunden ist. Die Eintragung ins Handelsregister führt zur Pflichtmitgliedschaft in der örtlichen Industrie- und Handelskammer. Außerdem kostet eine Handelsregistereintragung auch Geld, da sie nur über einen Notar vorgenommen werden kann.

Einzelkämpfer oder Gesellschaften bürgerlichen Rechts, deren Geschäftsumfang »kleingewerblich« bleibt, können selbst entscheiden, ob sie sich eintragen lassen. Für eine GbR bedeutet dies, dass sie zur OHG (siehe Abschnitt 22.1.6, »Offene Handelsgesellschaft (OHG)«) wird. Welche Konsequenzen sich im Übrigen ergeben, wird auf den folgenden Seiten erläutert.

Nicht für jeden Pflicht

22.5 Wie darf ich mein Unternehmen nennen?

Auch wer sein Studio allein betreibt, darf ihm einen Fantasienamen geben und mit einem Logo für sich werben. Auf dem Briefbogen muss allerdings ein wenig mehr zu lesen sein.

Geschäftliche Bezeichnungen, Firmenschlagwörter und Unternehmenskennzeichen stellen einen Wert dar, der gesetzlich gegen den Missbrauch durch Wettbewerber geschützt ist. Es gibt auch einige Vorschriften, die bei der Wahl des eigenen Namens zu beachten sind.

Das Recht der Namensgebung für Selbstständige ist in letzter Zeit erneuert worden. Die Freiheiten, unter einem Kürzel zu werben und ein Logo zu entwickeln, sind heute größer. Es hat sich die Einsicht durchgesetzt, dass nicht nur Gastwirte oder Apotheker das Recht auf eine klingende »Etablissementbezeichnung« haben, sondern auch andere Selbstständige, die nicht ins Handelsregister eingetragen sind.

»Firma« — Im Handelsrecht bedeutet »Firma« – anders als im alltäglichen Sprachgebrauch – die offizielle Bezeichnung eines Unternehmens, der Name, unter dem der Kaufmann klagen und verklagt werden kann. Heute ist der Kaufmann nicht mehr verpflichtet, seinen Familiennamen und einen Vornamen in der Firma zu führen. Eine unterscheidungskräftige Fantasiebezeichnung reicht aus. Sie muss beim Einzelkaufmenschen einen Zusatz enthalten wie »eingetragene Kauffrau« oder »e. K.«, beim Club der Freunde (juristisch: Personengesellschaft) die entsprechende Gesellschaftsform, z. B. »OHG«.

Vor der Eintragung ins Handelsregister wird die IHK um eine Stellungnahme zu dem gewünschten Unternehmensnamen gebeten. Die IHK achtet darauf, dass Doppelbezeichnungen sich nicht ins Gehege kommen und auch sonst die Rechtsvorschriften eingehalten werden. Was aber darf der Einzelkämpfer oder die GbR?

Geschäftspapiere — Auch Kreative, die nicht im Handelsregister eingetragen sind, können sich einen Unternehmensnamen zulegen. Und genau wie der eingetragene Kaufmann seinen Namen nur irgendwo auf dem Briefbogen, auf Bestellungen usw. angeben muss, nicht aber in seinem Firmennamen, gilt für die One-Man-Show ohne besondere Rechtsform: Der persönliche Name muss nicht im Logo oder im Studionamen enthalten sein, sondern nur auf den Geschäftspapieren. Geschäftspapiere sind Briefe, die an einen bestimmten Adressaten gerichtet sind: Personalisierte Angebotsschreiben, Rechnungen und Auftragsbestätigungen, nicht aber Werbeflyer, Notizblöcke oder Beschriftungen von Firmenwagen. Auch Visitenkarten dienen dem werblichen Auftritt und sind von Pflichtangaben befreit.

Für die Anbieterkennzeichnungen im Internet gelten eigene Bestimmungen (siehe Abschnitt 7.4, »Welchen Schutz gibt es für Firmennamen?«).

Internet

Solange der Gläubigerschutz gewahrt bleibt, ist es völlig legitim, sich durch eine Geschäftsbezeichnung möglichst einprägsam vom Wettbewerb abzuheben. Ein solches »Merkwort« ist eben keine »Firma«, wie das Handelsrecht sie nach wie vor nur dem eingetragenen Kaufmann erlaubt. Es geht vielmehr einfach um einen Namen, der als Werbemittel dient. Nach wie vor gilt: Auftraggeber und Gläubiger dürfen nicht in die Irre geführt werden. Wo ein Unternehmen nur aus einem Schreibtisch und ein wenig Hardware besteht, soll auch kein falscher Schein durch einen klingenden Namen auf repräsentativem Briefpapier hervorgerufen werden.

Irreführung

Vor Übertreibungen müssen sich alle Start-ups hüten: Namen dürfen keinen größeren Geschäftsbetrieb vortäuschen, als tatsächlich besteht. »Webdesign International« oder »Letter Factory« sind jedenfalls für eine One-Man-Show ziemlich grenzwertig. Manche Gerichte dürften sie für irreführend halten, wenn sie von einem Wettbewerbsverein um ihre Meinung gefragt werden. Bei »Center«, »Börse« oder »Haus« kommt es auf die Zusammenstellungen an: Ein »Copy-Center« ist keine Irreführung; ein »Druckhaus« dagegen klingt nach Großbetrieb. Unproblematisch sind Bezeichnungen, die nur auf den Gegenstand der Dienstleistung hinweisen, wie »DTP-Studio« oder »Screen-Design-Services«.

Wer dem eigenen Atelier oder Studio den Namen seiner Stadt oder seiner Region hinzufügt, kann Ärger bekommen. Ein »Münchner Atelier« oder ein »Studio Mecklenburg« suggerieren nun einmal eine gewisse Bedeutung in der Region. Und also stellt man sich darunter keinen Kleingewerbler, sondern eine eingetragene Gesellschaft vor.

Erdkunde

Bevor die Visitenkarten gedruckt werden, sollte man sich noch vergewissern, dass man keinem Wettbewerber in die Quere kommt, der diesen oder einen zum Verwechseln ähnlichen Namen schon länger führt. Und wenn man einen Namen wählt, der mehr ist als die bloße Bezeichnung der angebotenen Dienstleistung, empfiehlt sich auch ein Blick ins Markenregister, das bei den IHKs ausliegt. Das gilt erst recht, wenn auch ein Domain-Name angemeldet werden soll. Denn auch was bei der DENIC noch frei ist, kann mit dem Markenrecht eines anderen kollidieren.

Marken

TEIL VI
Steuern

23 Was muss ich über Steuern wissen?

Weggeben oder selber machen: Selbstständige Grafiker und Webdesigner müssen sich ein paar grundlegende Gedanken zum Thema Steuern machen; denn es gibt keinen Arbeitgeber, der sich darum kümmert.

Die Möglichkeiten zum Steuersparen können nur ausgeschöpft werden, wenn sie im Vorhinein bedacht werden. Nachträgliche Korrekturen sind kaum oder nur unter Risiken möglich. Und: Für alles, was mit Steuern in Zusammenhang steht, hat man sozusagen eine Bringpflicht. Im Gegensatz zu Arbeitnehmern müssen Selbstständige alle notwendigen Angaben dem Finanzamt selbst mitteilen und die errechneten Steuerbeträge auch von selbst überweisen.

23.1 Was prüft das Finanzamt?

Das Finanzamt prüft nur, ob die Fristen zur Abgabe der Erklärungen eingehalten wurden und ob die vorgelegten Angaben rechnerisch schlüssig sind. Üblicherweise erlässt das Finanzamt dann einen Steuerbescheid »unter dem Vorbehalt der Nachprüfung«. Das bedeutet, dass das Finanzamt alle gemachten Angaben erst einmal glaubt.

Im Gegensatz zu Arbeitnehmern sind keinerlei Belege beizufügen. Das heißt aber nicht, dass man sie nicht aufheben muss – im Gegenteil.

Belege aufbewahren

Was muss aufbewahrt werden? Alle für die Besteuerung notwendigen Unterlagen müssen archiviert werden. Jahresabschlüsse und Bilanzen sind im Original abzulegen, alle anderen Belege – wie Geschäftsbriefe, Rechnungen usw. – als Buchungsbelege dürfen auch reproduzierbar aufgehoben werden. Beispielsweise können diese Unterlagen eingescannt und bei Bedarf originalgetreu wieder ausgedruckt werden. Auf jeden Fall gilt: Ob Original oder Wiedergabe, die Aufbewahrung muss so organisiert sein, dass auch nach zehn Jahren jedes Dokument verfügbar geblieben ist. Versehentliches Löschen von Daten taugt genauso wenig als Entschuldigungsgrund wie das zersetzte Papier einer Rechnung. Gegebenenfalls muss man sich etwas einfallen lassen, wie die Aufbewahrung sichergestellt werden kann. Um Probleme zu vermeiden, sollten stets die Originalrechnungen aufgehoben werden, da nur sie geeignet sind, den

Beweis dafür zu erbringen, dass der Vorsteuerabzug zu Recht geltend gemacht worden ist. Gleiches gilt für Vollmachten und Wertpapiere. Ebenso sind alle elektronischen Daten für Zugriffe der Finanzverwaltung vorzuhalten. Seit 2002 hat diese im Rahmen einer Außenprüfung das Recht, Einsicht in die gespeicherten Daten zu nehmen.

Nachlässigkeiten werden abgestraft

Mehr als 11000 Betriebsprüfer bundesweit schauen sich an, ob die Angaben in den Erklärungen mit den vorgefundenen Unterlagen übereinstimmen. Je kleiner ein Betrieb ist, desto seltener wird er geprüft. Die Aussicht auf eine Prüfung steigt, wenn Abgabefristen nicht eingehalten werden oder man sich auf andere Weise als nachlässig im Umgang mit dem Finanzamt erweist. Auch stark schwankende Umsätze vergrößern die Wahrscheinlichkeit einer Prüfung. Aus all diesen Gründen sollte man darauf achten, den Bereich Steuern ernst zu nehmen und penibel zu verfahren – auch wenn es eine lästige Aufgabe neben der eigentlichen kreativen Arbeit ist.

Jedes »Frisieren« der Steuererklärung ist riskant. Werden Einnahmen verschwiegen, kann dies sogar ein Strafverfahren nach sich ziehen. Die Wahrscheinlichkeit, dass nicht mitgeteilte Einnahmen vom Finanzamt festgestellt werden, ist gar nicht so gering. Denn aufgrund von Kontrollmeldungen aus anderen Betriebsprüfungen kann das Finanzamt schnell erkennen, ob die Ausgabe des geprüften Betriebes auch als Einnahme des eigenen Geschäfts erfasst wurde.

Betriebsausgaben

Auch bei den Betriebsausgaben sollte man genau sein. Betrieblich veranlasste Ausgaben mindern das zu versteuernde Ergebnis, verringern also die Steuern, die ich zu zahlen habe. Wer Ausgaben hat, die sowohl privat als auch betrieblich veranlasst sind (ISDN-Anschluss, Kfz), sollte das Thema Betriebsausgaben mithilfe eines speziellen Ratgebers aufarbeiten. Das Gleiche gilt für alle, die Einzelanschaffungen über 150 € bzw. 410 € tätigen. Sie können nicht in einer Summe als Betriebsausgabe geltend gemacht werden, sondern müssen unter Zuhilfenahme der sogenannten *AfA-Tabellen* (AfA = Abschreibungstabelle für allgemein verwendbare Anlagegüter) über mehrere Jahre abgeschrieben werden. Näheres dazu erfahren Sie in Abschnitt 25.1.1, »Neue Abschreibungsregeln«.

[+] | **Tipp: Literatur**
Bei den meisten Sparkassen bekommt man gute Literatur zu Einkommensteuer und Überschussrechnung.

23.2 Termine

Hat man tatsächlich einmal Mühe, fristgerechte Steuererklärungen abzugeben, dann ist es immer empfehlenswert, Kontakt zum zuständigen Finanzbeamten aufzunehmen. Der hat in vielen Bereichen einen Ermessensspielraum. Kennt er die Hintergründe, dann wird er oft helfen, Lösungen zu finden. Den Kontakt zu scheuen oder gar böse Briefe zu schreiben, führt in aller Regel nicht weiter.

In Kontakt bleiben

Konkret bedeutet das: Steuererklärungen sind bis spätestens zum 31.05. des Jahres für das Vorjahr abzugeben. Hat man einen Steuerberater eingeschaltet, dann verlängert sich diese Frist bis zum 30.09. des Jahres. Schafft man es nicht, die Termine einzuhalten, dann sollte eine Fristverlängerung beantragt werden. Sie wird normalerweise eingeräumt. Andernfalls werden Verspätungszuschläge erhoben. Hat man einen Steuerbescheid erhalten und nicht fristgerecht gezahlt, dann drohen Säumniszuschläge von monatlich einem Prozent.

23.3 Buchführung

Freiberufler oder sonstige selbstständige Einzelkämpfer, Einzelkaufleute und auch GbRs müssen keine doppelte Buchführung betreiben und keine Bilanz erstellen. Für sie reicht es aus, ein Kassenbuch zu führen und zu allen Einnahmen und Ausgaben einen Beleg abzuheften. Es kann sich auch um einen selbst erstellten Beleg oder Vermerk handeln, beispielsweise bei Reisekosten, für die Pauschalen geltend gemacht werden können – nicht aber bei Bewirtungen. Das Ergebnis der saldierten Einnahmen und Ausgaben nennt man Einnahmeüberschussrechnung.

Einnahmeüberschussrechnung

23.4 Mit welchen Steuern haben Webdesigner und Grafiker in der Regel zu tun?

Haben sie keine eigenen Angestellten, dann müssen sie sich auf jeden Fall mit Einkommen- und Umsatzsteuern beschäftigen (siehe Kapitel 26 und 28). Sind sie als gewerblich tätig eingestuft, dann kommt noch die Gewerbesteuer hinzu (siehe hierzu Kapitel 27).

GmbHs (und auch AGs) unterliegen der Körperschaftssteuer – sie stellt für eine Kapitalgesellschaft das dar, was für den Einzelmenschen die Einkommensteuer ist. Bis zum 31.12.2007 betrug sie 25 % des Gewinns, seit dem 01.01.2008 liegt sie nur noch bei 15 %. Für Gesellschafter, die in ihrem Unternehmen selbst tätig sind, stellt sich aber die Frage der Unternehmenssteuern nicht isoliert. Sie müssen vielmehr eine

Gestaltung finden, bei der die Besteuerung des Unternehmens und die private Besteuerung der Inhaber am Ende das optimale Ergebnis aufweisen. Dies ist eine Aufgabe für den Steuerberater.

23.5 Eigene Buchhaltung

Zum Schluss stellt sich die Frage: Mache ich meine Steuererklärungen alleine oder lasse ich mir helfen?

Über den Daumen gepeilt kann man sagen: An eine Einnahmeüberschussrechnung kann man sich auch selbst heranwagen. Muss bilanziert werden, dann braucht es mehr Arbeit und Energie, um sich in die Materie einzuarbeiten. Viele GmbHs handhaben es so: Die Buchführung wird selbst gemacht, der Jahresabschluss vom Steuerberater. Inhouse-Accountancy verschafft jedenfalls einen guten Überblick, wie es um die geschäftliche Entwicklung bestellt ist. Ein Buchhaltungsprogramm ist sehr zu empfehlen. Die Einarbeitungszeit hält sich in Grenzen, und es erleichtert die Arbeit sehr.

23.6 Steuerhinterziehung

Fehlerhafte Angaben Die nicht vorsätzlich gemachte, fehlerhafte Angabe von Betriebsausgaben führt in der Regel nicht zur Strafverfolgung. Ergibt die Betriebsprüfung jedoch, dass Ausgaben nicht betrieblich veranlasst waren, droht eine Steuernachzahlung. Genauso wie das Finanzamt aufgrund einer Betriebsprüfung Berichtigungen an einem Steuerbescheid vornehmen kann, hat übrigens auch der Steuerpflichtige das Recht, einen neuen Steuerbescheid zu beantragen, wenn sich beispielsweise alte Belege aus vergangenen Steuerjahren wiederfinden und nachträglich berücksichtigt werden sollen.

Bewusst falsche Angaben Wird ersichtlich, dass der steuerpflichtige Freelancer bewusst falsche Angaben gegenüber dem Finanzamt gemacht hat, liegt der Verdacht einer Steuerhinterziehung nahe. In der Vergangenheit war es dann möglich, Selbstanzeige zu erstatten. Diese verhinderte zwar nicht die Nachzahlung der hinterzogenen Steuerbeträge, dafür aber die Strafbarkeit des Steuerpflichtigen.

Selbstanzeige Eine Selbstanzeige kann nur dann strafbefreiende Wirkung haben, wenn die Tat noch nicht entdeckt wurde, keine Bekanntgabe der Einleitung eines Straf- oder Bußgeldverfahrens erfolgt ist und auch kein Amtsträger einer Finanzbehörde zur steuerlichen Prüfung vor der Türe steht (Fußmattenprinzip).

Seit 2011 ist die Möglichkeit der Selbstanzeige gravierend eingeschränkt worden. Teilselbstanzeigen sind nunmehr ausgeschlossen. Wenn Selbstanzeige, dann tritt eine strafbefreiende Wirkung nur ein, wenn alle Hinterziehungssachverhalte offen gelegt werden. Überdies ist nun ein »Strafzuschlag« eingeführt worden. Ist der Hinterziehungsbetrag höher als 50 000 €, dann tritt zum einen keine Straffreiheit mehr ein. Zum anderen wird lediglich von der Strafverfolgung abgesehen, wenn eine »freiwillige« Zahlung von fünf Prozent der hinterzogenen Steuer geleistet wird.

Beispiele für mögliche Steuerhinterziehungen:

▶ *Unvollständige oder falsche Angaben in der Steuererklärung*
▶ *Unberechtigt ausgewiesene Umsatzsteuer in einer Rechnung und nachfolgend fehlende Angaben hierzu in der Umsatzsteuererklärung*
▶ *Scheingeschäfte*
▶ *Fehlende Deklarierung von Einnahmen*

24 Was will das Finanzamt von mir wissen?

Am Anfang einer Selbstständigkeit möchte das Finanzamt gerne Informationen haben, um für drei Steuerarten den ersten Rahmen festzulegen: Einkommen- und Umsatzsteuer (auch Mehrwertsteuer genannt) sowie Gewerbesteuer.

Von jeder Gewerbeanmeldung wird das Finanzamt automatisch informiert. Freiberufler brauchen kein Gewerbe anzumelden, also erfährt das Finanzamt auch erst einmal nichts. In diesem Fall muss man selbst tätig werden. Innerhalb eines Monats nach Aufnahme der freiberuflichen Tätigkeit ist diese dem zuständigen Finanzamt zu melden. Entsprechende Vordrucke sind bei der Behörde erhältlich. Trotz Einführung der Vordrucke Anfang 2002 ist es lange Zeit zu Engpässen in der Versorgung der Finanzämter mit diesen Formularen gekommen. Man sollte dann zunächst in einem formlosen Brief die Aufnahme melden. In der Regel erhält man dann kurze Zeit später den »Fragebogen zur steuerlichen Erfassung« übersandt.

Einheitliche Steuernummer

Seit 2008 wird bundesweit die neue Identifikationsnummer eingeführt. Diese soll mittelfristig die bisherige Steuernummer im Bereich der Einkommensteuer ersetzen und ein Leben lang Gültigkeit haben. Sinn und Zweck soll sein, den Missbrauch von Sozialleistungen zu verhindern. Wehren kann man sich dagegen nicht. Auf Rechnungen sollte sich weder die Einkommenssteuernummer noch die neue Identifikationsnummer finden. Vielmehr sollte – wie in Abschnitt 15.4.1 beschrieben – eine Umsatzsteuer-Identifikationsnummer beantragt und verwendet werden.

24.1 Fragebogen zur steuerlichen Erfassung

In dem Fragebogen wird um Angaben zur Art der Tätigkeit gebeten. Aufgrund dieser Informationen entscheidet das Finanzamt dann, ob es sich um eine freiberufliche oder eine gewerbliche Tätigkeit handelt (siehe Abschnitt 22.3, »Wer muss ein Gewerbe anmelden?«). Im letzteren Fall meldet es dies an das zuständige Gewerbeamt, von dem man dann gesondert Post erhält. In dem Fragebogen sollte man besonders sorgsam mit der Beschreibung des eigenen Tätigkeitsfeldes umgehen, je nachdem, welche Ziele man verfolgt: Freiberufler oder Gewerbetreibender (für Einzelheiten siehe Kapitel 27, »Wie gehe ich mit der Gewerbesteuer um?«). Für Mitglieder hält zum Beispiel die Allianz Deutscher Designer e.V. (AGD, *www.agd.de*) oder der Berufsverband für freie Berufe e.V. (BfB, *www.freie-berufe.de*) Tipps bereit.

Gewinn: Bescheiden schätzen Das Finanzamt möchte außerdem wissen, wie hoch der zu erwartende Gewinn geschätzt wird. Diese Angabe ist wichtig, um die Einkommen- und ggf. Gewerbesteuervorauszahlungen zu veranlagen. Hier sollte sich niemand scheuen – außer es liegen eindeutige Anhaltspunkte für das Gegenteil vor –, den zu erwartenden *Gewinn* erst einmal mit null anzusetzen. Das ist für viele Selbstständige im ersten Betriebsjahr gar nicht unrealistisch. Bis zu einem sich jährlich ändernden Grundfreibetrag wird im Übrigen auch keine Einkommensteuer erhoben. Der Freibetrag beträgt ab dem Jahr 2010 8004 € für Ledige und 16008 € für Verheiratete.

Umsatz Schließlich will das Finanzamt Angaben zum erwarteten *Umsatz* haben. Auch hier sind im ersten Jahr Schätzungen erforderlich, die in der Regel knapp bemessen sein sollten. Anhand der Schätzungen bzw. später der Umsatzzahlen des Vorjahres werden die Höhe und nach zwei Jahren der Selbstständigkeit auch der Turnus der Umsatzsteuervorauszahlungen bemessen. In den ersten beiden Jahren ist dieser gesetzlich in monatlichen Intervallen vorgeschrieben. Ebenfalls von der Höhe des Umsatzes hängt es ab, ob man als sogenannter *Kleinunternehmer* von der Umsatzsteuerpflicht befreit bleibt (zu Einzelheiten siehe Kapitel 28, »Wie gehe ich mit der Umsatzsteuer um?«).

Antrag auf Besteuerung nach vereinnahmten Entgelten Sinnvollerweise sollte man gleich mit dem ersten Kontakt zum Finanzamt den Antrag stellen, die Umsatzsteuer nach *vereinnahmten* Entgelten zu entrichten, d.h., besteuert wird nur, was auf dem Konto auch tatsächlich eingegangen ist. Diese Möglichkeit gibt es für alle Freiberufler sowie für Unternehmen, deren Jahresumsatz 500000 € nicht übersteigt und die nicht bilanzieren müssen. Die Regelung gilt seit dem 01.07.2009 und ist vorerst begrenzt bis zum 31.12.2011. Ein Gewerbetreibender muss eine Bilanz mit Gewinn- und Verlustrechnung aufstellen, wenn er mehr als 500000 € Nettoumsatz oder über 50000 € Gewinn erwirtschaftet hat. Die Umsatzsteuer ist dann nach vereinbarten Entgelten zu entrichten. Das bedeutet, dass die Umsatzsteuervorauszahlung schon für die Rechnungen erfolgen muss, die an die Kunden gestellt sind. Von dem Geld hat man aber in der Regel noch nichts gesehen.

24.2 Anträge, die Sie stellen sollten

Sonstige Probleme gibt es mit dem Fragebogen nicht. Nach Eingang des Fragebogens teilt das Finanzamt eine Steuernummer zu, die bisher außer für den Kontakt zum Finanzamt auf allen Rechnungen anzugeben war. Das letzte Steueränderungsgesetz hat diese vor allem aus datenschutzrechtlichen Gesichtspunkten fragwürdige Bestimmung gestrichen. Ausreichend ist nun die Angabe der Umsatzsteuer-Identifikationsnummer. Diese muss beim Finanzamt beantragt werden. Deshalb ist es sinnvoll, mit dem Fragebogen auch gleich eine *Umsatzsteuer-Identifikationsnummer* zu beantragen. Benötigt wird diese außerdem, wenn Geschäfte innerhalb der EU getätigt werden. Denn nur mit der USt-ID kann man sich von der ausländischen Umsatzsteuer befreien lassen.

Keine persönliche Steuernummer auf Rechnung mehr

Schließlich kann in dieser ersten Phase mit dem Finanzamt noch ein weiterer Antrag hilfreich sein, nämlich der auf *Dauerfristverlängerung*. Dies hat zur Folge, dass die monatliche oder vierteljährliche Umsatzsteuervoranmeldung nicht bis zum Zehnten des Folgemonats beim Finanzamt eingereicht sein muss, sondern dass man einen weiteren Monat Zeit gewonnen hat. Nachteil: Es müssen mit Anerkennung der Fristverlängerung Umsatzsteuervorauszahlungen geleistet werden. Die Höhe beträgt für Existenzgründer ein Elftel des voraussichtlich im ersten Jahr anfallenden Umsatzsteueranteils, im Übrigen ein Elftel der im Vorjahr gezahlten Umsatzsteuer, denn schließlich möchte das Finanzamt ja nicht als Kreditinstitut fungieren.

Antrag auf Dauerfristverlängerung

25 Wie führe ich die Gewinn-ermittlung durch?

Gewinn und Verlust richtig errechnet: Die eigene Buchführung und die Art und Weise der Gewinnermittlung bilden die Grundlage für alle Steuererklärungen – und für jedes Steuersparen.

Grundsätzlich gibt es zwei Möglichkeiten:

- Bilanzieren mit Bestandsvergleich
- Einnahmeüberschussrechnung

Bilanzieren

Einnahmeüberschuss-rechnung

Bilanzieren mit der Pflicht zur doppelten Buchführung ist ein sehr aufwändiges Geschäft. Der große Vorteil des Freiberuflers (siehe Abschnitt 22.3, »Wer muss ein Gewerbe anmelden?«) ist es, dass sich das Finanzamt bei ihm immer mit der wesentlich einfacheren Einnahmeüberschussrechnung zufriedengibt. Aber auch für Gewerbetreibende bis zu einem Jahresumsatz von nunmehr 500 000 € oder einem Jahresgewinn von 50 000 € gilt das Gleiche. Wird diese Grenze im Laufe der Zeit überschritten, dann meldet sich das Finanzamt und teilt mit, dass ab dem kommenden Geschäftsjahr zu bilanzieren ist. Von sich aus braucht hier also niemand tätig zu werden – und sollte es auch nicht. Solange man die Einnahmeüberschussrechnung machen darf, lässt sich das Finanzamt in der Regel noch mit eigener Kraft zufriedenstellen. Alle anderen, und damit all diejenigen Einzelpersonen und Gesellschaften, die ins Handelsregister eingetragen sind (siehe Abschnitt 22.4, »Wer muss sich beim Handelsregister anmelden?«), müssen bilanzieren.

Neuer Vordruck für Einnahmeüberschuss-rechnung

Eine Einnahmeüberschussrechnung erfordert zunächst einmal nur, alle Einnahmen und alle Betriebsausgaben sauber zu dokumentieren, zum Beispiel in einem Ordner, dessen laufende Nummern sich in einem Kassenbuch wiederfinden. Von Anfang an ist daran zu denken, dass es nicht zu allen Betriebsausgaben automatisch einen schriftlichen Beleg (Kassenbon, Taxiquittung, Versandrechnung) gibt. Ist dies der Fall (z. B. Jobtelefonate über den privaten Telefonanschluss), dann darf und muss man selbst einen Beleg erstellen (Datum, Anlass, Betrag). Der zu versteuernde Gewinn meines Unternehmens errechnet sich aus der Differenz von Einnahmen und Ausgaben. Ergibt sich unterm Strich ein Verlust, kann auch dieser steuerlich relevant werden, beispielsweise durch Verrechnung mit Einkünften aus nichtselbstständiger Arbeit.

Belege sammeln Für alle Einkommensteuererklärungen seit dem Wirtschaftsjahr 2007 müssen die amtlichen Vordrucke »Einnahmenüberschussrechung« verwendet werden. Erledigt man die Steuererklärung selbst und nicht durch einen Steuerberater, sollte man sich rechtzeitig mit dem neuen Formular vertraut machen. Die abgefragten Angaben beeinflussen die eigene Buchhaltung, die man deshalb rechtzeitig anpassen sollte. Das Bundesfinanzministerium hält unter der URL *www.bundesfinanzministerium.de*, Stichwort: Formulare, die neuen Vordrucke zum Download bereit.

25.1 Betriebsausgaben

Betriebsausgaben sind all diejenigen Ausgaben, die im Zusammenhang mit der selbstständigen Berufstätigkeit stehen.

Man unterscheidet zwischen

▶ laufenden Betriebsausgaben wie Porto, Telefon, Verbrauchsmaterial und

▶ der Absetzung von Abnutzung der Anlagegüter (AfA). Werden größere Investitionen – beispielsweise für eine Büroeinrichtung – getätigt, dann dürfen diese nämlich nicht sofort als Ausgabe berücksichtigt werden, denn sie werden voraussichtlich über mehrere Jahre hinweg genutzt. Daher wird jedes Jahr nur ein Teilbetrag als Betriebsausgabe verbucht – die Abschreibung. Die Anzahl der Jahre richtet sich nach den sogenannten *AfA-Tabellen*.

25.1.1 Neue Abschreibungsregeln

Seit dem 01.01.2010 gelten neuerlich geänderte Abschreibungsregeln. Erfolgt im Laufe eines Jahres eine Anschaffung (z. B. ein neuer Rechner oder ein teures Grafikprogramm), die über 410 € netto liegt (zwischen dem 01.01.2008 und dem 31.12.2009 waren dies 150 €), dann liegt damit kein »geringwertiges Wirtschaftsgut« vor, das im Anschaffungsjahr sofort voll als Betriebsausgabe verbucht und damit abgeschrieben werden darf, dann ist die Anschaffung monatsbezogen abzuschreiben.

Was ist eine Abschreibung und wie funktioniert sie?

Abschreibungen im steuerlichen Sinne sind Betriebsausgaben für Anschaffungen, die nicht auf ein Mal (zum Zeitpunkt der Anschaffung), sondern verteilt auf mehrere Jahre als Betriebsausgabe verbucht werden können. Diese Betriebsausgaben dürfen nur in der Höhe ihres jährlichen Wertverlustes berücksichtigt werden und nennen sich »Absetzung für Abnutzung (AfA)«.

Alle über 410 € (bzw. 1 000 €) liegenden Anschaffungen werden wie bisher nach der AfA-Tabelle ab dem Monat des Erwerbs abgeschrieben.

Wird beispielsweise ein neuer Rechner für 1 800 € im April gekauft, sieht das wie folgt aus: Ein Rechner wird stets über drei Jahre abgeschrieben. Da das Gerät aber nicht im Januar, sondern erst im April gekauft wurde, kann in diesem ersten Jahr nur der anteilig auf neun Monate berechnete Betrag abgeschrieben werden. Der Jahresabschreibungsbetrag liegt bei 600 €, der monatliche bei 50 €. Also dürfen in diesem Jahr 450 € abgeschrieben werden.

Doch damit nicht genug. Zum 01.01.2008 hat der Gesetzgeber eine neue Abschreibungsanforderung aufgestellt – die Poolbildung: Werden mehrere Anschaffungs- oder Herstellungskosten von mehr als 150 € bis zu 1 000 € einem Jahr veranlasst, dann muss künftig zwingend ein Sammelposten gebildet werden, der alle Anschaffungs- und Herstellungskosten des Jahres saldiert. Dieser Gesamtbetrag ist dann über einen Zeitraum von fünf Jahren gewinnmindernd aufzulösen.

Poolbildung

Hinweis: AfA-Tabellen

AfA-Tabellen finden Sie alphabetisch geordnet beispielsweise bei *www.steuernetz.de*.

[+]

Durch die neuerliche Änderung zum 01.01.2010 besteht nun eine Wahlmöglichkeit, Anschaffungen im Rahmen der Poolbildung oder nach der AfA-Tabelle abzuschreiben.

Wird beispielsweise ein neuer Schreibtischstuhl für 950 € gekauft, dann sollte dieser zu den weiteren Anschaffungen zwischen 150 € und 1 000 € saldiert und über fünf Jahre abgeschrieben werden. Dies ist günstiger, als die längere Frist aus den AfA-Tabellen.

Es sei noch einmal betont, dass alle Betriebsausgaben belegt sein müssen. Eine sortierte und lückenlose Ablage ist deshalb unerlässlich. Nur weil das Finanzamt nicht jedes Jahr prüft, darf man sich nicht zu einem lockeren Umgang verleiten lassen. Hat man nämlich den Betriebsprüfer im Haus, will der möglicherweise die Belege der letzten zehn Jahre sehen.

25.1.2 Arbeitszimmer

Wenn das heimische Arbeitszimmer den Mittelpunkt der beruflichen Tätigkeit darstellt, dann dürfen die auf dieses Zimmer entfallenden anteiligen Kosten abgesetzt werden. Die bis 31.12.2006 geltenden weiterreichenden Regeln zur Absetzbarkeit von Arbeitszimmern wurden allesamt gestrichen. Im Juni 2010 hat das Bundesverfassungsgericht in einem Beschluss die eingeführten Kürzungen beim häuslichen Arbeitszimmer jedoch für teilweise verfassungswidrig erklärt.

Demnach dürfen die tatsächlichen Mietkosten (Quadratmeteranteil an den Gesamtmietkosten der Wohnung) angesetzt werden, wenn:

▶ das Zimmer ein abgeschlossener Arbeitsplatz (kein Durchgangszimmer) ist und keine bei einer Prüfung erkennbaren anderen Funktionen (Gästezimmer, Fernsehzimmer) erfüllt,

▶ das Zimmer »Mittelpunkt der gesamten beruflichen Betätigung« ist, man also nirgendwo anders am Mac sitzt (sieht man von Kundenbesuchen ab),

▶ noch genügend tatsächlicher Wohnraum zur Verfügung steht.

▶ Erfüllt man die Voraussetzungen nicht, weil man zum Beispiel als Freelancer auch Tage in einer Redaktion arbeitet oder das Zimmer nicht ausschließlich als Arbeitszimmer genutzt wird, kann man nichts absetzen.

Die zu berücksichtigenden Kosten sind jedoch auf 1 250 € pro Jahr begrenzt.

Leer geht man aus, wenn das Arbeitszimmer nicht den Ort des Mittelpunktes der eigenen beruflichen Tätigkeit darstellt.

Kosten für die Einrichtung des Arbeitszimmers – z. B. Schreibtisch, Bodenbelag, Regal, aber auch Renovierung usw. – können voll abgesetzt werden.

Dies gilt im Übrigen auch, wenn das Arbeitszimmer nicht mehr steuerlich absetzbar ist. Alle Einrichtungsgegenstände, die so gut wie ausschließlich beruflich veranlasst sind, sind absetzbar. Dabei ist es sogar egal, wo diese Gegenstände in der Wohnung stehen. An dieser Stelle sollte allerdings beachtet werden, dass nur die Gegenstände sofort in der Steuererklärung deklarierbar sind, die nicht mehr als 410,00 € zuzüglich Mehrwertsteuer ausgemacht haben. Ein Schreibtisch darf somit bei einem Mehrwertsteuersatz von 19 % nicht mehr als 487,90 € gekostet haben. Ansonsten greifen die Abschreibungsregeln (siehe Abschnitt 25.1.1, »Neue Abschreibungsregeln«).

Die Regelungen sind derart unverständlich, dass Skrupel gegenüber ihrer kreativen Umgehung selten sind.

Gestaltungsbeispiel

Arbeitet ein Freelancer häufig für einen festen Auftraggeber – mal im eigenen Arbeitszimmer, mal beim Auftraggeber vor Ort –, dann kann er sein Arbeitszimmer nur noch absetzen, wenn er mehr als 50 % der Arbeitszeit zu Hause arbeitet, damit es den Mittelpunkt der beruflichen Tätigkeit darstellt. Eine Klarstellungs- und Optimierungslösung könnte wie folgt aussehen: Das eigene Arbeitszimmer wird an den Auftraggeber vermietet. Der Auftraggeber muss dann ein vorrangiges betriebliches Interesse an der Anmietung haben und den Freelancer als Arbeitnehmer beschäftigen.

Die vom Auftraggeber geleisteten Mietzahlungen sind dann steuerpflichtige Einnahmen aus Vermietung und Verpachtung mit der Folge, dass Kosten für diesen Raum wieder voll steuerlich abziehbar sind.

25.1.3 Telefon

Wer einen Festnetzanschluss beruflich und privat nutzt, kann den beruflich veranlassten Teil auf dem Wege einer Schätzung ermitteln. Das Finanzamt ist regelmäßig mit folgender Lösung einverstanden: Über einen Zeitraum von drei Monaten wird der konkrete prozentuale Anteil beruflicher und privater Gespräche ermittelt. Für die Zukunft wird diese Aufteilung zugrunde gelegt. Kommt es zu starken Schwankungen, dann kann dies natürlich auch mit Einzelnachweisen belegt werden. Für Mobiltelefone gilt das Gleiche. Sollen Handygebühren in voller Höhe als Betriebsausgabe abgesetzt werden, dann funktioniert dies problemlos nur, wenn ein zweites privates Mobiltelefon zur Verfügung steht. Ansonsten muss man über Einzelgesprächsnachweise die ausschließlich geschäftliche Veranlassung der Gespräche belegen.

25.1.4 Bewirtungskosten

Bewirtungen von Geschäftsfreunden gehören zum guten Ton. Von den Kosten sind neuerdings 70 % als Betriebskosten absetzbar, und dies nicht etwa nur für Speisen und Getränke, sondern auch beispielsweise für Zigaretten und Trinkgelder. Die restlichen 30 % sind zwar faktisch Kosten, können aber von den Einnahmen nicht abgezogen und müssen versteuert werden. Ein Vorsteuerabzug darf ebenfalls nur in Höhe von 70 % der angefallenen Kosten vorgenommen werden (siehe Kapitel 28, »Wie gehe ich mit der Umsatzsteuer um?«). Die restlichen 30 % sind nicht als Betriebsausgaben abzugsfähig. Allerdings darf seit 2005 auch für diese nicht abzugsfähigen Betriebsausgaben ein Vorsteuerabzug erfolgen. Aber Achtung: Die Bewirtungskosten müssen angemessen sein, sonst werden sie nicht anerkannt.

Werden mehrere Personen eingeladen, dann übersteigen die Kosten hierfür leicht den Anteil von 70 %. In einem solchen Fall lässt man sich einen Bewirtungsbeleg für den Verzehr seiner Gäste und einen getrennten für den selbst konsumierten Anteil geben und muss später nur diesen als nicht abzugsfähige Betriebsausgabe verbuchen.

Der Vorsteuerabzug für die 30 % nicht abzugsfähigen Betriebsausgaben einer Bewirtung war höchst umstritten. Für alle Steuerbescheide ab 1999, die noch unter dem Vorbehalt der Nachprüfung stehen, können noch sogenannte *Änderungsanträge* gestellt werden. Da der Bundesfinanzhof die volle Abzugsfähigkeit bestätigt hat, kommt man noch rückwirkend in den Genuss einer Steuerrückzahlung.

Tipp: Änderungsanträge stellen

Um die Anerkennung von Bewirtungskosten bei einer Betriebsprüfung zu gewährleisten, müssen folgende Angaben zwingend enthalten sein: Auflistung aller Speisen und Getränke mit Einzelpreis, Gesamtpreis, Mehrwertsteuerbetrag, Tag der Bewirtung, Name sowie Ort des Restaurants, die Namen der bewirteten Personen, Anlass der Bewirtung und Unterschrift des Gastgebers. Außerdem muss die Rechnung maschinell erstellt worden sein.

Trinkgelder

Wird der Betrag von 25,30 € für Essen und Trinken aufgerundet, dann wurde Trinkgeld gezahlt. Auch Trinkgeld ist als Betriebsausgabe anerkannt. Es handelt sich dabei um eine freiwillige Zusatzbezahlung. Nachweisen lässt es sich durch die Differenz von Bewirtungsbeleg und EC-Karten- oder Kreditkartenbeleg oder durch eine von Hand erstellte Auflistung auf dem Bewirtungsbeleg, der von der Bedienung unterzeichnet wird.

25.1.5 Betriebsfest

Werden Betriebsveranstaltungen organisiert, dann werden die Kosten hierfür (Getränke, DJ usw.) in der Regel als Betriebsausgabe anerkannt. Das gilt auch, wenn die Veranstaltung nach 24 Uhr endet. Sind angestellte Arbeitnehmer am Betriebsfest beteiligt, dann dürfen nicht mehr als 110 € je Person ausgegeben werden und nicht mehr als zwei Veranstaltungen pro Jahr stattfinden. Denn sonst können diese als versteckter Arbeitslohn gewertet werden.

25.1.6 Literatur

Werden Bücher berufsbedingt angeschafft, dann muss die berufliche Nutzung plausibel sein. Die Quittung des Buchhändlers mit dem Schlagwort »Fachbuch« ist gut gemeint, aber wenig brauchbar. Der Buchtitel muss auf der Quittung ausgewiesen sein. Fehlt dieser, sollte man ihn auf einem eigenen Zettel als Vermerk ergänzen und an die Quittung heften oder die auf Plastikverschweißungen der Bücher aufgebrachten und abziehbaren Titeletiketten auf die Quittung kleben. Abos, die keine Fachtitel betreffen, werden kaum anerkannt – erst recht nicht, wenn sie an die Privatwohnung geliefert werden.

25.1.7 Rundfunkgebühren

Ab 01.01.2007 ist jeder Freiberufler und Gewerbetreibende verpflichtet, für einen internetfähigen Computer Rundfunkgebühren an die GEZ abzuführen. Kaum jemand wird sich im Zeitalter der obligatorischen elektronischen Umsatzsteuervoranmeldung herausreden können, dass er keinen Gebühren auslösenden Rechner besitzt. Proteste gegen die Abgabe kommen aus den unterschiedlichsten Lagern. Es bleibt abzuwarten, ob sich die Öffentlich-Rechtlichen mit ihrem Ansinnen wirklich durchsetzen. Ob man es auf eine Auseinandersetzung mit der GEZ ankommen lassen will, muss jeder für sich selbst entscheiden. Eine gerichtliche Klärung durch das Bundesverwaltungsgericht steht nach wie vor aus.

25.1.8 Pkw

Die berufsbedingte Nutzung eines Pkw birgt ebenfalls einige wichtige Besonderheiten.

Zwei Möglichkeiten gibt es, Arbeitsfahrten mit dem eigenen Pkw als Betriebsausgaben geltend zu machen:

Arbeitsfahrten geltend machen

1. Die erste Variante ist, dass der Wagen privat bleibt. Dann lassen sich für betrieblich veranlasste *Fahrten* Eigenbelege schreiben (Anlass, Ziel und Entfernung). Für jeden Kilometer können dann bestimmte Pauschalen (im September 2010 waren es 30 Cent/km) abgesetzt werden. Ausnahme sind Fahrten zwischen Wohnung und Arbeitsort: Absetzbar sind alle Entfernungskilometer. Entfernungskilometer bedeutet die einfache Wegstrecke, nicht der Hin- und Rückweg.

2. Die zweite Möglichkeit besteht darin, den Pkw von vornherein als *Firmenwagen* anzuschaffen und zu unterhalten. Das vergrößert natürlich die Betriebsausgaben erheblich. Dann wird die private Nutzung allerdings als Betriebseinnahme verbucht, und zwar mit monatlich einem Prozent des Wagenpreises (neu oder gebraucht). Außerdem sind 0,03 Prozent des Bruttolistenpreises pro Entfernungskilometer zwischen Wohnort und Arbeitsstätte anzusetzen, wenn das Auto tatsächlich auch für diesen Weg genutzt wird. Auf dem Weg dieser pauschalisierten Berücksichtigung der Privatnutzung vermindert sich der Steuervorteil erheblich.

Ab 01.01.2007 wird die sogenannte *1%-Regelung* auf Fahrzeuge des notwendigen Betriebsvermögens beschränkt. Im Klartext: Die betriebliche Nutzung des Fahrzeugs muss mehr als 50% betragen. Ist dies nicht der Fall, kann für die private Nutzung des Firmenwagens die 1%-Regelung nicht mehr in Anspruch genommen werden, es erfolgt dann ein prozentual anteiliger Abzug. Diese Einschränkung betrifft alle Freiberufler und Gewerbetreibende. Das Führen eines Fahrtenbuches ist bei Anwendung der 1%-Regelung eigentlich nicht notwendig. Tatsächlich wird man ohne Fahrtenbuch aber einige Mühe haben, die 50%ige betriebliche Nutzung glaubhaft zu machen. Alternativ bietet sich nur an, ab und an Kilometerstände festzuhalten und längere beruflich bedingte Fahrten durch geeignete Unterlagen zu belegen. Aber auch Terminkalender oder Reisekostenaufstellungen können hier für Klarheit sorgen.

Fahrtenbuch Wird ein Fahrtenbuch geführt, sollte dies am besten mit einem im Schreibwarenhandel erhältlichen vorbereiteten Exemplar geschehen. Nur dann ist sichergestellt, dass auch alle Angaben gemacht werden, welche die Finanzverwaltung fordert. Eine Excel-Tabelle als Fahrtenbuch birgt die große Gefahr, dass dieses bei einer Betriebsprüfung nicht anerkannt wird, da es recht einfach ist, dies den eigenen Vorstellungen entsprechend nachträglich zu erstellen beziehungsweise anzupassen. Anders sieht es aus, wenn ein solchermaßen erstelltes Fahrtenbuch mit Tank- und Reparaturbelegen durch Angabe des Kilometerstandes belegt wird.

Letztlich kann man bei zu mehr als 50 % beruflich genutzten Fahrzeugen wählen, ob ein Fahrtenbuch geführt wird und eine anteilige Kostenzuweisung erfolgt oder ob die 1%-Regelung bevorzugt wird.

Fahrzeuge mit einem geschäftlichen Nutzungsanteil zwischen 10 und 50 % bieten noch eine interessante umsatzsteuerliche Option (siehe Kapitel 28, »Wie gehe ich mit der Umsatzsteuer um?«).

Wird nachgewiesen, dass bei Anwendung der 1%-Regelung die Summe der pauschal berechneten Werte höher ist als die tatsächlich entstandenen Aufwendungen für das Fahrzeug, dann stellen die tatsächlichen Aufwendungen die Obergrenze für den Wert der Nutzungsentnahme dar. Bei abgeschriebenen oder gebrauchten Fahrzeugen kann dies durchaus der Fall sein.

25.1.9 Reisekosten

Wer mehr als acht Stunden an einem Stück weder zu Hause noch im Büro arbeitet, ist betrieblich auf Reisen (auch in der eigenen Gemeinde). Alle mit dieser Reise unmittelbar verbundenen Kosten (Fahrtkosten, Telefon, Parkgebühren, Übernachtungskosten usw.) können einnahmemindernd abgesetzt werden. Tatsächliche Fahrtkosten können abgesetzt werden. Wird ein Pkw genutzt, sind die oben stehenden Regelungen zu beachten. Übernachtungskosten mit Rechnung sind gleichfalls betriebsbedingte Aufwendungen. Wichtig ist, dass man zu jeder einzelnen Kostenposition einen Beleg sammelt und aufbewahrt. Die berufsbedingte Ortsabwesenheit verursacht einen – im Steuerjargon bezeichneten – Verpflegungsmehraufwand, weil man auf Restaurants angewiesen ist. Reisen bis zu 14 Stunden berechtigen zu 6 € Verpflegungsmehraufwand, Abwesenheit bis 24 Stunden zu 12 € und ganze Reisetage zu 24 €. Für Reisen ins Ausland sind die einschlägigen Ländertabellen zu beachten. Diese Pauschalbeträge für Verpflegung haben ihren Grund darin, dass Essen nicht betriebsbedingt ist und deshalb nicht die gesamte Restaurantrechnung in Abzug gebracht werden kann.

Übernachtungskosten einer beruflich veranlassten Reise sind regelmäßig zu belegen. Die in der Vergangenheit geltende Regelung, wonach bei Inlandsreisen ein Pauschbetrag von 20 € angesetzt werden kann, wenn die Unterkunft von Dritten unentgeltlich oder teilentgeltlich zur Verfügung gestellt wird, ist nicht mehr gültig.

Des Weiteren sollten Zahlungsbelege für Übernachtungen eindeutig ausweisen, ob diese nur die Unterkunft ohne Frühstück und sonstige Essen ausgestellt wurden. Ohne Angaben wurde das Frühstück mit 4,80 € (20 % der Verpflegungstagespauschale im Inland von 24 €) angesetzt. Seit dem 01.01.2010 fallen unterschiedliche Umsatzsteuersätze für Übernachtungen (7 %) und Frühstück (19 %) an. Diese steuerliche Situation macht eine Erklärung in Bezug auf die Frühstücksleistung notwendig.

Mit oder ohne Frühstück?

Tipp: Informationen im Internet

Noch weitere ungeklärte Fragen, was in welcher Höhe als Betriebsausgabe berücksichtigt werden darf? Unter *www.betriebsausgabe.de* findet sich ein einschlägiges Lexikon.

[+]

25.2   Einnahmen

Was beim Vergleich von Einnahmen und Ausgaben übrig bleibt, sind die »Einkünfte aus selbstständiger und gewerblicher Arbeit«, die in Anlage GSE der Steuererklärung eingetragen werden. Freibeträge wie das Existenzminimum, Kinderfreibeträge und Ausgaben für private Vorsorge werden vom Finanzamt automatisch berücksichtigt.

Findet sich in den ersten Jahren ein Minuszeichen vor dem Jahresbetriebsergebnis, so ist dies für Neugründungen durchaus normal, und auch das Finanzamt wird hier keine besonderen Schwierigkeiten bereiten. Betreibt man sein Geschäft nur nebenbei, muss man allerdings aufpassen, dass dieser Zustand nicht über Jahre anhält. Denn sonst kommt das Finanzamt möglicherweise zu der Auffassung, dass es sich um *Liebhaberei* handelt: Es erkennt dann die Verluste in der Einkommensteuererklärung nicht mehr an. Sind die Verluste außerordentlich hoch, muss ein Steuerberater hinzugezogen werden, um den Verlustvortrag möglichst steuermindernd auf Folgejahre oder andere Einnahmearten zu verteilen.

Verluste

Haben sich mehrere Freie zu einer GbR zusammengetan, erfolgt die Gewinnermittlung gemeinschaftlich für die GbR als Ganze. Am Ende des Geschäftsjahres wird die Einnahmeüberschussrechnung zusammen mit der Mitteilung über die Gewinnverteilung auf die einzelnen Gesellschafter (siehe auch Kapitel 21, »Start in die Selbstständigkeit«) an das Finanzamt übersandt. Die Gewinnanteile werden dann in Form eines

Gewinnverteilung in der GbR

Feststellungsbescheids der Gesellschaft mitgeteilt, und das Finanzamt macht den Wohnsitzfinanzämtern der Gesellschafter eine diesbezügliche Mitteilung. Anhand des Feststellungsbescheids hat dann jeder einzelne Gesellschafter seine private Einkommensteuererklärung zu machen.

Liegt hingegen nur eine Zusammenarbeit für beispielsweise ein Projekt vor, dann besteht keine Notwendigkeit einer gemeinsamen Gewinnfeststellung. Hier lassen sich die Kosten und der Gewinn nach Einsatz auf die einzelnen Arbeitsgruppenteilnehmer aufteilen.

[+]

Tipp: Gutverdiener und GbR

Die Beteiligung an einer GbR in den roten Zahlen kann für einen Gutverdiener attraktiv sein – wegen der steuermindernden Verlustzuweisung.

26 Was sollte ich bei der Einkommensteuer bedenken?

Besonderheiten beim Job-Mix: Viele Menschen arbeiten in mehr als einem Beruf, oder sie üben ein und denselben Beruf an mehreren Stellen aus. Das Steuersystem ist auf diese wirtschaftliche Realität noch gar nicht eingestellt. Das hat Vor- und Nachteile.

Für Einkünfte aus einem gewerblichen Unternehmen oder aus selbstständiger (freiberuflicher) Arbeit ist die Einkommensteuer anders als bei Arbeitnehmern selbst zu entrichten. Das geschieht meist in Form von Vorauszahlungen auf die später nach den Angaben unserer Steuererklärung festgesetzte Steuerschuld. Die Vorauszahlungen werden im ersten Jahr nach den geschätzten Angaben des Steuererfassungsbogens, dann nach dem Aufkommen des Vorjahres bemessen. Wenn die betriebliche Entwicklung rückläufig ist, sollte man sich nicht scheuen, mit einem formlosen Schreiben die Neufestsetzung auf der Basis der jetzt vorhersehbaren Jahreseinkünfte zu beantragen.

Vorauszahlungen überprüfen

Wer als Arbeitnehmer beschäftigt ist, kann die Höhe der Vorauszahlungsbeträge nicht beeinflussen. Der Arbeitgeber führt einen bestimmten tabellenmäßigen Betrag ab, der häufig etwas höher ist als der Steuersatz nach dem Jahresverdienst. Deshalb gewährt der Staat auch großzügig Zeit bis zur Abgabe der freiwilligen Einkommensteuererklärung. Das Geld ist erst einmal vereinnahmt, und Zinsen für zu viel Gezahltes werden uns nicht gewährt. Besonders eklatant wird die Differenz zwischen den geschuldeten und den tatsächlich gezahlten Steuern, wenn wir nur einen Teil des Jahres in einem Arbeitsvertrag stehen, denn die monatlichen Abzüge sind so berechnet, als ob wir die entsprechenden Einkünfte zwölf Monate beziehen würden.

Ausgleich beantragen

Unabdingbar ist eine freiwillige Einkommensteuererklärung auch für jede/n Arbeitnehmer/in, der/die zwei nichtselbstständige Jobs nebeneinander hat. Hier haben wir das Problem, dass die zweite Lohnsteuerkarte in der Steuerklasse 6 ausgegeben wird, womit das Netto des zweiten Jobs außerordentlich gering ausfällt. Wir müssen zum einen darauf achten, den Job, in dem wir mehr Geld verdienen, auf der »besseren« Steuerkarte zu verbuchen. Zum anderen müssen wir möglichst rasch nach Ablauf des Jahres den Gesamtausgleich aller Einkünfte und vorausgezahlten Steuern herstellen.

| Einkünfte trennen | Wer ausschließlich Einkünfte aus selbstständiger Arbeit hat, sollte sich überlegen, ob wirklich alles in einen Topf gehört oder ob nicht besser getrennt wird zwischen Einkünften in der gemeinsam betriebenen Agentur (etwa einer GbR) und Jobs, für die eine Rechnung in eigenem Namen ausgestellt wird. Vorteile hat dieses Splitting zum einen dann, wenn die Gewinne der GbR andernfalls den Gewerbesteuerfreibetrag übersteigen würden (siehe Kapitel 27, »Wie gehe ich mit der Gewerbesteuer um?«). Zum anderen lassen sich Betriebsausgaben möglicherweise besser darstellen, etwa in der Frage des häuslichen Arbeitszimmers (siehe Abschnitt 25.1.2, »Arbeitszimmer«). |

Steuerfreie Nebenjobs

Freibeträge gibt es für Arbeitnehmer, die nur nebenbei Geld mit selbstständigen Tätigkeiten verdienen.

Alle Einkünfte von Übungsleitern fallen unter die so genannte Übungsleiterpauschale. Das gilt nicht nur für Trainer in einem Sportverein, auch die Nebenverdienste von Ausbildern, Dozenten, Erziehern, Künstlern oder Pflegern sind in vielen Fällen steuer- und sozialversicherungsfrei: Der Freibetrag beläuft sich immerhin auf 2 100 € pro Jahr. Auf diese Weise können Angestellte und Selbstständige, aber auch Arbeitslose, Rentner, Hausfrauen oder Schüler je nach individueller Steuerbelastung bis zu 1 000 € im Jahr sparen.

Um auch die Tätigkeit aller übrigen ehrenamtlich Aktiven steuerlich zu begünstigen, gibt es seit 2007 außerdem eine »Ehrenamtspauschale«. Wer in Vereinen, Verbänden oder öffentlichen Einrichtungen nebenberuflich tätig ist, aber keinen Anspruch auf die Übungsleiterpauschale hat, darf pro Jahr bis zu 500 € verdienen, ohne dafür Steuern zahlen zu müssen.

Extravorteile kann wahrnehmen, wer zum einen Teil als Arbeitnehmer beschäftigt, zum anderen selbstständig tätig ist. Bei der Steuererklärung ist dann für das Einkommen auf Lohnsteuerkarte die Anlage N auszufüllen, für den anderen Teil die Anlage GSE. Bei der Anlage N wird, wenn keine Werbungskosten geltend gemacht werden, automatisch eine Pauschale von 920 € im Jahr zugrunde gelegt. Dies sind quasi die Betriebsausgaben des Arbeitnehmers, die natürlich Steuern senken. Der Betrag in Anlage GSE dagegen ist der aus der Einnahmenüberschussrechnung (siehe Kapitel 25, »Wie führe ich die Gewinnermittlung durch?«) errechnete Betrag, in den dann die tatsächlichen Betriebsausgaben eingeflossen sind.

27 Wie gehe ich mit der Gewerbesteuer um?

Planen statt zahlen: Einzelkämpfer können durch geschickte Gestaltung, Teamplayer durch die Wahl der Gesellschaftsform sparen. Die Gewerbesteuer muss nicht immer schmerzhaft sein.

Hat das Finanzamt entschieden und den Status als Freiberufler versagt (siehe Kapitel 24, »Was will das Finanzamt von mir wissen?«), ist damit das letzte Wort noch nicht gesprochen. Man kann die entscheidende Frage, ob die eigene Tätigkeit nun freiberuflich, weil künstlerisch geprägt, oder gewerblich ausgeübt wird, durch die Gerichte überprüfen lassen. Die Erfolgsaussichten hängen vom Einzelfall ab. Ob beispielsweise ein Fotograf freiberuflich tätig ist oder nicht, hängt nicht von der Berufsbezeichnung ab, sondern davon, was er tatsächlich macht. Die Finanzbehörden machen es sich da oft zu einfach.

Das Finanzamt hat nicht immer Recht

Gewerbesteuerpflicht ist nicht immer ein Nachteil

Man sollte mit seinem Steuerberater prüfen, ob die Gewerbesteuerpflicht wirklich ein Nachteil ist. Aufgrund der unterschiedlichen steuerlichen Anrechnungsmöglichkeiten kann man in Gemeinden mit geringen Hebesätzen trotz Gewerbesteuer im Endeffekt doch mehr Geld im eigenen Portemonnaie haben.

Steht fest, dass man gewerblich tätig ist, heißt das noch lange nicht, dass auch tatsächlich Gewerbesteuer fällig wird. Zunächst einmal ist man bloß gewerbesteuerpflichtig »dem Grunde nach«. Tatsächlich Gewerbesteuer zahlen muss man erst, wenn der Jahresgewinn (siehe Kapitel 25, »Wie führe ich die Gewinnermittlung durch?«) den Freibetrag von 24 500 € übersteigt.

Freibetrag: 24 500 €

Für eine One-Man-Show gibt es noch eine zusätzliche Möglichkeit, unter dem Freibetrag zu bleiben: Gewerbliche und künstlerische Einkünfte lassen sich getrennt verbuchen, und die Gewerbesteuerpflicht beginnt der Höhe nach erst dort, wo der gewerbliche Teil für sich allein mehr als 24 500 € abwirft. Wichtig ist aber die strikte Einhaltung der Trennung, weshalb man getrennte Steuernummern beantragen sollte (zur Steueranmeldung siehe Kapitel 24).

Die freie Kunst getrennt verbuchen

Gesellschaften haben diese Möglichkeit nicht. Wenn die GbR zu einem Teil gewerbliche Einkünfte hat, wird sie mit all ihren Gewinnen zur Gewerbesteuer veranlagt. Wo also Einkünfte aus beiden Sparten fließen, z. B. aus der Entwicklung von E-Commerce-Strategien (freiberufliche Unternehmensberatung) und dem Vertrieb von Standardsoftware (gewerblicher Handel), wird man gut daran tun, für beide Zweige eine eigene Gesellschaft zu gründen, um den Freibetrag im gewerblichen Segment möglichst lange auszuschöpfen. Dann entsteht eine Unternehmensberatungs-GbR, deren Honorareinkünfte der Gewerbesteuer schon »dem Grunde nach« nicht unterliegen, und ein Softwarevertrieb, dessen Gewinn im günstigsten Fall unter der Freigrenze bleibt.

Umwandeln statt Steuern zahlen Wenn das alles nichts hilft, weil sich der Ertrag nicht unterhalb der Freigrenze darstellen lässt, kann man überlegen, ob sich nicht durch die Änderung der Rechtsform des eigenen Unternehmens Steuern sparen lassen. Eine Möglichkeit ist beispielsweise die Gründung einer GmbH. Außerdem reduziert man so gleichzeitig das eigene unternehmerische Risiko (siehe auch Abschnitt 22.1.3, »GmbH«). Pro und Contra müssen aber immer individuell mit dem eigenen Steuerberater und Rechtsanwalt abgestimmt werden. Wichtig ist in jedem Fall: Steuersparmodelle funktionieren nur für die Zukunft. Rückwirkend lassen sich die Konstruktionen nicht ändern.

Im europäischen Vergleich ist die Gewerbesteuer einzigartig. Man rechnete eigentlich im Zuge der Harmonisierung des Steuerrechts mit ihrem baldigen Ende. Aufgrund der Finanznot der Gemeinden und Kommunen in Deutschland dürfte sich diese Hoffnung zunächst erledigt haben. Mit Wirkung zum 01.01.2008 wurde vielmehr die Basis, die zur Berechnung der Gewerbesteuer herangezogen wird, ausgeweitet. Seither müssen sämtliche anfallenden Zinsaufwendungen, Renten, dauernde Lasten und Gewinnanteile stiller Gesellschafter mit einem Anteil von 25% auf die gewerbesteuerliche Bemessungsgrundlage hinzugerechnet werden. Gleiches gilt für Lizenzen und zum Teil für Mieten, Pachten und Leasingraten.

Gewerbesteuer überschlagen Will man sich vorher ein ungefähres Bild verschaffen, wie hoch die Steuer ausfallen wird, muss man ein bisschen rechnen. Sieht man von einigen Positionen ab, die dem Gewinn hinzugerechnet bzw. von ihm abgezogen werden, dann steht der Gewerbeertrag fest. Von diesem wird der Freibetrag abgezogen. Wer also 25 000 € Gewinn verbucht, zahlt nur auf 500 € Gewerbesteuer.

Der Gewerbeertrag wird mit der sogenannten *Steuermesszahl* multipliziert, womit der Steuermessbetrag gewonnen ist. Die Steuermesszahl beträgt bei Kapitalgesellschaften einheitlich 3,5 % vom Gewerbeertrag (gilt ab 01.01.2008, davor 5 %). Bei Freelancern und Personengesellschaften ist sie gestaffelt von 1 bis 5 % je nach Höhe des Gewerbeertrages.

Das so gewonnene Ergebnis ist allerdings noch nicht identisch mit der zu zahlenden Gewerbesteuer. Denn dieser Steuermessbetrag wird nun nochmals mit dem örtlichen Hebesatz multipliziert. Dieser schwankt von Gemeinde zu Gemeinde nicht unerheblich. Während die Stadt Brandenburg bis 2009 beispielsweise einen Hebesatz von 350 auswies, liegt Hamburg mit 470 oder gar München mit 490 am oberen Ende der Skala. Die errechnete Steuerschuld kommt der Gemeinde des Betriebssitzes zu und ist vierteljährlich im Voraus fällig. Gewerbesteuerzahlungen lassen sich als Betriebsausgabe gewinnmindernd absetzen.

Örtliche Unterschiede

Gewerbesteuerberechnung: Muss ich zahlen oder nicht?

Nehmen wir die in Düsseldorf ansässige Nina Heinrich mit einem Gewerbeertrag von 60 000 €. In einem ersten Schritt wird der Steuermessbetrag ermittelt. Der Freibetrag in Höhe von 24 500 € reduziert den Gewerbeertrag von Frau Heinrich auf 35 500 €. Dieser Betrag wird mit der einheitlichen Steuermesszahl von 3,5 v. H. (bis 2007 5 v. H.) multipliziert und ergibt den Steuermessbetrag. Im Beispiel liegt dieser bei 1 242,50 € (35 500 € × 3,5 v. H.). Dieser Betrag wird nun mit dem Hebesatz multipliziert. Der Hebesatz in Düsseldorf im Jahr 2008 beträgt 455 v. H. Das heißt, die Gewerbesteuerbelastung (Steuermessbetrag 1 242,50 € × Hebesatz 445 v. H.) beläuft sich auf 5 529,13 €.

Das heißt nicht, dass neben der zu zahlenden Einkommensteuer auch noch die volle Gewerbesteuer gezahlt werden muss. Denn die Gewerbesteuer wird auf den Anteil der Einkommensteuer, der auf gewerblichen Einnahmen beruht, zum großen Teil angerechnet.

Gewerbesteuer

Selbstständige, auch Partner einer GbR oder sonstiger Personengesellschaften, müssen Gewerbesteuer nur auf den Gewinn zahlen, der 24 500 € im Jahr übersteigt. Kapitalgesellschaften wie GmbH, KgaA usw. können keinen Freibetrag in Anspruch nehmen.

Gewerbesteuer: Alles wird verrechnet

Ein weiteres Beispiel: Hajo Müller erzielt 50 000 € Einkünfte aus Gewerbebetrieb und müsste nach der Grundtabelle zur Einkommensteuer 13 096 € Einkommensteuer entrichten. Der 3,8-fache Gewerbesteuermessbetrag wird jedoch angerechnet. Nach Abzug des Freibetrages in Höhe von 24 500 € und der Multiplikation mit 3,5 v. H. ergibt sich ein Gewerbesteuermessbetrag von 892,50 €. Mit dem Hebesatz von 380 v. H. multipliziert, beläuft sich der Gewerbesteuermessbetrag auf 3 391,50 €. Diesen darf Hajo Müller von seinen 13 096 € Einkommensteuer abziehen und muss nur noch 9 704,50 € entrichten. Die Gesamtsteuerbelastung (Einkommen- und Gewerbesteuer) beläuft sich demnach auf 13 676,13 €. Die Differenz zwischen der Einkommensteuer nach Tabelle in Höhe von 13 096 € und der Gesamtsteuerbelastung beträgt also im vorliegenden Beispiel 580 € – eine Belastung, mit der es sich durchaus leben lässt.

28 Wie gehe ich mit der Umsatzsteuer um?

Prozente, die den Endverbraucher schmerzen: Was immer ich für meine Selbstständigkeit kaufen muss – Mehrwertsteuer zahle ich mit. Als Unternehmer erstattet mir der Staat diese Summen zurück. Seit dem 01.01.2007 beträgt der Umsatzsteuersatz 19 %, für bestimmte Bereiche, wie zum Beispiel bei der Übertragung und Wahrnehmung von Urheberrechten, liegt er bei 7 %.

Die Umsatzsteuer – landläufig auch als Mehrwertsteuer bekannt – ist eine Verbrauchssteuer. Als Selbstständige müssen wir diese Steuer ab einer bestimmten Umsatzhöhe zwingend auf alle Rechnungen, die wir stellen, aufschlagen und an das Finanzamt abführen – in den ersten zwei Jahren unserer betrieblichen Existenz monatlich, danach kommt es auf die Höhe unseres Umsatzes an: Wer weniger als 1 000 € Umsatzsteuer abzuführen hatte, darf jährlich zahlen, bis 6 136 € ist der Turnus vierteljährlich, darüber bleibt es bei der monatlichen Abgabe.

> **Hinweis: Buchhaltungsprogramm**
>
> Die Nutzung eines Buchhaltungsprogramms erleichtert vieles, da der ganze Komplex Umsatzsteuer automatisiert wird.

[+]

Umsatzsteuererklärung: Fristen

Als Existenzgründer kann man vom Finanzamt den sogenannten *Kleinunternehmerstatus* erhalten und ist damit von der Umsatzsteuer befreit. Diese Befreiung behält man auch im zweiten Jahr, wenn die Umsätze im abgeschlossenen Jahr 17 500 € und die für das laufende Jahr voraussichtlichen Umsätze 50 000 € nicht übersteigen. Wenn man es will, braucht man sich also zwei Jahre um die Umsatzsteuer keine Gedanken zu machen. Damit sind aber auch Nachteile verbunden: Man ist selbst nicht vorsteuerabzugsberechtigt. Das bedeutet, man bleibt auf der Umsatzsteuer sitzen, die man selbst auf Betriebsausgaben wie etwa Büroeinrichtung, Material oder Miete bezahlt. Außerdem darf man auf den selbst gestellten Rechnungen an Kunden die Umsatzsteuer nicht gesondert ausweisen. Dies wird zum einen immer wieder zu Nachfragen führen, warum dies unterblieben ist, und zum anderen legt man seinem Kunden indirekt seine Umsatzzahlen offen.

Umsatzsteuerfrei als Kleinunternehmer

Beispiel: Umsatzsteuerpflicht ja oder nein?

Jan hat zum 1.3.2009 eine Agentur gegründet und einen Umsatz von 12 727 € im Jahr 2009 gemacht. Umgerechnet auf zwölf Monate hat Jan damit einen Umsatz von 15 272 € für das Kalenderjahr 2009 erzielt. Damit liegt Jan unter der Grenze von 17 500 € pro Jahr. Im Jahr 2010 erzielt Jan einen Umsatz von 32 000 €. Dieser liegt also nicht über 50 000 €. Umsatzsteuerlich ist Jan daher weiterhin Kleinunternehmer. Im Jahr 2011 erzielt Jan einen Umsatz in Höhe von 38 000 €. Zwar liegt Jan damit unter der Grenze von 50 000 €. Jedoch hat er schon im Vorjahr 2010 die Umsatzgrenze von 17 500 € überschritten und ist folglich nunmehr umsatzsteuerpflichtig.

Nachteile Die zunächst verlockend klingende Umsatzsteuerbefreiung hat für all diejenigen Nachteile, die selbst hohe Betriebsausgaben haben und/oder nahezu ausschließlich oder doch überwiegend an gewerbliche oder freiberufliche Kunden liefern. Hier wirkt sich der Umstand, dass man selbst Umsatzsteuer zahlen muss, diese aber nicht an seinen Kunden weitergeben kann, negativ auf das Geschäftsergebnis aus.

Anders ist es, wenn man ausschließlich Endverbraucher zu seinen Kunden zählt. Die in den Betriebsausgaben gezahlte Umsatzsteuer kann hier in die Preiskalkulation gegenüber dem Kunden mit einfließen.

Regelbesteuerung meist günstiger Deshalb ist man mit einer weiteren Alternative gleich zu Beginn der Selbstständigkeit meist besser dran. Man beantragt auch bei erwarteten geringen Umsätzen die Regelbesteuerung und wird umsatzsteuerpflichtig. An diesen Antrag ist man fünf Jahre gebunden. Man muss dann in den ersten beiden Jahren monatlich Umsatzsteuervoranmeldungen beim Finanzamt einreichen und abführen. Man kann aber die selbst gezahlte Umsatzsteuer in Abzug bringen und erhält sogar Rückzahlungen, wenn man mehr Umsatzsteuer gezahlt als eingenommen hat. Entscheidend ist aber unseres Erachtens der Umstand, dass man seinen Geschäftspartnern nicht seine eigene Finanzkraft offen legt.

28.1   Rechnungen

Es ist sinnvoll, in der eigenen Buchhaltung alle ein- und ausgehenden Rechnungen in den Brutto- und Nettobetrag aufzuteilen. Rechnungen müssen die in Tabelle 1 aufgezählten Merkmale aufweisen, wenn sie umsatzsteuerrechtlich Beachtung finden sollen. Dabei gelten Kleinbetragsrechnungen als solche, die auf Beträge bis zu 150 € (ab 2007) lauten.

Rechnungen müssen folgende Merkmale aufweisen, wenn sie umsatzsteuerrechtlich Beachtung finden sollen:

	Rechnung	Kleinbetragsrechnung
Name und Anschrift des leistenden Unternehmens	ja	ja
Name und Anschrift des Empfängers	ja	nein
Art und Umfang der Leistung	ja	ja
Tag der Lieferung oder Leistung	ja	nein
Entgelt	ja	ja
Steuerbetrag und Nettobetrag extra ausgewiesen	ja	nein
Steuersatz	ja	ja
Bruttorechnungsbetrag	ja	ja
Steuernummer des Rechnungsstellers oder Umsatzsteuer-Identifikationsnummer	ja	nein
Fortlaufende Rechnungsnummer	ja	nein

Fehlt eine der oben genannten Angaben in der Rechnung, dann darf die Rechnungsempfängerin die ausgewiesene Umsatzsteuer nicht als Vorsteuer von der eigenen Umsatzsteuerschuld abziehen!

[+]

Tipp: Vollständige Rechnung

Entspricht die Rechnung eines Lieferanten nicht vollständig (!) den Inhalten in der oben genannten Auflistung – es fehlt z. B. »nur« das Lieferdatum, dann besteht ein zeitlich unbeschränktes Recht, eine berichtigte oder ergänzte Rechnung anzufordern.

Für die selbst gestellte Rechnung gilt natürlich das Gleiche.

Umsatzsteuerbefreite Kleinunternehmerinnen müssen in ihren Rechnungen das Fehlen der Umsatzsteuer erklären, z. B.: »Ich bin als Kleinunternehmer von der Umsatzsteuerpflicht befreit.«

Eine Ausnahme von der Pflicht, Mehrwertsteuer zu berechnen, gibt es bei Dozenten- und Trainertätigkeit an Einrichtungen, die der Berufsausbildung dienen. Das veranstaltende Institut muss aber eine entsprechende Bescheinigung der Landesbehörde haben. Keine Ausnahme gibt es dagegen bei Leistungen an öffentlich-rechtliche Sender, Volkshochschulen, Museen usw. Diese Einrichtungen sind zwar kraft Gesetz der Pflicht enthoben, selbst Mehrwertsteuer zu berechnen. Das heißt aber nicht, dass sie nicht Mehrwertsteuer an Lieferanten zahlen müssen. Sie berufen sich aber häufig bei Honorarverhandlungen darauf – unzutreffend.

Ausnahmen

Neben dem normalen Umsatzsteuersatz gibt es noch den reduzierten von derzeit sieben Prozent. Er gilt zum Beispiel für journalistische und literarische Texte, nicht jedoch für Werbetexte. Für Grafiker und Webdesigner/innen kommt er im Fall der »Einräumung, Übertragung und Wahrnehmung« von Urheberrechten und verwandten Leistungsschutzrechten in Frage. Wird eine Website erstellt, kann überlegt werden, ob die Nutzungsrechte einerseits und die Lieferung der Website andererseits in einzelnen Rechnungspositionen mit den entsprechenden Steuersätzen ausgewiesen werden. Vorteile bringt das aber nicht, es sei denn, der Kunde kann Mehrwertsteuer nicht abziehen.

Auch wenn angeschaffte Güter – wie z. B. ein Computer – über mehrere Jahre abgeschrieben werden, darf der volle Umsatzsteueranteil sofort zum Abzug gebracht werden. Lediglich für den Nettobetrag gelten die Abschreibungsregeln (siehe Kapitel 25, »Wie führe ich die Gewinnermittlung durch?«).

28.2   Und sonst

Seit dem 01.01.2005 gilt im Großen und Ganzen: Unternehmer und Freiberuflerinnen müssen Steuererklärungen via Internet abgeben. Nach erfolgreicher Teilnahmeerklärung – diese muss ganz herkömmlich schriftlich erfolgen – können unter der Bezeichnung ELSTER (Elektronische Steuererklärung) die bekannten Formulare versandt werden. Der Anmeldepfad lautet: *www.elster.de*. In den Bearbeitungshinweisen des eigenen zuständigen Finanzamtes findet sich der Hinweis, ob beim erstmaligen Gebrauch eine Testübertragung notwendig wird.

Nutzer von Buchhaltungsprogrammen kommen in den Genuss bereits fertig ausgefüllter Formulare, die in der Regel mithilfe eines Assistenten an das Finanzamt versandt werden.

Und noch einmal das Thema Geschäftswagen. Wird ein Geschäftswagen für das Unternehmen angeschafft und beträgt die betriebliche Nutzung mindestens zehn Prozent, dann kann die in der Eingangsrechnung ausgewiesene Umsatzsteuer als Vorsteuer geltend gemacht werden. Die anschließende Nutzungsentnahme unterliegt dann aber auch der Umsatzsteuer (siehe dazu auch Abschnitt 25.1.7, »Pkw«).

29 Wie gehe ich mit der Abschlagsteuer um?

Die Aufträge sprudeln, und es zeichnet sich ab, dass Geld für Rückstellungen oder für die schlichte Kapitalanlage übrig bleiben wird? Dann sollte man sich ein paar Gedanken zur Abschlagsteuer machen.

Die Abschlagsteuer sieht auf alle Kapitalerträge einen einheitlichen Steuersatz von 25 % vor. Also nicht nur Zinsen und Dividenden, sondern auch die Erlöse von Wertpapierverkäufen und Kursgewinne aus Aktiengeschäften werden mit 25 % besteuert.

Dies führt dazu, dass ein Anreiz besteht, in langfristige Anlagen zu investieren. Waren schon bisher die Gebühren und Spesen der Bank ein Kostenfaktor, kommt seit 2009 auch die Abschlagsteuer hinzu. Häufige Umschichtungen eines Wertpapierdepots lohnen sich damit weniger.

Diese Besteuerung betrifft ausschließlich Papiere und Fondsanteile, die ab dem 01.01.2009 erworben werden. Für früher erworbene Wertpapiere gelten die alten Regelungen.

Nach dem bis 2008 geltenden Recht waren 30 % Zinsabschlagsteuer und hierauf nochmals 5,5 % Solidaritätszuschlag zu entrichten, was zu einer Belastung für Sparer von ca. 32 % führte. Zukünftig werden Zinseinkünfte pauschal mit 25 % Abgeltungs- bzw. Abschlagsteuer sowie dem bisher geltenden Solidaritätszuschlag belegt, was zu einer Belastung von ca. 28 % führt.

[+]

Tipp: Freistellungsauftrag

Schon bisher konnte und sollte man der Bank einen Freistellungsauftrag erteilen, wenn man mit Zinseinkünften rechnen durfte. Dies ist eine Anweisung an die Bank, anfallende Zinseinnahmen vom automatischen Steuerabzug freizustellen. Innerhalb des Freistellungsrahmens ist keine Zinsabschlagsteuer bzw. zukünftig Abschlagsteuer zu bezahlen. Nicht Verheiratete können 801 € (750 € Freibetrag plus 51 € Werbekostenpauschale), Verheiratete 1 601 € – auch verteilt auf mehrere Banken usw. – in Anspruch nehmen.

Die Spekulationsfrist von einem Jahr wurde gestrichen. Die bis dahin geltende Regel, dass für Papiere, die mindestens ein Jahr gehalten wurden, ein Freibetrag von 512 € gewährt wurde, hat also keine Bedeutung mehr.

Auch das Halbeinkünfteverfahren gibt es nicht mehr. Anstatt Dividenden und Aktiengewinne innerhalb der Spekulationsfrist mit der Hälfte des persönlichen Einkommensteuersatzes zu versteuern, wird nun ein einheitlicher Satz von 25 % versteuert.

Nicht betroffen von der Abschlagsteuer sind Anlagen, die in Form einer Renten- oder Lebensversicherung abgeschlossen sind. Diese müssen erst bei Inanspruchnahme der monatlichen Rentenzahlungen versteuert werden. Voraussetzung ist, dass die Anlagedauer des Produkts mindestens zwölf Jahre beträgt und die Auszahlung frühestens mit dem 60. Lebensjahr beginnt.

ANHANG I
Musterverträge und Checklisten

A   Musterverträge

Anregungen – nicht zum Abschreiben gedacht: Die auf den folgenden Seiten abgedruckten Musterverträge und Checklisten dienen einzig und allein dazu, sich Gedanken über das Thema zu machen und zu entscheiden, ob man nicht doch verstärkt auf Verträge besteht. Wesentlicher Sinn ist es in allen Fällen, möglichst viele Inhaltspunkte anzusprechen, die mit einem Themengebiet in Zusammenhang stehen, und so eine Kompetenz für notwendige weitere Beratung zu schaffen.

Vorabinformation | KEINE gute Idee ist es, einen der nachfolgenden Musterverträge einfach eins zu eins zu übernehmen. Denn diese stellen lediglich *Orientierungshilfen* dar und erheben keinen Anspruch auf Vollständigkeit. Hinzu kommen die jeweiligen individuellen Gegebenheiten, die mit einem Standardvertrag regelmäßig nicht erfasst werden können.

Die nachfolgenden Checklisten und Musterverträge sollen und können also eine rechtliche Einzelfallberatung NICHT ersetzen, sondern den aufmerksamen Leser in die Lage versetzen, den in Frage stehenden Komplex selbst zu durchdenken. Eine sich anschließende rechtliche Beratung wird dann ganz andere Qualitäten zeigen. Kompetente Gesprächspartner/innen treffen aufeinander: inhaltliche Vorgaben und Wünsche einerseits, Rechtssicherheit andererseits.

Digitale Checklisten   **[+]**

Alle Musterverträge und Checklisten finden Sie in digitaler Form auch unter *www.galileodesign.de* auf der Seite zu diesem Buch.

A.1 Mustervertrag 1: Webdesign

Zwischen

_____ vertreten durch ... (im Folgenden Agentur genannt)

und

_____ (im Folgenden Kunde genannt)

wird Folgendes vereinbart:

§ 1 Vertragsgegenstand

Die Agentur übernimmt für Ihre Kunden die Konzeption und grafische Gestaltung von Websites sowie die programmiertechnische Umsetzung.

Die Agentur gestaltet für den Kunden eine Internet-Präsenz nach seinen Vorgaben. Auf Grundlage dieser Vorgaben hat die Agentur sowohl hinsichtlich der technischen als auch der grafisch-visuellen Anforderungen eine Leistungsspezifikation vorgenommen und dem Kunden als Auftragsbestätigung überlassen.

Sollten im Folgenden Änderungen am Leistungsumfang oder an der sonstigen Abwicklung gewünscht oder notwendig werden, sind diese für die Parteien nur bindend, wenn diese ausdrücklich bestätigt werden (Auftragserweiterung). Die anfallenden Arbeiten sind gesondert zu vergüten.

§ 2 Entwicklungsphasen

Die Agentur erarbeitet zunächst ein Entwurfskonzept der Website, aus dem der strukturelle Aufbau sowie die grafisch-visuelle Gestaltung nach dem Anforderungsprofil des Kunden ersichtlich sind.

Nach Bestätigung des Entwurfkonzeptes durch den Kunden wird die Agentur die Endversion erstellen.

Die Endversion wird auf folgende Browsertypen optimiert:

_____

_____

Für die sonstigen technischen Spezifikationen gilt die Bestimmung der Auftragsbestätigung.

Die Agentur wird dem Kunden die Endversion in elektronischer Form zur Verfügung stellen.

§ 3 Inhalte

Der Kunde stellt die zu integrierenden Inhalte der Agentur zur Verfügung, es sei denn, in der Auftragsbestätigung ist Abweichendes vereinbart.

Die Bereitstellung der Inhalte erfolgt durch den Kunden in elektronisch verwertbarer Form. Die Agentur teilt dem Kunden die zur Weiterverarbeitung geeigneten Dateiformate mit. Werden die Vorlagen in anderen Formaten geliefert, sind die Konvertierungsarbeiten gesondert zu vergüten.

Der Kunde wird den einzelnen Webseiten einen Titel sowie Schlüsselwörter und Beschreibungen zuweisen, damit diese als Metatags berücksichtigt werden können.

Die Agentur ist weder presserechtlich noch urheber- oder wettbewerbsrechtlich für die Verwendung von Inhalten verantwortlich, die der Auftraggeber liefert. Sollte die Agentur durch Dritte wegen solcher Inhalte in Anspruch genommen werden, stellt der Kunde die Agentur von diesen frei.

§ 4 Rechteeinräumung

Die Agentur überträgt dem Kunden an sämtlichen nach dem Urhebergesetz schutzfähigen Leistungen der Internet-Präsenz ein ausschließliches Nutzungs- und Verwertungsrecht, insbesondere das Recht der öffentlichen Zugänglichmachung.

Die Rechteeinräumung steht unter der Bedingung der endgültigen Zahlung des vereinbarten Honorars.

Die Agentur wird berechtigt, in üblicher Größe und Form einen Urhebernachweis anzubringen.

Die Agentur kann auf ihrer eigenen Website den Kunden in ihre Referenzliste aufnehmen und mit einem Link auf die Internet-Präsenz des Kunden verweisen.

§ 5 Abnahme

Nach Präsentation und Übergabe der Endversion wird der Kunde unverzüglich und schriftlich die Abnahme erklären. Sollte der Kunde sich an einer Abnahme gehindert sehen, wird er die Gründe unverzüglich schriftlich der Agentur mitteilen.

§ 6 Honorar

Grundlage der Vergütung ist die in der Auftragsbestätigung festgehaltene Leistungsbeschreibung.

Die Parteien vereinbaren eine Pauschalvergütung von Euro _____ zuzüglich Mehrwertsteuer. Nachträgliche Änderungen des Leistungsumfanges sind nach Aufwand zu vergüten. Als Stundensatz wird ein Betrag von Euro _____ zuzüglich Mehrwertsteuer vereinbart.

§ 7 Gewährleistung

Zur Gewährleistung siehe »Wann brauche ich einen Vertrag?« (Abschnitt 13.1), »Allgemeine Geschäftsbedingungen« (Kapitel 14, Marginalie »Brauche ich eigene AGBs?«), »Was darf der Kunde reklamieren?« (Abschnitt 16.1) und »Was passiert, wenn ich den Termin nicht einhalte?« (Abschnitt 16.3) sowie die Checkliste B.11 zur Haftung/Gewährleistung.

§ 8 Haftung

Zur Haftung siehe »Wann brauche ich einen Vertrag?« (Abschnitt 13.1), »Allgemeine Geschäftsbedingungen« (Kapitel 14, Marginalie »Brauche ich eigene AGBs?«), »Was darf der Kunde reklamieren?« (Abschnitt 16.1) und »Was passiert, wenn ich den Termin nicht einhalte?« (Abschnitt 16.3) sowie die Checkliste B.11 zur Haftung/Gewährleistung.

§ 9 Fertigstellung

Das Entwurfskonzept wird dem Kunden bis zum xx.xx.20xx präsentiert. Die endgültige Fertigstellung erfolgt innerhalb von xx Tagen nach Bestätigung des Konzeptes durch den Kunden. (*Zu den Folgen einer verspäteten Fertigstellung siehe »Was passiert, wenn ich den Termin nicht einhalte?« in Abschnitt 16.3.*)

§ 10 Schluss

Von diesem Vertrag abweichende Geschäftsbedingungen des Kunden werden nicht Vertragsbestandteil, selbst wenn die Agentur diesen nicht ausdrücklich widerspricht.

Keine der Parteien wird sich auf Verabredungen berufen, die nicht schriftlich oder durch E-Mail-Kommunikation niedergelegt sind.

Gegebenenfalls sollte hier eine Gerichtsstandsvereinbarung ergänzt werden, wenn beide Vertragsparteien Kaufleute sind:

Für alle Streitigkeiten aus diesem Vertragsverhältnis wird als Gerichtsstand _____ vereinbart.

_____, den xx.xx.20xx

_____   _____

Agentur   Kunde

A.2   Mustervertrag 2: Designvertrag

Zwischen

der Agentur _____ vertreten durch ... (im Folgenden
Auftraggeber genannt)

und

dem Grafiker _____ (im Folgenden Auftragnehmer
genannt)

wird Folgendes vereinbart:

§ 1 Vertragsgegenstand

Die Agentur benötigt die Leistungen des Grafikers zur Realisation ihres
Projektes _____.

Gegenstand dieser Vereinbarung ist:

_____ Entwürfe über ...

_____ Realisationen von ...

_____ Herstellung von ...

Die Einzelheiten der Gestaltung und weiterer Abwicklung sind Gegenstand eines Briefings beider Parteien gewesen, das Vertragsgegenstand
ist. Der Auftragnehmer wird den Inhalt des Briefings unverzüglich
zusammenfassen und als Bestätigung des Leistungsumfanges an den
Auftraggeber zurückschicken. Der zu erbringende Leistungsumfang
bemisst sich ausschließlich anhand dieser Vollzugsbestätigung.

Sollten im Folgenden Änderungen am Leistungsumfang oder an der
sonstigen Abwicklung des Auftrages durch den Auftraggeber gewünscht
werden, sind diese für den Auftragnehmer nur bindend, wenn diese
im Sinne des Absatzes 2 bestätigt wurden (Auftragserweiterung). Die
anfallenden Arbeiten sind gesondert zu vergüten.

§ 2 Rechteeinräumung

Wird der Auftragnehmer nicht mit der Realisation beauftragt, teilt der
Auftraggeber ihm dies mit, und zwar unverzüglich, nachdem der Ent-
schluss hierüber gefallen ist. Der Auftraggeber wird ebenso sämtliche

ihm überlassenen Entwürfe unverzüglich wieder herausgeben. Liegen die Entwürfe lediglich als Daten vor, wird er diese endgültig löschen.

Der Auftraggeber wird Dritten die Entwürfe nur insoweit zur Kenntnis bringen, wie dieses aus dem Zweck dieses Vertrages notwendig ist; im Übrigen wird er absolutes Stillschweigen darüber bewahren.

Für den Fall, dass der Auftragnehmer mit der Realisation beauftragt wird, räumt dieser dem Auftraggeber an sämtlichen nach dem Urhebergesetz schutzfähigen Leistungen, soweit sie von ihm erbracht worden sind und der Auftraggeber diese zur Realisation des Projektes X benötigt, ein ausschließliches Verwertungsrecht ein.

Er tritt weiter sämtliche Verwertungsrechte, die er für die Realisation von Dritten erworben hat, an den Auftraggeber ab.

Die Einräumung von Nutzungsrechten sowie deren Abtretung ist bedingt durch die vollständige Zahlung des vereinbarten Honorars. Der Auftraggeber ist nicht berechtigt, vorher seinerseits Nutzungsrechte an den Leistungen des Auftragnehmers Dritten einzuräumen.

Der Auftragnehmer ist weder presserechtlich noch urheber- oder wettbewerbsrechtlich für die Verwendung von Inhalten verantwortlich, die der Auftraggeber liefert.

§ 3 Honorar

Der Auftraggeber vergütet die nach diesem Vertrag erbrachten Leistungen des Auftragnehmers, die durch die Vollzugsbestätigung konkretisiert sind, mit Euro _____ zuzüglich Mehrwertsteuer. Auftragserweiterungen werden nach Aufwand berechnet. Das Stundenhonorar beträgt für diesen Fall Euro _____ zuzüglich Mehrwertsteuer.

§ 4 Vertragsstrafe

Optional kann für den Fall der ungenehmigten Nutzung – etwa von Entwürfen – eine Vertragsstrafe zugunsten des Auftragnehmers vereinbart werden. Günstiger ist ein solches sicherlich in den AGBs (siehe Kapitel 14, »Allgemeine Geschäftsbedingungen«, Marginalie »Brauche ich eigene AGBs?«) platziert.

§ 5 Proofing

Für die endgültige Produktion in Serie vergibt der Auftragnehmer für den Auftraggeber in dessen Namen den Auftrag an die Druckerei.

Der Auftragnehmer übernimmt [nicht] das Proofing.

Tipp: Wenn die Übernahme des Proofings vereinbart wird, dann sollte dies im Honorar berücksichtigt werden, entweder als Aufschlag zum Pauschalhonorar oder durch Abrechnung nach Aufwand.

§ 6 Fälligkeit

Ohne Proofing
Das vereinbarte Honorar wird mit Übermittlung an die Druckerei fällig.

Mit Proofing
Das vereinbarte Honorar wird nach Abschluss des Proofings und der Mitteilung an die Druckerei fällig.

§ 7 Gewährleistung

Zur Gewährleistung siehe »Wann brauche ich einen Vertrag?« (Abschnitt 13.1), »Allgemeine Geschäftsbedingungen« (Kapitel 14, Marginalie »Brauche ich eigene AGBs?«), »Was darf der Kunde reklamieren?« (Abschnitt 16.1) und »Was passiert, wenn ich den Termin nicht einhalte?« (Abschnitt 16.3) sowie die Checkliste B.11 zur Haftung/Gewährleistung.

§ 8 Haftung

Zur Haftung siehe »Wann brauche ich einen Vertrag?« (Abschnitt 13.1), »Allgemeine Geschäftsbedingungen« (Kapitel 14, Marginalie »Brauche ich eigene AGBs?«), »Was darf der Kunde reklamieren?« (Abschnitt 16.1) und »Was passiert, wenn ich den Termin nicht einhalte?« (Abschnitt 16.3) sowie die Checkliste B.11 zur Haftung/Gewährleistung.

§ 9 Schluss

Von diesem Vertrag abweichende Geschäftsbedingungen des Kunden werden nicht Vertragsbestandteil, selbst wenn die Agentur diesen nicht ausdrücklich widerspricht.

Keine der Parteien wird sich auf Verabredungen berufen, die nicht schriftlich oder durch E-Mail-Kommunikation niedergelegt sind.

Gegebenenfalls sollte hier eine Gerichtsstandsvereinbarung ergänzt werden, wenn beide Vertragsparteien Kaufleute sind:

Für alle Streitigkeiten aus diesem Vertragsverhältnis wird als Gerichtsstand _____ vereinbart.

_____ , den xx.xx.20xx

_____   _____

Auftragnehmer   Auftraggeber

A.3   Mustervertrag 3: Lizenz Illustrationen

Zwischen

_____ vertreten durch ... (im Folgenden Agentur genannt)

und

_____ (im Folgenden Grafiker genannt)

wird Folgendes vereinbart:

§ 1 Vertragsgegenstand

Die Agentur gestaltet für Ihren Kunden die Verpackung für das Produkt X.

Der Grafiker hat die folgenden Illustrationen entworfen:

1. Illustration. XXX Motiv: YYY
2. Illustration. XXX Motiv: YYY
3. Illustration. XXX Motiv: YYY
...

Der Grafiker versichert, dass er selbst Inhaber der ausschließlichen Nutzungs- und Verwertungsrechte an den bezeichneten Illustrationen ist und bisher diesem Vertrag entgegenstehende Vereinbarungen nicht getroffen hat.

§ 2 Rechteeinräumung

Der Grafiker überträgt der Agentur an den oben bezeichneten Illustrationen zeitlich und räumlich unbeschränkt das ausschließliche Recht zur Vervielfältigung und Verbreitung in beliebiger Auflage und Form.
    Die Agentur ist auch berechtigt, die Illustrationen
1. zur maschinenlesbaren Erfassung und elektronischen Speicherung auf einem beliebigen Datenträger und einer eigenen oder fremden Online-Datenbank oder in sonstiger Weise zum Zwecke der öffentlichen Zugänglichmachung oder Wiedergabe des Werkes am Bildschirm zu nutzen,
2. ganz oder teilweise mit anderen Werken zu verbinden oder diese zu bearbeiten, auch im Rahmen von Multimedia-Produktionen.

Die Rechteeinräumung steht unter der Bedingung der endgültigen Zahlung des vereinbarten Honorars.

§ 3 Honorar

Der Grafiker erhält für die Rechteeinräumung an den Illustrationen eine einmalige Lizenzgebühr in Höhe von Euro _____ zuzüglich gesetzlicher Mehrwertsteuer.

Das Honorar ist (sofort) fällig.

_____, den xx.xx.20xx

_____ _____

Grafiker   Agentur

A.4   Mustervertrag 4: Web-Hosting

Zwischen

_____ vertreten durch ... (im Folgenden Agentur genannt)

und

_____ (im Folgenden Kunde genannt)

wird Folgendes vereinbart:

§ 1 Vertragsgegenstand

Die Agentur stellt auf einem Server Speicherkapazitäten für ihre Kunden zur Speicherung von Websites zur Verfügung.

Die Agentur ermöglicht weiter den Zugriff auf die auf ihrem Server abgelegten Websites über das World Wide Web (WWW) durch Anbindung an eine entsprechende Internet-Schnittstelle. *Die Agentur ist nicht verantwortlich, wenn der Zugriff im Einzelfall scheitert.*

Mit diesem Vertrag werden nicht die weiteren Dienstleistungen eines Access-Providers angeboten, d. h., die Agentur hält für ihre Kunden keinen Zugang zum WWW oder anderen Netzen bereit.

§ 2 Technische Details

Hier sind die individuellen Leistungsfähigkeiten des Anbieters und die Bedürfnisse des Kunden gefragt. Wichtig sind vor allem folgende Punkte:

▶ *Bereithaltung der Speicherkapazität auf eigenem Server oder auf fremdem Server*
▶ *Benötigte bzw. mögliche Speicherkapazität*

- ▸ *Umfang und Schnelligkeit des Datentransfers*
- ▸ *Verfügbarkeit: Pflege oder Updates benötigen Zeit, weshalb die durchschnittliche Jahresverfügbarkeit festgelegt werden sollte*

§ 3 Zusätzliche Leistungsangebote

Neben der Bereitstellung von Webspace sind weitere Dienste wie Domain-Reservierung und -Registrierung, E-Mail-Accounts, Webdesign, Website-Pflege oder die »Untervermietung« von Webspace durch den Kunden an seine Kunden denkbar.

§ 4 Speicherung und Zugriff

Die Speicherung der notwendigen Daten erfolgt durch den Kunden selbst.

Die Agentur stellt mit Abschluss dieses Vertrages eine Kundenkennung und ein Passwort (Zugangsdaten) zur Verfügung, mit denen ein Zugriff auf den Server erfolgen kann.

Der Kunde hat die Möglichkeit, die Passwörter nach dem ersten Zugriff nach seinen Wünschen zu ändern.

Der Kunde wird die Zugangsdaten geheim halten und so verwahren, dass nichtberechtigte Dritte auf diese nicht zugreifen können.

§ 5 Pflichten

Sollten dem Kunden Störungen entweder beim Zugang zu seinen Daten oder beim Zugriff über das WWW auf die gespeicherte Website bekannt werden, wird er die Agentur unverzüglich in Kenntnis setzen, um dieser gegebenenfalls Abhilfe zu ermöglichen.

Die Verantwortung für die gespeicherten Daten und Inhalte liegt ausschließlich beim Kunden. Eine Kontrolle durch die Agentur findet nicht statt.

Wird die Agentur dennoch durch Dritte aufgrund der gespeicherten Daten und Inhalte in Anspruch genommen, stellt der Kunde die Agentur frei.

Der Kunde wird weiter für die Dauer der Auseinandersetzung dafür Sorge tragen, dass die angegriffenen Inhalte über das WWW nicht mehr zugänglich sind. Erfolgt eine Sperrung durch den Kunden nicht unverzüglich, ist die Agentur berechtigt, diese vorzunehmen.

§ 6 Anbieterkennzeichnung

Der Kunde wird mittels Hyperlink von jeder Seite seiner Website den Zugriff auf ein Impressum sicherstellen, in das er den Namen der Agentur und ihre Adresse aufnimmt und in dem er kenntlich macht, dass durch sie das Web-Hosting betrieben wird.

§ 7 Vergütung

Der Kunde zahlt für die bereitgehaltene Speicherkapazität sowie den Zugang seiner Website zum WWW eine monatliche Pauschalvergütung von Euro _____ zuzüglich Mehrwertsteuer. Zusätzliche Leistungsangebote sind gesondert zu vergüten.

Der Kunde zahlt diesen Betrag monatlich im Voraus bis zum 5. Kalendertag eines jeden Monats.

Die Agentur ist berechtigt, die in diesem Vertrag vereinbarten Vergütungen geänderten Kostenbedingungen anzupassen. Die Agentur wird Änderungen dem Kunden sechs Wochen vorher schriftlich mitteilen. Der Kunde ist berechtigt, bei einer Preissteigerung von mehr als fünf Prozent den Vertrag schriftlich zu kündigen. Die Kündigung muss der Agentur vier Wochen nach Zugang ihrer Mitteilung über die Preiserhöhung zugehen. Andernfalls steht dem Kunden nur ein Kündigungsrecht nach § 10 zu.

Kündigt der Kunde, wird die Agentur die gespeicherten und für den Abruf über das WWW bereitgehaltenen Daten für weitere sechs Wochen zu den alten Bedingungen zur Verfügung stellen.

§ 8 Gewährleistung

Zur Gewährleistung siehe »Wann brauche ich einen Vertrag?« (Abschnitt 13.1), »Allgemeine Geschäftsbedingungen« (Kapitel 14, Marginalie »Brauche ich eigene AGBs?«), »Was darf der Kunde reklamieren?« (Abschnitt 16.1) und »Was passiert, wenn ich den Termin nicht einhalte?« (Abschnitt 16.3) sowie die Checkliste B.11 zur Haftung/Gewährleistung.

§ 9 Haftung

Zur Haftung siehe »Wann brauche ich einen Vertrag?« (Abschnitt 13.1), »Allgemeine Geschäftsbedingungen« (Kapitel 14, Marginalie »Brauche ich eigene AGBs?«), »Was darf der Kunde reklamieren?« (Abschnitt 16.1) und »Was passiert, wenn ich den Termin nicht einhalte?« (Abschnitt 16.3) sowie die Checkliste B.11 zur Haftung/Gewährleistung.

§ 10 Laufzeit

Dieser Vertrag wird auf unbestimmte Zeit geschlossen. Beiden Parteien ist eine Kündigung durch schriftliche Erklärung unter Einhaltung einer Frist von _____ zum _____ möglich.

§ 11 Schluss

Von diesem Vertrag abweichende Geschäftsbedingungen des Kunden werden nicht Vertragsbestandteil, selbst wenn die Agentur diesen nicht ausdrücklich widerspricht.

Keine der Parteien wird sich auf Verabredungen berufen, die nicht schriftlich oder durch E-Mail-Kommunikation niedergelegt sind.

Gegebenenfalls sollte hier eine Gerichtsstandsvereinbarung ergänzt werden, wenn beide Vertragsparteien Kaufleute sind:

Für alle Streitigkeiten aus diesem Vertragsverhältnis wird als Gerichtsstand _____ vereinbart.

_____, den xx.xx.20xx

_____   _____

Agentur   Kunde

A.5   Mustervertrag 5: Programmierauslagerung

Zwischen

_____ vertreten durch ... (im Folgenden Agentur genannt)

und

_____ (im Folgenden freier Mitarbeiter genannt)

wird Folgendes vereinbart:

§ 1 Vertragsgegenstand

Die Agentur übernimmt für ihre Kunden die Konzeption und grafische Gestaltung von Websites.

Der freie Mitarbeiter ist spezialisiert auf die programmiertechnische Umsetzung von Websitekonzepten.

Der freie Mitarbeiter wird die Agentur über Lösungsmöglichkeiten bei der Umsetzung konzeptioneller und grafischer Gestaltungen von Websites in browserfähige Computerprogramme beraten und Lösungsmöglichkeiten darstellen. Der freie Mitarbeiter übernimmt im Weiteren auch die programmiertechnische Umsetzung, sofern die Lösungsansätze den konzeptionellen und grafischen Vorgaben entsprechen.

Die Einzelheiten des Auftrages sind Gegenstand eines schriftlichen Briefings, das als Anlage zu diesem Vertrag den Leistungsumfang festlegt.

Werden später Änderungen notwendig, werden diese jedenfalls per E-Mail bestätigt und in dieser Form Vertragsgegenstand.

§ 2 Die Urheber- und Nutzungsrechte

Der freie Mitarbeiter versichert, der Inhaber der ausschließlichen Nutzungsrechte aller der Agentur überlassenen Computerprogramme oder Programmteile zu sein.

Der freie Mitarbeiter räumt der Agentur ein zeitlich wie räumlich unbeschränktes ausschließliches Nutzungsrecht an den von ihm entwickelten Computerprogrammen und Programmteilen ein. Dies gilt nicht für folgende Programme oder Programmteile:

_____

_____

Diese werden zeitlich und räumlich unbeschränkt zur einfachen Nutzung überlassen, wobei die Agentur zur Erfüllung ihrer Verpflichtungen gegenüber ihrem Kunden berechtigt wird, dieses zu übertragen.

Die Agentur ist berechtigt, sämtliche ihr überlassenen Programme oder Programmteile zu bearbeiten und mit anderen Programmen oder Anwendungen zu verbinden.

Der freie Mitarbeiter versichert, selbst Inhaber aller notwendigen Nutzungs- und Verwertungsrechte an den von ihm überlassenen Programmen oder Programmteilen zu sein. Verwendet der freie Mitarbeiter Programme oder Programmteile, die nicht ausschließlich von ihm selbst geschrieben wurden, setzt er die Agentur vor deren Einsatz davon in Kenntnis und verschafft ihr die erforderlichen Nutzungs- und Verwertungsrechte.

Die in diesem Abschnitt vereinbarte Rechteeinräumung steht unter der Bedingung der endgültigen Zahlung des für diesen Auftrag vereinbarten Honorars.

§ 3 Honorar

Der freie Mitarbeiter erhält für seine beratende Tätigkeit einschließlich der Darstellung von Lösungsmöglichkeiten ein Pauschalhonorar von Euro _____ zuzüglich Mehrwertsteuer.

Die Rechteeinräumung nach § 2 wird mit einer einmaligen Lizenzgebühr in Höhe von Euro _____ zuzüglich Mehrwertsteuer vergütet. Eine gesonderte Bezahlung der Programmierleistung erfolgt nicht.

Gegenstand der Honorarvereinbarung ist der im Eingangsbriefing umrissene Leistungsaufwand. Nachträgliche Änderungen sind gesondert zu vergüten. Als Stundensatz werden Euro _____ zuzüglich Mehrwertsteuer vereinbart.

§ 4 Abnahme

Die Ergebnisse der Arbeit werden in einer den Leistungsanforderungen (Briefing) entsprechenden Demo-Version präsentiert. Die Agentur nimmt die Programmierung ab, wenn die Leistungsanforderungen erfüllt sind.

§ 5 Gewährleistung

Zur Gewährleistung siehe »Wann brauche ich einen Vertrag?« (Abschnitt 13.1), »Allgemeine Geschäftsbedingungen« (Kapitel 14, Marginalie »Brauche ich eigene AGBs?«), »Was darf der Kunde reklamieren?« (Abschnitt 16.1) und »Was passiert, wenn ich den Termin nicht einhalte?« (Abschnitt 16.3) sowie die Checkliste B.11 zur Haftung/Gewährleistung.

§ 6 Haftung

Zur Haftung siehe »Wann brauche ich einen Vertrag?« (Abschnitt 13.1), »Allgemeine Geschäftsbedingungen« (Kapitel 14, Marginalie »Brauche ich eigene AGBs?«), »Was darf der Kunde reklamieren?« (Abschnitt 16.1) und »Was passiert, wenn ich den Termin nicht einhalte?« (Abschnitt 16.3) sowie die Checkliste B.11 zur Haftung/Gewährleistung.

§ 7 Schluss

Von diesem Vertrag abweichende Geschäftsbedingungen des Kunden werden nicht Vertragsbestandteil, selbst wenn die Agentur diesen nicht ausdrücklich widerspricht.

Keine der Parteien wird sich auf Verabredungen berufen, die nicht schriftlich oder durch E-Mail-Kommunikation niedergelegt sind.

Gegebenenfalls sollte hier eine Gerichtsstandsvereinbarung ergänzt werden, wenn beide Vertragsparteien Kaufleute sind:

Für alle Streitigkeiten aus diesem Vertragsverhältnis wird als Gerichtsstand _____ vereinbart.

_____, den xx.xx.20xx

_____   _____
Agentur   freier Mitarbeiter

A.6   Muster 6: Abmahnschreiben

Sehr geehrter Herr ...,

wir schreiben Ihnen im Namen der Werbe- und Webdesign GmbH, Hamburg, vertreten durch den Geschäftsführer Herrn ... Eine auf uns lautende Vollmacht liegt diesem Schreiben bei.

Ihr Unternehmen hat für die XY-GmbH unter der URL ... deren Internet-Auftritt konzipiert. Sie haben dabei auch fremdes Bildmaterial verwendet.

Wir weisen Sie darauf hin, dass unsere Mandantin Inhaberin der ausschließlichen Nutzungsrechte an diesem Bildermaterial ist. Die durch Sie vorgenommene Nutzung hätte deshalb der vorherigen Zustimmung bedurft.

Nutzungsrechte gleich welcher Art wurden Ihrem Unternehmen von Seiten unserer Mandantin aber zu keiner Zeit eingeräumt. Aufgrund des gesetzlichen Lichtbildschutzes sind Sie unserer Mandantin gegenüber zur Unterlassung, zur Auskunftserteilung, zum Schadensersatz, zur Rechnungslegung und Kostenerstattung verpflichtet.

Ich fordere Sie deshalb auf, die in der Anlage von uns vorbereitete Unterlassungsverpflichtungserklärung bis zum

(Datum) (Frist 24 Stunden bis eine Woche)

(eingehend bei uns) rechtsverbindlich unterzeichnet zurückzusenden. Bei Versäumung dieser Frist werden wir unserer Mandantin raten, umgehend gerichtliche Schritte – auch im Wege der einstweiligen Verfügung – einzuleiten.

Mit freundlichen Grüßen

Rechtsanwalt

A.7   Mustervertrag 7: Unterlassungs- und Verpflichtungserklärung Urheberrecht

Unterlassungs- und Verpflichtungserklärung

Hiermit erklären wir, *Grafikstudio GmbH, Berlin*, gesetzlich vertreten durch den Geschäftsführer Herrn ...:

Wir verpflichten uns gegenüber der Werbe- und Webdesign GmbH, Hamburg,

1. bei Meidung einer angemessenen, durch den Gläubiger im Einzelfall festzusetzenden und im Falle der Verwirkung durch das Landgericht XY auf Angemessenheit zu überprüfenden Vertragsstrafe für jeden Fall der Zuwiderhandlung, unter Ausschluss des Fortsetzungszusammenhanges, es zu unterlassen,

   die Fotografien (nähere Beschreibung) des Fotografen XY zu vervielfältigen, zu verbreiten, öffentlich zugänglich zu machen oder sonst körperlich oder unkörperlich zu verwerten oder durch uns veranlasst Dritte diese Handlungen vornehmen zu lassen,

2. bis zum

   Datum (Frist ca. eine bis drei Wochen)

   Auskunft zu erteilen über die Herkunft und den weiteren Vertriebsweg des Bildmaterials sowie in welchem Umfang die unter 1. bezeichneten Handlungen vorgenommen wurden, und zwar unter Vorlage eines Verzeichnisses mit der Angabe

   a) der Verbreitungsmedien,

   b) der Dauer der beabsichtigten Nutzung in den vorbezeichneten Verbreitungsmedien,

   c) der einzelnen Kostenfaktoren

   d) sowie des erzielten Gewinns

   und, soweit eine Vervielfältigung und/oder Verbreitung auch außerhalb einer Online-Nutzung erfolgt ist, mit der Angabe

   e) der Liefermengen, Lieferpreise und Namen und Anschriften der einzelnen Abnehmer,

3. der Werbe- und Webdesign GmbH, Hamburg, den aus der Rechtsverletzung entstandenen und zukünftig noch entstehenden Schaden materiell wie immateriell zu ersetzen,

4. die aus der notwendigen Rechtsverfolgung der Werbe- und Webdesign GmbH, Hamburg, durch die Einschaltung der Rechtsanwälte XY entstandenen Kosten, berechnet auf der Grundlage eines Streitwertes von (Betrag) ... €, zu erstatten.

Berlin, den _____

_____

Unterschrift

Erläuterungen *Das Schreiben dient als Muster für Rechtsverletzungen Dritter gegenüber Ihnen als Agentur/Fotograf. Es ist KEIN Muster, um sich gegenüber behaupteten Rechtsverletzungen selbst zu verteidigen.*

zu 1.: Üblich ist auch, dass das Vertragsstrafeversprechen konkret beziffert wird. Die Höhe schwankt erheblich, weshalb wir uns auf die neutrale

Formulierung beschränken. In den meisten Landgerichtsbezirken wird diese Formulierung akzeptiert.

zu 2.: Der Auskunftsanspruch ist begrenzt, deshalb zurückhaltend antworten. Die einzuhaltende Frist ist kurz zu bemessen, wenn zu befürchten ist, dass das Foto an Dritte weitergegeben wurde. Ansonsten dient die Auskunft nur der Bezifferung des Schadensersatzanspruches, sodass keine Eile geboten ist.

zu 4.: Übliche Formulierung, gehört aber nicht hierhin. Deshalb im Antwortschreiben streichen. Aber: Bei berechtigter Abmahnung ist man zur Kostentragung verpflichtet. Nur sind in der Regel die Streitwerte zu hoch bemessen.

A.8   Mustervertrag 8: Bürogemeinschaft

Zwischen

_____ vertreten durch ...

und

_____ ...

wird Folgendes vereinbart:

§ 1 Vertragsgegenstand

1. A und B gründen eine Gesellschaft bürgerlichen Rechts. Zweck der Gesellschaft ist es, sich bei ihrer Berufsausübung eines gemeinsamen Büros, gemeinsamen Personals sowie gemeinsamen Inventars einschließlich technischer Geräte und Schrifttum bedienen zu können und einander bei Abwesenheit zu vertreten.
2. Die Gesellschaft führt die Bezeichnung
   »A und B – Bürogemeinschaft Gesellschaft bürgerlichen Rechts«.

§ 2 Zeiträume

1. Die Gesellschaft beginnt am xx.xx.20xx.
2. Sie kann von jedem Gesellschafter schriftlich unter Einhaltung einer Frist von ____ Monaten zum Ende des Quartals gekündigt werden. § 723 BGB bleibt im Übrigen unberührt.
3. Das Geschäftsjahr der Gesellschaft ist das Kalenderjahr.

§ 3 Getrennte Berufsausübung

1. Soweit in diesem Vertrag nichts anderes bestimmt ist, üben die Vertragspartner ihre Berufstätigkeit getrennt, in eigener Verantwortung und unabhängig voneinander aus. Sie betreuen ihre eigenen Kunden, nutzen eigenes Briefpapier, bringen eigene Büroschilder an und erstellen getrennte, eigene Rechnungen, jeweils im eigenen Namen.
2. Für die Gesellschaft wird ein gemeinsames Bankkonto eingerichtet. Die Gesellschafter sind nur gemeinsam verfügungsberechtigt.

§ 4 Geschäftsbetrieb

1. Die Gesellschaft wird gemeinsame Geschäftsräume anmieten. Den Gesellschaftern steht jeweils die Hälfte der gemieteten Räumlichkeiten für ihre Tätigkeit zur Verfügung.
2. Sämtliche Bürogeräte und -maschinen sowie ... werden von der Gesellschaft zur gesamten Hand erworben und den Gesellschaftern zur Verfügung gestellt. Die Gesellschafter werden – soweit erforderlich – Benutzungsregelungen für die Räume und die Geräte vereinbaren. Soweit ein Gesellschafter mit eigenen Mitteln Anschaffungen tätigt und der Gesellschaft zur Benutzung zur Verfügung stellt, werden diese Stücke mit dem Namen des betreffenden Gesellschafters gekennzeichnet. Über die Ausstattung der Gesellschaft wird eine jeweils zu aktualisierende Inventarliste geführt.

§ 5 Gesellschaftseinlagen

Die Gesellschafter erbringen Bareinlagen von je Euro _____. Diese sind sofort fällig.

§ 6 Kosten

1. Die Gesellschafter tragen die Kosten der Gesellschaft nach dem jährlichen Verteilungsschlüssel. Dieser wird spätestens einen Monat nach Ende des Geschäftsjahres durch gegenseitige Unterrichtung der von den Gesellschaftern getätigten Umsätze jeweils in Form einer Gewinn- und Verlustrechnung ermittelt. Jeder Gesellschafter gewährt dem anderen auf Wunsch Einblick in die eigenen Bücher. Einblick kann auch durch ein Mitglied der rechts- oder steuerberatenden Berufe ausgeübt werden.
2. Die Gesellschafter zahlen zur Deckung der Ausgaben der Gesellschaft monatliche Vorabbeiträge in Höhe von einem Zwölftel des Vorjahresbetrages auf das Gemeinschaftskonto der Gesellschaft.
3. Reichen die gezahlten Vorabbeiträge und das liquide Gesellschaftsvermögen nicht aus, um die laufenden monatlichen Ausgaben zu decken, dann gleichen die Gesellschafter die nicht gedeckten Kosten

nach dem letzten festgestellten Verteilungsschlüssel durch zusätzliche Vorabbeiträge an die Gesellschaft aus.

§ 7 Personal

Die Gesellschafter regeln Einstellung, Einsatz und Entlassung von Personal sowie die Änderung und Beendigung von Anstellungsverträgen einvernehmlich.

§ 8 Gegenseitige Vertretung, Urlaub

Die Gesellschafter vertreten einander bei Abwesenheit kostenlos und stimmen ihre Urlaubswünsche gemeinsam ab, um Überschneidungen zu vermeiden und die gegenseitige Vertretung zu gewährleisten.

§ 9 Schlussvereinbarungen

1. Änderungen und/oder Ergänzungen dieses Vertrages bedürfen der Schriftform. Dies gilt auch für Vereinbarungen über den Verzicht auf das Schriftformerfordernis. Sonstige Abreden neben diesem Vertrag sind nicht getroffen.

2. Sollte eine Bestimmung dieses Vertrages unwirksam sein oder werden oder der Vertrag eine Lücke enthalten, so bleibt die Rechtswirksamkeit der übrigen Bestimmungen hiervon unberührt. Anstelle der unwirksamen Bestimmung gilt eine wirksame Bestimmung als vereinbart, die dem von den Parteien Gewollten wirtschaftlich am nächsten kommt; das Gleiche gilt im Falle einer Lücke.

_____, den xx.xx.20xx

_____   _____

Vertragspartner 1   Vertragspartner 2

A.9   Mustervertrag 9: Gesellschaftsvertrag GmbH

Zwischen

_____ vertreten durch ...

und

_____ ...

wird Folgendes vereinbart:

§ 1 Errichtung, Name und Zweck

1. Die Vertragsparteien gründen hiermit eine Gesellschaft mit beschränkter Haftung. Der Name der Gesellschaft lautet: _____ GmbH.
2. Zweck der Gesellschaft ist *der Betrieb einer Agentur für Grafik und Webdesign.*

§ 2 Zeiträume

1. Die Gesellschaft beginnt mit Vertragsschluss. Sie kann von jedem Gesellschafter mit einer Frist von drei Monaten auf das Ende eines Kalenderhalbjahres gekündigt werden.
2. Das Geschäftsjahr ist das Kalenderjahr.

§ 3 Stammkapital, Stammeinlage

Das Stammkapital beträgt Euro 25 000 (fünfundzwanzigtausend). Das Stammkapital wird von den Gesellschaftern zu gleichen Teilen erbracht.

§ 4 Verfügung über Geschäftsanteile

Die Verfügung über einen Geschäftsanteil oder einen Teil eines Geschäftsanteils, insbesondere Abtretung oder Verpfändung, ist nur mit Zustimmung aller Gesellschafter zulässig.

§ 5 Geschäftsführung

1. Die Gesellschaft hat einen oder mehrere Geschäftsführer.
2. Die Geschäftsführer sind verpflichtet, die Weisungen der Gesellschafter zu befolgen, insbesondere eine von den Gesellschaftern aufgestellte Geschäftsordnung zu beachten und von den Gesellschaftern als zustimmungspflichtig bezeichnete Geschäfte nur mit deren Zustimmung vorzunehmen.

§ 6 Vertretung

1. Die Gesellschaft wird durch einen Geschäftsführer einzeln vertreten, wenn er alleiniger Geschäftsführer ist oder wenn die Gesellschafter ihn zur Einzelvertretung ermächtigt haben. Im Übrigen wird die Gesellschaft gemeinschaftlich durch zwei Geschäftsführer oder durch einen Geschäftsführer gemeinschaftlich mit einem Prokuristen vertreten.
2. Der Geschäftsführer A ist von den Beschränkungen des § 181 BGB befreit.

§ 7 Bekanntmachungen

Die Bekanntmachungen der Gesellschaft erfolgen nur im Bundesanzeiger für die Bundesrepublik Deutschland.

§ 8 Gründungsaufwand

Die Gesellschaft trägt die mit der Gründung verbundenen Kosten bis zu einem Betrag von insgesamt Euro _____ .

§ 9 Schlussvereinbarungen

1. Änderungen und/oder Ergänzungen dieses Vertrages bedürfen der Schriftform. Dies gilt auch für Vereinbarungen über den Verzicht auf das Schriftformerfordernis. Sonstige Abreden neben diesem Vertrag sind nicht getroffen.

2. Sollte eine Bestimmung dieses Vertrages unwirksam sein oder werden oder der Vertrag eine Lücke enthalten, so bleibt die Rechtswirksamkeit der übrigen Bestimmungen hiervon unberührt. Anstelle der unwirksamen Bestimmung gilt eine wirksame Bestimmung als vereinbart, die dem von den Parteien Gewollten wirtschaftlich am nächsten kommt; das Gleiche gilt im Falle einer Lücke.

_____ , den xx.xx.20xx

_____   _____

Vertragspartner 1   Vertragspartner 2

Zur GmbH

Siehe auch Abschnitt 22.1.3, »GmbH«.

A.10   Mustervertrag 10: Gründung einer Gesellschaft bürgerlichen Rechts

Zwischen

_____ vertreten durch ... (im Folgenden A genannt)

und

_____ ... (im Folgenden B genannt)

wird Folgendes vereinbart:

§ 1 Errichtung, Name und Zweck

1. Die Vertragsparteien gründen hiermit eine Gesellschaft des bürgerlichen Rechts. Der Name der Gesellschaft lautet:

   _____ Gesellschaft des bürgerlichen Rechts.

2. Zweck der Gesellschaft ist *der Betrieb einer Agentur für Grafik und Webdesign.*

§ 2 Zeiträume

1. Die Gesellschaft beginnt mit Vertragsschluss. Sie kann von jedem Gesellschafter mit einer Frist von drei Monaten auf das Ende eines Kalenderhalbjahres gekündigt werden.
2. Das Geschäftsjahr ist das Kalenderjahr.

§ 3 Einlagen

1. Die Gesellschafter leisten Bareinlagen von je Euro 5000. Diese sind sofort fällig.
2. Die Gesellschafter sind verpflichtet, der Gesellschaft ihre volle Arbeitskraft zur Verfügung zu stellen. Nebentätigkeiten eines Gesellschafters sind nur mit Zustimmung des anderen Gesellschafters zulässig. Den Gesellschaftern ist es nicht gestattet, der Gesellschaft für eigene oder fremde Rechnung Konkurrenz zu machen oder sich an Konkurrenzunternehmen direkt oder indirekt zu beteiligen.

§ 4 Geschäftsführung, Vertretung

1. Zur Geschäftsführung und Vertretung sind A und B gemeinschaftlich berechtigt und verpflichtet, soweit die Gesellschafter nicht im Einzelfall eine abweichende Regelung treffen. Angelegenheiten der Gesellschaft werden einvernehmlich beschlossen.
2. Bei Krankheit, Urlaub oder sonstiger Abwesenheit eines Gesellschafters für einen zusammenhängenden Zeitraum von mehr als einer Woche ist der andere Gesellschafter danach alleine zur Geschäftsführung befugt. Dies gilt nicht für folgende Maßnahmen und Rechtsgeschäfte:
   a) Erwerb, Belastung und Veräußerung von Grundstücken oder grundstücksgleichen Rechten
   b) Abschluss, Änderung und Beendigung von Mietverträgen über die Betriebsräume
   c) Einstellung und Entlassung von Personal
   d) Beteiligung an anderen Unternehmen
   e) Aufnahme von Krediten außerhalb des laufenden Kontokorrentkredites und der üblichen Lieferantenkredite
   f) Vergabe von Krediten außerhalb der üblichen Kundenkredite
   g) alle übrigen Maßnahmen und Rechtsgeschäfte, durch welche die Gesellschaft im Einzelfall mit einem Betrag von mehr als Euro 3000 verpflichtet wird.

§ 5 Gewinn und Verlust

Gewinne und Verluste berechtigen und verpflichten die Gesellschafter zu gleichen Teilen, sofern sich nicht gemäß § 6 Abs. 2 etwas anderes ergibt.

§ 6 Urlaub, Krankheit

1. Jedem Gesellschafter steht ein Jahresurlaub von _____ Arbeitstagen zu. Die zeitliche Lage des Urlaubs ist zwischen den Gesellschaftern abzustimmen.
2. Kann ein Gesellschafter infolge Krankheit oder sonstiger unverschuldeter Verhinderung seinen Geschäftsführungspflichten nicht nachkommen, so besteht sein Anspruch auf Gewinnentnahmen für einen Zeitraum von sechs Wochen fort. Danach erlischt dieser Anspruch für die Zeit, während der der Gesellschafter seinen Geschäftsführungspflichten nicht nachkommt.

§ 7 Übernahmerecht, Auflösung

Stirbt oder kündigt ein Gesellschafter oder tritt in seiner Person sonst ein Grund ein, der nach den §§ 723 bis 728 BGB die Auflösung der Gesellschaft zur Folge haben würde, so übernimmt der andere Gesellschafter das Vermögen der Gesellschaft ohne Liquidation mit Aktiven und Passiven, sofern und sobald dieser Gesellschafter gegenüber dem erstgenannten Gesellschafter oder dessen Erben innerhalb von zwei Wochen nach Kenntnis des Auflösungsgrundes, spätestens innerhalb von sechs Wochen, eine entsprechende Erklärung abgibt. Im anderen Falle wird die Gesellschaft aufgelöst.

§ 8 Ausschließung

Tritt in der Person eines Gesellschafters ein wichtiger Grund ein, der den anderen Gesellschafter zu einer außerordentlichen Kündigung nach § 723 Abs. 1 Satz 2 BGB berechtigen würde, so kann dieser – anstatt die Gesellschaft außerordentlich zu kündigen – den erstgenannten Gesellschafter durch einseitige schriftliche Erklärung mit der Wirkung einer Übernahme des Gesellschaftsvermögens gemäß § 7 aus der Gesellschaft ausschließen.

§ 9 Abfindung

1. In den Fällen der §§ 7 und 8 erhält der ausscheidende Gesellschafter eine Abfindung nach Maßgabe einer Abfindungsbilanz, die auf den Stichtag des Ausscheidens aufzustellen ist. In dieser Abfindungsbilanz sind alle Vermögensgegenstände mit ihrem wirklichen Wert anzusetzen. An schwebenden Geschäften nimmt der ausscheidende Gesellschafter nicht teil.

2. Das Abfindungsguthaben ist unverzinslich in vier gleichen Jahresraten zu zahlen, beginnend mit dem 1. Januar des auf den Tag des Ausscheidens folgenden Kalenderjahres.

§ 10 Schlussvereinbarungen

1. Änderungen und/oder Ergänzungen dieses Vertrages bedürfen der Schriftform. Dies gilt auch für Vereinbarungen über den Verzicht auf das Schriftformerfordernis. Sonstige Abreden neben diesem Vertrag sind nicht getroffen.

2. Sollte eine Bestimmung dieses Vertrages unwirksam sein oder werden oder der Vertrag eine Lücke enthalten, so bleibt die Rechtswirksamkeit der übrigen Bestimmungen hiervon unberührt. Anstelle der unwirksamen Bestimmung gilt eine wirksame Bestimmung als vereinbart, die dem von den Parteien Gewollten wirtschaftlich am nächsten kommt; das Gleiche gilt im Falle einer Lücke.

_____, den xx.xx.20xx

_____   _____

Vertragspartner 1   Vertragspartner 2

Zur GbR

Siehe auch Abschnitt 22.1.2 »Gesellschaft bürgerlichen Rechts (GbR)«.

B   Checklisten

Noch einmal: Die nachfolgenden Checklisten sollen und können eine rechtliche Einzelfallberatung *nicht* ersetzen, sondern den aufmerksamen Leser in die Lage versetzen, den in Frage stehenden Komplex selbst zu durchdenken. Eine sich anschließende rechtliche Beratung wird dann ganz andere Qualitäten zeigen. Kompetente Gesprächspartner/innen treffen aufeinander: inhaltliche Vorgaben und Wünsche einerseits, Rechtssicherheit andererseits.

B.1   Checkliste 1: Markenanmeldung Deutschland

Bei der Vielzahl täglich neuer Kennzeichen sollte man die Kreation eines neuen Produktnamens gut vorbereiten, um anschließende Überraschungen zu vermeiden. Meist wird man um professionelle Hilfe nicht herumkommen.

Hauptfehler bei der Kreation neuer Marken

- ☐ Waren oder Dienstleistungen werden lediglich beschrieben.
- ☐ Freihaltebedürfnisse werden übersehen.
- ☐ Marken täuschen über Beschaffenheit der Ware oder Dienstleistung: Beispiel »Butterfein« für Margarine.
- ☐ Sie enthalten irreführende geografische Angaben: Champagner darf sich nur Schaumwein nennen, der aus der Champagne kommt.
- ☐ Negative Bedeutungen von fremdsprachigen Marken werden übersehen.

Vor der Anmeldung

- ☐ Recherche, ob fremde ältere Kennzeichenrechte verletzt werden, insbesondere auch von europäischen Kennzeichen. Meist nur durch professionelle Hilfe zu schaffen. Erste Ansprechpartner können die Handwerks- oder Handelskammern sein. Bei Unsicherheiten spezialisierten Patent- oder Rechtsanwalt einschalten.
- ☐ In der Regel empfiehlt sich bei einer besonderen grafischen Aufbereitung einer Wortmarke die gleichzeitige Anmeldung als Wort-/

Bildmarke, d. h., man meldet den Schriftzug in einer Standardschrift als Wortmarke und gleichzeitig in seiner besonderen grafischen Gestaltung als Bildmarke an. Aber: doppelte Kosten!

☐ Eine nicht schutzfähige Wortmarke kann bei besonderer grafischer Gestaltung als Bildmarke schutzfähig sein (Beispiel »Fireworks« in Abschnitt 7.1, »Wann gibt es Schutz für Produktbezeichnungen?«). Individuelle rechtliche Beratung erforderlich.

☐ Recherche der erforderlichen Waren- und Dienstleistungsklassen, für welche die Marke benutzt werden soll. Online über DPMA möglich. Bei Besonderheiten individuelle rechtliche Beratung erforderlich.

☐ Zügige Abwicklung von Recherche und Anmeldung, denn ansonsten ist Recherche veraltet.

Anmeldeverfahren

☐ Anmeldeformulare einfach downloaden unter *www.dpma.de*.

☐ Rechtzeitige Überweisung der Anmeldegebühren (drei Monate), denn ansonsten verfällt diese.

Sonstiges

☐ Markenüberwachung, um Verletzung durch Dritte ahnden zu können.

☐ Schutzfristüberwachung (zehn Jahre), denn ohne rechtzeitige Verlängerung erlischt Markenschutz automatisch.

B.2 Checkliste 2: Nötige Website-Angaben (Online-Redaktion)

Wer redaktionelle Inhalte ins Netz einstellt, die nicht der Bewerbung einer Ware oder Dienstleistung dienen, muss nur einen deutlichen Hinweis auf den Verantwortlichen geben, eine Art Impressum erstellen.

☐ Name und Anschrift des Unternehmens

☐ Name und *Vorname* des gesetzlichen Vertreters (GmbH: Geschäftsführer, AG: Vorstand)

☐ Name einer für den Inhalt verantwortlichen Person

Anders sieht es aus, wenn die Information etwas kostet, denn geschäftsmäßige Mediendienste müssen die gleichen Angaben machen wie Telemediendienste (siehe Checkliste B.3, »Telemediendienste«).

B.3 Checkliste 3: Angaben auf Websites von Telemediendiensten

Die folgenden Pflichtangaben müssen auf Websites enthalten sein, die unter anderem der Verbreitung von Informationen über Waren- und Dienstleistungen dienen. Erfasst werden damit auch Firmenpräsentationen.

Firmenpräsentationen

☐ Name und Anschrift des Unternehmens

☐ Name und Vorname des gesetzlichen Vertreters (GmbH: Geschäftsführer, AG: Vorstand)

☐ Telefonnummer

☐ E-Mail-Adresse

☐ Name des zuständigen Handelsregisters oder Vereinsregisters, Registernummer

☐ Umsatzsteuer-Identifikationsnummer, wenn vorhanden

☐ Werbung muss als Werbung erkennbar sein, wenn daneben ein redaktioneller Teil existiert.

☐ Übernehmen Sie Dienstleistungen für einen Dritten, muss auch Ihr Auftraggeber klar identifizierbar sein.

☐ Bei Sonderangeboten, Incentives, Gewinnspielen usw. müssen die Konditionen eindeutig und verständlich sein.

Nur bei erlaubnispflichtigem Gewerbe gilt

☐ Bezeichnung der Aufsichtsbehörde

☐ Werden Kundendaten ermittelt, welche die Grundlage für einen Bestellvorgang bilden, so sind diese nach erfolgter Abfrage übersichtlich und mit Korrekturmöglichkeit darzustellen.

Zusätzliche Regelungen

Bei Telemediendiensten von

▶ Anwälten

▶ Ärzten

▶ Steuerberatern

▶ Wirtschaftsprüfern

und ähnlichen Berufen sowie beim Vertrieb von

▶ Versicherungen

▶ Teilzeitwohnrechten

▶ Fernunterricht

gelten zusätzlich eigene Regeln.

B.4   Checkliste 4: Angaben auf E-Commerce-Websites

Die folgenden Pflichtangaben müssen auf Websites enthalten sein, die zum Absatz von Produkten oder Dienstleistungen an Verbraucher dienen, und zwar auch dann, wenn die Bestellung nicht online abgegeben wird.

- [ ] Name und Anschrift des Unternehmens
- [ ] Wann wird die Bestellung verbindlich?
- [ ] Bei Abos und anderen länger laufenden Verträgen: Mindestlaufzeit
- [ ] Wie kommt es zum Vertragsschluss (durch Darstellung der einzelnen Schritte)?
- [ ] Wesentliche Merkmale der Ware oder Dienstleistung
- [ ] Die verwendeten Allgemeinen Geschäftsbedingungen
- [ ] Wie können Eingabefehler behoben werden?
- [ ] Welche Vertragsprachen stehen zur Verfügung?
- [ ] Mitteilung, ob eine Speicherung der Vertragsunterlagen erfolgt, und ob diese ggf. auch später noch eingesehen werden können
- [ ] Hinweis, sofern das Unternehmen nur liefern will, solange der Vorrat reicht, oder sofern es gleichwertige andere Waren liefern will.
- [ ] Preis (inkl. MwSt.) und Porto, Verpackungskosten
- [ ] Wie wird geliefert?
- [ ] Wie wird gezahlt?
- [ ] Wenn der Nutzer anrufen oder etwas abrufen soll: die Telekommunikationstarife, sofern sie die üblichen Gebühren übersteigen.
- [ ] Befristung von Angeboten
- [ ] Info über das Widerrufsrecht (siehe Checkliste B.5 für ein Muster)
  Ein Widerrufsrecht muss grundsätzlich bei allen Waren und Dienstleistungen eingeräumt werden, die über Kommunikationsmittel bestellt werden. Ausnahmen sind: Maßanfertigungen, Zuschnitte usw., verderbliche Waren, MCs, CDs, DVDs, Videokassetten und andere bespielte Datenträger, wenn sie entsiegelt sind, Zeitungen und Zeitschriften, Lotterielose, Ersteigertes.
  Über das Bestehen oder Nichtbestehen eines Widerrufsrechts *muss* informiert werden.
  Ausübung des Widerrufsrechts wahlweise durch Absenden des Widerrufs oder Rückgabe der Sache. Aber beschränkbar auf Rückgabe der Sache (siehe unten, Info über Rückgaberecht).
  Das Widerrufsrecht dauert 14 Tage bzw. einen Monat, wenn die Widerrufsbelehrung erst nach Vertragsschluss in Textform vorliegt. Bei einer Dienstleistung endet es aber, wenn sie beginnt.
- [ ] Info über die Kosten der Rücksendung
  Dem Verbraucher dürfen bei Bestellungen unter 40 Euro die Rücksendekosten auferlegt werden, sofern er vor Bestellung über diese

Regelung informiert wurde und dies außerhalb der Widerrufsbelehrung, beispielsweise in den AGB, noch einmal festgeschrieben wurde.

☐ Info über das Rückgaberecht, wenn das Unternehmen sich dafür entschieden hat (siehe Checkliste B.6 für ein Muster).
Der Verbraucher darf auch auf ein Rückgaberecht beschränkt werden, dann ist der Rücktritt erst nach Lieferung möglich. In diesem Fall dürfen ihm die Portokosten nicht auferlegt werden.

☐ Die vorstehenden Informationen müssen editierbar sein – ein Nur-Lese-Dokument reicht nicht.

Weitere Informationspflichten ergeben sich aus Art. 246 § 2 EGBGB (im Anhang). Sie müssen aber nicht auf der Website enthalten sein, sondern erst mit der Lieferung erfolgen.

B.5 Checkliste 5: Muster für die Widerrufsbelehrung/Sache (Verbraucher)

Die Musterbelehrung in der seit dem 04.08.2011 gültigen Fassung (Anlage 1 zu Artikel 246 § 2 Abs. 3 Satz 1 EGBGB) ist in Gesetzesrang erhoben, was deren Rechtssicherheit erheblich erhöht hat. Die Belehrung wurde in Bezug auf die Regeln zum Wertersatz durch den Gesetzgeber angepasst. Die bis dahin bestehenden Widersprüche zur Rechtsprechung des Europäischen Gerichtshofes (siehe auch Abschnitt 10.3, »E-Commerce«) wurden beseitigt. Achten Sie darauf, keine veralteten Musterbelehrungen zu verwenden. Die vollständige und ausführliche *amtliche* Fassung des Musters finden Sie unter *www.bmj.de* bei Eingabe des Stichwortes »Musterbelehrungen« in das Suchfeld und Verfolgung des weiteren Links »Musterbelehrungen«. Die unten stehenden Checklisten sind mit der Neufassung 2011 im Hinblick auf die wesentlichen Anwendungsfälle abgeglichen, geben diese aber verkürzt wieder. Das Muster muss auf den jeweiligen Einzelfall angepasst werden und hat keine Allgemeingültigkeit. Bei Unsicherheiten in der Anwendung sollten Sie rechtlichen Rat einholen.

Widerrufsrecht

Sie können als Verbraucher Ihre Vertragserklärung innerhalb von (14 Tagen) (1) ohne Angabe von Gründen in Textform (z.B. Brief, Fax, E-Mail) oder – wenn Ihnen die Sache vor Ablauf der Widerrufsfrist überlassen wurde – durch Rücksendung der Sache widerrufen. Die Frist beginnt am Tag nach Erhalt dieser Belehrung in Textform, jedoch nicht vor Vertragsschluss und Eingang der Ware bei Ihnen und auch nicht vor Erfüllung unserer Informationspflichten gemäß Art. 246 § 2 i.V.m. § 1

Abs. 1 und 2 EGBGB sowie unserer Pflichten gemäß § 312g Abs. 1 Satz 1 BGB i.V.m. Art. 246 § 3 EGBGB. Zur Wahrung der Widerrufsfrist genügt die rechtzeitige Absendung des Widerrufs oder der Sache. Der Widerruf ist zu richten an: *Name und Anschrift des Anbieters, zusätzlich Fax und E-Mail-Adresse.*

Ausschluss/Erlöschen des Widerrufsrechts (2)

Ein Widerrufsrecht besteht nicht

☐ bei Waren, die nach Kundenspezifikationen angefertigt werden oder eindeutig auf die persönlichen Bedürfnisse zugeschnitten sind oder die auf Grund ihrer Beschaffenheit nicht für eine Rücksendung geeignet sind oder schnell verderben können oder deren Verfallsdatum überschritten werden würde;

☐ bei Lieferung von Audio- oder Videoaufzeichnungen oder von Software, sofern die gelieferten Datenträger vom Verbraucher entsiegelt worden sind,

☐ bei Lieferung von Zeitungen, Zeitschriften und Illustrierten

☐ bei Erbringung von Wett- und Lotterie-Dienstleistungen

☐ bei Dienstleistungen, die in Form von Versteigerungen geschlossen werden.

Widerrufsfolgen

Im Falle eines wirksamen Widerrufs sind die beiderseits empfangenen Leistungen zurückzugewähren und die von uns ggf. gezogenen Nutzungen (z. B. Zinsen) herauszugeben. Können Sie uns die empfangene Leistung sowie Nutzungen (z.B. Gebrauchsvorteile) nicht oder teilweise nicht oder nur in verschlechtertem Zustand zurückgewähren beziehungsweise herausgeben, müssen Sie uns insoweit Wertersatz leisten. Für die Verschlechterung der Sache und für gezogene Nutzungen müssen Sie Wertersatz nur leisten, soweit die Nutzungen oder die Verschlechterung auf einen Umgang mit der Sache zurückzuführen ist, der über die Prüfung der Eigenschaften und der Funktionsweise hinausgeht. Unter »Prüfung der Eigenschaften und der Funktionsweise« versteht man das Testen und Ausprobieren der jeweiligen Ware, wie es etwa im Ladengeschäft möglich und üblich ist. Paketversandfähige Sachen sind auf unsere Gefahr zurückzusenden. Sie haben die regelmäßigen Kosten der Rücksendung zu tragen, wenn die gelieferte Ware der bestellten entspricht und wenn der Preis der zurückzusendenden Sache einen Betrag von 40 € nicht übersteigt oder wenn Sie bei einem höheren Preis der Sache zum Zeitpunkt des Widerrufs noch nicht die Gegenleistung oder eine vertraglich vereinbarte Teilzahlung erbracht haben. Andernfalls ist die Rücksendung für Sie kostenfrei. Nicht paketversandfähige Sachen werden bei Ihnen abgeholt. Verpflichtungen zur Erstattung von Zahlungen müssen innerhalb von 30 Tagen erfüllt werden. Die Frist beginnt für Sie mit der Absendung Ihrer Widerrufserklärung oder der Sache, für uns mit deren Empfang (3) (4).

Besondere Hinweise: Dienstleistungen

Ist der Vertragsgegenstand eine Dienstleistung, ist nachfolgender besonderer Hinweis aufzunehmen:

»Ihr Widerrufsrecht erlischt vorzeitig, wenn der Vertrag von beiden Seiten auf Ihren ausdrücklichen Wunsch vollständig erfüllt ist, bevor Sie Ihr Widerrufsrecht ausgeübt haben.«

Finanzierte Geschäfte

Wird die Warenlieferung durch Sie oder ein durch Sie vermitteltes Unternehmen finanziert, gelten noch weitergehende Info-Pflichten (siehe Anlage 2 und 3 zu § 14 Abs. 1 und 3 InfoVO).

Unterschrift

Ihre XY-GmbH; Name der Firma ausreichend, also keine persönliche Unterschrift notwendig.

Gestaltungshinweise

(1) Wird die Belehrung erst nach Vertragsschluss mitgeteilt, lautet der Klammerzusatz »einem Monat«. Wird die Belehrung erst nach Vertragsschluss in Textform mitgeteilt, gilt das 14-tägige Widerrufsrecht fort, wenn die Belehrung ordnungsgemäß in einer dem Kommunikationsmedium angemessenen Art und Weise (d. h. auf der Webseite) erfolgte und unverzüglich in Textform nachgeholt wurde. Andernfalls muss der Klammerzusatz auch hier »einen Monat« lauten.

(2) Über den Ausschluss bzw. das vorzeitige Erlöschen des Widerrufsrechts muss nur dann belehrt werden, wenn betreffende Waren oder Dienstleistungen im Angebot sind.

(3) Dies ist eine Ausnahme von der Regel, denn grundsätzlich hat der Verkäufer die *regelmäßigen* Kosten der Rücksendung zu tragen. Diese Ausnahme ist *nur zulässig*, wenn die Kostenübernahme durch den Kunden Vertragsbestandteil geworden ist, also vor Vertragsschluss auf eine entsprechende Klausel hingewiesen wurde. *Nicht zulässig* ist die Aufnahme nur in der Widerrufsbelehrung. Es muss also *zweimal* hingewiesen werden, etwa in AGB unter eigener Klausel.

(4) Werden die Kosten von Ihnen übernommen, muss die Klausel anstelle der bestehenden wie folgt lauten: »Paketversandfähige Sachen sind auf unsere Kosten und Gefahr zurückzusenden. Nicht paketversandfähige Sachen werden bei Ihnen abgeholt.«

B.6 Checkliste 6: Muster für die Rückgabebelehrung/ Sache (Verbraucher)

Rückgaberecht

Sie können die erhaltene Ware ohne Angabe von Gründen innerhalb von zwei Wochen (1) durch Rücksendung der Ware zurückgeben. Die Frist beginnt am Tag nach Erhalt dieser Belehrung in Textform, jedoch nicht vor Vertragsschluss und Eingang der Ware bei Ihnen und auch nicht vor Erfüllung unserer Informationspflichten gemäß Art. 246 § 2 i.V.m. § 1 Abs 1 und 2 EGBGB sowie unserer Pflichten gemäß § 312g Abs. 1 BGB i.V.m. Art. 246 § 3 EGBGB. Nur bei nicht paketversandfähiger Ware (z. B. bei sperrigen Gütern) können Sie die Rückgabe auch durch Rücknahmeverlangen in Textform erklären, also z. B. per Brief, Fax oder E-Mail. Zur Wahrung der Frist genügt die rechtzeitige Absendung der Ware oder des Rücknahmeverlangens. In jedem Falle erfolgt die Rücksendung auf unsere Kosten und Gefahr. Die Rücksendung oder das Rücknahmeverlangen hat zu erfolgen an:

Rückgabefolgen

Im Falle einer wirksamen Rückgabe sind die beiderseits empfangenen Leistungen zurückzugewähren und von uns ggf. gezogene Nutzungen (z. B. Zinsen) herauszugeben. Für die Verschlechterung der Sache und für gezogene Nutzungen müssen Sie Wertersatz nur leisten, soweit die Nutzungen oder die Verschlechterung auf einen Umgang mit der Sache zurückzuführen ist, der über die Prüfung der Eigenschaften und der Funktionsweise hinausgeht. Unter »Prüfung der Eigenschaften und der Funktionsweise« versteht man das Testen und Ausprobieren der jeweiligen Ware, wie es etwa im Ladengeschäft möglich und üblich ist.

Finanzierte Geschäfte

Wird die Warenlieferung durch Sie oder ein durch Sie vermitteltes Unternehmen finanziert, gelten noch weitergehende Info-Pflichten (siehe Anlage 2 und 3 zu § 14 Abs. 1 und 3 InfoVO).

Unterschrift

Ihre XY-GmbH; Name der Firma ausreichend, also keine persönliche Unterschrift notwendig.

Gestaltungshinweise

(1) Wird die Belehrung erst nach Vertragsschluss mitgeteilt, lautet der Klammerzusatz »einem Monat«. Zu Ausnahmen siehe Checkliste B.5, Abschnitt »Gestaltungshinweise«, Hinweis Nr. 1.

(2) siehe oben Checkliste B.5, Abschnitt »Gestaltungshinweise«, Hinweis Nr. 3.

B.7   Checkliste 7: Datenschutz/Einwilligungserklärung

☐ Transparente und eindeutige Information, für welchen Zweck und in welcher Form personenbezogene Daten gespeichert und verarbeitet werden. Allgemein gehaltene Formulierungen genügen diesen Anforderungen nicht.

☐ Hinweis, dass keine Pflicht zur Abgabe der Einwilligung besteht, sondern diese freiwillig erfolgt.

☐ Der Nutzer muss seine Einwilligung aktiv bestätigen. Das bloße Einblenden eines Textes genügt genauso wenig wie eine bereits voreingestellte Bestätigung. Der User muss zustimmen, nicht seiner Zustimmung widersprechen.

☐ Die Einwilligung sollte gesondert eingeholt werden und nicht mit anderen Erklärungen verknüpft sein.

☐ Der Nutzer muss darauf hingewiesen werden, dass er seine Zustimmung jederzeit widerrufen kann. Die erhobenen Daten sind dann zu löschen.

☐ Es muss die Möglichkeit der jederzeitigen Abrufbarkeit der Einwilligungserklärung bestehen. Ausreichend ist, dass der abstrakte Text abrufbar ist, nicht die konkrete Einwilligung.

☐ Die Einwilligungserklärung muss protokolliert werden. Liegt eine Dokumentation nicht vor, gilt die Zustimmung als nicht erfolgt.

☐ Die Datenschutzerklärung darf nicht zur Voraussetzung für die Nutzung eines Dienstes gemacht werden.

☐ Jederzeitige Auskunftpflicht über die erhobenen Daten.

B.8   Checkliste 8: Barrierefreiheit

Die gesetzlichen Vorgaben an die Barrierefreiheit sind sehr detailliert in der BITV nachzulesen. *Sie sind nur für staatliche Stellen verbindlich.* Die nachfolgenden Punkte sind nur ein Grobmuster und reißen nur die Bereiche an, die bei der Gestaltung und Umsetzung bzw. bei Relaunches zu beachten sind.

☐ Für Audio- und visuelle Inhalte sind äquivalente Inhalte bereitzustellen.

☐ Verständlichkeit der Inhalte muss auch ohne Farben gegeben sein.

- [ ] Markup-Sprachen und Stylesheets sind entsprechend ihrer Spezifikationen zu verwenden.
- [ ] Sprachliche Besonderheiten sind kenntlich zu machen.
- [ ] Tabellen sind entsprechend den Vorgaben der verwendeten Markup-Sprache zu beschreiben.
- [ ] Internetangebote dürfen nicht von der Unterstützung neuerer Technologien abhängig sein.
- [ ] Zeitgesteuerte Änderungen müssen für den Nutzer kontrollierbar sein.
- [ ] Die Angebote müssen unabhängig vom Eingabe- bzw. Ausgabegerät nutzbar sein.
- [ ] Die verwendeten Technologien sollen öffentlich zugänglich und dokumentiert sein.
- [ ] Den Nutzern sind Informationen zum Kontext und zur Orientierung zu geben.
- [ ] Die Navigation ist übersichtlich und schlüssig zu halten.
- [ ] Die Inhalte müssen für jedermann verständlich sein, ggf. sind geeignete Maßnahmen zur Sicherstellung zu treffen.

B.9 Checkliste 9: E-Mail-Marketing

Opt-in-Prinzip

- [ ] Identität des Versenders muss erkennbar sein (Anbieterkennzeichnung auf jeder Mail, auch per Hyperlink umsetzbar, möglichst neutral).
- [ ] Gültige Adresse, an die der Widerruf geschickt werden kann, muss vorhanden sein
- [ ] Deutlich sichtbarer Hinweis auf Nutzung der E-Mail-Adresse zu bestimmten Werbezwecken
- [ ] Ausdrückliche (aktive) Einwilligung in die Nutzung
- [ ] Einwilligungserklärung getrennt von sonstigen Erklärungen einholen
- [ ] *Zu empfehlen*: Bestätigung der Einwilligung durch neutrale Mail, die wiederum durch potenziellen Empfänger bestätigt werden muss (sogenanntes *Double-Opt-in*). So können Fehler (z. B. Schreibfehler) minimiert werden.
- [ ] Hinweis auf jederzeitiges Widerrufsrecht
- [ ] Informationen dürfen nicht in AGB enthalten sein.
- [ ] Dokumentation der Einwilligung

Beachte: E-Mail-Marketing bringt aufgrund der unpersönlichen Abwicklung erhebliche beweisrechtliche Probleme mit sich, die auch durch die obige Checkliste nicht vollständig lösbar sind (siehe Abschnitt 12.1, »E-Mail«).

B.10 Checkliste 10: Newsletter

Bestellvorgang

☐ Hinweis auf Inhalt des Newsletters

☐ Beschreibung des Bestellvorgangs

☐ Abfragen einer E-Mail-Adresse, an die der Newsletter gehen soll

☐ Hinweis auf jederzeitige Möglichkeit der Abbestellung

☐ Keine weiteren persönlichen Daten (siehe Checkliste B.7, »Datenschutz«)

Double-Opt-in-Prinzip

☐ Neutrale Bestätigungsmail mit dem Hinweis auf die Bestellung unter der E-Mail-Adresse XY

☐ Abfordern der Bestätigung durch Empfänger

☐ Erst danach Aufnahme in Newsletter-Verteiler, ansonsten Löschung

Allgemeines

☐ Identität des Versenders muss erkennbar sein (Anbieterkennzeichnung auch per Hyperlink umsetzbar, möglichst neutral).

☐ Gültige Adresse, an die der Widerruf geschickt werden kann, muss vorhanden sein.

☐ Dokumentation des Bestellvorgangs einschließlich des Double-Opt-in-Vorgangs

B.11 Checkliste 11: Haftung/Gewährleistung

Die gesetzlichen Rechte des Bestellers, der mit seiner Leistung unzufrieden ist, sind vielfältig. Es gibt aber im B-to-B-Bereich auch abmildernde Spielräume, die in der Vertragsgestaltung Berücksichtigung finden können.

Zur Gewährleistung bzw. Haftung siehe auch »Allgemeine Geschäftsbedingungen« (Kapitel 14, Marginalie »Brauche ich eigene AGBs?«), »Was darf der Kunde reklamieren?« (Abschnitt 16.1) und »Was passiert, wenn ich den Termin nicht einhalte?« (Abschnitt 16.3)

☐ Klare und möglichst detaillierte Festlegung dessen, was Gegenstand der eigenen Leistung sein soll. Briefings sollten schriftlich zusam-

mengefasst werden und als Bestätigung an den Auftraggeber zurück-
gehen.

☐ Vereinbarung einer Prüfungspflicht innerhalb einer angemessen Zeit
nach Übergabe der Leistung (für Individual-Software gelten Besonderheiten!).

☐ Vereinbarung der Pflicht zur Beschreibung des aufgetretenen Fehlers.

☐ Haftungsausschluss, wenn nicht innerhalb des angemessenen Zeitraums Fehler beanstandet wurden (nur B to B).

☐ Wichtig: Hinweis, dass Ausschluss nur für Fälle der grundsätzlichen
Fehlererkennbarkeit Gültigkeit erlangt.

☐ Werden Fehler rechtzeitig gerügt oder handelt es sich um solche, die
nicht sofort erkennbar waren, Vereinbarung, dass zuerst Nachbesse-
rung/Nachlieferung geschuldet wird.

☐ Erst nach angemessener Anzahl von Nachbesserungsversuchen (vertraglich festlegen, z. B. drei Versuche) kann der Kunde Rücktritt,
Minderung oder Schadensersatz geltend machen.

☐ Das Recht des Kunden zur Selbstbeseitigung des Fehlers sollte ausgeschlossen werden.

☐ Bei nicht rechtzeitiger Leistung steht dem Kunden immer ein Rück-
trittsrecht vom Vertrag zur Verfügung. Spielraum hat man hier nur
in der Festlegung einer angemessenen Frist, innerhalb derer trotz
Verspätung die Abgabe noch erfolgen kann. Diese ist stark vom Einzelfall abhängig.

Termin nicht nennen

In der Vertragsgestaltung einen konkreten Fertigstellungstermin vermeiden
(siehe auch Abschnitt 16.3, »Was passiert, wenn ich den Termin nicht halte?«).

☐ Haftungsbegrenzung außerhalb der Gewährleistung auf Vorsatz und
grobe Fahrlässigkeit auch der Erfüllungsgehilfen, es sei denn:
▶ so genannte Kardinalspflichten werden verletzt
▶ bestimmte Leistungsinhalte sind garantiert
▶ es handelt sich um Personenschäden
▶ es handelt sich um Ansprüche nach dem Produkthaftungsgesetz
Wichtig: Ausnahmen müssen im Vertrag benannt werden!

☐ Für Datenverluste sollte die Haftung der Höhe nach begrenzt werden
auf Schäden, die bei ordnungsgemäßer Datensicherung verhindert
worden wären.

☐ Betragsmäßige Haftungsbeschränkung für leichte Fahrlässigkeit bei
Verletzung von Kardinalspflichten ist schwierig. Der Betrag muss
mindestens den im konkreten Fall typischen Schaden abdecken.

Haftungsklauseln

Die Rechtsprechung verhält sich gegenüber Haftungsklauseln sehr restriktiv. Außerdem fällt ein Klauselgerüst meist weitgehend in sich zusammen, obwohl nur *einzelne* Klauseln unzulässig sind. Es ist deshalb problematisch, wenn man das Netz nach Haftungsklauseln abfischt und sich aus dem Potpourri eigene bastelt.

Individueller Rat hilft weiter

Verhandelt man mit einem Kunden einen Vertrag Punkt für Punkt und überreicht nicht nur einen Vordruck zur Unterschrift, sind die Möglichkeiten einer Haftungsfreizeichnung im Gegensatz zu den gemachten Vorschlägen ganz erheblich erweitert. Individueller Rat sollte deshalb bei wichtigen Projekten eingeholt werden (siehe auch Abschnitt 13.1, »Wann brauche ich einen Vertrag?«).

B.12   Checkliste 12: Selbstständig oder Arbeitnehmer?

Ist freie Mitarbeiterschaft ein Trugschluss?

Ein solides Unternehmen sichert sich gegen den Vorwurf des Engagements von Scheinselbstständigen ab. Mittels Fragebogen soll der freie Mitarbeiter deutlich machen, ob er tatsächlich selbstständig ist.

Indizien für eine selbstständige Tätigkeit

☐ Vertrag und Vergütung werden bei jedem Job frei ausgehandelt.
☐ Es wird auf Rechnung gearbeitet.
☐ Alle Steuern sind selbst abzuführen.
☐ Alle Sozialversicherungen werden selbst abgeschlossen.
☐ In die Arbeitslosenversicherung wird man nicht aufgenommen.
☐ Gegen Schadensersatzansprüche und Arbeitsunfälle muss man sich selbst versichern.
☐ Es wird nicht auf Dauer und im Wesentlichen nicht nur für einen Auftraggeber gearbeitet.

Was gegen eine selbstständige Tätigkeit spricht

☐ Einbindung in die betriebliche Arbeitsorganisation.
☐ Keine eigene Entscheidung, welche Jobs übernommen werden, sondern Erledigung der zugeteilten Jobs.
☐ Keine eigene Entscheidung, wie die Jobs erledigt werden, stattdessen Bindung an die Weisungen auch bei kreativen Fragen.
☐ Arbeit auf einer Position, die normalerweise mit einer Festangestellten besetzt ist oder die sogar im konkreten Fall früher eine feste Stelle war.
☐ Arbeit mit der Hardware des Auftraggebers.

B.13   Checkliste 13: Freiberuflich oder gewerblich?

Freiberuflich oder gewerblich? Die Beantwortung dieser Frage entscheidet nicht nur über die Art der Buchführung, sondern vor allen Dingen auch darüber, ob Gewerbesteuerzahlungen die Einnahmen schmälern können.

Anhaltspunkte für eine freiberufliche Tätigkeit

☐ Wird eine Dienstleistung höherer Art erbracht, für die ein Studienabschluss oder eine vergleichbare Leistung regelmäßige Voraussetzung ist? Nicht erforderlich ist, dass man selbst diese Abschlüsse hat.

☐ Steht die künstlerisch kreative Leistung im Vordergrund, nicht das handwerkliche Können?

Anhaltspunkte für gewerbliche Tätigkeit

☐ Ein Gewerbe ist angemeldet worden.

☐ Es wird schon Gewerbesteuer bezahlt.

☐ Es besteht eine Pflichtmitgliedschaft in der örtlichen IHK.

☐ Es existiert eine Handelsregistereintragung oder diese ist geplant.

☐ Es besteht Buchführungspflicht.

ANHANG II
Gesetzestexte

C Gesetzestexte: Allgemein

Gesetzestexte sind zwar oft trocken, doch in Zweifelsfragen kann es hilfreich sein, darin einmal genau nachlesen zu können. Bitte beachten Sie, dass wir Aktualisierungen unter *www.galileodesign.de* zur Verfügung stellen.

Die nachfolgende Aufstellung orientiert sich nicht an der offiziellen Einteilung der Gesetzestexte, die durch den Gesetzgeber vorgegeben ist, sondern an Sachgebieten. Wer etwas zum Kreativrecht sucht, findet die wichtigsten Quellen unter dieser Überschrift. Gleiches gilt beispielsweise für das Internet- oder Arbeitsrecht. Die Zusammenstellung folgt einer subjektiven Auswahl und ist keinesfalls erschöpfend. Wer mehr ins Detail gehen möchte, findet ein gut sortiertes Angebot unter *www. rechtliches.de*.

C.1 Allgemeine Geschäftsbedingungen/AGB

§ 305 Einbeziehung Allgemeiner Geschäftsbedingungen in den Vertrag

Bürgerliches Gesetzbuch (Auszüge)

(1) Allgemeine Geschäftsbedingungen sind alle für eine Vielzahl von Verträgen vorformulierten Vertragsbedingungen, die eine Vertragspartei (Verwender) der anderen Vertragspartei bei Abschluss eines Vertrags stellt. Gleichgültig ist, ob die Bestimmungen einen äußerlich gesonderten Bestandteil des Vertrags bilden oder in die Vertragsurkunde selbst aufgenommen werden, welchen Umfang sie haben, in welcher Schriftart sie verfasst sind und welche Form der Vertrag hat. Allgemeine Geschäftsbedingungen liegen nicht vor, soweit die Vertragsbedingungen zwischen den Vertragsparteien im Einzelnen ausgehandelt sind.

(2) Allgemeine Geschäftsbedingungen werden nur dann Bestandteil eines Vertrags, wenn der Verwender bei Vertragsschluss

1. die andere Vertragspartei ausdrücklich oder, wenn ein ausdrücklicher Hinweis wegen der Art des Vertragsschlusses nur unter unverhältnismäßigen Schwierigkeiten möglich ist, durch deutlich sichtbaren Aushang am Ort des Vertragsschlusses auf sie hinweist und

2. der anderen Vertragspartei die Möglichkeit verschafft, in zumutbarer Weise, die auch eine für den Verwender erkennbare körperliche Behinderung der anderen Vertragspartei angemessen berücksichtigt, von ihrem Inhalt Kenntnis zu nehmen, und wenn die andere Vertragspartei mit ihrer Geltung einverstanden ist.

(3) Die Vertragsparteien können für eine bestimmte Art von Rechtsgeschäften die Geltung bestimmter Allgemeiner Geschäftsbedingungen unter Beachtung der in Absatz 2 bezeichneten Erfordernisse im Voraus vereinbaren.

§ 305a Einbeziehung in besonderen Fällen

Auch ohne Einhaltung der in § 305 Abs. 2 Nr. 1 und 2 bezeichneten Erfordernisse werden einbezogen, wenn die andere Vertragspartei mit ihrer Geltung einverstanden ist,

1. die mit Genehmigung der zuständigen Verkehrsbehörde oder auf Grund von internationalen Übereinkommen erlassenen Tarife und Ausführungsbestimmungen der Eisenbahnen und die nach Maßgabe des Personenbeförderungsgesetzes genehmigten Beförderungsbedingungen der Straßenbahnen, Obusse und Kraftfahrzeuge im Linienverkehr in den Beförderungsvertrag,

2. die im Amtsblatt der Regulierungsbehörde für Telekommunikation und Post veröffentlichten und in den Geschäftsstellen des Verwenders bereitgehaltenen Allgemeinen Geschäftsbedingungen,

   a) in Beförderungsverträge, die außerhalb von Geschäftsräumen durch den Einwurf von Postsendungen in Briefkästen abgeschlossen werden,

   b) in Verträge über Telekommunikations-, Informations- und andere Dienstleistungen, die unmittelbar durch Einsatz von Fernkommunikationsmitteln und während der Erbringung einer Telekommunikationsdienstleistung in einem Mal erbracht werden, wenn die Allgemeinen Geschäftsbedingungen der anderen Vertragspartei nur unter unverhältnismäßigen Schwierigkeiten vor dem Vertragsschluss zugänglich gemacht werden können.

§ 305b Vorrang der Individualabrede

Individuelle Vertragsabreden haben Vorrang vor Allgemeinen Geschäftsbedingungen.

§ 305c Überraschende und mehrdeutige Klauseln

(1) Bestimmungen in Allgemeinen Geschäftsbedingungen, die nach den Umständen, insbesondere nach dem äußeren Erscheinungsbild des Vertrags, so ungewöhnlich sind, dass der Vertragspartner des Verwenders mit ihnen nicht zu rechnen braucht, werden nicht Vertragsbestandteil.

(2) Zweifel bei der Auslegung Allgemeiner Geschäftsbedingungen gehen zu Lasten des Verwenders.

§ 306 Rechtsfolgen bei Nichteinbeziehung und Unwirksamkeit

(1) Sind Allgemeine Geschäftsbedingungen ganz oder teilweise nicht Vertragsbestandteil geworden oder unwirksam, so bleibt der Vertrag im Übrigen wirksam.

(2) Soweit die Bestimmungen nicht Vertragsbestandteil geworden oder unwirksam sind, richtet sich der Inhalt des Vertrags nach den gesetzlichen Vorschriften.

(3) Der Vertrag ist unwirksam, wenn das Festhalten an ihm auch unter Berücksichtigung der nach Absatz 2 vorgesehenen Änderung eine unzumutbare Härte für eine Vertragspartei darstellen würde.

§ 306a Umgehungsverbot

Die Vorschriften dieses Abschnitts finden auch Anwendung, wenn sie durch anderweitige Gestaltungen umgangen werden.

§ 307 Inhaltskontrolle

(1) Bestimmungen in Allgemeinen Geschäftsbedingungen sind unwirksam, wenn sie den Vertragspartner des Verwenders entgegen den Geboten von Treu und Glauben unangemessen benachteiligen. Eine unangemessene Benachteiligung kann sich auch daraus ergeben, dass die Bestimmung nicht klar und verständlich ist.

(2) Eine unangemessene Benachteiligung ist im Zweifel anzunehmen, wenn eine Bestimmung

1. mit wesentlichen Grundgedanken der gesetzlichen Regelung, von der abgewichen wird, nicht zu vereinbaren ist oder
2. wesentliche Rechte oder Pflichten, die sich aus der Natur des Vertrags ergeben, so einschränkt, dass die Erreichung des Vertragszwecks gefährdet ist.

§ 308 Klauselverbote mit Wertungsmöglichkeit

In Allgemeinen Geschäftsbedingungen ist insbesondere unwirksam

1. **(Annahme- und Leistungsfrist)**
   eine Bestimmung, durch die sich der Verwender unangemessen lange oder nicht hinreichend bestimmte Fristen für die Annahme oder Ablehnung eines Angebots oder die Erbringung einer Leistung vorbehält; ausgenommen hiervon ist der Vorbehalt, erst nach Ablauf der Widerrufs- oder Rückgabefrist nach § 355 Abs. 1 und 2 und § 356 zu leisten;

2. **(Nachfrist)**

eine Bestimmung, durch die sich der Verwender für die von ihm zu bewirkende Leistung abweichend von Rechtsvorschriften eine unangemessen lange oder nicht hinreichend bestimmte Nachfrist vorbehält;

3. **(Rücktrittsvorbehalt)**

die Vereinbarung eines Rechts des Verwenders, sich ohne sachlich gerechtfertigten und im Vertrag angegebenen Grund von seiner Leistungspflicht zu lösen; dies gilt nicht für Dauerschuldverhältnisse;

4. **(Änderungsvorbehalt)**

die Vereinbarung eines Rechts des Verwenders, die versprochene Leistung zu ändern oder von ihr abzuweichen, wenn nicht die Vereinbarung der Änderung oder Abweichung unter Berücksichtigung der Interessen des Verwenders für den anderen Vertragsteil zumutbar ist;

5. **(Fingierte Erklärungen)** (...)

6. **(Fiktion des Zugangs)**

eine Bestimmung, die vorsieht, dass eine Erklärung des Verwenders von besonderer Bedeutung dem anderen Vertragsteil als zugegangen gilt;

7. **(Abwicklung von Verträgen)**

eine Bestimmung, nach der der Verwender für den Fall, dass eine Vertragspartei vom Vertrag zurücktritt oder den Vertrag kündigt,

    a)   eine unangemessen hohe Vergütung für die Nutzung oder den Gebrauch einer Sache oder eines Rechts oder für erbrachte Leistungen oder

    b)   einen unangemessen hohen Ersatz von Aufwendungen verlangen kann;

8. **(Nichtverfügbarkeit der Leistung)**

die nach Nummer 3 zulässige Vereinbarung eines Vorbehalts des Verwenders, sich von der Verpflichtung zur Erfüllung des Vertrags bei Nichtverfügbarkeit der Leistung zu lösen, wenn sich der Verwender nicht verpflichtet,

    a)   den Vertragspartner unverzüglich über die Nichtverfügbarkeit zu informieren und

    b)   Gegenleistungen des Vertragspartners unverzüglich zu erstatten.

§ 309 Klauselverbote ohne Wertungsmöglichkeit

Auch soweit eine Abweichung von den gesetzlichen Vorschriften zulässig ist, sind in Allgemeinen Geschäftsbedingungen unwirksam

1. **(Kurzfristige Preiserhöhungen)**
2. **(Leistungsverweigerungsrechte) (...)**
3. **(Aufrechnungsverbot) (...)**
4. **(Mahnung, Fristsetzung)**

   eine Bestimmung, durch die der Verwender von der gesetzlichen Obliegenheit freigestellt wird, den anderen Vertragsteil zu mahnen oder ihm eine Frist für die Leistung oder Nacherfüllung zu setzen;

5. **(Pauschalierung von Schadenersatzansprüchen)**

   die Vereinbarung eines pauschalierten Anspruchs des Verwenders auf Schadenersatz oder Ersatz einer Wertminderung, wenn

   a) die Pauschale den in den geregelten Fällen nach dem gewöhnlichen Lauf der Dinge zu erwartenden Schaden oder die gewöhnlich eintretende Wertminderung übersteigt oder

   b) dem anderen Vertragsteil nicht ausdrücklich der Nachweis gestattet wird, ein Schaden oder eine Wertminderung sei überhaupt nicht entstanden oder wesentlich niedriger als die Pauschale;

6. **(Vertragsstrafe)**

   eine Bestimmung, durch die dem Verwender für den Fall der Nichtabnahme oder verspäteten Abnahme der Leistung, des Zahlungsverzugs oder für den Fall, dass der andere Vertragsteil sich vom Vertrag löst, Zahlung einer Vertragsstrafe versprochen wird;

7. **(Haftungsausschluss bei Verletzung von Leben, Körper, Gesundheit und bei grobem Verschulden)**

   a) (Verletzung von Leben, Körper, Gesundheit)

   ein Ausschluss oder eine Begrenzung der Haftung für Schäden aus der Verletzung des Lebens, des Körpers oder der Gesundheit, die auf einer fahrlässigen Pflichtverletzung des Verwenders oder einer vorsätzlichen oder fahrlässigen Pflichtverletzung eines gesetzlichen Vertreters oder Erfüllungsgehilfen des Verwenders beruhen;

   b) (Grobes Verschulden)

   ein Ausschluss oder eine Begrenzung der Haftung für sonstige Schäden, die auf einer grob fahrlässigen Pflichtverletzung des Verwenders oder auf einer vorsätzlichen oder grob fahrlässigen Pflichtverletzung eines gesetzlichen Vertreters oder Erfüllungsgehilfen des Verwenders beruhen; die Buchstaben a und b gelten nicht für Haftungsbeschränkungen in den nach Maßgabe des Personenbeförderungsgesetzes genehmigten Beförderungsbedingungen und Tarifvorschriften der Straßenbahnen, Obusse und Kraftfahrzeuge im Linienverkehr, soweit sie nicht zum Nachteil des Fahrgastes von der Verordnung über die Allgemeinen Beförderungsbedingungen für den

Straßenbahn- und Obusverkehr sowie den Linienverkehr mit Kraftfahrzeugen vom 27. Februar 1970 abweichen; Buchstabe b gilt nicht für Haftungsbeschränkungen für staatlich genehmigte Lotterie- oder Ausspielverträge;

8. **(Sonstige Haftungsausschlüsse bei Pflichtverletzung)**

   a) (Ausschluss des Rechts, sich vom Vertrag zu lösen)

   eine Bestimmung, die bei einer vom Verwender zu vertretenden, nicht in einem Mangel der Kaufsache oder des Werkes bestehenden Pflichtverletzung das Recht des anderen Vertragsteils, sich vom Vertrag zu lösen, ausschließt oder einschränkt; dies gilt nicht für die in der Nummer 7 bezeichneten Beförderungsbedingungen und Tarifvorschriften unter den dort genannten Voraussetzungen;

   b) (Mängel)

   eine Bestimmung, durch die bei Verträgen über Lieferungen neu hergestellter Sachen und über Werkleistungen

   aa) (Ausschluss und Verweisung auf Dritte)

   die Ansprüche gegen den Verwender wegen eines Mangels insgesamt oder bezüglich einzelner Teile ausgeschlossen, auf die Einräumung von Ansprüchen gegen Dritte beschränkt oder von der vorherigen gerichtlichen Inanspruchnahme Dritter abhängig gemacht werden;

   bb) (Beschränkung auf Nacherfüllung)

   die Ansprüche gegen den Verwender insgesamt oder bezüglich einzelner Teile auf ein Recht auf Nacherfüllung beschränkt werden, sofern dem anderen Vertragsteil nicht ausdrücklich das Recht vorbehalten wird, bei Fehlschlagen der Nacherfüllung zu mindern oder, wenn nicht eine Bauleistung Gegenstand der Mängelhaftung ist, nach seiner Wahl vom Vertrag zurückzutreten;

   cc) (Aufwendungen bei Nacherfüllung)

   die Verpflichtung des Verwenders ausgeschlossen oder beschränkt wird, die zum Zwecke der Nacherfüllung erforderlichen Aufwendungen, insbesondere Transport-, Wege-, Arbeits- und Materialkosten, zu tragen;

   dd) (Vorenthalten der Nacherfüllung)

   der Verwender die Nacherfüllung von der vorherigen Zahlung des vollständigen Entgelts oder eines unter Berücksichtigung des Mangels unverhältnismäßig hohen Teils des Entgelts abhängig macht;

   ee) (Ausschlussfrist für Mängelanzeige)

   der Verwender dem anderen Vertragsteil für die Anzeige nicht offensichtlicher Mängel eine Ausschlussfrist setzt, die kürzer ist als die nach dem Doppelbuchstaben ff zulässige Frist;

ff) (Erleichterung der Verjährung)

die Verjährung von Ansprüchen gegen den Verwender wegen eines Mangels in den Fällen des § 438 Abs. 1 Nr. 2 und des § 634a Abs. 1 Nr. 2 erleichtert oder in den sonstigen Fällen eine weniger als ein Jahr betragende Verjährungsfrist ab dem gesetzlichen Verjährungsbeginn erreicht wird; dies gilt nicht für Verträge, in die Teil B der Verdingungsordnung für Bauleistungen insgesamt einbezogen ist;

9. **(Laufzeit bei Dauerschuldverhältnissen) (...) (Wechsel des Vertragspartners) (...)**

10. **(Haftung des Abschlussvertreters) (...) (Beweislast)**

eine Bestimmung, durch die der Verwender die Beweislast zum Nachteil des anderen Vertragsteils ändert, insbesondere indem er

a) diesem die Beweislast für Umstände auferlegt, die im Verantwortungsbereich des Verwenders liegen, oder

b) den anderen Vertragsteil bestimmte Tatsachen bestätigen lässt; Buchstabe b) gilt nicht für Empfangsbekenntnisse, die gesondert unterschrieben oder mit einer gesonderten qualifizierten elektronischen Signatur versehen sind;

11. **(Form von Anzeigen und Erklärungen)**

eine Bestimmung, durch die Anzeigen oder Erklärungen, die dem Verwender oder einem Dritten gegenüber abzugeben sind, an eine strengere Form als die Schriftform oder an besondere Zugangserfordernisse gebunden werden.

§ 310 Anwendungsbereich

(1) § 305 Abs. 2 und 3 und die §§ 308 und 309 finden keine Anwendung auf AGB, die gegenüber einem Unternehmer, einer juristischen Person des öffentlichen Rechts oder einem öffentlich-rechtlichen Sondervermögen verwendet werden. § 307 Abs. 1 und 2 findet in den Fällen des Satzes 1 auch insoweit Anwendung, als dies zur Unwirksamkeit von in den §§ 308 und 309 genannten Vertragsbestimmungen führt; auf die im Handelsverkehr geltenden Gewohnheiten und Gebräuche ist angemessen Rücksicht zu nehmen.

(...)

(3) Bei Verträgen zwischen einem Unternehmer und einem Verbraucher (Verbraucherverträge) finden die Vorschriften dieses Abschnitts mit folgenden Maßgaben Anwendung:

1. Allgemeine Geschäftsbedingungen gelten als vom Unternehmer gestellt, es sei denn, dass sie durch den Verbraucher in den Vertrag eingeführt wurden; (…)

C.2 Arbeitsrecht

Bürgerliches Gesetzbuch (Auszüge)

§ 611 Vertragstypische Pflichten beim Dienstvertrag

(1) Durch den Dienstvertrag wird derjenige, welcher Dienste zusagt, zur Leistung der versprochenen Dienste, der andere Teil zur Gewährung der vereinbarten Vergütung verpflichtet.

(2) Gegenstand des Dienstvertrags können Dienste jeder Art sein.

§ 612 Vergütung

(1) Eine Vergütung gilt als stillschweigend vereinbart, wenn die Dienstleistung den Umständen nach nur gegen eine Vergütung zu erwarten ist.

(2) Ist die Höhe der Vergütung nicht bestimmt, so ist bei dem Bestehen einer Taxe die taxmäßige Vergütung, in Ermangelung einer Taxe die übliche Vergütung als vereinbart anzusehen.

§ 612a Maßregelungsverbot

Der Arbeitgeber darf einen Arbeitnehmer bei einer Vereinbarung oder einer Maßnahme nicht benachteiligen, weil der Arbeitnehmer in zulässiger Weise seine Rechte ausübt.

§ 614 Fälligkeit der Vergütung

Die Vergütung ist nach der Leistung der Dienste zu entrichten. Ist die Vergütung nach Zeitabschnitten bemessen, so ist sie nach dem Ablauf der einzelnen Zeitabschnitte zu entrichten.

§ 619a Beweislast bei Haftung des Arbeitnehmers

Abweichend von § 280 Abs. 1 hat der Arbeitnehmer dem Arbeitgeber Ersatz für den aus der Verletzung einer Pflicht aus dem Arbeitsverhältnis entstehenden Schaden nur zu leisten, wenn er die Pflichtverletzung zu vertreten hat.

§ 622 Kündigungsfristen bei Arbeitsverhältnissen

(1) Das Arbeitsverhältnis eines Arbeiters oder eines Angestellten (Arbeitnehmers) kann mit einer Frist von vier Wochen zum Fünfzehnten oder zum Ende eines Kalendermonats gekündigt werden.

(2) Für eine Kündigung durch den Arbeitgeber beträgt die Kündigungsfrist, wenn das Arbeitsverhältnis in dem Betrieb oder Unternehmen

1. zwei Jahre bestanden hat, einen Monat zum Ende eines Kalendermonats,
2. fünf Jahre bestanden hat, zwei Monate zum Ende eines Kalendermonats,
3. acht Jahre bestanden hat, drei Monate zum Ende eines Kalendermonats,
4. zehn Jahre bestanden hat, vier Monate zum Ende eines Kalendermonats,
5. zwölf Jahre bestanden hat, fünf Monate zum Ende eines Kalendermonats,
6. 15 Jahre bestanden hat, sechs Monate zum Ende eines Kalendermonats,
7. 20 Jahre bestanden hat, sieben Monate zum Ende eines Kalendermonats.

Bei der Berechnung der Beschäftigungsdauer werden Zeiten, die vor der Vollendung des 25. Lebensjahrs des Arbeitnehmers liegen, nicht berücksichtigt.

(3) Während einer vereinbarten Probezeit, längstens für die Dauer von sechs Monaten, kann das Arbeitsverhältnis mit einer Frist von zwei Wochen gekündigt werden.

(4) Von den Absätzen 1 bis 3 abweichende Regelungen können durch Tarifvertrag vereinbart werden. Im Geltungsbereich eines solchen Tarifvertrags gelten die abweichenden tarifvertraglichen Bestimmungen zwischen nicht tarifgebundenen Arbeitgebern und Arbeitnehmern, wenn ihre Anwendung zwischen ihnen vereinbart ist.

(5) Einzelvertraglich kann eine kürzere als die in Absatz 1 genannte Kündigungsfrist nur vereinbart werden,

1. wenn ein Arbeitnehmer zur vorübergehenden Aushilfe eingestellt ist; dies gilt nicht, wenn das Arbeitsverhältnis über die Zeit von drei Monaten hinaus fortgesetzt wird;
2. wenn der Arbeitgeber in der Regel nicht mehr als 20 Arbeitnehmer ausschließlich der zu ihrer Berufsbildung Beschäftigten beschäftigt und die Kündigungsfrist vier Wochen nicht unterschreitet. Bei der Feststellung der Zahl der beschäftigten Arbeitnehmer sind teilzeitbeschäftigte Arbeitnehmer mit einer regelmäßigen wöchentlichen Arbeitszeit von nicht mehr als 20 Stunden mit 0,5 und nicht mehr als 30 Stunden mit 0,75 zu berücksichtigen. Die einzelvertragliche Vereinbarung längerer als die in den Absätzen 1 bis 3 genannten Kündigungsfristen bleibt hiervon unberührt.

(6) Für die Kündigung des Arbeitsverhältnisses durch den Arbeitnehmer darf keine längere Frist vereinbart werden als für die Kündigung durch den Arbeitgeber.

§ 623 Schriftform der Kündigung

Die Beendigung von Arbeitsverhältnissen durch Kündigung oder Auflösungsvertrag bedürfen zu ihrer Wirksamkeit der Schriftform; die elektronische Form ist ausgeschlossen.

C.3 Der Werkvertrag

Bürgerliches Gesetzbuch (Auszüge)

§ 631 Vertragstypische Pflichten beim Werkvertrag

(1) Durch den Werkvertrag wird der Unternehmer zur Herstellung des versprochenen Werkes, der Besteller zur Entrichtung der vereinbarten Vergütung verpflichtet.

(2) Gegenstand des Werkvertrags kann sowohl die Herstellung oder Veränderung einer Sache als auch ein anderer durch Arbeit oder Dienstleistung herbeizuführender Erfolg sein.

§ 632 Vergütung

(1) Eine Vergütung gilt als stillschweigend vereinbart, wenn die Herstellung des Werkes den Umständen nach nur gegen eine Vergütung zu erwarten ist.

(2) Ist die Höhe der Vergütung nicht bestimmt, so ist bei dem Bestehen einer Taxe die taxmäßige Vergütung, in Ermangelung einer Taxe die übliche Vergütung als vereinbart anzusehen.

(3) Ein Kostenanschlag ist im Zweifel nicht zu vergüten.

§ 632a Abschlagszahlungen

Der Unternehmer kann von dem Besteller für in sich abgeschlossene Teile des Werkes Abschlagszahlungen für die erbrachten vertragsmäßigen Leistungen verlangen. Dies gilt auch für erforderliche Stoffe oder Bauteile, die eigens angefertigt oder angeliefert sind. Der Anspruch besteht nur, wenn dem Besteller Eigentum an den Teilen des Werkes, an den Stoffen oder Bauteilen übertragen oder Sicherheit hierfür geleistet wird.

§ 633 Sach- und Rechtsmangel

(1) Der Unternehmer hat dem Besteller das Werk frei von Sach- und Rechtsmängeln zu verschaffen.

(2) Das Werk ist frei von Sachmängeln, wenn es die vereinbarte Beschaffenheit hat. Soweit die Beschaffenheit nicht vereinbart ist, ist das Werk frei von Sachmängeln,

1. wenn es sich für die nach dem Vertrag vorausgesetzte, sonst
2. für die gewöhnliche Verwendung eignet und eine Beschaffenheit aufweist, die bei Werken der gleichen Art üblich ist und die der

Besteller nach der Art des Werks erwarten kann. Einem Sachmangel steht es gleich, wenn der Unternehmer ein anderes als das bestellte Werk oder das Werk in zu geringer Menge herstellt.

(3) Das Werk ist frei von Rechtsmängeln, wenn Dritte in Bezug auf das Werk keine oder nur die im Vertrag übernommenen Rechte gegen den Besteller geltend machen können.

C.4 Deliktsrecht

§ 823 Schadenersatzpflicht

Bürgerliches Gesetzbuch (Auszüge)

(1) Wer vorsätzlich oder fahrlässig das Leben, den Körper, die Gesundheit, die Freiheit, das Eigentum oder ein sonstiges Recht eines anderen widerrechtlich verletzt, ist dem anderen zum Ersatz des daraus entstehenden Schadens verpflichtet.

(2) Die gleiche Verpflichtung trifft denjenigen, welcher gegen ein den Schutz eines anderen bezweckendes Gesetz verstößt. Ist nach dem Inhalt des Gesetzes ein Verstoß gegen dieses auch ohne Verschulden möglich, so tritt die Ersatzpflicht nur im Falle des Verschuldens ein.

§ 826 Sittenwidrige vorsätzliche Schädigung

Wer in einer gegen die guten Sitten verstoßenden Weise einem anderen vorsätzlich Schaden zufügt, ist dem anderen zum Ersatz des Schadens verpflichtet.

C.5 Grundgesetz (Auszüge)

Art. 1: Menschenwürde

(1) Die Würde des Menschen ist unantastbar. Sie zu achten und zu schützen ist Verpflichtung aller staatlichen Gewalt.

(2) Das Deutsche Volk bekennt sich darum zu unverletzlichen und unveräußerlichen Menschenrechten als Grundlage jeder menschlichen Gemeinschaft, des Friedens und der Gerechtigkeit in der Welt.

(3) Die nachfolgenden Grundrechte binden Gesetzgebung, vollziehende Gewalt und Rechtsprechung als unmittelbar geltendes Recht.

Art. 2: Allgemeine Handlungsfreiheit

(1) Jeder hat das Recht auf die freie Entfaltung seiner Persönlichkeit, soweit er nicht die Rechte anderer verletzt und nicht gegen die verfassungsmäßige Ordnung oder das Sittengesetz verstößt.

(2) Jeder hat das Recht auf Leben und körperliche Unversehrtheit. Die Freiheit der Person ist unverletzlich. In diese Rechte darf nur auf Grund eines Gesetzes eingegriffen werden.

Art. 3: Gleichbehandlung

(1) Alle Menschen sind vor dem Gesetz gleich.

(2) Männer und Frauen sind gleichberechtigt. Der Staat fördert die tatsächliche Durchsetzung der Gleichberechtigung von Frauen und Männern und wirkt auf die Beseitigung bestehender Nachteile hin.

(3) Niemand darf wegen seines Geschlechtes, seiner Abstammung, seiner Rasse, seiner Sprache, seiner Heimat und Herkunft, seines Glaubens, seiner religiösen oder politischen Anschauungen benachteiligt oder bevorzugt werden. Niemand darf wegen seiner Behinderung benachteiligt werden.

Art. 5: Meinungs- und Pressefreiheit

(1) Jeder hat das Recht, seine Meinung in Wort, Schrift und Bild frei zu äußern und zu verbreiten und sich aus allgemein zugänglichen Quellen ungehindert zu unterrichten. Die Pressefreiheit und die Freiheit der Berichterstattung durch Rundfunk und Film werden gewährleistet. Eine Zensur findet nicht statt.

(2) Diese Rechte finden ihre Schranken in den Vorschriften der allgemeinen Gesetze, den gesetzlichen Bestimmungen zum Schutze der Jugend und in dem Recht der persönlichen Ehre.

(3) Kunst und Wissenschaft, Forschung und Lehre sind frei. Die Freiheit der Lehre entbindet nicht von der Treue zur Verfassung.

Art. 12: Berufswahl

(1) Alle Deutschen haben das Recht, Beruf, Arbeitsplatz und Ausbildungsstätte frei zu wählen. Die Berufsausübung kann durch Gesetz oder auf Grund eines Gesetzes geregelt werden.

(2) Niemand darf zu einer bestimmten Arbeit gezwungen werden, außer im Rahmen einer herkömmlichen allgemeinen, für alle gleichen öffentlichen Dienstleistungspflicht.

(3) Zwangsarbeit ist nur bei einer gerichtlich angeordneten Freiheitsentziehung zulässig.

Art. 14: Eigentum

(1) Das Eigentum und das Erbrecht werden gewährleistet. Inhalt und Schranken werden durch die Gesetze bestimmt.

(2) Eigentum verpflichtet. Sein Gebrauch soll zugleich dem Wohle der Allgemeinheit dienen.

(3) Eine Enteignung ist nur zum Wohle der Allgemeinheit zulässig. Sie darf nur durch Gesetz oder auf Grund eines Gesetzes erfolgen, das Art und Ausmaß der Entschädigung regelt. Die Entschädigung ist unter gerechter Abwägung der Interessen der Allgemeinheit und der Beteiligten zu bestimmen. Wegen der Höhe der Entschädigung steht im Streitfalle der Rechtsweg vor den ordentlichen Gerichten offen.

D   Gesetzestexte: Internetrecht

D.1   Barrierefreiheit

§ 1 Sachlicher Geltungsbereich

Die Verordnung gilt für:
1.   Internetauftritte und -angebote,
2.   Intranetauftritte und -angebote, die öffentlich zugänglich sind, und
3.   mittels Informationstechnik realisierte graphische Programmober-
     flächen, die öffentlich zugänglich sind, der Behörden der Bundes-
     verwaltung.

Verordnung zur Schaffung barriere- freier Informations- technik (BITV 2.0)

§ 2 Einzubeziehende Gruppen behinderter Menschen

Die Gestaltung von Angeboten der Informationstechnik (§ 1) nach dieser Verordnung ist dazu bestimmt, behinderten Menschen im Sinne des
§ 3 des Behindertengleichstellungsgesetzes, denen ohne die Erfüllung
zusätzlicher Bedingungen die Nutzung der Informationstechnik nur eingeschränkt möglich ist, den Zugang dazu zu eröffnen.

§ 3 Anzuwendende Standards

(1)   Die Angebote der Informationstechnik (§ 1) sind gemäß der Anlage
zu dieser Verordnung so zu gestalten, dass alle Angebote die unter Priorität I aufgeführten Anforderungen und Bedingungen erfüllen und zentrale Navigations- und Einstiegsangebote zusätzlich die unter Priorität II
aufgeführten Anforderungen und Bedingungen berücksichtigen.
(2)   Auf der Startseite des Internet- oder Intranetangebotes (§ 1
Nummer 1 und 2) einer Behörde im Sinne des § 7 Absatz 1 Satz 1 des
Behindertengleichstellungsgesetzes sind gemäß Anlage 2 folgende Erläuterungen in Deutscher Gebärdensprache und in Leichter Sprache bereitzustellen:
1.   Informationen zum Inhalt,
2.   Hinweise zur Navigation sowie
3.   Hinweise auf weitere in diesem Auftritt vorhandene Informationen
     in Deutscher Gebärdensprache oder in Leichter Sprache.
Die Anforderungen und Bedingungen der Anlage 1 bleiben unberührt.

§ 4 Umsetzungsfristen für die Standards

(1) Die in § 1 genannten Angebote, die bis zum 22. März 2012 neu gestaltet oder in wesentlichen Bestandteilen oder größerem Umfang verändert oder angepasst werden, sind nach § 3 zu erstellen. Mindestens ein Zugangspfad zu den genannten Angeboten soll mit der Freischaltung dieser Angebote die Anforderungen und Bedingungen der Priorität I der Anlage 1 erfüllen.

(2) Angebote nach § 1 Nummer 1 und 2, die vor dem in Absatz 1 Satz 1 genannten Stichtag veröffentlicht wurden, sind spätestens bis zum 22. September 2012 nach § 3 Absatz 1 zu gestalten. Sie sind zusätzlich spätestens bis zum 22. März 2014 nach § 3 Absatz 2 zu gestalten.

(3) Für Angebote nach Absatz 2 gilt bis zur Umsetzung im Sinne der Absätze 1 und 2 die Barrierefreie-Informationstechnik-Verordnung vom 17. Juli 2002 (BGBl. I S. 2654) fort.

§ 5 Folgenabschätzung

Die Verordnung ist unter Berücksichtigung der technischen Entwicklung regelmäßig zu überprüfen. Sie wird spätestens nach Ablauf von drei Jahren nach ihrem Inkrafttreten auf ihre Wirkung überprüft.

§ 6 Inkrafttreten

Diese Verordnung tritt am Tag nach der Verkündung in Kraft.

Anlage (zu den §§ 3 und 4 Abs.1)

(Auf einen Abdruck wurde verzichtet. Vollständiger Text abrufbar unter *www.wob11.de*)

Die Verordnung enthält eine ausführliche Anlage, deren Anforderungen und Bedingungen sich auf die der Nutzerin/dem Nutzer angebotenen elektronischen Inhalte und Informationen beziehen. Die Anlage enthält keine Vorgaben zur grundlegenden Technik, die für die Bereitstellung von elektronischen Inhalten und Informationen verwendet wird (Server, Router, Netzwerkarchitekturen und Protokolle, Betriebssysteme usw.) und hinsichtlich der zu verwendenden Benutzeragenten. Die Anforderungen und Bedingungen dieser Anlage basieren grundsätzlich auf den Zugänglichkeitsrichtlinien für Web-Inhalte 2.0 (Web Content Accessibility Guidelines 2.0) des World Wide Web Consortiums.

D.2 Datenschutz

§ 3 Begriffsbestimmungen

Bundesdaten-
schutzgesetz BDSG
(Auszüge)

(1) Personenbezogene Daten sind Einzelangaben über persönliche oder sachliche Verhältnisse einer bestimmten oder bestimmbaren natürlichen Person (Betroffener).

(2) Automatisierte Verarbeitung ist die Erhebung, Verarbeitung oder Nutzung personenbezogener Daten unter Einsatz von Datenverarbeitungsanlagen. Eine nichtautomatisierte Datei ist jede nichtautomatisierte Sammlung personenbezogener Daten, die gleichartig aufgebaut ist und nach bestimmten Merkmalen zugänglich ist und ausgewertet werden kann.

(3) Erheben ist das Beschaffen von Daten über den Betroffenen.

(4) Verarbeiten ist das Speichern, Verändern, Übermitteln, Sperren und Löschen personenbezogener Daten. Im Einzelnen ist, ungeachtet der dabei angewendeten Verfahren:

1. Speichern das Erfassen, Aufnehmen oder Aufbewahren personenbezogener Daten auf einem Datenträger zum Zwecke ihrer weiteren Verarbeitung oder Nutzung,

2. Verändern das inhaltliche Umgestalten gespeicherter personenbezogener Daten,

3. Übermitteln das Bekanntgeben gespeicherter oder durch Datenverarbeitung gewonnener personenbezogener Daten an einen Dritten in der Weise, dass die Daten an den Dritten weitergegeben werden oder der Dritte zur Einsicht oder zum Abruf bereitgehaltene Daten einsieht oder abruft,

4. Sperren das Kennzeichnen gespeicherter personenbezogener Daten, um ihre weitere Verarbeitung oder Nutzung einzuschränken,

5. Löschen das Unkenntlichmachen gespeicherter personenbezogener Daten.

(5) Nutzen ist jede Verwendung personenbezogener Daten, soweit es sich nicht um Verarbeitung handelt.

(6) Anonymisieren ist das Verändern personenbezogener Daten derart, dass die Einzelangaben über persönliche oder sachliche Verhältnisse nicht mehr oder nur mit einem unverhältnismäßig großen Aufwand an Zeit, Kosten und Arbeitskraft einer bestimmten oder bestimmbaren natürlichen Person zugeordnet werden können.

(6a) Pseudonymisieren ist das Ersetzen des Namens und anderer Identifikationsmerkmale durch ein Kennzeichen zu dem Zweck, die Bestimmung des Betroffenen auszuschließen oder wesentlich zu erschweren.

(7) Verantwortliche Stelle ist jede Person oder Stelle, die personenbezogene Daten für sich selbst erhebt, verarbeitet oder nutzt oder dies durch andere im Auftrag vornehmen lässt.

(8) Empfänger ist jede Person oder Stelle, die Daten erhält. Dritter ist jede Person oder Stelle außerhalb der verantwortlichen Stelle. Dritte sind nicht der Betroffene sowie Personen und Stellen, die im Inland, in einem anderen Mitgliedsstaat der Europäischen Union oder in einem anderen Vertragsstaat des Abkommens über den Europäischen Wirtschaftsraum personenbezogene Daten im Auftrag erheben, verarbeiten oder nutzen.

(9) Besondere Arten personenbezogener Daten sind Angaben über die rassische und ethnische Herkunft, politische Meinungen, religiöse oder philosophische Überzeugungen, Gewerkschaftszugehörigkeit, Gesundheit oder Sexualleben.

(10) Mobile personenbezogene Speicher- und Verarbeitungsmedien sind Datenträger,

1. die an den Betroffenen ausgegeben werden,
2. auf denen personenbezogene Daten über die Speicherung hinaus durch die ausgebende Stelle oder eine andere Stelle automatisiert verarbeitet werden können und
3. bei denen der Betroffene diese Verarbeitung nur durch den Gebrauch des Mediums beeinflussen kann.

§ 3a Datenvermeidung und Datensparsamkeit

Gestaltung und Auswahl von Datenverarbeitungssystemen haben sich an dem Ziel auszurichten, keine oder so wenig personenbezogene Daten wie möglich zu erheben, zu verarbeiten oder zu nutzen. Insbesondere ist von den Möglichkeiten der Anonymisierung und Pseudonymisierung Gebrauch zu machen, soweit dies möglich ist und der Aufwand in einem angemessenen Verhältnis zu dem angestrebten Schutzzweck steht.

§ 4 Zulässigkeit der Datenerhebung, -verarbeitung und -nutzung

(1) Die Erhebung, Verarbeitung und Nutzung personenbezogener Daten sind nur zulässig, soweit dieses Gesetz oder eine andere Rechtsvorschrift dies erlaubt oder anordnet oder der Betroffene eingewilligt hat.

(2) Personenbezogene Daten sind beim Betroffenen zu erheben. Ohne seine Mitwirkung dürfen sie nur erhoben werden, wenn

1. eine Rechtsvorschrift dies vorsieht oder zwingend voraussetzt oder
2. a) die zu erfüllende Verwaltungsaufgabe ihrer Art nach oder der Geschäftszweck eine Erhebung bei anderen Personen oder Stellen erforderlich macht oder

b) die Erhebung beim Betroffenen einen unverhältnismäßigen Aufwand erfordern würde und keine Anhaltspunkte dafür bestehen, dass überwiegende schutzwürdige Interessen des Betroffenen beeinträchtigt werden.

(3) Werden personenbezogene Daten beim Betroffenen erhoben, so ist er, sofern er nicht bereits auf andere Weise Kenntnis erlangt hat, von der verantwortlichen Stelle über

1. die Identität der verantwortlichen Stelle,
2. die Zweckbestimmungen der Erhebung, Verarbeitung oder Nutzung und
3. die Kategorien von Empfängern nur, soweit der Betroffene nach den Umständen des Einzelfalles nicht mit der Übermittlung an diese rechnen muss, zu unterrichten. Werden personenbezogene Daten beim Betroffenen aufgrund einer Rechtsvorschrift erhoben, die zur Auskunft verpflichtet, oder ist die Erteilung der Auskunft Voraussetzung für die Gewährung von Rechtsvorteilen, so ist der Betroffene hierauf, sonst auf die Freiwilligkeit seiner Angaben hinzuweisen. Soweit nach den Umständen des Einzelfalles erforderlich oder auf Verlangen, ist er über die Rechtsvorschrift und über die Folgen der Verweigerung von Angaben aufzuklären.

§ 4a Einwilligung

(1) Die Einwilligung des Betroffenen ist nur wirksam, wenn sie auf dessen freier Entscheidung beruht. Er ist auf den vorgesehenen Zweck der Erhebung, Verarbeitung oder Nutzung sowie, soweit nach den Umständen des Einzelfalles erforderlich oder auf Verlangen, auf die Folgen der Verweigerung der Einwilligung hinzuweisen. Die Einwilligung bedarf der Schriftform, soweit nicht wegen besonderer Umstände eine andere Form angemessen ist. Soll die Einwilligung zusammen mit anderen Erklärungen schriftlich erteilt werden, ist sie besonders hervorzuheben.

(2) Im Bereich der wissenschaftlichen Forschung liegt ein besonderer Umstand im Sinne von Absatz 1 Satz 3 auch dann vor, wenn durch die Schriftform der bestimmte Forschungszweck erheblich beeinträchtigt würde. In diesem Fall sind der Hinweis nach Absatz 1 Satz 2 und die Gründe, aus denen sich die erhebliche Beeinträchtigung des bestimmten Forschungszwecks ergibt, schriftlich festzuhalten.

(3) Soweit besondere Arten personenbezogener Daten (§ 3 Abs. 9) erhoben, verarbeitet oder genutzt werden, muss sich die Einwilligung darüber hinaus ausdrücklich auf diese Daten beziehen.

§ 21 Anrufung des Bundesbeauftragten für den Datenschutz

Jedermann kann sich an den Bundesbeauftragten für den Datenschutz wenden, wenn er der Ansicht ist, bei der Erhebung, Verarbeitung oder

Nutzung seiner personenbezogenen Daten durch öffentliche Stellen des Bundes in seinen Rechten verletzt worden zu sein. Für die Erhebung, Verarbeitung oder Nutzung von personenbezogenen Daten durch Gerichte des Bundes gilt dies nur, soweit diese in Verwaltungsangelegenheiten tätig werden.

Telemediengesetz

§ 1 Geltungsbereich

(1)   Dieses Gesetz gilt für alle elektronischen Informations- und Kommunikationsdienste, soweit sie nicht Telekommunikationsdienste nach § 3 Nr. 24 des Telekommunikationsgesetzes, die ganz in der Übertragung von Signalen über Telekommunikationsnetze bestehen, telekommunikationsgestützte Dienste nach § 3 Nr. 25 des Telekommunikationsgesetzes oder Rundfunk nach § 2 des Rundfunkstaatsvertrages sind (Telemedien). Dieses Gesetz gilt für alle Anbieter einschließlich der öffentlichen Stellen unabhängig davon, ob für die Nutzung ein Entgelt erhoben wird.

(2)   Dieses Gesetz gilt nicht für den Bereich der Besteuerung.

(3)   Das Telekommunikationsgesetz und die Pressegesetze bleiben unberührt.

(4)   Die an die Inhalte von Telemedien zu richtenden besonderen Anforderungen ergeben sich aus dem Staatsvertrag für Rundfunk und Telemedien (Rundfunkstaatsvertrag).

(5)   Dieses Gesetz trifft weder Regelungen im Bereich des internationalen Privatrechts noch regelt es die Zuständigkeit der Gerichte.

§ 2 Begriffsbestimmungen

(1)   Im Sinne dieses Gesetzes

1.   ist Diensteanbieter jede natürliche oder juristische Person, die eigene oder fremde Telemedien zur Nutzung bereithält oder den Zugang zur Nutzung vermittelt,

2.   ist niedergelassener Diensteanbieter jeder Anbieter, der mittels einer festen Einrichtung auf unbestimmte Zeit Telemedien geschäftsmäßig anbietet oder erbringt; der Standort der technischen Einrichtung allein begründet keine Niederlassung des Anbieters,

3.   ist Nutzer jede natürliche oder juristische Person, die Telemedien nutzt, insbesondere um Informationen zu erlangen oder zugänglich zu machen,

4.   sind Verteildienste Telemedien, die im Wege einer Übertragung von Daten ohne individuelle Anforderung gleichzeitig für eine unbegrenzte Anzahl von Nutzern erbracht werden,

5.   ist kommerzielle Kommunikation jede Form der Kommunikation, die der unmittelbaren oder mittelbaren Förderung des Absatzes von Waren, Dienstleistungen oder des Erscheinungsbilds eines Unternehmens, einer sonstigen Organisation oder einer natürlichen

Person dient, die eine Tätigkeit im Handel, Gewerbe oder Handwerk oder einen freien Beruf ausübt; die Übermittlung der folgenden Angaben stellt als solche keine Form der kommerziellen Kommunikation dar:

a) Angaben, die unmittelbaren Zugang zur Tätigkeit des Unternehmens oder der Organisation oder Person ermöglichen, wie insbesondere ein Domain-Name oder eine Adresse der elektronischen Post,

b) Angaben in Bezug auf Waren und Dienstleistungen oder das Erscheinungsbild eines Unternehmens, einer Organisation oder Person, die unabhängig und insbesondere ohne finanzielle Gegenleistung gemacht werden.

(2) Einer juristischen Person steht eine Personengesellschaft gleich, die mit der Fähigkeit ausgestattet ist, Rechte zu erwerben und Verbindlichkeiten einzugehen.

§ 6 Besondere Informationspflichten bei kommerziellen Kommunikationen

(1) Diensteanbieter haben bei kommerziellen Kommunikationen, die Telemedien oder Bestandteile von Telemedien sind, mindestens die folgenden Voraussetzungen zu beachten:

1. Kommerzielle Kommunikationen müssen klar als solche zu erkennen sein.

2. Die natürliche oder juristische Person, in deren Auftrag kommerzielle Kommunikationen erfolgen, muss klar identifizierbar sein.

3. Angebote zur Verkaufsförderung wie Preisnachlässe, Zugaben und Geschenke müssen klar als solche erkennbar sein, und die Bedingungen für ihre Inanspruchnahme müssen leicht zugänglich sein sowie klar und unzweideutig angegeben werden.

4. Preisausschreiben oder Gewinnspiele mit Werbecharakter müssen klar als solche erkennbar und die Teilnahmebedingungen leicht zugänglich sein sowie klar und unzweideutig angegeben werden.

(2) Werden kommerzielle Kommunikationen per elektronischer Post versandt, darf in der Kopf- und Betreffzeile weder der Absender noch der kommerzielle Charakter der Nachricht verschleiert oder verheimlicht werden. Ein Verschleiern oder Verheimlichen liegt dann vor, wenn die Kopf- und Betreffzeile absichtlich so gestaltet sind, dass der Empfänger vor Einsichtnahme in den Inhalt der Kommunikation keine oder irreführende Informationen über die tatsächliche Identität des Absenders oder den kommerziellen Charakter der Nachricht erhält.

(3) Die Vorschriften des Gesetzes gegen den unlauteren Wettbewerb bleiben unberührt.

§ 11 Anwendungsgebiet Datenschutz

(1) Die Vorschriften dieses Abschnitts gelten nicht für die Erhebung und Verwendung personenbezogener Daten der Nutzer von Telemedien, soweit die Bereitstellung solcher Dienste

1. im Dienst- und Arbeitsverhältnis zu ausschließlich beruflichen oder dienstlichen Zwecken oder

2. innerhalb von oder zwischen nicht öffentlichen Stellen oder öffentlichen Stellen ausschließlich zur Steuerung von Arbeits- oder Geschäftsprozessen erfolgt.

(2) Nutzer im Sinne dieses Abschnitts ist jede natürliche Person, die Telemedien nutzt, insbesondere um Informationen zu erlangen oder zugänglich zu machen.

(3) Bei Telemedien, die überwiegend in der Übertragung von Signalen über Telekommunikationsnetze bestehen, gelten für die Erhebung und Verwendung personenbezogener Daten der Nutzer nur § 12 Abs. 3, § 15 Abs. 8 und § 16 Abs. 2 Nr. 2 und 5.

§ 12 Grundsätze

(1) Der Diensteanbieter darf personenbezogene Daten zur Bereitstellung von Telemedien nur erheben und verwenden, soweit dieses Gesetz oder eine andere Rechtsvorschrift, die sich ausdrücklich auf Telemedien bezieht, es erlaubt oder der Nutzer eingewilligt hat.

(2) Der Diensteanbieter darf für die Bereitstellung von Telemedien erhobene personenbezogene Daten für andere Zwecke nur verwenden, soweit dieses Gesetz oder eine andere Rechtsvorschrift, die sich ausdrücklich auf Telemedien bezieht, es erlaubt oder der Nutzer eingewilligt hat.

(3) Der Diensteanbieter darf die Bereitstellung von Telemedien nicht von der Einwilligung des Nutzers in eine Verwendung seiner Daten für andere Zwecke abhängig machen, wenn dem Nutzer ein anderer Zugang zu diesen Telemedien nicht oder in nicht zumutbarer Weise möglich ist.

(4) Soweit nichts anderes bestimmt ist, sind die jeweils geltenden Vorschriften für den Schutz personenbezogener Daten anzuwenden, auch wenn die Daten nicht automatisiert verarbeitet werden.

§ 13 Pflichten des Diensteanbieters

(1) Der Diensteanbieter hat den Nutzer zu Beginn des Nutzungsvorgangs über Art, Umfang und Zwecke der Erhebung und Verwendung personenbezogener Daten sowie über die Verarbeitung seiner Daten in Staaten außerhalb des Anwendungsbereichs der Richtlinie 95/46/EG des Europäischen Parlaments und des Rates vom 24. Oktober 1995 zum Schutz natürlicher Personen bei der Verarbeitung personenbezogener Daten und zum freien Datenverkehr (ABl. EG Nr. L 281 S. 31) in

allgemein verständlicher Form zu unterrichten, sofern eine solche Unterrichtung nicht bereits erfolgt ist. Bei einem automatisierten Verfahren, das eine spätere Identifizierung des Nutzers ermöglicht und eine Erhebung oder Verwendung personenbezogener Daten vorbereitet, ist der Nutzer zu Beginn dieses Verfahrens zu unterrichten. Der Inhalt der Unterrichtung muss für den Nutzer jederzeit abrufbar sein.

(2) Die Einwilligung kann elektronisch erklärt werden, wenn der Diensteanbieter sicherstellt, dass

1. der Nutzer seine Einwilligung bewusst und eindeutig erteilt hat,
2. die Einwilligung protokolliert wird,
3. der Nutzer den Inhalt der Einwilligung jederzeit abrufen kann und
4. der Nutzer die Einwilligung jederzeit mit Wirkung für die Zukunft widerrufen kann.

(3) Der Diensteanbieter hat den Nutzer vor Erklärung der Einwilligung auf das Recht nach Absatz 2 Nr. 4 hinzuweisen. Absatz 1 Satz 3 gilt entsprechend.

(4) Der Diensteanbieter hat durch technische und organisatorische Vorkehrungen sicherzustellen, dass

1. der Nutzer die Nutzung des Dienstes jederzeit beenden kann,
2. die anfallenden personenbezogenen Daten über den Ablauf des Zugriffs oder der sonstigen Nutzung unmittelbar nach deren Beendigung gelöscht oder in den Fällen des Satzes 2 gesperrt werden,
3. der Nutzer Telemedien gegen Kenntnisnahme Dritter geschützt in Anspruch nehmen kann,
4. die personenbezogenen Daten über die Nutzung verschiedener Telemedien durch denselben Nutzer getrennt verwendet werden können,
5. Daten nach § 15 Abs. 2 nur für Abrechnungszwecke zusammengeführt werden können und
6. Nutzungsprofile nach § 15 Abs. 3 nicht mit Angaben zur Identifikation des Trägers des Pseudonyms zusammengeführt werden können.

An die Stelle der Löschung nach Satz 1 Nr. 2 tritt eine Sperrung, soweit einer Löschung gesetzliche, satzungsmäßige oder vertragliche Aufbewahrungsfristen entgegenstehen.

(5) Die Weitervermittlung zu einem anderen Diensteanbieter ist dem Nutzer anzuzeigen.

(6) Der Diensteanbieter hat die Nutzung von Telemedien und ihre Bezahlung anonym oder unter Pseudonym zu ermöglichen, soweit dies technisch möglich und zumutbar ist. Der Nutzer ist über diese Möglichkeit zu informieren.

(7) Der Diensteanbieter hat dem Nutzer nach Maßgabe von § 34 des Bundesdatenschutzgesetzes auf Verlangen Auskunft über die zu seiner

Person oder zu seinem Pseudonym gespeicherten Daten zu erteilen. Die Auskunft kann auf Verlangen des Nutzers auch elektronisch erteilt werden.

§ 14 Bestandsdaten

(1) Der Diensteanbieter darf personenbezogene Daten eines Nutzers nur erheben und verwenden, soweit sie für die Begründung, inhaltliche Ausgestaltung oder Änderung eines Vertragsverhältnisses zwischen dem Diensteanbieter und dem Nutzer über die Nutzung von Telemedien erforderlich sind (Bestandsdaten).

(2) Auf Anordnung der zuständigen Stellen darf der Diensteanbieter im Einzelfall Auskunft über Bestandsdaten erteilen, soweit dies für Zwecke der Strafverfolgung, zur Gefahrenabwehr durch die Polizeibehörden der Länder, zur Erfüllung der gesetzlichen Aufgaben der Verfassungsschutzbehörden des Bundes und der Länder, des Bundesnachrichtendienstes oder des Militärischen Abschirmdienstes oder zur Durchsetzung der Rechte am geistigen Eigentum erforderlich ist.

§ 15 Nutzungsdaten

(1) Der Diensteanbieter darf personenbezogene Daten eines Nutzers nur erheben und verwenden, soweit dies erforderlich ist, um die Inanspruchnahme von Telemedien zu ermöglichen und abzurechnen (Nutzungsdaten). Nutzungsdaten sind insbesondere
1. Merkmale zur Identifikation des Nutzers,
2. Angaben über Beginn und Ende sowie des Umfangs der jeweiligen Nutzung und
3. Angaben über die vom Nutzer in Anspruch genommenen Telemedien.

(2) Der Diensteanbieter darf Nutzungsdaten eines Nutzers über die Inanspruchnahme verschiedener Telemedien zusammenführen, soweit dies für Abrechnungszwecke mit dem Nutzer erforderlich ist.

(3) Der Diensteanbieter darf für Zwecke der Werbung, der Marktforschung oder zur bedarfsgerechten Gestaltung der Telemedien Nutzungsprofile bei Verwendung von Pseudonymen erstellen, sofern der Nutzer dem nicht widerspricht. Der Diensteanbieter hat den Nutzer auf sein Widerspruchsrecht im Rahmen der Unterrichtung nach § 13 Abs. 1 hinzuweisen. Diese Nutzungsprofile dürfen nicht mit Daten über den Träger des Pseudonyms zusammengeführt werden.

(4) Der Diensteanbieter darf Nutzungsdaten über das Ende des Nutzungsvorgangs hinaus verwenden, soweit sie für Zwecke der Abrechnung mit dem Nutzer erforderlich sind (Abrechnungsdaten). Zur Erfüllung bestehender gesetzlicher, satzungsmäßiger oder vertraglicher Aufbewahrungsfristen darf der Diensteanbieter die Daten sperren.

(5) Der Diensteanbieter darf an andere Diensteanbieter oder Dritte Abrechnungsdaten übermitteln, soweit dies zur Ermittlung des Entgelts und zur Abrechnung mit dem Nutzer erforderlich ist. Hat der Diensteanbieter mit einem Dritten einen Vertrag über den Einzug des Entgelts geschlossen, so darf er diesem Dritten Abrechnungsdaten übermitteln, soweit es für diesen Zweck erforderlich ist. Zum Zwecke der Marktforschung anderer Diensteanbieter dürfen anonymisierte Nutzungsdaten übermittelt werden. 4§ 14 Abs. 2 findet entsprechende Anwendung.

(6) Die Abrechnung über die Inanspruchnahme von Telemedien darf Anbieter, Zeitpunkt, Dauer, Art, Inhalt und Häufigkeit bestimmter von einem Nutzer in Anspruch genommener Telemedien nicht erkennen lassen, es sei denn, der Nutzer verlangt einen Einzelnachweis.

(7) Der Diensteanbieter darf Abrechnungsdaten, die für die Erstellung von Einzelnachweisen über die Inanspruchnahme bestimmter Angebote auf Verlangen des Nutzers verarbeitet werden, höchstens bis zum Ablauf des sechsten Monats nach Versendung der Rechnung speichern. Werden gegen die Entgeltforderung innerhalb dieser Frist Einwendungen erhoben oder diese trotz Zahlungsaufforderung nicht beglichen, dürfen die Abrechnungsdaten weiter gespeichert werden, bis die Einwendungen abschließend geklärt sind oder die Entgeltforderung beglichen ist.

(8) Liegen dem Diensteanbieter zu dokumentierende tatsächliche Anhaltspunkte vor, dass seine Dienste von bestimmten Nutzern in der Absicht in Anspruch genommen werden, das Entgelt nicht oder nicht vollständig zu entrichten, darf er die personenbezogenen Daten dieser Nutzer über das Ende des Nutzungsvorgangs sowie die in Absatz 7 genannte Speicherfrist hinaus nur verwenden, soweit dies für Zwecke der Rechtsverfolgung erforderlich ist. Der Diensteanbieter hat die Daten unverzüglich zu löschen, wenn die Voraussetzungen nach Satz 1 nicht mehr vorliegen oder die Daten für die Rechtsverfolgung nicht mehr benötigt werden. Der betroffene Nutzer ist zu unterrichten, sobald dies ohne Gefährdung des mit der Maßnahme verfolgten Zweckes möglich ist.

§ 16 Bußgeldvorschriften

(1) Ordnungswidrig handelt, wer absichtlich entgegen § 6 Abs. 2 Satz 1 den Absender oder den kommerziellen Charakter der Nachricht verschleiert oder verheimlicht.

(2) Ordnungswidrig handelt, wer vorsätzlich oder fahrlässig

1. entgegen § 5 Abs. 1 eine Information nicht, nicht richtig oder nicht vollständig verfügbar hält,

2. entgegen § 12 Abs. 3 die Bereitstellung von Telemedien von einer dort genannten Einwilligung abhängig macht,

3. entgegen § 13 Abs. 1 Satz 1 oder 2 den Nutzer nicht, nicht richtig, nicht vollständig oder nicht rechtzeitig unterrichtet,

4. einer Vorschrift des § 13 Abs. 4 Satz 1 Nr. 1 bis 4 oder 5 über eine dort genannte Pflicht zur Sicherstellung zuwiderhandelt,

5. entgegen § 14 Abs. 1 oder § 15 Abs. 1 Satz 1 oder Abs. 8 Satz 1 oder 2 personenbezogene Daten erhebt oder verwendet oder nicht oder nicht rechtzeitig löscht oder

6. entgegen § 15 Abs. 3 Satz 3 ein Nutzungsprofil mit Daten über den Träger des Pseudonyms zusammenführt.

(3) Die Ordnungswidrigkeit kann mit einer Geldbuße bis zu fünfzigtausend Euro geahndet werden.

D.3 Informationspflichten

Bürgerliches Gesetzbuch (Auszüge)

§ 312b Fernabsatzverträge

(1) Fernabsatzverträge sind Verträge über die Lieferung von Waren oder über die Erbringung von Dienstleistungen, einschließlich Finanzdienstleistungen, die zwischen einem Unternehmer und einem Verbraucher unter ausschließlicher Verwendung von Fernkommunikationsmitteln abgeschlossen werden, es sei denn, dass der Vertragsschluss nicht im Rahmen eines für den Fernabsatz organisierten Vertriebs- oder Dienstleistungssystems erfolgt. Finanzdienstleistungen im Sinne des Satzes 1 sind Bankdienstleistungen sowie Dienstleistungen im Zusammenhang mit einer Kreditgewährung, Versicherung, Altersversorgung von Einzelpersonen, Geldanlage oder Zahlung.

(2) Fernkommunikationsmittel sind Kommunikationsmittel, die zur Anbahnung oder zum Abschluss eines Vertrags zwischen einem Verbraucher und einem Unternehmer ohne gleichzeitige körperliche Anwesenheit der Vertragsparteien eingesetzt werden können, insbesondere Briefe, Kataloge, Telefonanrufe, Telekopien, E-Mails sowie Rundfunk, Tele- und Mediendienste.

(3) Die Vorschriften über Fernabsatzverträge finden keine Anwendung auf Verträge

1. über Fernunterricht (§ 1 des Fernunterrichtsschutzgesetzes),

2. über die Teilzeitnutzung von Wohngebäuden (§ 481),

3. über Versicherungen sowie deren Vermittlung,

4. über die Veräußerung von Grundstücken und grundstücksgleichen Rechten, die Begründung, Veräußerung und Aufhebung von dinglichen Rechten an Grundstücken und grundstücksgleichen Rechten sowie über die Errichtung von Bauwerken,

5. über die Lieferung von Lebensmitteln, Getränken oder sonstigen Haushaltsgegenständen des täglichen Bedarfs, die am Wohnsitz,

am Aufenthaltsort oder am Arbeitsplatz eines Verbrauchers von Unternehmern im Rahmen häufiger und regelmäßiger Fahrten geliefert werden,

6. über die Erbringung von Dienstleistungen in den Bereichen Unterbringung, Beförderung, Lieferung von Speisen und Getränken sowie Freizeitgestaltung, wenn sich der Unternehmer bei Vertragsschluss verpflichtet, die Dienstleistungen zu einem bestimmten Zeitpunkt oder innerhalb eines genau angegebenen Zeitraums zu erbringen,

7. die geschlossen werden
   a) unter Verwendung von Warenautomaten oder automatisierten Geschäftsräumen oder
   b) mit Betreibern von Telekommunikationsmitteln auf Grund der Benutzung von öffentlichen Fernsprechern, soweit sie deren Benutzung zum Gegenstand haben.

(4) Bei Vertragsverhältnissen, die eine erstmalige Vereinbarung mit daran anschließenden aufeinander folgenden Vorgängen oder eine daran anschließende Reihe getrennter, in einem zeitlichen Zusammenhang stehender Vorgänge der gleichen Art umfassen, finden die Vorschriften über Fernabsatzverträge nur Anwendung auf die erste Vereinbarung. Wenn derartige Vorgänge ohne eine solche Vereinbarung aufeinander folgen, gelten die Vorschriften über Informationspflichten des Unternehmers nur für den ersten Vorgang. Findet jedoch länger als ein Jahr kein Vorgang der gleichen Art mehr statt, so gilt der nächste Vorgang als der erste Vorgang einer neuen Reihe im Sinne von Satz 2.

(5) Weitergehende Vorschriften zum Schutz des Verbrauchers bleiben unberührt.

§ 312c Unterrichtung des Verbrauchers bei Fernabsatzverträgen

(1) Der Unternehmer hat den Verbraucher bei Fernabsatzverträgen nach Maßgabe des Artikels 246 §§ 1 und 2 des Einführungsgesetzes zum Bürgerlichen Gesetzbuche zu unterrichten.

(2) Der Unternehmer hat bei von ihm veranlassten Telefongesprächen seine Identität und den geschäftlichen Zweck des Kontakts bereits zu Beginn eines jeden Gesprächs ausdrücklich offenzulegen.

(3) Bei Finanzdienstleistungen kann der Verbraucher während der Laufzeit des Vertrags jederzeit vom Unternehmer verlangen, dass ihm dieser die Vertragsbestimmungen einschließlich der Allgemeinen Geschäftsbedingungen in einer Urkunde zur Verfügung stellt.

(4) Weitergehende Einschränkungen bei der Verwendung von Fernkommunikationsmitteln und weitergehende Informationspflichten auf Grund anderer Vorschriften bleiben unberührt.

§ 312d Widerrufs- und Rückgaberecht bei Fernabsatzverträgen

(1) Dem Verbraucher steht bei einem Fernabsatzvertrag ein Widerrufsrecht nach § 355 zu. Anstelle des Widerrufsrechts kann dem Verbraucher bei Verträgen über die Lieferung von Waren ein Rückgaberecht nach § 356 eingeräumt werden.

(2) Die Widerrufsfrist beginnt abweichend von § 355 Abs. 3 Satz 1 nicht vor Erfüllung der Informationspflichten gemäß Artikel 246 § 2 in Verbindung mit § 1 Abs. 1 und 2 des Einführungsgesetzes zum Bürgerlichen Gesetzbuche, bei der Lieferung von Waren nicht vor deren Eingang beim Empfänger, bei der wiederkehrenden Lieferung gleichartiger Waren nicht vor Eingang der ersten Teillieferung und bei Dienstleistungen nicht vor Vertragsschluss.

(3) Das Widerrufsrecht erlischt bei einer Dienstleistung auch dann, wenn der Vertrag von beiden Seiten auf ausdrücklichen Wunsch des Verbrauchers vollständig erfüllt ist, bevor der Verbraucher sein Widerrufsrecht ausgeübt hat.

(4) Das Widerrufsrecht besteht, soweit nicht ein anderes bestimmt ist, nicht bei Fernabsatzverträgen

1. zur Lieferung von Waren, die nach Kundenspezifikation angefertigt werden oder eindeutig auf die persönlichen Bedürfnisse zugeschnitten sind oder die auf Grund ihrer Beschaffenheit nicht für eine Rücksendung geeignet sind oder schnell verderben können oder deren Verfalldatum überschritten würde,

2. zur Lieferung von Audio- oder Videoaufzeichnungen oder von Software, sofern die gelieferten Datenträger vom Verbraucher entsiegelt worden sind,

3. zur Lieferung von Zeitungen, Zeitschriften und Illustrierten, es sei denn, dass der Verbraucher seine Vertragserklärung telefonisch abgegeben hat,

4. zur Erbringung von Wett- und Lotterie-Dienstleistungen, es sei denn, dass der Verbraucher seine Vertragserklärung telefonisch abgegeben hat,

5. die in der Form von Versteigerungen (§ 156) geschlossen werden,

6. die die Lieferung von Waren oder die Erbringung von Finanzdienstleistungen zum Gegenstand haben, deren Preis auf dem Finanzmarkt Schwankungen unterliegt, auf die der Unternehmer keinen Einfluss hat und die innerhalb der Widerrufsfrist auftreten können, insbesondere Dienstleistungen im Zusammenhang mit Aktien, Anteilsscheinen, die von einer Kapitalanlagegesellschaft oder einer ausländischen Investmentgesellschaft ausgegeben werden, und anderen handelbaren Wertpapieren, Devisen, Derivaten oder Geldmarktinstrumenten, oder

7. zur Erbringung telekommunikationsgestützter Dienste, die auf Veranlassung des Verbrauchers unmittelbar per Telefon oder Telefax in einem Mal erbracht werden, sofern es sich nicht um Finanzdienstleistungen handelt.

(5) Das Widerrufsrecht besteht ferner nicht bei Fernabsatzverträgen, bei denen dem Verbraucher bereits auf Grund der §§ 495, 506 bis 512 ein Widerrufs- oder Rückgaberecht nach den §§ 355 oder 356 zusteht. Bei Ratenlieferungsverträgen gelten Absatz 2 und § 312e Absatz 1 entsprechend.

§ 312e Wertersatz bei Fernabsatzverträgen

(1) Bei Fernabsatzverträgen über die Lieferung von Waren hat der Verbraucher abweichend von § 357 Absatz 1 Wertersatz für Nutzungen nach den Vorschriften über den gesetzlichen Rücktritt nur zu leisten,

1. soweit er die Ware in einer Art und Weise genutzt hat, die über die Prüfung der Eigenschaften und der Funktionsweise hinausgeht, und,

2. wenn er zuvor vom Unternehmer auf diese Rechtsfolge hingewiesen und nach § 360 Absatz 1 oder 2 über sein Widerrufs- oder Rückgaberecht belehrt worden ist oder von beidem anderweitig Kenntnis erlangt hat.

§ 347 Absatz 1 Satz 1 ist nicht anzuwenden.

(2) Bei Fernabsatzverträgen über Dienstleistungen hat der Verbraucher abweichend von § 357 Absatz 1 Wertersatz für die erbrachte Dienstleistung nach den Vorschriften über den gesetzlichen Rücktritt nur zu leisten,

1. wenn er vor Abgabe seiner Vertragserklärung auf diese Rechtsfolge hingewiesen worden ist und

2. wenn er ausdrücklich zugestimmt hat, dass der Unternehmer vor Ende der Widerrufsfrist mit der Ausführung der Dienstleistung beginnt.

§ 312g Pflichten im elektronischen Geschäftsverkehr

(1) Bedient sich ein Unternehmer zum Zwecke des Abschlusses eines Vertrags über die Lieferung von Waren oder über die Erbringung von Dienstleistungen eines Tele- oder Mediendienstes (Vertrag im elektronischen Geschäftsverkehr), hat er dem Kunden

1. angemessene, wirksame und zugängliche technische Mittel zur Verfügung zu stellen, mit deren Hilfe der Kunde Eingabefehler vor Abgabe seiner Bestellung erkennen und berichtigen kann,

2. die in Artikel 246 § 3 des Einführungsgesetzes zum Bürgerlichen Gesetzbuche bestimmten Informationen rechtzeitig vor Abgabe von dessen Bestellung klar und verständlich mitzuteilen,

3. den Zugang von dessen Bestellung unverzüglich auf elektronischem Wege zu bestätigen und

4. die Möglichkeit zu verschaffen, die Vertragsbestimmungen einschließlich der Allgemeinen Geschäftsbedingungen bei Vertragsschluss abzurufen und in wiedergabefähiger Form zu speichern. Bestellung und Empfangsbestätigung im Sinne von Satz 1 Nr. 3 gelten als zugegangen, wenn die Parteien, für die sie bestimmt sind, sie unter gewöhnlichen Umständen abrufen können.

(2) Absatz 1 Satz 1 Nr. 1 bis 3 findet keine Anwendung, wenn der Vertrag ausschließlich durch individuelle Kommunikation geschlossen wird. Absatz 1 Satz 1 Nr. 1 bis 3 und Satz 2 findet keine Anwendung, wenn zwischen Vertragsparteien, die nicht Verbraucher sind, etwas anderes vereinbart wird.

(3) Weitergehende Informationspflichten auf Grund anderer Vorschriften bleiben unberührt. Steht dem Kunden ein Widerrufsrecht gemäß § 355 zu, beginnt die Widerrufsfrist abweichend von § 355 Abs. 3 Satz 1 nicht vor Erfüllung der in Absatz 1 Satz 1 geregelten Pflichten.

§ 312i Abweichende Vereinbarungen

Von den Vorschriften dieses Untertitels darf, soweit nicht ein anderes bestimmt ist, nicht zum Nachteil des Verbrauchers oder Kunden abgewichen werden. Die Vorschriften dieses Untertitels finden, soweit nicht ein anderes bestimmt ist, auch Anwendung, wenn sie durch anderweitige Gestaltungen umgangen werden.

§ 360 Form der Widerrufs- und Rückgabebelehrung

...

(3) Die dem Verbraucher gemäß § 355 Abs. 3 Satz 1 mitzuteilende Widerrufsbelehrung genügt den Anforderungen des Absatzes 1 und den diesen ergänzenden Vorschriften dieses Gesetzes, wenn das Muster der Anlage 1 zum Einführungsgesetz zum Bürgerlichen Gesetzbuche in Textform verwendet wird. Die dem Verbraucher gemäß § 356 Abs. 2 Satz 2 in Verbindung mit § 355 Abs. 3 Satz 1 mitzuteilende Rückgabebelehrung genügt den Anforderungen des Absatzes 2 und den diesen ergänzenden Vorschriften dieses Gesetzes, wenn das Muster der Anlage 2 zum Einführungsgesetz zum Bürgerlichen Gesetzbuche in Textform verwendet wird. Der Unternehmer darf unter Beachtung von Absatz 1 Satz 1 in Format und Schriftgröße von den Mustern abweichen und Zusätze wie die Firma oder ein Kennzeichen des Unternehmers anbringen.

EGBGB (Auszüge): Informationspflichten bei Verbraucherverträgen

Art. 246 § 1 Informationspflichten bei Fernabsatzverträgen

(1) Bei Fernabsatzverträgen muss der Unternehmer dem Verbraucher rechtzeitig vor Abgabe von dessen Vertragserklärung folgende

Informationen in einer dem eingesetzten Fernkommunikationsmittel entsprechenden Weise klar und verständlich und unter Angabe des geschäftlichen Zwecks zur Verfügung stellen:

1. seine Identität, anzugeben ist auch das öffentliche Unternehmensregister, bei dem der Rechtsträger eingetragen ist, und die zugehörige Registernummer oder gleichwertige Kennung,

2. die Identität eines Vertreters des Unternehmers in dem Mitgliedstaat, in dem der Verbraucher seinen Wohnsitz hat, wenn es einen solchen Vertreter gibt, oder die Identität einer anderen gewerblich tätigen Person als dem Anbieter, wenn der Verbraucher mit dieser geschäftlich zu tun hat, und die Eigenschaft, in der diese Person gegenüber dem Verbraucher tätig wird,

3. die ladungsfähige Anschrift des Unternehmers und jede andere Anschrift, die für die Geschäftsbeziehung zwischen diesem, seinem Vertreter oder einer anderen gewerblich tätigen Person gemäß Nummer 2 und dem Verbraucher maßgeblich ist, bei juristischen Personen, Personenvereinigungen oder Personengruppen auch den Namen eines Vertretungsberechtigten,

4. die wesentlichen Merkmale der Ware oder Dienstleistung sowie Informationen darüber, wie der Vertrag zustande kommt,

5. die Mindestlaufzeit des Vertrags, wenn dieser eine dauernde oder regelmäßig wiederkehrende Leistung zum Inhalt hat,

6. einen Vorbehalt, eine in Qualität und Preis gleichwertige Leistung (Ware oder Dienstleistung) zu erbringen, und einen Vorbehalt, die versprochene Leistung im Fall ihrer Nichtverfügbarkeit nicht zu erbringen,

7. den Gesamtpreis der Ware oder Dienstleistung einschließlich aller damit verbundenen Preisbestandteile sowie alle über den Unternehmer abgeführten Steuern oder, wenn kein genauer Preis angegeben werden kann, seine Berechnungsgrundlage, die dem Verbraucher eine Überprüfung des Preises ermöglicht,

8. gegebenenfalls zusätzlich anfallende Liefer- und Versandkosten sowie einen Hinweis auf mögliche weitere Steuern oder Kosten, die nicht über den Unternehmer abgeführt oder von ihm in Rechnung gestellt werden,

9. die Einzelheiten hinsichtlich der Zahlung und der Lieferung oder Erfüllung,

10. das Bestehen oder Nichtbestehen eines Widerrufs- oder Rückgaberechts sowie die Bedingungen, Einzelheiten der Ausübung, insbesondere den Namen und die Anschrift desjenigen, gegenüber dem der Widerruf zu erklären ist, und die Rechtsfolgen des Widerrufs oder der Rückgabe einschließlich Informationen über den Betrag, den der Verbraucher im Fall des Widerrufs oder der Rückgabe

gemäß § 357 Abs. 1 des Bürgerlichen Gesetzbuchs für die erbrachte Dienstleistung zu zahlen hat,

11. alle spezifischen zusätzlichen Kosten, die der Verbraucher für die Benutzung des Fernkommunikationsmittels zu tragen hat, wenn solche zusätzlichen Kosten durch den Unternehmer in Rechnung gestellt werden, und

12. eine Befristung der Gültigkeitsdauer der zur Verfügung gestellten Informationen, beispielsweise die Gültigkeitsdauer befristeter Angebote, insbesondere hinsichtlich des Preises.

(2) Bei Fernabsatzverträgen über Finanzdienstleistungen muss der Unternehmer dem Verbraucher rechtzeitig vor Abgabe von dessen Vertragserklärung ferner folgende Informationen in der in Absatz 1 genannten Art und Weise zur Verfügung stellen:

1. die Hauptgeschäftstätigkeit des Unternehmers und die für seine Zulassung zuständige Aufsichtsbehörde,

2. gegebenenfalls den Hinweis, dass sich die Finanzdienstleistung auf Finanzinstrumente bezieht, die wegen ihrer spezifischen Merkmale oder der durchzuführenden Vorgänge mit speziellen Risiken behaftet sind oder deren Preis Schwankungen auf dem Finanzmarkt unterliegt, auf die der Unternehmer keinen Einfluss hat, und dass in der Vergangenheit erwirtschaftete Erträge kein Indikator für künftige Erträge sind,

3. die vertraglichen Kündigungsbedingungen einschließlich etwaiger Vertragsstrafen,

4. die Mitgliedstaaten der Europäischen Union, deren Recht der Unternehmer der Aufnahme von Beziehungen zum Verbraucher vor Abschluss des Fernabsatzvertrags zugrunde legt,

5. eine Vertragsklausel über das auf den Fernabsatzvertrag anwendbare Recht oder über das zuständige Gericht,

6. die Sprachen, in welchen die Vertragsbedingungen und die in dieser Vorschrift genannten Vorabinformationen mitgeteilt werden, sowie die Sprachen, in welchen sich der Unternehmer verpflichtet, mit Zustimmung des Verbrauchers die Kommunikation während der Laufzeit dieses Vertrags zu führen,

7. einen möglichen Zugang des Verbrauchers zu einem außergerichtlichen Beschwerde- und Rechtsbehelfsverfahren und gegebenenfalls die Voraussetzungen für diesen Zugang und

8. das Bestehen eines Garantiefonds oder anderer Entschädigungsregelungen, die nicht unter die Richtlinie 94/19/EG des Europäischen Parlaments und des Rates vom 30. Mai 1994 über Einlagensicherungssysteme (ABl. EG Nr. L 135 S. 5) und die Richtlinie 97/9/EG des Europäischen Parlaments und des Rates vom 3. März 1997

über Systeme für die Entschädigung der Anleger (ABl. EG Nr. L 84 S. 22) fallen.

(3) Bei Telefongesprächen hat der Unternehmer dem Verbraucher nur Informationen nach Absatz 1 zur Verfügung zu stellen, wobei eine Angabe gemäß Absatz 1 Nr. 3 nur erforderlich ist, wenn der Verbraucher eine Vorauszahlung zu leisten hat. Satz 1 gilt nur, wenn der Unternehmer den Verbraucher darüber informiert hat, dass auf Wunsch weitere Informationen übermittelt werden können und welcher Art diese Informationen sind, und der Verbraucher ausdrücklich auf die Übermittlung der weiteren Informationen vor Abgabe seiner Vertragserklärung verzichtet hat.

Art. 246 § 2 Weitere Informationspflichten bei Fernabsatzverträgen

(1) Der Unternehmer hat dem Verbraucher ferner die in Satz 2 bestimmten Informationen in Textform mitzuteilen, und zwar bei

1. Finanzdienstleistungen rechtzeitig vor Abgabe von dessen Vertragserklärung oder, wenn auf Verlangen des Verbrauchers der Vertrag telefonisch oder unter Verwendung eines anderen Fernkommunikationsmittels geschlossen wird, das die Mitteilung in Textform vor Vertragsschluss nicht gestattet, unverzüglich nach Abschluss des Fernabsatzvertrags,

2. sonstigen Dienstleistungen und bei der Lieferung von Waren alsbald, spätestens bis zur vollständigen Erfüllung des Vertrags, bei Waren spätestens bis zur Lieferung an den Verbraucher.

Der Unternehmer hat dem Verbraucher gemäß Satz 1 mitzuteilen:

1. die Vertragsbestimmungen einschließlich der Allgemeinen Geschäftsbedingungen,

2. die in § 1 Abs. 1 genannten Informationen,

3. bei Finanzdienstleistungen auch die in § 1 Abs. 2 genannten Informationen und

4. bei der Lieferung von Waren und sonstigen Dienstleistungen ferner

    a) die in § 1 Abs. 2 Nr. 3 genannten Informationen bei Verträgen, die ein Dauerschuldverhältnis betreffen und für eine längere Zeit als ein Jahr oder für unbestimmte Zeit geschlossen sind, sowie

    b) Informationen über Kundendienst und geltende Gewährleistungs- und Garantiebedingungen.

(2) Eine Mitteilung nach Absatz 1 Satz 1 Nr. 2 in Verbindung mit Absatz 1 Satz 2 ist entbehrlich bei Dienstleistungen, die unmittelbar durch Einsatz von Fernkommunikationsmitteln erbracht werden, sofern diese Leistungen in einem Mal erfolgen und über den Betreiber der Fernkommunikationsmittel abgerechnet werden. Der Verbraucher muss sich in

diesem Fall aber über die Anschrift der Niederlassung des Unternehmers informieren können, bei der er Beanstandungen vorbringen kann.

(3) Zur Erfüllung seiner Informationspflicht gemäß Absatz 1 Satz 2 Nr. 2 in Verbindung mit § 1 Abs. 1 Nr. 10 über das Bestehen eines Widerrufs- oder Rückgaberechts kann der Unternehmer die in den Anlagen 1 und 2 für die Belehrung über das Widerrufs- oder Rückgaberecht vorgesehenen Muster in Textform verwenden. Soweit die nach Absatz 1 Satz 2 Nr. 2 in Verbindung mit § 1 Abs. 1 Nr. 3 und 10, nach Absatz 1 Satz 2 Nr. 3 in Verbindung mit § 1 Abs. 2 Nr. 3 und nach Absatz 1 Satz 2 Nr. 4 Buchstabe b mitzuteilenden Informationen in den Vertragsbestimmungen einschließlich der Allgemeinen Geschäftsbedingungen enthalten sind, bedürfen sie einer hervorgehobenen und deutlich gestalteten Form.

EGBGB (Auszüge): Informationspflichten bei Verträgen im elektronischen Geschäftsverkehr

Art. 246 § 3 Kundeninformationspflichten des Unternehmers bei Verträgen im elektronischen Geschäftsverkehr

Bei Verträgen im elektronischen Geschäftsverkehr muss der Unternehmer den Kunden unterrichten

1. über die einzelnen technischen Schritte, die zu einem Vertragsschluss führen,
2. darüber, ob der Vertragstext nach dem Vertragsschluss von dem Unternehmer gespeichert wird und ob er dem Kunden zugänglich ist,
3. darüber, wie er mit den gemäß § 312e Abs. 1 Satz 1 Nr. 1 des Bürgerlichen Gesetzbuchs zur Verfügung gestellten technischen Mitteln Eingabefehler vor Abgabe der Vertragserklärung erkennen und berichtigen kann,
4. über die für den Vertragsschluss zur Verfügung stehenden Sprachen und
5. über sämtliche einschlägigen Verhaltenskodizes, denen sich der Unternehmer unterwirft, sowie über die Möglichkeit eines elektronischen Zugangs zu diesen Regelwerken.

Dienstleistungs-Informations-Verordnung (Auszüge)

§ 2 Immer zur Verfügung zu stellende Informationen

(1) Unbeschadet weiter gehender Anforderungen aus anderen Rechtsvorschriften muss ein Dienstleistungserbringer einem Dienstleistungsempfänger vor Abschluss eines schriftlichen Vertrages oder, sofern kein schriftlicher Vertrag geschlossen wird, vor Erbringung der Dienstleistung folgende Informationen in klarer und verständlicher Form zur Verfügung stellen:

1. seinen Familien- und Vornamen, bei rechtsfähigen Personengesellschaften und juristischen Personen die Firma unter Angabe der Rechtsform,

2. die Anschrift seiner Niederlassung oder, sofern keine Niederlassung besteht, eine ladungsfähige Anschrift sowie weitere Angaben, die es dem Dienstleistungsempfänger ermöglichen, schnell und unmittelbar mit ihm in Kontakt zu treten, insbesondere eine Telefonnummer und eine E-Mail-Adresse oder Faxnummer,

3. falls er in ein solches eingetragen ist, das Handelsregister, Vereinsregister, Partnerschaftsregister oder Genossenschaftsregister unter Angabe des Registergerichts und der Registernummer,

4. bei erlaubnispflichtigen Tätigkeiten Name und Anschrift der zuständigen Behörde oder der einheitlichen Stelle,

5. falls er eine Umsatzsteuer-Identifikationsnummer nach § 27a des Umsatzsteuergesetzes besitzt, die Nummer,

6. falls die Dienstleistung in Ausübung eines reglementierten Berufs im Sinne von Artikel 3 Absatz 1 Buchstabe a der Richtlinie 2005/36/EG des Europäischen Parlaments und des Rates vom 7. September 2005 über die Anerkennung von Berufsqualifikationen (ABl. L 255 vom 30.9.2005, S. 22) erbracht wird, die gesetzliche Berufsbezeichnung, den Staat, in dem sie verliehen wurde und, falls er einer Kammer, einem Berufsverband oder einer ähnlichen Einrichtung angehört, deren oder dessen Namen,

7. die von ihm gegebenenfalls verwendeten allgemeinen Geschäftsbedingungen,

8. von ihm gegebenenfalls verwendete Vertragsklauseln über das auf den Vertrag anwendbare Recht oder über den Gerichtsstand,

9. gegebenenfalls bestehende Garantien, die über die gesetzlichen Gewährleistungsrechte hinausgehen,

10. die wesentlichen Merkmale der Dienstleistung, soweit sich diese nicht bereits aus dem Zusammenhang ergeben,

11. falls eine Berufshaftpflichtversicherung besteht, Angaben zu dieser, insbesondere den Namen und die Anschrift des Versicherers und den räumlichen Geltungsbereich.

(2) Der Dienstleistungserbringer hat die in Absatz 1 genannten Informationen wahlweise

1. dem Dienstleistungsempfänger von sich aus mitzuteilen,

2. am Ort der Leistungserbringung oder des Vertragsschlusses so vorzuhalten, dass sie dem Dienstleistungsempfänger leicht zugänglich sind,

3. dem Dienstleistungsempfänger über eine von ihm angegebene Adresse elektronisch leicht zugänglich zu machen oder

4. in alle von ihm dem Dienstleistungsempfänger zur Verfügung gestellten ausführlichen Informationsunterlagen über die angebotene Dienstleistung aufzunehmen.

§ 3 Bei Nachfrage zur Verfügung zu stellende Informationen

(1) Unbeschadet weiter gehender Anforderungen aus anderen Rechtsvorschriften muss der Dienstleistungserbringer dem Dienstleistungsempfänger auf Anfrage folgende Informationen vor Abschluss eines schriftlichen Vertrages oder, sofern kein schriftlicher Vertrag geschlossen wird, vor Erbringung der Dienstleistung in klarer und verständlicher Form zur Verfügung stellen:

1. falls die Dienstleistung in Ausübung eines reglementierten Berufs im Sinne von Artikel 3 Absatz 1 Buchstabe a der Richtlinie 2005/36/EG des Europäischen Parlaments und des Rates vom 7. September 2005 über die Anerkennung von Berufsqualifikationen (ABl. L 255 vom 30.9.2005, S. 22) erbracht wird, eine Verweisung auf die berufsrechtlichen Regelungen und dazu, wie diese zugänglich sind,

2. Angaben zu den vom Dienstleistungserbringer ausgeübten multidisziplinären Tätigkeiten und den mit anderen Personen bestehenden beruflichen Gemeinschaften, die in direkter Verbindung zu der Dienstleistung stehen und, soweit erforderlich, zu den Maßnahmen, die er ergriffen hat, um Interessenkonflikte zu vermeiden,

3. die Verhaltenskodizes, denen er sich unterworfen hat, die Adresse, unter der diese elektronisch abgerufen werden können, und die Sprachen, in der diese vorliegen, und

4. falls er sich einem Verhaltenskodex unterworfen hat oder einer Vereinigung angehört, der oder die ein außergerichtliches Streitschlichtungsverfahren vorsieht, Angaben zu diesem, insbesondere zum Zugang zum Verfahren und zu näheren Informationen über seine Voraussetzungen.

(2) Der Dienstleistungserbringer stellt sicher, dass die in Absatz 1 Nummer 2, 3 und 4 genannten Informationen in allen ausführlichen Informationsunterlagen über die Dienstleistung enthalten sind.

§ 4 Erforderliche Preisangaben

(1) Der Dienstleistungserbringer muss dem Dienstleistungsempfänger vor Abschluss eines schriftlichen Vertrages oder, sofern kein schriftlicher Vertrag geschlossen wird, vor Erbringung der Dienstleistung, folgende Informationen in klarer und verständlicher Form zur Verfügung stellen:

1. sofern er den Preis für die Dienstleistung im Vorhinein festgelegt hat, diesen Preis in der in § 2 Absatz 2 festgelegten Form,

2. sofern er den Preis der Dienstleistung nicht im Vorhinein festgelegt hat, auf Anfrage den Preis der Dienstleistung oder, wenn kein genauer Preis angegeben werden kann, entweder die näheren Einzelheiten der Berechnung, anhand derer der Dienstleistungs-

empfänger die Höhe des Preises leicht errechnen kann, oder einen Kostenvoranschlag.

(2) Absatz 1 findet keine Anwendung auf Dienstleistungsempfänger, die Letztverbraucher sind im Sinne der Preisangabenverordnung in der Fassung der Bekanntmachung vom 18. Oktober 2002 (BGBl. I S. 4197), die zuletzt durch Artikel 6 des Gesetzes vom 29. Juli 2009 (BGBl. I S. 2355) geändert worden ist, in der jeweils geltenden Fassung.

§ 5 Allgemeine Informationspflichten

(1) Diensteanbieter haben für geschäftsmäßige, in der Regel gegen Entgelt angebotene Telemedien folgende Informationen leicht erkennbar, unmittelbar erreichbar und ständig verfügbar zu halten:

1. den Namen und die Anschrift, unter der sie niedergelassen sind, bei juristischen Personen zusätzlich die Rechtsform, den Vertretungsberechtigten und, sofern Angaben über das Kapital der Gesellschaft gemacht werden, das Stamm- oder Grundkapital sowie, wenn nicht alle in Geld zu leistenden Einlagen eingezahlt sind, der Gesamtbetrag der ausstehenden Einlagen,

2. Angaben, die eine schnelle elektronische Kontaktaufnahme und unmittelbare Kommunikation mit ihnen ermöglichen, einschließlich der Adresse der elektronischen Post,

3. soweit der Dienst im Rahmen einer Tätigkeit angeboten oder erbracht wird, die der behördlichen Zulassung bedarf, Angaben zur zuständigen Aufsichtsbehörde,

4. das Handelsregister, Vereinsregister, Partnerschaftsregister oder Genossenschaftsregister, in das sie eingetragen sind, und die entsprechende Registernummer,

5. soweit der Dienst in Ausübung eines Berufs im Sinne von Artikel 1 Buchstabe d der Richtlinie 89/48/EWG des Rates vom 21. Dezember 1988 über eine allgemeine Regelung zur Anerkennung der Hochschuldiplome, die eine mindestens dreijährige Berufsausbildung abschließen (ABl. EG Nr. L 19 S. 16), oder im Sinne von Artikel 1 Buchstabe f der Richtlinie 92/51/EWG des Rates vom 18. Juni 1992 über eine zweite allgemeine Regelung zur Anerkennung beruflicher Befähigungsnachweise in Ergänzung zur Richtlinie 89/48/EWG (ABl. EG Nr. L 209 S. 25, 1995 Nr. L 17 S. 20), zuletzt geändert durch die Richtlinie 97/38/EG der Kommission vom 20. Juni 1997 (ABl. EG Nr. L 184 S. 31), angeboten oder erbracht wird, Angaben über

    a) die Kammer, welcher die Diensteanbieter angehören,

    b) die gesetzliche Berufsbezeichnung und den Staat, in dem die Berufsbezeichnung verliehen worden ist,

c) die Bezeichnung der berufsrechtlichen Regelungen und dazu, wie diese zugänglich sind,

6. in Fällen, in denen sie eine Umsatzsteueridentifikationsnummer nach § 27a des Umsatzsteuergesetzes oder eine Wirtschafts-Identifikationsnummer nach § 139c der Abgabenordnung besitzen, die Angabe dieser Nummer,

7. bei Aktiengesellschaften, Kommanditgesellschaften auf Aktien und Gesellschaften mit beschränkter Haftung, die sich in Abwicklung oder Liquidation befinden, die Angabe hierüber.

(2) Weitergehende Informationspflichten nach anderen Rechtsvorschriften bleiben unberührt.

D.4 Verantwortlichkeiten

Bürgerliches Gesetzbuch (Auszüge)

§ 276 Verantwortlichkeit für eigenes Verhalten

(1) Der Schuldner hat Vorsatz und Fahrlässigkeit zu vertreten, wenn eine strengere oder mildere Haftung weder bestimmt noch aus dem sonstigen Inhalt des Schuldverhältnisses, insbesondere aus der Übernahme einer Garantie oder eines Beschaffungsrisikos zu entnehmen ist. Die Vorschriften der §§ 827 und 828 finden entsprechende Anwendung.

(2) Fahrlässig handelt, wer die im Verkehr erforderliche Sorgfalt außer Acht lässt.

(3) Die Haftung wegen Vorsatzes kann dem Schuldner nicht im Voraus erlassen werden.

BGB § 278 Verantwortlichkeit des Schuldners für Dritte

Der Schuldner hat ein Verschulden seines gesetzlichen Vertreters und der Personen, deren er sich zur Erfüllung seiner Verbindlichkeit bedient, in gleichem Umfang zu vertreten wie eigenes Verschulden. Die Vorschrift des § 276 Abs. 3 findet keine Anwendung.

Telemediengesetz (Auszüge)

§ 7 Allgemeine Grundsätze

(1) Diensteanbieter sind für eigene Informationen, die sie zur Nutzung bereithalten, nach den allgemeinen Gesetzen verantwortlich.

(2) Diensteanbieter im Sinne der §§ 8 bis 10 sind nicht verpflichtet, die von ihnen übermittelten oder gespeicherten Informationen zu überwachen oder nach Umständen zu forschen, die auf eine rechtswidrige Tätigkeit hinweisen. Verpflichtungen zur Entfernung oder Sperrung der Nutzung von Informationen nach den allgemeinen Gesetzen bleiben auch im Falle der Nichtverantwortlichkeit des Diensteanbieters nach

den §§ 8 bis 10 unberührt. Das Fernmeldegeheimnis nach § 88 des Telekommunikationsgesetzes ist zu wahren.

§ 8 Durchleitung von Informationen

(1) Diensteanbieter sind für fremde Informationen, die sie in einem Kommunikationsnetz übermitteln oder zu denen sie den Zugang zur Nutzung vermitteln, nicht verantwortlich, sofern sie
1. die Übermittlung nicht veranlasst,
2. den Adressaten der übermittelten Informationen nicht ausgewählt und
3. die übermittelten Informationen nicht ausgewählt oder verändert haben.

Satz 1 findet keine Anwendung, wenn der Diensteanbieter absichtlich mit einem Nutzer seines Dienstes zusammenarbeitet, um rechtswidrige Handlungen zu begehen.

(2) Die Übermittlung von Informationen nach Absatz 1 und die Vermittlung des Zugangs zu ihnen umfasst auch die automatische kurzzeitige Zwischenspeicherung dieser Informationen, soweit dies nur zur Durchführung der Übermittlung im Kommunikationsnetz geschieht und die Informationen nicht länger gespeichert werden, als für die Übermittlung üblicherweise erforderlich ist.

§ 9 Zwischenspeicherung zur beschleunigten Übermittlung von Informationen

Diensteanbieter sind für eine automatische, zeitlich begrenzte Zwischenspeicherung, die allein dem Zweck dient, die Übermittlung fremder Informationen an andere Nutzer auf deren Anfrage effizienter zu gestalten, nicht verantwortlich, sofern sie
1. die Informationen nicht verändern,
2. die Bedingungen für den Zugang zu den Informationen beachten,
3. die Regeln für die Aktualisierung der Informationen, die in weithin anerkannten und verwendeten Industriestandards festgelegt sind, beachten,
4. die erlaubte Anwendung von Technologien zur Sammlung von Daten über die Nutzung der Informationen, die in weithin anerkannten und verwendeten Industriestandards festgelegt sind, nicht beeinträchtigen und
5. unverzüglich handeln, um im Sinne dieser Vorschrift gespeicherte Informationen zu entfernen oder den Zugang zu ihnen zu sperren, sobald sie Kenntnis davon erhalten haben, dass die Informationen am ursprünglichen Ausgangsort der Übertragung aus dem Netz entfernt wurden oder der Zugang zu ihnen gesperrt wurde oder

ein Gericht oder eine Verwaltungsbehörde die Entfernung oder Sperrung angeordnet hat.

§ 8 Abs. 1 Satz 2 gilt entsprechend.

§ 10 Speicherung von Informationen

Diensteanbieter sind für fremde Informationen, die sie für einen Nutzer speichern, nicht verantwortlich, sofern

1. sie keine Kenntnis von der rechtswidrigen Handlung oder der Information haben und ihnen im Falle von Schadensersatzansprüchen auch keine Tatsachen oder Umstände bekannt sind, aus denen die rechtswidrige Handlung oder die Information offensichtlich wird, oder

2. sie unverzüglich tätig geworden sind, um die Information zu entfernen oder den Zugang zu ihr zu sperren, sobald sie diese Kenntnis erlangt haben.

Satz 1 findet keine Anwendung, wenn der Nutzer dem Diensteanbieter untersteht oder von ihm beaufsichtigt wird.

E   Gesetzestexte: Kreativrecht

E.1   Schutz der kreativen Leistung

§ 1 Anwendungsbereich

Die Urheber von Werken der Literatur, Wissenschaft und Kunst genießen für ihre Werke Schutz nach Maßgabe dieses Gesetzes.

Auszüge aus
Urheberrechtsgesetz
(2008)

§ 2 Geschützte Werke

(1)   Zu den geschützten Werken der Literatur, Wissenschaft und Kunst gehören insbesondere:

1.   Sprachwerke, wie Schriftwerke, Reden und Computerprogramme;
2.   Werke der Musik;
3.   pantomimische Werke einschließlich der Werke der Tanzkunst;
4.   Werke der bildenden Künste einschließlich der Werke der Baukunst und der angewandten Kunst und Entwürfe solcher Werke;
5.   Lichtbildwerke einschließlich der Werke, die ähnlich wie Lichtbildwerke geschaffen werden;
6.   Filmwerke einschließlich der Werke, die ähnlich wie Filmwerke geschaffen werden;
7.   Darstellungen wissenschaftlicher oder technischer Art, wie Zeichnungen, Pläne, Karten, Skizzen, Tabellen und plastische Darstellungen.

(2)   Werke im Sinne dieses Gesetzes sind nur persönliche geistige Schöpfungen.

§ 3 Bearbeitungen

Übersetzungen und andere Bearbeitungen eines Werkes, die persönliche geistige Schöpfungen des Bearbeiters sind, werden unbeschadet des Urheberrechts am bearbeiteten Werk wie selbstständige Werke geschützt. Die nur unwesentliche Bearbeitung eines nicht geschützten Werkes der Musik wird nicht als selbstständiges Werk geschützt.

§ 4 Sammelwerke und Datenbankwerke

(1)   Sammlungen von Werken, Daten oder anderen unabhängigen Elementen, die aufgrund der Auswahl oder Anordnung der Elemente eine

persönliche geistige Schöpfung sind (Sammelwerke), werden, unbeschadet eines an den einzelnen Elementen gegebenenfalls bestehenden Urheberrechts oder verwandten Schutzrechts, wie selbstständige Werke geschützt.

(2) Datenbankwerk im Sinne dieses Gesetzes ist ein Sammelwerk, dessen Elemente systematisch oder methodisch angeordnet und einzeln mit Hilfe elektronischer Mittel oder auf andere Weise zugänglich sind. Ein zur Schaffung des Datenbankwerkes oder zur Ermöglichung des Zugangs zu dessen Elementen verwendetes Computerprogramm (§ 69a) ist nicht Bestandteil des Datenbankwerkes.

§ 5 Amtliche Werke

(1) Gesetze, Verordnungen, amtliche Erlasse und Bekanntmachungen sowie Entscheidungen und amtlich verfasste Leitsätze zu Entscheidungen genießen keinen urheberrechtlichen Schutz.

(2) Das Gleiche gilt für andere amtliche Werke, die im amtlichen Interesse zur allgemeinen Kenntnisnahme veröffentlicht worden sind, mit der Einschränkung, dass die Bestimmungen über Änderungsverbot und Quellenangabe in § 62 Abs. 1 bis 3 und § 63 Abs. 1 und 2 entsprechend anzuwenden sind.

(3) Das Urheberrecht an privaten Normwerken wird durch die Absätze 1 und 2 nicht berührt, wenn Gesetze, Verordnungen, Erlasse oder amtliche Bekanntmachungen auf sie verweisen, ohne ihren Wortlaut wiederzugeben. In diesem Fall ist der Urheber verpflichtet, jedem Verleger zu angemessenen Bedingungen ein Recht zur Vervielfältigung und Verbreitung einzuräumen. Ist ein Dritter Inhaber des ausschließlichen Rechts zur Vervielfältigung und Verbreitung, so ist dieser zur Einräumung des Nutzungsrechts nach Satz 2 verpflichtet.

§ 6 Veröffentlichte und erschienene Werke

(1) Ein Werk ist veröffentlicht, wenn es mit Zustimmung des Berechtigten der Öffentlichkeit zugänglich gemacht worden ist.

(2) Ein Werk ist erschienen, wenn mit Zustimmung des Berechtigten Vervielfältigungsstücke des Werkes nach ihrer Herstellung in genügender Anzahl der Öffentlichkeit angeboten oder in Verkehr gebracht worden sind. Ein Werk der bildenden Künste gilt auch dann als erschienen, wenn das Original oder ein Vervielfältigungsstück des Werkes mit Zustimmung des Berechtigten bleibend der Öffentlichkeit zugänglich ist.

§ 7 Urheber

Urheber ist der Schöpfer des Werkes.

§ 8 Miturheber

(1) Haben mehrere ein Werk gemeinsam geschaffen, ohne dass sich ihre Anteile gesondert verwerten lassen, so sind sie Miturheber des Werkes.

(2) Das Recht zur Veröffentlichung und zur Verwertung des Werkes steht den Miturhebern zur gesamten Hand zu; Änderungen des Werkes sind nur mit Einwilligung der Miturheber zulässig. Ein Miturheber darf jedoch seine Einwilligung zur Veröffentlichung, Verwertung oder Änderung nicht wider Treu und Glauben verweigern. Jeder Miturheber ist berechtigt, Ansprüche aus Verletzungen des gemeinsamen Urheberrechts geltend zu machen; er kann jedoch nur Leistung an alle Miturheber verlangen.

(3) Die Erträgnisse aus der Nutzung des Werkes gebühren den Miturhebern nach dem Umfang ihrer Mitwirkung an der Schöpfung des Werkes, wenn nichts anderes zwischen den Miturhebern vereinbart ist.

(4) Ein Miturheber kann auf seinen Anteil an den Verwertungsrechten (§ 15) verzichten. Der Verzicht ist den anderen Miturhebern gegenüber zu erklären. Mit der Erklärung wächst der Anteil den anderen Miturhebern zu.

§ 9 Urheber verbundener Werke

Haben mehrere Urheber ihre Werke zu gemeinsamer Verwertung miteinander verbunden, so kann jeder vom anderen die Einwilligung zur Veröffentlichung, Verwertung und Änderung der verbundenen Werke verlangen, wenn die Einwilligung dem anderen nach Treu und Glauben zuzumuten ist.

§ 10 Vermutung der Urheberschaft

(1) Wer auf den Vervielfältigungsstücken eines erschienenen Werkes oder auf dem Original eines Werkes der bildenden Künste in der üblichen Weise als Urheber bezeichnet ist, wird bis zum Beweis des Gegenteils als Urheber des Werkes angesehen; dies gilt auch für eine Bezeichnung, die als Deckname oder Künstlerzeichen des Urhebers bekannt ist.

(2) Ist der Urheber nicht nach Absatz 1 bezeichnet, so wird vermutet, dass derjenige ermächtigt ist, die Rechte des Urhebers geltend zu machen, der auf den Vervielfältigungsstücken des Werkes als Herausgeber bezeichnet ist. Ist kein Herausgeber angegeben, so wird vermutet, dass der Verleger ermächtigt ist.

(3) Für die Inhaber ausschließlicher Nutzungsrechte gilt die Vermutung des Absatzes 1 entsprechend, soweit es sich um Verfahren des einstweiligen Rechtsschutzes handelt oder Unterlassungsansprüche geltend gemacht werden. Die Vermutung gilt nicht im Verhältnis zum Urheber oder zum ursprünglichen Inhaber des verwandten Schutzrechts.

§ 11 Allgemeines

Das Urheberrecht schützt den Urheber in seinen geistigen und persönlichen Beziehungen zum Werk und in der Nutzung des Werkes. Es dient zugleich der Sicherung einer angemessenen Vergütung für die Nutzung des Werkes.

§ 12 Veröffentlichungsrecht

(1) Der Urheber hat das Recht zu bestimmen, ob und wie sein Werk zu veröffentlichen ist.

(2) Dem Urheber ist es vorbehalten, den Inhalt seines Werkes öffentlich mitzuteilen oder zu beschreiben, solange weder das Werk noch der wesentliche Inhalt oder eine Beschreibung des Werkes mit seiner Zustimmung veröffentlicht ist.

§ 13 Anerkennung der Urheberschaft

Der Urheber hat das Recht auf Anerkennung seiner Urheberschaft am Werk. Er kann bestimmen, ob das Werk mit einer Urheberbezeichnung zu versehen und welche Bezeichnung zu verwenden ist.

§ 14 Entstellung des Werkes

Der Urheber hat das Recht, eine Entstellung oder eine andere Beeinträchtigung seines Werkes zu verbieten, die geeignet ist, seine berechtigten geistigen oder persönlichen Interessen am Werk zu gefährden.

§ 15 Allgemeines

(1) Der Urheber hat das ausschließliche Recht, sein Werk in körperlicher Form zu verwerten; das Recht umfasst insbesondere

1. das Vervielfältigungsrecht (§ 16),
2. das Verbreitungsrecht (§ 17),
3. das Ausstellungsrecht (§ 18).

(2) Der Urheber hat ferner das ausschließliche Recht, sein Werk in unkörperlicher Form öffentlich wiederzugeben (Recht der öffentlichen Wiedergabe). Das Recht der öffentlichen Wiedergabe umfasst insbesondere

1. das Vortrags-, Aufführungs- und Vorführungsrecht (§ 19),
2. das Recht der öffentlichen Zugänglichmachung (§ 19a),
3. das Senderecht (§ 20),
4. das Recht der Wiedergabe durch Bild- oder Tonträger (§ 21),
5. das Recht der Wiedergabe von Funksendungen und von öffentlicher Zugänglichmachung (§ 22).

(3) Die Wiedergabe ist öffentlich, wenn sie für eine Mehrzahl von Mitgliedern der Öffentlichkeit bestimmt ist. Zur Öffentlichkeit gehört jeder, der nicht mit demjenigen, der das Werk verwertet, oder mit den anderen

Personen, denen das Werk in unkörperlicher Form wahrnehmbar oder zugänglich gemacht wird, durch persönliche Beziehungen verbunden ist.

§ 16 Vervielfältigungsrecht

(1) Das Vervielfältigungsrecht ist das Recht, Vervielfältigungsstücke des Werkes herzustellen, gleichviel ob vorübergehend oder dauerhaft, in welchem Verfahren und in welcher Zahl.

(2) Eine Vervielfältigung ist auch die Übertragung des Werkes auf Vorrichtungen zur wiederholbaren Wiedergabe von Bild- oder Tonfolgen (Bild- oder Tonträger), gleichviel, ob es sich um die Aufnahme einer Wiedergabe des Werkes auf einen Bild- oder Tonträger oder um die Übertragung des Werkes von einem Bild- oder Tonträger auf einen anderen handelt.

§ 17 Verbreitungsrecht

(1) Das Verbreitungsrecht ist das Recht, das Original oder Vervielfältigungsstücke des Werkes der Öffentlichkeit anzubieten oder in Verkehr zu bringen.

(2) Sind das Original oder Vervielfältigungsstücke des Werkes mit Zustimmung des zur Verbreitung Berechtigten im Gebiet der Europäischen Union oder eines anderen Vertragsstaates des Abkommens über den Europäischen Wirtschaftsraum im Wege der Veräußerung in Verkehr gebracht worden, so ist ihre Weiterverbreitung mit Ausnahme der Vermietung zulässig.

(3) Vermietung im Sinne der Vorschriften dieses Gesetzes ist die zeitlich begrenzte, unmittelbar oder mittelbar Erwerbszwecken dienende Gebrauchsüberlassung. Als Vermietung gilt jedoch nicht die Überlassung von Originalen oder Vervielfältigungsstücken

1.   von Bauwerken und Werken der angewandten Kunst oder

2.   im Rahmen eines Arbeits- oder Dienstverhältnisses zu dem ausschließlichen Zweck, bei der Erfüllung von Verpflichtungen aus dem Arbeits- oder Dienstverhältnis benutzt zu werden.

§ 18 Ausstellungsrecht

Das Ausstellungsrecht ist das Recht, das Original oder Vervielfältigungsstücke eines unveröffentlichten Werkes der bildenden Künste oder eines unveröffentlichten Lichtbildwerkes öffentlich zur Schau zu stellen.

§ 19 Vortrags-, Aufführungs- und Vorführungsrecht

(1) Das Vortragsrecht ist das Recht, ein Sprachwerk durch persönliche Darbietung öffentlich zu Gehör zu bringen.

(2)   Das Aufführungsrecht ist das Recht, ein Werk der Musik durch persönliche Darbietung öffentlich zu Gehör zu bringen oder ein Werk öffentlich bühnenmäßig darzustellen.

(3)   Das Vortrags- und das Aufführungsrecht umfassen das Recht, Vorträge und Aufführungen außerhalb des Raumes, in dem die persönliche Darbietung stattfindet, durch Bildschirm, Lautsprecher oder ähnliche technische Einrichtungen öffentlich wahrnehmbar zu machen.

(4)   Das Vorführungsrecht ist das Recht, ein Werk der bildenden Künste, ein Lichtbildwerk, ein Filmwerk oder Darstellungen wissenschaftlicher oder technischer Art durch technische Einrichtungen öffentlich wahrnehmbar zu machen. Das Vorführungsrecht umfasst nicht das Recht, die Funksendung oder öffentliche Zugänglichmachung solcher Werke öffentlich wahrnehmbar zu machen (§ 22).

§ 19a Recht der öffentlichen Zugänglichmachung

Das Recht der öffentlichen Zugänglichmachung ist das Recht, das Werk drahtgebunden oder drahtlos der Öffentlichkeit in einer Weise zugänglich zu machen, dass es Mitgliedern der Öffentlichkeit von Orten und zu Zeiten ihrer Wahl zugänglich ist.

§ 20 Senderecht

Das Senderecht ist das Recht, das Werk durch Funk, wie Ton- und Fernsehrundfunk, Satellitenrundfunk, Kabelfunk oder ähnliche technische Mittel, der Öffentlichkeit zugänglich zu machen.

§ 21 Recht der Wiedergabe durch Bild- oder Tonträger

Das Recht der Wiedergabe durch Bild- oder Tonträger ist das Recht, Vorträge oder Aufführungen des Werkes mittels Bild- oder Tonträger öffentlich wahrnehmbar zu machen. § 19 Abs. 3 gilt entsprechend.

§ 22 Recht der Wiedergabe von Funksendungen und von öffentlicher Zugänglichmachung

Das Recht der Wiedergabe von Funksendungen und der Wiedergabe von öffentlicher Zugänglichmachung ist das Recht, Funksendungen und auf öffentlicher Zugänglichmachung beruhende Wiedergaben des Werkes durch Bildschirm, Lautsprecher oder ähnliche technische Einrichtungen öffentlich wahrnehmbar zu machen. § 19 Abs. 3 gilt entsprechend.

§ 23 Bearbeitungen und Umgestaltungen

Bearbeitungen oder andere Umgestaltungen des Werkes dürfen nur mit Einwilligung des Urhebers des bearbeiteten oder umgestalteten Werkes veröffentlicht oder verwertet werden. Handelt es sich um eine Verfilmung des Werkes, um die Ausführung von Plänen und Entwürfen eines Werkes der bildenden Künste, um den Nachbau eines Werkes der Baukunst oder um die Bearbeitung oder Umgestaltung eines Datenbankwerkes, so bedarf bereits das Herstellen der Bearbeitung oder Umgestaltung der Einwilligung des Urhebers.

§ 24 Freie Benutzung

(1)   Ein selbstständiges Werk, das in freier Benutzung des Werkes eines anderen geschaffen worden ist, darf ohne Zustimmung des Urhebers des benutzten Werkes veröffentlicht und verwertet werden.

(2)   Absatz 1 gilt nicht für die Benutzung eines Werkes der Musik, durch welche eine Melodie erkennbar dem Werk entnommen und einem neuen Werk zugrunde gelegt wird.

§ 28 Vererbung des Urheberrechts

Erbrecht

(1)   Das Urheberrecht ist vererblich.

(2)   Der Urheber kann durch letztwillige Verfügung die Ausübung des Urheberrechts einem Testamentsvollstrecker übertragen. § 2210 des Bürgerlichen Gesetzbuchs ist nicht anzuwenden.

§ 29 Rechtsgeschäfte über das Urheberrecht

(1)   Das Urheberrecht ist nicht übertragbar, es sei denn, es wird in Erfüllung einer Verfügung von Todes wegen oder an Miterben im Wege der Erbauseinandersetzung übertragen.

(2)   Zulässig sind die Einräumung von Nutzungsrechten (§ 31), schuldrechtliche Einwilligungen und Vereinbarungen zu Verwertungsrechten sowie die in § 39 geregelten Rechtsgeschäfte über Urheberpersönlichkeitsrechte.

§ 30 Rechtsnachfolger des Urhebers

Der Rechtsnachfolger des Urhebers hat die dem Urheber nach diesem Gesetz zustehenden Rechte, soweit nichts anderes bestimmt ist.

§ 31 Einräumung von Nutzungsrechten

Urhebervertragsrecht

(1)   Der Urheber kann einem anderen das Recht einräumen, das Werk auf einzelne oder alle Nutzungsarten zu nutzen (Nutzungsrecht). Das Nutzungsrecht kann als einfaches oder ausschließliches Recht sowie räumlich, zeitlich oder inhaltlich beschränkt eingeräumt werden.

(2)   Das einfache Nutzungsrecht berechtigt den Inhaber, das Werk auf die erlaubte Art zu nutzen, ohne dass eine Nutzung durch andere ausgeschlossen ist.

(3)   Das ausschließliche Nutzungsrecht berechtigt den Inhaber, das Werk unter Ausschluss aller anderen Personen auf die ihm erlaubte Art zu nutzen und Nutzungsrechte einzuräumen. Es kann bestimmt werden,

dass die Nutzung durch den Urheber vorbehalten bleibt. § 35 bleibt unberührt.

(...)

(5) Sind bei der Einräumung eines Nutzungsrechts die Nutzungsarten nicht ausdrücklich einzeln bezeichnet, so bestimmt sich nach dem von beiden Partnern zugrunde gelegten Vertragszweck, auf welche Nutzungsarten es sich erstreckt. Entsprechendes gilt für die Frage, ob ein Nutzungsrecht eingeräumt wird, ob es sich um ein einfaches oder ausschließliches Nutzungsrecht handelt, wie weit Nutzungsrecht und Verbotsrecht reichen und welchen Einschränkungen das Nutzungsrecht unterliegt.

§ 31a Unbekannte Nutzungsarten

(1) Ein Vertrag, durch den der Urheber Rechte für unbekannte Nutzungsarten einräumt oder sich dazu verpflichtet, bedarf der Schriftform. Der Schriftform bedarf es nicht, wenn der Urheber unentgeltlich ein einfaches Nutzungsrecht für jedermann einräumt. Der Urheber kann diese Rechtseinräumung oder die Verpflichtung hierzu widerrufen. Das Widerrufsrecht erlischt nach Ablauf von drei Monaten, nachdem der andere die Mitteilung über die beabsichtigte Aufnahme der neuen Art der Werknutzung an den Urheber unter der ihm zuletzt bekannten Anschrift abgesendet hat.

(2) Das Widerrufsrecht entfällt, wenn sich die Parteien nach Bekanntwerden der neuen Nutzungsart auf eine Vergütung nach § 32c Abs. 1 geeinigt haben. Das Widerrufsrecht entfällt auch, wenn die Parteien die Vergütung nach einer gemeinsamen Vergütungsregel vereinbart haben. Es erlischt mit dem Tod des Urhebers.

(3) Sind mehrere Werke oder Werkbeiträge zu einer Gesamtheit zusammengefasst, die sich in der neuen Nutzungsart in angemessener Weise nur unter Verwendung sämtlicher Werke oder Werkbeiträge verwerten lässt, so kann der Urheber das Widerrufsrecht nicht wider Treu und Glauben ausüben.

(4) Auf die Rechte nach den Absätzen 1 bis 3 kann im Voraus nicht verzichtet werden.

§ 32 Angemessene Vergütung

(1) Der Urheber hat für die Einräumung von Nutzungsrechten und die Erlaubnis zur Werknutzung Anspruch auf die vertraglich vereinbarte Vergütung. Ist die Höhe der Vergütung nicht bestimmt, gilt die angemessene Vergütung als vereinbart. Soweit die vereinbarte Vergütung nicht angemessen ist, kann der Urheber von seinem Vertragspartner die Einwilligung in die Änderung des Vertrages verlangen, durch die dem Urheber die angemessene Vergütung gewährt wird.

(2)   Eine nach einer gemeinsamen Vergütungsregel (§ 36) ermittelte Vergütung ist angemessen. Im Übrigen ist die Vergütung angemessen, wenn sie im Zeitpunkt des Vertragsschlusses dem entspricht, was im Geschäftsverkehr nach Art und Umfang der eingeräumten Nutzungsmöglichkeit, insbesondere nach Dauer und Zeitpunkt der Nutzung, unter Berücksichtigung aller Umstände üblicher- und redlicherweise zu leisten ist.

(3)   Auf eine Vereinbarung, die zum Nachteil des Urhebers von den Absätzen 1 und 2 abweicht, kann der Vertragspartner sich nicht berufen. Die in Satz 1 bezeichneten Vorschriften finden auch Anwendung, wenn sie durch anderweitige Gestaltungen umgangen werden. Der Urheber kann aber unentgeltlich ein einfaches Nutzungsrecht für jedermann einräumen.

(4)   Der Urheber hat keinen Anspruch nach Absatz 1 Satz 3, soweit die Vergütung für die Nutzung seiner Werke tarifvertraglich bestimmt ist.

§ 32a Weitere Beteiligung des Urhebers

(1)   Hat der Urheber einem anderen ein Nutzungsrecht zu Bedingungen eingeräumt, die dazu führen, dass die vereinbarte Gegenleistung unter Berücksichtigung der gesamten Beziehungen des Urhebers zu dem anderen in einem auffälligen Missverhältnis zu den Erträgen und Vorteilen aus der Nutzung des Werkes steht, so ist der andere auf Verlangen des Urhebers verpflichtet, in eine Änderung des Vertrages einzuwilligen, durch die dem Urheber eine den Umständen nach weitere angemessene Beteiligung gewährt wird. Ob die Vertragspartner die Höhe der erzielten Erträge oder Vorteile vorhergesehen haben oder hätten vorhersehen können, ist unerheblich.

(2)   Hat der andere das Nutzungsrecht übertragen oder weitere Nutzungsrechte eingeräumt und ergibt sich das auffällige Missverhältnis aus den Erträgnissen oder Vorteilen eines Dritten, so haftet dieser dem Urheber unmittelbar nach Maßgabe des Absatzes 1 unter Berücksichtigung der vertraglichen Beziehungen in der Lizenzkette. Die Haftung des anderen entfällt.

(3)   Auf die Ansprüche nach den Absätzen 1 und 2 kann im Voraus nicht verzichtet werden. Die Anwartschaft hierauf unterliegt nicht der Zwangsvollstreckung; eine Verfügung über die Anwartschaft ist unwirksam.

(4)   Der Urheber hat keinen Anspruch nach Absatz 1, soweit die Vergütung nach einer gemeinsamen Vergütungsregel (§ 36) oder tarifvertraglich bestimmt worden ist und ausdrücklich eine weitere angemessene Beteiligung für den Fall des Absatzes 1 vorsieht.

§ 32b Zwingende Anwendung

Die §§ 32 und 32a finden zwingend Anwendung

1. wenn auf den Nutzungsvertrag mangels einer Rechtswahl deutsches Recht anzuwenden wäre oder
2. soweit Gegenstand des Vertrages maßgebliche Nutzungshandlungen im räumlichen Geltungsbereich dieses Gesetzes sind.

§ 32c Unbekannte Nutzungsarten Vergütung

(1) Der Urheber hat Anspruch auf eine gesonderte angemessene Vergütung, wenn der Vertragspartner eine neue Art der Werknutzung nach § 31a aufnimmt, die im Zeitpunkt des Vertragsschlusses vereinbart, aber noch unbekannt war. § 32 Abs. 2 und 4 gilt entsprechend. Der Vertragspartner hat den Urheber über die Aufnahme der neuen Art der Werknutzung unverzüglich zu unterrichten.

(2) Hat der Vertragspartner das Nutzungsrecht einem Dritten übertragen, haftet der Dritte mit der Aufnahme der neuen Art der Werknutzung für die Vergütung nach Absatz 1. Die Haftung des Vertragspartners entfällt.

(3) Auf die Rechte nach den Absätzen 1 und 2 kann im Voraus nicht verzichtet werden. Der Urheber kann aber unentgeltlich ein einfaches Nutzungsrecht für jedermann einräumen.

§ 34 Übertragung von Nutzungsrechten

(1) Ein Nutzungsrecht kann nur mit Zustimmung des Urhebers übertragen werden. Der Urheber darf die Zustimmung nicht wider Treu und Glauben verweigern.

(2) Werden mit dem Nutzungsrecht an einem Sammelwerk (§ 4) Nutzungsrechte an den in das Sammelwerk aufgenommenen einzelnen Werken übertragen, so genügt die Zustimmung des Urhebers des Sammelwerkes.

(3) Ein Nutzungsrecht kann ohne Zustimmung des Urhebers übertragen werden, wenn die Übertragung im Rahmen der Gesamtveräußerung eines Unternehmens oder der Veräußerung von Teilen eines Unternehmens geschieht. Der Urheber kann das Nutzungsrecht zurückrufen, wenn ihm die Ausübung des Nutzungsrechts durch den Erwerber nach Treu und Glauben nicht zuzumuten ist. Satz 2 findet auch dann Anwendung, wenn sich die Beteiligungsverhältnisse am Unternehmen des Inhabers des Nutzungsrechts wesentlich ändern.

(4) Der Erwerber des Nutzungsrechts haftet gesamtschuldnerisch für die Erfüllung der sich aus dem Vertrag mit dem Urheber ergebenden Verpflichtungen des Veräußerers, wenn der Urheber der Übertragung des Nutzungsrechts nicht im Einzelfall ausdrücklich zugestimmt hat.

(5) Der Urheber kann auf das Rückrufsrecht und die Haftung des Erwerbers im Voraus nicht verzichten. Im Übrigen können der Inhaber des Nutzungsrechts und der Urheber Abweichendes vereinbaren.

§ 35 Einräumung weiterer Nutzungsrechte

(1) Der Inhaber eines ausschließlichen Nutzungsrechts kann weitere Nutzungsrechte nur mit Zustimmung des Urhebers einräumen. Der Zustimmung bedarf es nicht, wenn das ausschließliche Nutzungsrecht nur zur Wahrnehmung der Belange des Urhebers eingeräumt ist.
(2) Die Bestimmungen in § 34 Abs. 1 Satz 2, Abs. 2 und Absatz 5 Satz 2 sind entsprechend anzuwenden.

§ 36 Gemeinsame Vergütungsregeln

(1) Zur Bestimmung der Angemessenheit von Vergütungen nach § 32 stellen Vereinigungen von Urhebern mit Vereinigungen von Werknutzern oder einzelnen Werknutzern gemeinsame Vergütungsregeln auf. Die gemeinsamen Vergütungsregeln sollen die Umstände des jeweiligen Regelungsbereichs berücksichtigen, insbesondere die Struktur und Größe der Verwerter. In Tarifverträgen enthaltene Regelungen geben gemeinsamen Vergütungsregeln vor.
(2) Vereinigungen nach Absatz 1 müssen repräsentativ, unabhängig und zur Aufstellung gemeinsamer Vergütungsregeln ermächtigt sein.
(3) Ein Verfahren zur Aufstellung gemeinsamer Vergütungsregeln vor der Schlichtungsstelle (§ 36a) findet statt, wenn die Parteien dies vereinbaren. Das Verfahren findet auf schriftliches Verlangen einer Partei statt, wenn

1. die andere Partei nicht binnen drei Monaten, nachdem eine Partei schriftlich die Aufnahme von Verhandlungen verlangt hat, Verhandlungen über gemeinsame Vergütungsregeln beginnt,
2. Verhandlungen über gemeinsame Vergütungsregeln ein Jahr, nachdem schriftlich ihre Aufnahme verlangt worden ist, ohne Ergebnis bleiben oder
3. eine Partei die Verhandlungen endgültig für gescheitert erklärt hat.

(4) Die Schlichtungsstelle hat den Parteien einen begründeten Einigungsvorschlag zu machen, der den Inhalt der gemeinsamen Vergütungsregeln enthält. Er gilt als angenommen, wenn ihm nicht innerhalb von drei Monaten nach Empfang des Vorschlages schriftlich widersprochen wird.

§ 37 Verträge über die Einräumung von Nutzungsrechten

(1) Räumt der Urheber einem anderen ein Nutzungsrecht am Werk ein, so verbleibt ihm im Zweifel das Recht der Einwilligung zur Veröffentlichung oder Verwertung einer Bearbeitung des Werkes.

(2)   Räumt der Urheber einem anderen ein Nutzungsrecht zur Vervielfältigung des Werkes ein, so verbleibt ihm im Zweifel das Recht, das
Werk auf Bild- oder Tonträger zu übertragen.

(3)   Räumt der Urheber einem anderen ein Nutzungsrecht zu einer öffentlichen Wiedergabe des Werkes ein, so ist dieser im Zweifel nicht
berechtigt, die Wiedergabe außerhalb der Veranstaltung, für die sie
bestimmt ist, durch Bildschirm, Lautsprecher oder ähnliche technische
Einrichtungen öffentlich wahrnehmbar zu machen.

§ 38 Beiträge zu Sammlungen

(1)   Gestattet der Urheber die Aufnahme des Werkes in eine periodisch
erscheinende Sammlung, so erwirbt der Verleger oder Herausgeber im
Zweifel ein ausschließliches Nutzungsrecht zur Vervielfältigung und Verbreitung. Jedoch darf der Urheber das Werk nach Ablauf eines Jahres
seit Erscheinen anderweit vervielfältigen und verbreiten, wenn nichts
anderes vereinbart ist.

(2)   Absatz 1 Satz 2 gilt auch für einen Beitrag zu einer nicht periodisch
erscheinenden Sammlung, für dessen Überlassung dem Urheber kein
Anspruch auf Vergütung zusteht.

(3)   Wird der Beitrag einer Zeitung überlassen, so erwirbt der Verleger
oder Herausgeber ein einfaches Nutzungsrecht, wenn nichts anderes
vereinbart ist. Räumt der Urheber ein ausschließliches Nutzungsrecht
ein, so ist er sogleich nach Erscheinen des Beitrags berechtigt, ihn anderweit zu vervielfältigen und zu verbreiten, wenn nichts anderes vereinbart ist.

§ 39 Änderungen des Werkes

(1)   Der Inhaber eines Nutzungsrechts darf das Werk, dessen Titel oder
Urheberbezeichnung (§ 10 Abs. 1) nicht ändern, wenn nichts anderes
vereinbart ist.

(2)   Änderungen des Werkes und seines Titels, zu denen der Urheber
seine Einwilligung nach Treu und Glauben nicht versagen kann, sind zulässig.

§ 40 Verträge über künftige Werke

(1)   Ein Vertrag, durch den sich der Urheber zur Einräumung von Nutzungsrechten an künftigen Werken verpflichtet, die überhaupt nicht
näher oder nur der Gattung nach bestimmt sind, bedarf der schriftlichen
Form. Er kann von beiden Vertragsteilen nach Ablauf von fünf Jahren
seit dem Abschluss des Vertrages gekündigt werden. Die Kündigungsfrist beträgt sechs Monate, wenn keine kürzere Frist vereinbart ist.

(2) Auf das Kündigungsrecht kann im Voraus nicht verzichtet werden. Andere vertragliche oder gesetzliche Kündigungsrechte bleiben unberührt.

(3) Wenn in Erfüllung des Vertrages Nutzungsrechte an künftigen Werken eingeräumt worden sind, wird mit Beendigung des Vertrages die Verfügung hinsichtlich der Werke unwirksam, die zu diesem Zeitpunkt noch nicht abgeliefert sind.

§ 43 Urheber in Arbeits- oder Dienstverhältnissen

Arbeitsrecht

Die Vorschriften dieses Unterabschnitts sind auch anzuwenden, wenn der Urheber das Werk in Erfüllung seiner Verpflichtungen aus einem Arbeits- oder Dienstverhältnis geschaffen hat, soweit sich aus dem Inhalt oder dem Wesen des Arbeits- oder Dienstverhältnisses nichts anderes ergibt.

§ 44a Vorübergehende Vervielfältigungshandlungen

Schranken des Urheberrechts

Zulässig sind vorübergehende Vervielfältigungshandlungen, die flüchtig oder begleitend sind und einen integralen und wesentlichen Teil eines technischen Verfahrens darstellen und deren alleiniger Zweck es ist,
1. eine Übertragung in einem Netz zwischen Dritten durch einen Vermittler oder
2. eine rechtmäßige Nutzung eines Werkes oder sonstigen Schutzgegenstands zu ermöglichen, und die keine eigenständige wirtschaftliche Bedeutung haben.

§ 49 Zeitungsartikel und Rundfunkkommentare

(1) Zulässig ist die Vervielfältigung und Verbreitung einzelner Rundfunkkommentare und einzelner Artikel aus Zeitungen und anderen lediglich Tagesinteressen dienenden Informationsblättern in anderen Zeitungen und Informationsblättern dieser Art sowie die öffentliche Wiedergabe solcher Kommentare und Artikel, wenn sie politische, wirtschaftliche oder religiöse Tagesfragen betreffen und nicht mit einem Vorbehalt der Rechte versehen sind. Für die Vervielfältigung, Verbreitung und öffentliche Wiedergabe ist dem Urheber eine angemessene Vergütung zu zahlen, es sei denn, dass es sich um eine Vervielfältigung, Verbreitung oder öffentliche Wiedergabe kurzer Auszüge aus mehreren Kommentaren oder Artikeln in Form einer Übersicht handelt. Der Anspruch kann nur durch eine Verwertungsgesellschaft geltend gemacht werden.

(2) Unbeschränkt zulässig ist die Vervielfältigung, Verbreitung und öffentliche Wiedergabe von vermischten Nachrichten tatsächlichen Inhalts und von Tagesneuigkeiten, die durch Presse oder Funk veröffent-

licht worden sind; ein durch andere gesetzliche Vorschriften gewährter Schutz bleibt unberührt.

§ 50 Berichterstattung über Tagesereignisse

Zur Berichterstattung über Tagesereignisse durch Funk oder durch ähnliche technische Mittel, in Zeitungen, Zeitschriften und in anderen Druckschriften oder sonstigen Datenträgern, die im Wesentlichen Tagesinteressen Rechnung tragen, sowie im Film ist die Vervielfältigung, Verbreitung und öffentliche Wiedergabe von Werken, die im Verlauf dieser Ereignisse wahrnehmbar werden, in einem durch den Zweck gebotenen Umfang zulässig.

§ 51 Zitate

Zulässig ist die Vervielfältigung, Verbreitung und öffentliche Wiedergabe, wenn in einem durch den Zweck gebotenen Umfang
1.   einzelne Werke nach dem Erscheinen in ein selbstständiges wissenschaftliches Werk zur Erläuterung des Inhalts aufgenommen werden,
2.   Stellen eines Werkes nach der Veröffentlichung in einem selbstständigen Sprachwerk angeführt werden,
3.   einzelne Stellen eines erschienenen Werkes der Musik in einem selbstständigen Werk der Musik angeführt werden.

§ 52 Öffentliche Wiedergabe

(1)   Zulässig ist die öffentliche Wiedergabe eines veröffentlichten Werkes, wenn die Wiedergabe keinem Erwerbszweck des Veranstalters dient, die Teilnehmer ohne Entgelt zugelassen werden und im Falle des Vortrags oder der Aufführung des Werkes keiner der ausübenden Künstler (§ 73) eine besondere Vergütung erhält. Für die Wiedergabe ist eine angemessene Vergütung zu zahlen. Die Vergütungspflicht entfällt für Veranstaltungen der Jugendhilfe, der Sozialhilfe, der Alten- und Wohlfahrtspflege, der Gefangenenbetreuung sowie für Schulveranstaltungen, sofern sie nach ihrer sozialen oder erzieherischen Zweckbestimmung nur einem bestimmt abgegrenzten Kreis von Personen zugänglich sind. Dies gilt nicht, wenn die Veranstaltung dem Erwerbszweck eines Dritten dient; in diesem Fall hat der Dritte die Vergütung zu zahlen.

(2)   Zulässig ist die öffentliche Wiedergabe eines erschienenen Werkes auch bei einem Gottesdienst oder einer kirchlichen Feier der Kirchen oder Religionsgemeinschaften. Jedoch hat der Veranstalter dem Urheber eine angemessene Vergütung zu zahlen.

(3)   Öffentliche bühnenmäßige Darstellungen, öffentliche Zugänglichmachungen und Funksendungen eines Werkes sowie öffentliche Vorführungen eines Filmwerks sind stets nur mit Einwilligung des Berechtigten zulässig.

§ 52a Öffentliche Zugänglichmachung für Unterricht und Forschung

(1) Zulässig ist,

1. veröffentlichte kleine Teile eines Werkes, Werke geringen Umfangs sowie einzelne Beiträge aus Zeitungen oder Zeitschriften zur Veranschaulichung im Unterricht an Schulen, Hochschulen, nicht gewerblichen Einrichtungen der Aus- und Weiterbildung sowie an Einrichtungen der Berufsbildung ausschließlich für den bestimmt abgegrenzten Kreis von Unterrichtsteilnehmern oder

2. veröffentlichte Teile eines Werkes, Werke geringen Umfangs sowie einzelne Beiträge aus Zeitungen oder Zeitschriften ausschließlich für einen bestimmt abgegrenzten Kreis von Personen für deren eigene wissenschaftliche Forschung öffentlich zugänglich zu machen, soweit dies zu dem jeweiligen Zweck geboten und zur Verfolgung nicht kommerzieller Zwecke gerechtfertigt ist.

(2) Die öffentliche Zugänglichmachung eines für den Unterrichtsgebrauch an Schulen bestimmten Werkes ist stets nur mit Einwilligung des Berechtigten zulässig. Die öffentliche Zugänglichmachung eines Filmwerkes ist vor Ablauf von zwei Jahren nach Beginn der üblichen regulären Auswertung in Filmtheatern im Geltungsbereich dieses Gesetzes stets nur mit Einwilligung des Berechtigten zulässig.

(3) Zulässig sind in den Fällen des Absatzes 1 auch die zur öffentlichen Zugänglichmachung erforderlichen Vervielfältigungen.

(4) Für die öffentliche Zugänglichmachung nach Absatz 1 ist eine angemessene Vergütung zu zahlen. Der Anspruch kann nur durch eine Verwertungsgesellschaft geltend gemacht werden.

§ 52b Elektronische Leseplätze in öffentlichen Bibliotheken pp.

Zulässig ist, veröffentlichte Werke aus dem Bestand öffentlich zugänglicher Bibliotheken, Museen oder Archive, die keinen unmittelbar oder mittelbar wirtschaftlichen oder Erwerbszweck verfolgen, ausschließlich in den Räumen der jeweiligen Einrichtung an eigens dafür eingerichteten elektronischen Leseplätzen zur Forschung und für private Studien zugänglich zu machen, soweit dem keine vertraglichen Regelungen entgegenstehen. Es dürfen grundsätzlich nicht mehr Exemplare eines Werkes an den eingerichteten elektronischen Leseplätzen gleichzeitig zugänglich gemacht werden, als der Bestand der Einrichtung umfasst. Für die Zugänglichmachung ist eine angemessene Vergütung zu zahlen. Der Anspruch kann nur durch eine Verwertungsgesellschaft geltend gemacht werden.

§ 53 Vervielfältigungen zum privaten und sonstigen eigenen Gebrauch

(1) Zulässig sind einzelne Vervielfältigungen eines Werkes durch eine natürliche Person zum privaten Gebrauch auf beliebigen Trägern, sofern sie weder unmittelbar noch mittelbar Erwerbszwecken dienen, soweit nicht zur Vervielfältigung eine offensichtlich rechtswidrig hergestellte oder öffentlich zugänglich gemachte Vorlage verwendet wird. Der zur Vervielfältigung Befugte darf die Vervielfältigungsstücke auch durch einen anderen herstellen lassen, sofern dies unentgeltlich geschieht oder es sich um Vervielfältigungen auf Papier oder einem ähnlichen Träger mittels beliebiger photomechanischer Verfahren oder anderer Verfahren mit ähnlicher Wirkung handelt.

(2) Zulässig ist, einzelne Vervielfältigungsstücke eines Werkes herzustellen oder herstellen zu lassen

1. zum eigenen wissenschaftlichen Gebrauch, wenn und soweit die Vervielfältigung zu diesem Zweck geboten ist und sie keinen gewerblichen Zwecken dient,

2. zur Aufnahme in ein eigenes Archiv, wenn und soweit die Vervielfältigung zu diesem Zweck geboten ist und als Vorlage für die Vervielfältigung ein eigenes Werkstück benutzt wird,

3. zur eigenen Unterrichtung über Tagesfragen, wenn es sich um ein durch Funk gesendetes Werk handelt,

4. zum sonstigen eigenen Gebrauch,
    a) wenn es sich um kleine Teile eines erschienenen Werkes oder um einzelne Beiträge handelt, die in Zeitungen oder Zeitschriften erschienen sind,
    b) wenn es sich um ein seit mindestens zwei Jahren vergriffenes Werk handelt.

Dies gilt im Fall des Satzes 1 Nr. 2 nur, wenn zusätzlich

1. die Vervielfältigung auf Papier oder einem ähnlichen Träger mittels beliebiger photomechanischer Verfahren oder anderer Verfahren mit ähnlicher Wirkung vorgenommen wird oder

2. eine ausschließlich analoge Nutzung stattfindet oder

3. das Archiv im öffentlichen Interesse tätig ist und keinen unmittelbar oder mittelbar wirtschaftlichen oder Erwerbszweck verfolgt.

Dies gilt in den Fällen des Satzes 1 Nr. 3 und 4 nur, wenn zusätzlich eine der Voraussetzungen des Satzes 2 Nr. 1 oder 2 vorliegt.

(3) Zulässig ist, Vervielfältigungsstücke von kleinen Teilen eines Werkes, von Werken von geringem Umfang oder von einzelnen Beiträgen, die in Zeitungen oder Zeitschriften erschienen oder öffentlich zugänglich gemacht worden sind, zum eigenen Gebrauch

1. zur Veranschaulichung des Unterrichts in Schulen, in nichtgewerblichen Einrichtungen der Aus- und Weiterbildung sowie in

Einrichtungen der Berufsbildung in der für die Unterrichtsteilnehmer erforderlichen Anzahl oder

2. für staatliche Prüfungen und Prüfungen in Schulen, Hochschulen, in nichtgewerblichen Einrichtungen der Aus- und Weiterbildung sowie in der Berufsbildung in der erforderlichen Anzahl

herzustellen oder herstellen zu lassen, wenn und soweit die Vervielfältigung zu diesem Zweck geboten ist. Die Vervielfältigung eines Werkes, das für den Unterrichtsgebrauch an Schulen bestimmt ist, ist stets nur mit Einwilligung des Berechtigten zulässig.

(4) Die Vervielfältigung

a) graphischer Aufzeichnungen von Werken der Musik,

b) eines Buches oder einer Zeitschrift, wenn es sich um eine im Wesentlichen vollständige Vervielfältigung handelt,

ist, soweit sie nicht durch Abschreiben vorgenommen wird, stets nur mit Einwilligung des Berechtigten zulässig oder unter den Voraussetzungen des Absatzes 2 Satz 1 Nr. 2 oder zum eigenen Gebrauch, wenn es sich um ein seit mindestens zwei Jahren vergriffenes Werk handelt.

(5) Absatz 1, Absatz 2 Satz 1 Nr. 2 bis 4 sowie Absatz 3 Nr. 2 finden keine Anwendung auf Datenbankwerke, deren Elemente einzeln mit Hilfe elektronischer Mittel zugänglich sind. Absatz 2 Satz 1 Nr. 1 sowie Absatz 3 Nr. 1 finden auf solche Datenbankwerke mit der Maßgabe Anwendung, dass der wissenschaftliche Gebrauch sowie der Gebrauch im Unterricht nicht zu gewerblichen Zwecken erfolgen.

(6) Die Vervielfältigungsstücke dürfen weder verbreitet noch zu öffentlichen Wiedergaben benutzt werden. Zulässig ist jedoch, rechtmäßig hergestellte Vervielfältigungsstücke von Zeitungen und vergriffenen Werken sowie solche Werkstücke zu verleihen, bei denen kleine beschädigte oder abhanden gekommene Teile durch Vervielfältigungsstücke ersetzt worden sind.

(7) Die Aufnahme öffentlicher Vorträge, Aufführungen oder Vorführungen eines Werkes auf Bild- oder Tonträger, die Ausführung von Plänen und Entwürfen zu Werken der bildenden Künste und der Nachbau eines Werkes der Baukunst sind stets nur mit Einwilligung des Berechtigten zulässig.

§ 55a Benutzung eines Datenbankwerkes

Zulässig ist die Bearbeitung sowie die Vervielfältigung eines Datenbankwerkes durch den Eigentümer eines mit Zustimmung des Urhebers durch Veräußerung in Verkehr gebrachten Vervielfältigungsstücks des Datenbankwerkes, den in sonstiger Weise zu dessen Gebrauch Berechtigten oder denjenigen, dem ein Datenbankwerk aufgrund eines mit dem Urheber oder eines mit dessen Zustimmung mit einem Dritten geschlossenen Vertrags zugänglich gemacht wird, wenn und soweit die

Bearbeitung oder Vervielfältigung für den Zugang zu den Elementen des Datenbankwerkes und für dessen übliche Benutzung erforderlich ist. Wird aufgrund eines Vertrags nach Satz 1 nur ein Teil des Datenbankwerkes zugänglich gemacht, so ist nur die Bearbeitung sowie die Vervielfältigung dieses Teils zulässig. Entgegenstehende vertragliche Vereinbarungen sind nichtig.

§ 57 Unwesentliches Beiwerk

Zulässig ist die Vervielfältigung, Verbreitung und öffentliche Wiedergabe von Werken, wenn sie als unwesentliches Beiwerk neben dem eigentlichen Gegenstand der Vervielfältigung, Verbreitung oder öffentlichen Wiedergabe anzusehen sind.

§ 58 Werke in Ausstellungen, öffentlichem Verkauf und öffentlich zugänglichen Einrichtungen

(1) Zulässig ist die Vervielfältigung, Verbreitung und öffentliche Zugänglichmachung von öffentlich ausgestellten oder zur öffentlichen Ausstellung oder zum öffentlichen Verkauf bestimmten Werken der bildenden Künste und Lichtbildwerken durch den Veranstalter zur Werbung, soweit dies zur Förderung der Veranstaltung erforderlich ist.

(2) Zulässig ist ferner die Vervielfältigung und Verbreitung der in Absatz 1 genannten Werke in Verzeichnissen, die von öffentlich zugänglichen Bibliotheken, Bildungseinrichtungen oder Museen in inhaltlichem und zeitlichem Zusammenhang mit einer Ausstellung oder zur Dokumentation von Beständen herausgegeben werden und mit denen kein eigenständiger Erwerbszweck verfolgt wird.

§ 59 Werke an öffentlichen Plätzen

(1) Zulässig ist, Werke, die sich bleibend an öffentlichen Wegen, Straßen oder Plätzen befinden, mit Mitteln der Malerei oder Grafik, durch Lichtbild oder durch Film zu vervielfältigen, zu verbreiten und öffentlich wiederzugeben. Bei Bauwerken erstrecken sich diese Befugnisse nur auf die äußere Ansicht.

(2) Die Vervielfältigungen dürfen nicht an einem Bauwerk vorgenommen werden.

§ 60 Bildnisse

(1) Zulässig ist die Vervielfältigung sowie die unentgeltliche und nicht zu gewerblichen Zwecken vorgenommene Verbreitung eines Bildnisses durch den Besteller des Bildnisses oder seinen Rechtsnachfolger oder bei einem auf Bestellung geschaffenen Bildnis durch den Abgebildeten oder nach dessen Tod durch seine Angehörigen oder durch einen im Auftrag einer dieser Personen handelnden Dritten. Handelt es sich bei

dem Bildnis um ein Werk der bildenden Künste, so ist die Verwertung nur durch Lichtbild zulässig.

(2) Angehörige im Sinne von Absatz 1 Satz 1 sind der Ehegatte oder der Lebenspartner und die Kinder oder, wenn weder ein Ehegatte oder Lebenspartner noch Kinder vorhanden sind, die Eltern.

§ 63 Quellenangabe

(1) Wenn ein Werk oder ein Teil eines Werkes in den Fällen des § 45 Abs. 1, der §§ 45a bis 48, 50, 51, 53 Abs. 2 Satz 1 Nr. 1 und Abs. 3 Nr. 1 sowie der §§ 58 und 59 vervielfältigt wird, ist stets die Quelle deutlich anzugeben. Bei der Vervielfältigung ganzer Sprachwerke oder ganzer Werke der Musik ist neben dem Urheber auch der Verlag anzugeben, in dem das Werk erschienen ist, und außerdem kenntlich zu machen, ob an dem Werk Kürzungen oder andere Änderungen vorgenommen worden sind. Die Verpflichtung zur Quellenangabe entfällt, wenn die Quelle weder auf dem benutzten Werkstück oder bei der benutzten Werkwiedergabe genannt noch dem zur Vervielfältigung Befugten anderweit bekannt ist.

(2) Soweit nach den Bestimmungen dieses Abschnitts die öffentliche Wiedergabe eines Werkes zulässig ist, ist die Quelle deutlich anzugeben, wenn und soweit die Verkehrssitte es erfordert. In den Fällen der öffentlichen Wiedergabe nach den §§ 46, 48, 51 und 52a ist die Quelle einschließlich des Namens des Urhebers stets anzugeben, es sei denn, dass dies nicht möglich ist.

(3) Wird ein Artikel aus einer Zeitung oder einem anderen Informationsblatt nach § 49 Abs. 1 in einer anderen Zeitung oder in einem anderen Informationsblatt abgedruckt oder durch Funk gesendet, so ist stets außer dem Urheber, der in der benutzten Quelle bezeichnet ist, auch die Zeitung oder das Informationsblatt anzugeben, woraus der Artikel entnommen ist; ist dort eine andere Zeitung oder ein anderes Informationsblatt als Quelle angeführt, so ist diese Zeitung oder dieses Informationsblatt anzugeben. Wird ein Rundfunkkommentar nach § 49 Abs. 1 in einer Zeitung oder einem anderen Informationsblatt abgedruckt oder durch Funk gesendet, so ist stets außer dem Urheber auch das Sendeunternehmen anzugeben, das den Kommentar gesendet hat.

§ 64 Allgemeines

Das Urheberrecht erlischt siebzig Jahre nach dem Tod des Urhebers.

Dauer des Urheberrechts

§ 65 Miturheber, Filmwerke

(1) Steht das Urheberrecht mehreren Miturhebern (§ 8) zu, so erlischt es siebzig Jahre nach dem Tod des längstlebenden Miturhebers.

(2) Bei Filmwerken und Werken, die ähnlich wie Filmwerke herge-stellt werden, erlischt das Urheberrecht siebzig Jahre nach dem Tod des Längstlebenden der folgenden Personen: Hauptregisseur, Urheber des Drehbuchs, Urheber der Dialoge, Komponist der für das betreffende Filmwerk komponierten Musik.

§ 66 Anonyme und pseudonyme Werke

(1) Bei anonymen und pseudonymen Werken erlischt das Urheber-recht siebzig Jahre nach der Veröffentlichung. Es erlischt jedoch bereits siebzig Jahre nach der Schaffung des Werkes, wenn das Werk innerhalb dieser Frist nicht veröffentlicht worden ist.

(2) Offenbart der Urheber seine Identität innerhalb der in Absatz 1 Satz 1 bezeichneten Frist oder lässt das vom Urheber angenommene Pseudonym keinen Zweifel an seiner Identität zu, so berechnet sich die Dauer des Urheberrechts nach den §§ 64 und 65. Dasselbe gilt, wenn innerhalb der in Absatz 1 Satz 1 bezeichneten Frist der wahre Name des Urhebers zur Eintragung in das Register anonymer und pseudonymer Werke (§ 138) angemeldet wird.

(3) Zu den Handlungen nach Absatz 2 sind der Urheber, nach seinem Tod sein Rechtsnachfolger (§ 30) oder der Testamentsvollstrecker (§ 28 Abs. 2) berechtigt.

Computerprogramme

§ 69a Gegenstand des Schutzes

(1) Computerprogramme im Sinne dieses Gesetzes sind Programme in jeder Gestalt, einschließlich des Entwurfsmaterials.

(2) Der gewährte Schutz gilt für alle Ausdrucksformen eines Compu-terprogramms. Ideen und Grundsätze, die einem Element eines Com-puterprogramms zugrunde liegen, einschließlich der den Schnittstellen zugrunde liegenden Ideen und Grundsätze, sind nicht geschützt.

(3) Computerprogramme werden geschützt, wenn sie individuelle Werke in dem Sinne darstellen, dass sie das Ergebnis der eigenen geisti-gen Schöpfung ihres Urhebers sind. Zur Bestimmung ihrer Schutzfähig-keit sind keine anderen Kriterien, insbesondere nicht qualitative oder ästhetische, anzuwenden.

(4) Auf Computergrogramme finden die für Sprachwerke geltenden Bestimmungen Anwendung, soweit in diesem Abschnitt nichts anderes bestimmt ist.

(5) Die Vorschriften der §§ 95a bis 95d finden auf Computerpro-gramme keine Anwendung.

§ 69b Urheber in Arbeits- und Dienstverhältnissen

(1) Wird ein Computerprogramm von einem Arbeitnehmer in Wahrneh-mung seiner Aufgaben oder nach den Anweisungen seines Arbeitgebers

geschaffen, so ist ausschließlich der Arbeitgeber zur Ausübung aller vermögensrechtlichen Befugnisse an dem Computerprogramm berechtigt, sofern nichts anderes vereinbart ist.

(2) Absatz 1 ist auf Dienstverhältnisse entsprechend anzuwenden.

§ 69c Zustimmungsbedürftige Handlungen

Der Rechtsinhaber hat das ausschließliche Recht, folgende Handlungen vorzunehmen oder zu gestatten:

1. die dauerhafte oder vorübergehende Vervielfältigung, ganz oder teilweise, eines Computerprogramms mit jedem Mittel und in jeder Form. Soweit das Laden, Anzeigen, Ablaufen, Übertragen oder Speichern des Computerprogramms eine Vervielfältigung erfordert, bedürfen diese Handlungen der Zustimmung des Rechtsinhabers;

2. die Übersetzung, die Bearbeitung, das Arrangement und andere Umarbeitungen eines Computerprogramms sowie die Vervielfältigung der erzielten Ergebnisse. Die Rechte derjenigen, die das Programm bearbeiten, bleiben unberührt;

3. jede Form der Verbreitung des Originals eines Computerprogramms oder von Vervielfältigungsstücken, einschließlich der Vermietung. Wird ein Vervielfältigungsstück eines Computerprogramms mit Zustimmung des Rechtsinhabers im Gebiet der Europäischen Union oder eines anderen Vertragsstaates des Abkommens über den Europäischen Wirtschaftsraum im Wege der Veräußerung in Verkehr gebracht, so erschöpft sich das Verbreitungsrecht in Bezug auf dieses Vervielfältigungsstück mit Ausnahme des Vermietrechts;

4. die drahtgebundene oder drahtlose öffentliche Wiedergabe eines Computerprogramms einschließlich der öffentlichen Zugänglichmachung in der Weise, dass es Mitgliedern der Öffentlichkeit von Orten und zu Zeiten ihrer Wahl zugänglich ist.

§ 69d Ausnahmen von den zustimmungsbedürftigen Handlungen

(1) Soweit keine besonderen vertraglichen Bestimmungen vorliegen, bedürfen die in § 69c Nr. 1 und 2 genannten Handlungen nicht der Zustimmung des Rechtsinhabers, wenn sie für eine bestimmungsgemäße Benutzung des Computerprogramms einschließlich der Fehlerberichtigung durch jeden zur Verwendung eines Vervielfältigungsstücks des Programms Berechtigten notwendig sind.

(2) Die Erstellung einer Sicherungskopie durch eine Person, die zur Benutzung des Programms berechtigt ist, darf nicht vertraglich untersagt werden, wenn sie für die Sicherung künftiger Benutzung erforderlich ist.

(3) Der zur Verwendung eines Vervielfältigungsstücks eines Programms Berechtigte kann ohne Zustimmung des Rechtsinhabers das

Funktionieren dieses Programms beobachten, untersuchen oder testen, um die einem Programmelement zugrunde liegenden Ideen und Grundsätze zu ermitteln, wenn dies durch Handlungen zum Laden, Anzeigen, Ablaufen, Übertragen oder Speichern des Programms geschieht, zu denen er berechtigt ist.

§ 69e Dekompilierung

(1) Die Zustimmung des Rechtsinhabers ist nicht erforderlich, wenn die Vervielfältigung des Codes oder die Übersetzung der Codeform im Sinne des § 69c Nr. 1 und 2 unerlässlich ist, um die erforderlichen Informationen zur Herstellung der Interoperabilität eines unabhängig geschaffenen Computerprogramms mit anderen Programmen zu erhalten, sofern folgende Bedingungen erfüllt sind:

1. Die Handlungen werden von dem Lizenznehmer oder von einer anderen zur Verwendung eines Vervielfältigungsstücks des Programms berechtigten Person oder in deren Namen von einer hierzu ermächtigten Person vorgenommen;
2. die für die Herstellung der Interoperabilität notwendigen Informationen sind für die in Nummer 1 genannten Personen noch nicht ohne weiteres zugänglich gemacht;
3. die Handlungen beschränken sich auf die Teile des ursprünglichen Programms, die zur Herstellung der Interoperabilität notwendig sind.

(2) Bei Handlungen nach Absatz 1 gewonnene Informationen dürfen nicht

1. zu anderen Zwecken als zur Herstellung der Interoperabilität des unabhängig geschaffenen Programms verwendet werden,
2. an Dritte weitergegeben werden, es sei denn, dass dies für die Interoperabilität des unabhängig geschaffenen Programms notwendig ist,
3. für die Entwicklung, Herstellung oder Vermarktung eines Programms mit im Wesentlichen ähnlicher Ausdrucksform oder für irgendwelche anderen das Urheberrecht verletzenden Handlungen verwendet werden.

(3) Die Absätze 1 und 2 sind so auszulegen, dass ihre Anwendung weder die normale Auswertung des Werkes beeinträchtigt noch die berechtigten Interessen des Rechtsinhabers unzumutbar verletzt.

§ 69f Rechtsverletzungen

(1) Der Rechtsinhaber kann von dem Eigentümer oder Besitzer verlangen, dass alle rechtswidrig hergestellten, verbreiteten oder zur rechtswidrigen Verbreitung bestimmten Vervielfältigungsstücke vernichtet werden. § 98 Abs. 2 und 3 ist entsprechend anzuwenden.

(2)   Absatz 1 ist entsprechend auf Mittel anzuwenden, die allein dazu bestimmt sind, die unerlaubte Beseitigung oder Umgehung technischer Programmschutzmechanismen zu erleichtern.

§ 69g Anwendung sonstiger Rechtsvorschriften, Vertragsrecht

(1)   Die Bestimmungen dieses Abschnitts lassen die Anwendung sonstiger Rechtsvorschriften auf Computerprogramme, insbesondere über den Schutz von Erfindungen, Topographien von Halbleitererzeugnissen, Marken und den Schutz gegen unlauteren Wettbewerb einschließlich des Schutzes von Geschäfts- und Betriebsgeheimnissen, sowie schuldrechtliche Vereinbarungen unberührt.

(2)   Vertragliche Bestimmungen, die in Widerspruch zu § 69d Abs. 2 und 3 und § 69e stehen, sind nichtig.

§ 72 Lichtbildschutz

Lichtbilder

(1)   Lichtbilder und Erzeugnisse, die ähnlich wie Lichtbilder hergestellt werden, werden in entsprechender Anwendung der für Lichtbildwerke geltenden Vorschriften des Teils 1 geschützt.

(2)   Das Recht nach Absatz 1 steht dem Lichtbildner zu.

(3)   Das Recht nach Absatz 1 erlischt fünfzig Jahre nach dem Erscheinen des Lichtbildes oder, wenn seine erste erlaubte öffentliche Wiedergabe früher erfolgt ist, nach dieser, jedoch bereits fünfzig Jahre nach der Herstellung, wenn das Lichtbild innerhalb dieser Frist nicht erschienen oder erlaubterweise öffentlich wiedergegeben worden ist. Die Frist ist nach § 69 zu berechnen.

§ 87a Begriffsbestimmungen

Datenbankhersteller

(1)   Datenbank im Sinne dieses Gesetzes ist eine Sammlung von Werken, Daten oder anderen unabhängigen Elementen, die systematisch oder methodisch angeordnet und einzeln mit Hilfe elektronischer Mittel oder auf andere Weise zugänglich sind und deren Beschaffung, Überprüfung oder Darstellung eine nach Art oder Umfang wesentliche Investition erfordert. Eine in ihrem Inhalt nach Art oder Umfang wesentlich geänderte Datenbank gilt als neue Datenbank, sofern die Änderung eine nach Art oder Umfang wesentliche Investition erfordert.

(2)   Datenbankhersteller im Sinne dieses Gesetzes ist derjenige, der die Investition im Sinne des Absatzes 1 vorgenommen hat.

§ 87b Rechte des Datenbankherstellers

(1)   Der Datenbankhersteller hat das ausschließliche Recht, die Datenbank insgesamt oder einen nach Art oder Umfang wesentlichen Teil der Datenbank zu vervielfältigen, zu verbreiten und öffentlich wiederzugeben. Der Vervielfältigung, Verbreitung oder öffentlichen Wiedergabe

eines nach Art oder Umfang wesentlichen Teils der Datenbank steht die wiederholte und systematische Vervielfältigung, Verbreitung oder öffentliche Wiedergabe von nach Art und Umfang unwesentlichen Teilen der Datenbank gleich, sofern diese Handlungen einer normalen Auswertung der Datenbank zuwiderlaufen oder die berechtigten Interessen des Datenbankherstellers unzumutbar beeinträchtigen.

(2) § 17 Abs. 2 und § 27 Abs. 2 und 3 sind entsprechend anzuwenden.

§ 87c Schranken des Rechts des Datenbankherstellers

(1) Die Vervielfältigung eines nach Art oder Umfang wesentlichen Teils einer Datenbank ist zulässig

1. zum privaten Gebrauch; dies gilt nicht für eine Datenbank, deren Elemente einzeln mit Hilfe elektronischer Mittel zugänglich sind,
2. zum eigenen wissenschaftlichen Gebrauch, wenn und soweit die Vervielfältigung zu diesem Zweck geboten ist und der wissenschaftliche Gebrauch nicht zu gewerblichen Zwecken erfolgt,
3. für die Benutzung zur Veranschaulichung des Unterrichts, sofern sie nicht zu gewerblichen Zwecken erfolgt. In den Fällen der Nummern 2 und 3 ist die Quelle deutlich anzugeben.

(2) Die Vervielfältigung, Verbreitung und öffentliche Wiedergabe eines nach Art oder Umfang wesentlichen Teils einer Datenbank ist zulässig zur Verwendung in Verfahren vor einem Gericht, einem Schiedsgericht oder einer Behörde sowie für Zwecke der öffentlichen Sicherheit.

§ 87d Dauer der Rechte

Die Rechte des Datenbankherstellers erlöschen fünfzehn Jahre nach der Veröffentlichung der Datenbank, jedoch bereits fünfzehn Jahre nach der Herstellung, wenn die Datenbank innerhalb dieser Frist nicht veröffentlicht worden ist. Die Frist ist nach § 69 zu berechnen.

Kopierschutz ### § 95a Schutz technischer Maßnahmen

(1) Wirksame technische Maßnahmen zum Schutz eines nach diesem Gesetz geschützten Werkes oder eines anderen nach diesem Gesetz geschützten Schutzgegenstandes dürfen ohne Zustimmung des Rechtsinhabers nicht umgangen werden, soweit dem Handelnden bekannt ist oder den Umständen nach bekannt sein muss, dass die Umgehung erfolgt, um den Zugang zu einem solchen Werk oder Schutzgegenstand oder deren Nutzung zu ermöglichen.

(2) Technische Maßnahmen im Sinne dieses Gesetzes sind Technologien, Vorrichtungen und Bestandteile, die im normalen Betrieb dazu bestimmt sind, geschützte Werke oder andere nach diesem Gesetz geschützte Schutzgegenstände betreffende Handlungen, die vom Rechtsinhaber nicht genehmigt sind, zu verhindern oder einzuschränken.

Technische Maßnahmen sind wirksam, soweit durch sie die Nutzung eines geschützten Werkes oder eines anderen nach diesem Gesetz geschützten Schutzgegenstandes von dem Rechtsinhaber durch eine Zugangskontrolle, einen Schutzmechanismus wie Verschlüsselung, Verzerrung oder sonstige Umwandlung oder einen Mechanismus zur Kontrolle der Vervielfältigung, die die Erreichung des Schutzziels sicherstellen, unter Kontrolle gehalten wird.

(3) Verboten sind die Herstellung, die Einfuhr, die Verbreitung, der Verkauf, die Vermietung, die Werbung im Hinblick auf Verkauf oder Vermietung und der gewerblichen Zwecken dienende Besitz von Vorrichtungen, Erzeugnissen oder Bestandteilen sowie die Erbringung von Dienstleistungen, die

1. Gegenstand einer Verkaufsförderung, Werbung oder Vermarktung mit dem Ziel der Umgehung wirksamer technischer Maßnahmen sind oder

2. abgesehen von der Umgehung wirksamer technischer Maßnahmen nur einen begrenzten wirtschaftlichen Zweck oder Nutzen haben oder

3. hauptsächlich entworfen, hergestellt, angepasst oder erbracht werden, um die Umgehung wirksamer technischer Maßnahmen zu ermöglichen oder zu erleichtern.

(4) Von den Verboten der Absätze 1 und 3 unberührt bleiben Aufgaben und Befugnisse öffentlicher Stellen zum Zwecke des Schutzes der öffentlichen Sicherheit oder der Strafrechtspflege.

§ 95b Durchsetzung von Schrankenbestimmungen

(1) Soweit ein Rechtsinhaber technische Maßnahmen nach Maßgabe dieses Gesetzes anwendet, ist er verpflichtet, den durch eine der nachfolgend genannten Bestimmungen Begünstigten, soweit sie rechtmäßig Zugang zu dem Werk oder Schutzgegenstand haben, die notwendigen Mittel zur Verfügung zu stellen, um von diesen Bestimmungen in dem erforderlichen Maße Gebrauch machen zu können:

1. § 45 (Rechtspflege und öffentliche Sicherheit)

2. § 45a (Behinderte Menschen)

3. § 46 (Sammlungen für Kirchen-, Schul- oder Unterrichtsgebrauch), mit Ausnahme des Kirchengebrauchs

4. § 47 (Schulfunksendungen)

5. § 52a (Öffentliche Zugänglichmachung für Unterricht und Forschung)

6. § 53 (Vervielfältigungen zum privaten und sonstigen eigenen Gebrauch)

   a) Absatz 1, soweit es sich um Vervielfältigungen auf Papier oder einen ähnlichen Träger mittels beliebiger photomechanischer

Verfahren oder anderer Verfahren mit ähnlicher Wirkung handelt,

b) Absatz 2 Satz 1 Nr. 1,

c) Absatz 2 Satz 1 Nr. 2 in Verbindung mit Satz 2 Nr. 1 oder 3,

d) Absatz 2 Satz 1 Nr. 3 und 4 jeweils in Verbindung mit Satz 2 Nr. 1 und Satz 3,

e) Absatz 3,

7. § 55 (Vervielfältigung durch Sendeunternehmen). Vereinbarungen zum Ausschluss der Verpflichtungen nach Satz 1 sind unwirksam.

(2) Wer gegen das Gebot nach Absatz 1 verstößt, kann von dem Begünstigen einer der genannten Bestimmungen darauf in Anspruch genommen werden, die zur Verwirklichung der jeweiligen Befugnis benötigten Mittel zur Verfügung zu stellen. Entspricht das angebotene Mittel einer Vereinbarung zwischen Vereinigungen der Rechtsinhaber und der durch die Schrankenregelung Begünstigten, so wird vermutet, dass das Mittel ausreicht.

(3) Die Absätze 1 und 2 gelten nicht, soweit Werke und sonstige Schutzgegenstände der Öffentlichkeit auf Grund einer vertraglichen Vereinbarung in einer Weise zugänglich gemacht werden, dass sie Mitgliedern der Öffentlichkeit von Orten und zu Zeiten ihrer Wahl zugänglich sind.

(4) Zur Erfüllung der Verpflichtungen aus Absatz 1 angewandte technische Maßnahmen, einschließlich der zur Umsetzung freiwilliger Vereinbarungen angewandten Maßnahmen, genießen Rechtsschutz nach § 95a.

§ 95c Schutz der zur Rechtewahrnehmung erforderlichen Informationen

(1) Von Rechtsinhabern stammende Informationen für die Rechtewahrnehmung dürfen nicht entfernt oder verändert werden, wenn irgendeine der betreffenden Informationen an einem Vervielfältigungsstück eines Werkes oder eines sonstigen Schutzgegenstandes angebracht ist oder im Zusammenhang mit der öffentlichen Wiedergabe eines solchen Werks oder Schutzgegenstandes erscheint und wenn die Entfernung oder Veränderung wissentlich unbefugt erfolgt und dem Handelnden bekannt ist oder den Umständen nach bekannt sein muss, dass er dadurch die Verletzung von Urheberrechten oder verwandter Schutzrechte veranlasst, ermöglicht, erleichtert oder verschleiert.

(2) Informationen für die Rechtewahrnehmung im Sinne dieses Gesetzes sind elektronische Informationen, die Werke oder andere Schutzgegenstände, den Urheber oder jeden anderen Rechtsinhaber identifizieren, Informationen über die Modalitäten und Bedingungen für

die Nutzung der Werke oder Schutzgegenstände sowie die Zahlen und Codes, durch die derartige Informationen ausgedrückt werden.

(3) Werke oder sonstige Schutzgegenstände, bei denen Informationen für die Rechtewahrnehmung unbefugt entfernt oder geändert wurden, dürfen nicht wissentlich unbefugt verbreitet, zur Verbreitung eingeführt, gesendet, öffentlich wiedergegeben oder öffentlich zugänglich gemacht werden, wenn dem Handelnden bekannt ist oder den Umständen nach bekannt sein muss, dass er dadurch die Verletzung von Urheberrechten oder verwandter Schutzrechte veranlasst, ermöglicht, erleichtert oder verschleiert.

§ 95d Kennzeichnungspflichten

(1) Werke und andere Schutzgegenstände, die mit technischen Maßnahmen geschützt werden, sind deutlich sichtbar mit Angaben über die Eigenschaften der technischen Maßnahmen zu kennzeichnen.

(2) Wer Werke und andere Schutzgegenstände mit technischen Maßnahmen schützt, hat diese zur Ermöglichung der Geltendmachung von Ansprüchen nach § 95b Abs. 2 mit seinem Namen oder seiner Firma und der zustellungsfähigen Anschrift zu kennzeichnen. Satz 1 findet in den Fällen des § 95b Abs. 3 keine Anwendung.

§ 97 Anspruch auf Unterlassung und Schadenersatz

Urheberprozess

(1) Wer das Urheberrecht oder ein anderes nach diesem Gesetz geschütztes Recht widerrechtlich verletzt, kann vom Verletzten auf Beseitigung der Beeinträchtigung, bei Wiederholungsgefahr auf Unterlassung und, wenn dem Verletzer Vorsatz oder Fahrlässigkeit zur Last fällt, auch auf Schadenersatz in Anspruch genommen werden. An Stelle des Schadenersatzes kann der Verletzte die Herausgabe des Gewinns, den der Verletzer durch die Verletzung des Rechts erzielt hat, und Rechnungslegung über diesen Gewinn verlangen.

(2) Urheber, Verfasser wissenschaftlicher Ausgaben (§ 70), Lichtbildner (§ 72) und ausübende Künstler (§ 73) können, wenn dem Verletzer Vorsatz oder Fahrlässigkeit zur Last fällt, auch wegen des Schadens, der nicht Vermögensschaden ist, eine Entschädigung in Geld verlangen, wenn und soweit es der Billigkeit entspricht.

(3) Ansprüche aus anderen gesetzlichen Vorschriften bleiben unberührt.

§ 97a Abmahnung

(1) Der Verletzte soll den Verletzer vor Einleitung eines gerichtlichen Verfahrens auf Unterlassung abmahnen und ihm Gelegenheit geben, den Streit durch Abgabe einer mit einer angemessenen Vertragsstrafe be-

wehrten Unterlassungsverpflichtung beizulegen. Soweit die Abmahnung berechtigt ist, kann der Ersatz der erforderlichen Aufwendungen verlangt werden.

(2) Der Ersatz der erforderlichen Aufwendungen für die Inanspruchnahme anwaltlicher Dienstleistungen für die erstmalige Abmahnung beschränkt sich in einfach gelagerten Fällen mit einer nur unerheblichen Rechtsverletzung außerhalb des geschäftlichen Verkehrs auf 100 Euro.

§ 101a Vorlage und Besichtigung

(1) Wer mit hinreichender Wahrscheinlichkeit das Urheberrecht oder ein anderes nach diesem Gesetz geschütztes Recht widerrechtlich verletzt, kann von dem Verletzten auf Vorlage einer Urkunde oder Besichtigung einer Sache in Anspruch genommen werden, die sich in seiner Verfügungsgewalt befindet, wenn dies zur Begründung von dessen Ansprüchen erforderlich ist. Besteht die hinreichende Wahrscheinlichkeit einer in gewerblichem Ausmaß begangenen Rechtsverletzung, erstreckt sich der Anspruch auch auf die Vorlage von Bank-, Finanz- oder Handelsunterlagen. Soweit der vermeintliche Verletzer geltend macht, dass es sich um vertrauliche Informationen handelt, trifft das Gericht die erforderlichen Maßnahmen, um den im Einzelfall gebotenen Schutz zu gewährleisten.

(2) Der Anspruch nach Absatz 1 ist ausgeschlossen, wenn die Inanspruchnahme im Einzelfall unverhältnismäßig ist.

(3) Die Verpflichtung zur Vorlage einer Urkunde oder zur Duldung der Besichtigung einer Sache kann im Wege der einstweiligen Verfügung nach den §§ 935 bis 945 der Zivilprozessordnung angeordnet werden. Das Gericht trifft die erforderlichen Maßnahmen, um den Schutz vertraulicher Informationen zu gewährleisten. Dies gilt insbesondere in den Fällen, in denen die einstweilige Verfügung ohne vorherige Anhörung des Gegners erlassen wird.

(4) § 811 des Bürgerlichen Gesetzbuchs sowie § 101 Abs. 8 gelten entsprechend.

(5) Wenn keine Verletzung vorlag oder drohte, kann der vermeintliche Verletzer von demjenigen, der die Vorlage oder Besichtigung nach Absatz 1 begehrt hat, den Ersatz des ihm durch das Begehren entstandenen Schadens verlangen.

Strafrecht

§ 108b Unerlaubte Eingriffe in technische Schutzmaßnahmen und zur Rechtewahrnehmung erforderliche Informationen

(1) Wer

1. in der Absicht, sich oder einem Dritten den Zugang zu einem nach diesem Gesetz geschützten Werk oder einem anderen nach diesem Gesetz geschützten Schutzgegenstand oder deren Nutzung zu

ermöglichen, eine wirksame technische Maßnahme ohne Zustimmung des Rechtsinhabers umgeht oder

2. wissentlich unbefugt

    a) eine von Rechtsinhabern stammende Information für die Rechtewahrnehmung entfernt oder verändert, wenn irgendeine der betreffenden Informationen an einem Vervielfältigungsstück eines Werkes oder eines sonstigen Schutzgegenstandes angebracht ist oder im Zusammenhang mit der öffentlichen Wiedergabe eines solchen Werks oder Schutzgegenstandes erscheint, oder

    b) ein Werk oder einen sonstigen Schutzgegenstand, bei dem eine Information für die Rechtewahrnehmung unbefugt entfernt oder geändert wurde, verbreitet, zur Verbreitung einführt, sendet, öffentlich wiedergibt oder öffentlich zugänglich macht und dadurch wenigstens leichtfertig die Verletzung von Urheberrechten oder verwandten Schutzrechten veranlasst, ermöglicht, erleichtert oder verschleiert,

wird, wenn die Tat nicht ausschließlich zum eigenen privaten Gebrauch des Täters oder mit dem Täter persönlich verbundener Personen erfolgt oder sich auf einen derartigen Gebrauch bezieht, mit Freiheitsstrafe bis zu einem Jahr oder mit Geldstrafe bestraft.

(2) Ebenso wird bestraft, wer entgegen § 95a Abs. 3 eine Vorrichtung, ein Erzeugnis oder einen Bestandteil zu gewerblichen Zwecken herstellt, einführt, verbreitet, verkauft oder vermietet.

(3) Handelt der Täter in den Fällen des Absatzes 1 gewerbsmäßig, so ist die Strafe Freiheitsstrafe bis zu drei Jahren oder Geldstrafe.

§ 22 Recht am eigenen Bilde

Bildnisse dürfen nur mit Einwilligung des Abgebildeten verbreitet oder öffentlich zur Schau gestellt werden. Die Einwilligung gilt im Zweifel als erteilt, wenn der Abgebildete dafür, dass er sich abbilden ließ, eine Entlohnung erhielt. Nach dem Tode des Abgebildeten bedarf es bis zum Ablaufe von 10 Jahren der Einwilligung der Angehörigen des Abgebildeten. Angehörige im Sinne dieses Gesetzes sind der überlebende Ehegatte und die Kinder des Abgebildeten und, wenn weder ein Ehegatte noch Kinder vorhanden sind, die Eltern des Abgebildeten.

§ 23 Ausnahmen zu § 22

(1) Ohne die nach § 22 erforderliche Einwilligung dürfen verbreitet und zur Schau gestellt werden:

1. Bildnisse aus dem Bereiche der Zeitgeschichte;

2. Bilder, auf denen die Personen nur als Beiwerk neben einer Landschaft oder sonstigen Örtlichkeit erscheinen;

Kunsturhebergesetz (Auszüge)

3. Bilder von Versammlungen, Aufzügen und ähnlichen Vorgängen, an denen die dargestellten Personen teilgenommen haben;

4. Bildnisse, die nicht auf Bestellung angefertigt sind, sofern die Verbreitung oder Schaustellung einem höheren Interesse der Kunst dient.

(2) Die Befugnis erstreckt sich jedoch nicht auf eine Verbreitung und Schaustellung, durch die ein berechtigtes Interesse des Abgebildeten oder, falls dieser verstorben ist, seiner Angehörigen verletzt wird.

Gesetz gegen den unlauteren Wettbewerb (Auszüge)

§ 3 Verbot unlauterer geschäftlicher Handlungen

(1) Unlautere geschäftliche Handlungen sind unzulässig, wenn sie geeignet sind, die Interessen von Mitbewerbern, Verbrauchern oder sonstigen Marktteilnehmern spürbar zu beeinträchtigen.

(3) Die im Anhang dieses Gesetzes aufgeführten geschäftlichen Handlungen gegenüber Verbrauchern sind stets unzulässig.

§ 4 Beispiele unlauterer geschäftlicher Handlungen

Unlauter handelt insbesondere, wer

Ergänzender Leistungsschutz

(...)

9. Waren oder Dienstleistungen anbietet, die eine Nachahmung der Waren oder Dienstleistungen eines Mitbewerbers sind, wenn er
    a) eine vermeidbare Täuschung der Abnehmer über die betriebliche Herkunft herbeiführt,
    b) die Wertschätzung der nachgeahmten Ware oder Dienstleistung unangemessen ausnutzt oder beeinträchtigt oder
    c) die für die Nachahmung erforderlichen Kenntnisse oder Unterlagen unredlich erlangt hat;

10. Mitbewerber gezielt behindert;

11. einer gesetzlichen Vorschrift zuwiderhandelt, die auch dazu bestimmt ist, im Interesse der Marktteilnehmer das Marktverhalten zu regeln.

§ 5 Irreführende geschäftliche Handlungen

(1) Unlauter handelt, wer eine irreführende geschäftliche Handlung vornimmt. Eine geschäftliche Handlung ist irreführend, wenn sie unwahre Angaben enthält oder sonstige zur Täuschung geeignete Angaben über folgende Umstände enthält:

1. die wesentlichen Merkmale der Ware oder Dienstleistung wie Verfügbarkeit, Art, Ausführung, Vorteile, Risiken, Zusammensetzung, Zubehör, Verfahren oder Zeitpunkt der Herstellung, Lieferung oder Erbringung, Zwecktauglichkeit, Verwendungsmöglichkeit, Menge, Beschaffenheit, Kundendienst und Beschwerdeverfahren, geo-

graphische oder betriebliche Herkunft, von der Verwendung zu erwartende Ergebnisse oder die Ergebnisse oder wesentlichen Bestandteile von Tests der Waren oder Dienstleistungen;

(...)

4.	Aussagen oder Symbole, die im Zusammenhang mit direktem oder indirektem Sponsoring stehen oder sich auf eine Zulassung des Unternehmers oder der Waren oder Dienstleistungen beziehen;

(2)	Eine geschäftliche Handlung ist auch irreführend, wenn sie im Zusammenhang mit der Vermarktung von Waren oder Dienstleistungen einschließlich vergleichender Werbung eine Verwechslungsgefahr mit einer anderen Ware oder Dienstleistung oder mit der Marke oder einem anderen Kennzeichen eines Mitbewerbers hervorruft.

§ 6 Vergleichende Werbung

(1)	Vergleichende Werbung ist jede Werbung, die unmittelbar oder mittelbar einen Mitbewerber oder die von einem Mitbewerber angebotenen Waren oder Dienstleistungen erkennbar macht.

(2)	Unlauter handelt, wer vergleichend wirbt, wenn der Vergleich

(...)

3.	im geschäftlichen Verkehr zu einer Gefahr von Verwechslungen zwischen dem Werbenden und einem Mitbewerber oder zwischen den von diesen angebotenen Waren oder Dienstleistungen oder den von ihnen verwendeten Kennzeichen führt,

4.	den Ruf des von einem Mitbewerber verwendeten Kennzeichens in unlauterer Weise ausnutzt oder beeinträchtigt,

(...)

6.	eine Ware oder Dienstleistung als Imitation oder Nachahmung einer unter einem geschützten Kennzeichen vertriebenen Ware oder Dienstleistung darstellt.

§ 1 Begriffsbestimmungen

Im Sinne dieses Gesetzes

1.	ist ein Muster die zweidimensionale oder dreidimensionale Erscheinungsform eines ganzen Erzeugnisses oder eines Teils davon, die sich insbesondere aus den Merkmalen der Linien, Konturen, Farben, der Gestalt, Oberflächenstruktur oder der Werkstoffe des Erzeugnisses selbst oder seiner Verzierung ergibt;

2.	ist ein Erzeugnis jeder industrielle oder handwerkliche Gegenstand, einschließlich Verpackung, Ausstattung, grafischer Symbole und typografischer Schriftzeichen sowie von Einzelteilen, die zu einem komplexen Erzeugnis zusammengebaut werden sollen; ein Computerprogramm gilt nicht als Erzeugnis;

Geschmacks-
mustergesetz 2008
(Auszüge)

3. ist ein komplexes Erzeugnis ein Erzeugnis aus mehreren Bauelementen, die sich ersetzen lassen, so dass das Erzeugnis auseinander- und wieder zusammengebaut werden kann;

4. ist eine bestimmungsgemäße Verwendung die Verwendung durch den Endbenutzer, ausgenommen Maßnahmen der Instandhaltung, Wartung oder Reparatur;

5. gilt als Rechtsinhaber der in das Register eingetragene Inhaber des Geschmacksmusters.

§ 2 Definition Geschmacksmuster

(1) Als Geschmacksmuster wird ein Muster geschützt, das neu ist und Eigenart hat.

(2) Ein Muster gilt als neu, wenn vor dem Anmeldetag kein identisches Muster offenbart worden ist. Muster gelten als identisch, wenn sich ihre Merkmale nur in unwesentlichen Einzelheiten unterscheiden.

(3) Ein Muster hat Eigenart, wenn sich der Gesamteindruck, den es beim informierten Benutzer hervorruft, von dem Gesamteindruck unterscheidet, den ein anderes Muster bei diesem Benutzer hervorruft, das vor dem Anmeldetag offenbart worden ist. Bei der Beurteilung der Eigenart wird der Grad der Gestaltungsfreiheit des Entwerfers bei der Entwicklung des Musters berücksichtigt.

§ 3 Ausschluss

(1) Vom Geschmacksmusterschutz ausgeschlossen sind

1. Erscheinungsmerkmale von Erzeugnissen, die ausschließlich durch deren technische Funktion bedingt sind;

2. Erscheinungsmerkmale von Erzeugnissen, die zwangsläufig in ihrer genauen Form und ihren genauen Abmessungen nachgebildet werden müssen, damit das Erzeugnis, in das das Muster aufgenommen oder bei dem es verwendet wird, mit einem anderen Erzeugnis mechanisch zusammengebaut oder verbunden oder in diesem, an diesem oder um dieses herum angebracht werden kann, so dass beide Erzeugnisse ihre Funktion erfüllen;

3. Muster, die gegen die öffentliche Ordnung oder gegen die guten Sitten verstoßen;

4. Muster, die eine missbräuchliche Benutzung eines der in Artikel 6ter der Pariser Verbandsübereinkunft zum Schutz des gewerblichen Eigentums aufgeführten Zeichen oder von sonstigen Abzeichen, Emblemen und Wappen von öffentlichem Interesse darstellen.

(2) Erscheinungsmerkmale im Sinne von Absatz 1 Nr. 2 sind vom Geschmacksmusterschutz nicht ausgeschlossen, wenn sie dem Zweck dienen, den Zusammenbau oder die Verbindung einer Vielzahl von un-

tereinander austauschbaren Teilen innerhalb eines Bauteilesystems zu ermöglichen.

§ 4 Komplexe Erzeugnisse

Ein Muster, das bei einem Erzeugnis, das Bauelement eines komplexen Erzeugnisses ist, benutzt oder in dieses Erzeugnis eingefügt wird, gilt nur dann als neu und hat nur dann Eigenart, wenn das Bauelement, das in ein komplexes Erzeugnis eingefügt ist, bei dessen bestimmungsgemäßer Verwendung sichtbar bleibt und diese sichtbaren Merkmale des Bauelements selbst die Voraussetzungen der Neuheit und Eigenart erfüllen.

§ 5 Offenbarung

Ein Muster ist offenbart, wenn es bekannt gemacht, ausgestellt, im Verkehr verwendet oder auf sonstige Weise der Öffentlichkeit zugänglich gemacht wurde, es sei denn, dass dies den in der Gemeinschaft tätigen Fachkreisen des betreffenden Sektors im normalen Geschäftsverlauf vor dem Anmeldetag des Musters nicht bekannt sein konnte. Ein Muster gilt nicht als offenbart, wenn es einem Dritten lediglich unter der ausdrücklichen oder stillschweigenden Bedingung der Vertraulichkeit bekannt gemacht wurde.

§ 6 Neuheitsschonfrist

Eine Offenbarung bleibt bei der Anwendung des § 2 Abs. 2 und 3 unberücksichtigt, wenn ein Muster während der zwölf Monate vor dem Anmeldetag durch den Entwerfer oder seinen Rechtsnachfolger oder durch einen Dritten als Folge von Informationen oder Handlungen des Entwerfers oder seines Rechtsnachfolgers der Öffentlichkeit zugänglich gemacht wurde. Dasselbe gilt, wenn das Muster als Folge einer missbräuchlichen Handlung gegen den Entwerfer oder seinen Rechtsnachfolger offenbart wurde.

§ 7 Berechtigte/Arbeitnehmer

(1) Das Recht auf das Geschmacksmuster steht dem Entwerfer oder seinem Rechtsnachfolger zu. Haben mehrere Personen gemeinsam ein Muster entworfen, so steht ihnen das Recht auf das Geschmacksmuster gemeinschaftlich zu.

(2) Wird ein Muster von einem Arbeitnehmer in Ausübung seiner Aufgaben oder nach den Weisungen seines Arbeitgebers entworfen, so steht das Recht an dem Geschmacksmuster dem Arbeitgeber zu, sofern vertraglich nichts anderes vereinbart wurde.

§ 9 Ansprüche gegen Verletzer

(1) Ist ein Geschmacksmuster auf den Namen eines nicht nach § 7 Berechtigten eingetragen, kann der Berechtigte unbeschadet anderer Ansprüche die Übertragung des Geschmacksmusters oder die Einwilligung in dessen Löschung verlangen. Wer von mehreren Berechtigten nicht als Rechtsinhaber eingetragen ist, kann die Einräumung seiner Mitinhaberschaft verlangen.

(2) Die Ansprüche nach Absatz 1 können nur innerhalb einer Ausschlussfrist von drei Jahren ab Bekanntmachung des Geschmacksmusters durch Klage geltend gemacht werden. Das gilt nicht, wenn der Rechtsinhaber bei der Anmeldung oder bei einer Übertragung des Geschmacksmusters bösgläubig war.

(3) Bei einem vollständigen Wechsel der Rechtsinhaberschaft nach Absatz 1 Satz 1 erlöschen mit der Eintragung des Berechtigten in das Register Lizenzen und sonstige Rechte. Wenn der frühere Rechtsinhaber oder ein Lizenznehmer das Geschmacksmuster verwertet oder dazu tatsächliche und ernsthafte Anstalten getroffen hat, kann er diese Verwertung fortsetzen, wenn er bei dem neuen Rechtsinhaber innerhalb einer Frist von einem Monat nach dessen Eintragung eine einfache Lizenz beantragt. Die Lizenz ist für einen angemessenen Zeitraum zu angemessenen Bedingungen zu gewähren. Die Sätze 2 und 3 finden keine Anwendung, wenn der Rechtsinhaber oder der Lizenznehmer zu dem Zeitpunkt, als er mit der Verwertung begonnen oder Anstalten dazu getroffen hat, bösgläubig war.

(4) Die Einleitung eines gerichtlichen Verfahrens gemäß Absatz 2, die rechtskräftige Entscheidung in diesem Verfahren sowie jede andere Beendigung dieses Verfahrens und jede Änderung der Rechtsinhaberschaft als Folge dieses Verfahrens werden in das Register für Geschmacksmuster (Register) eingetragen.

§ 10 Urhebernennung

Der Entwerfer hat gegenüber dem Anmelder oder dem Rechtsinhaber das Recht, im Verfahren vor dem Deutschen Patent- und Markenamt und im Register als Entwerfer benannt zu werden. Wenn das Muster das Ergebnis einer Gemeinschaftsarbeit ist, kann jeder einzelne Entwerfer seine Nennung verlangen.

§ 11 Anmeldung

(1) Die Anmeldung zur Eintragung eines Geschmacksmusters in das Register ist beim Deutschen Patent- und Markenamt einzureichen. Die Anmeldung kann auch über ein Patentinformationszentrum eingereicht werden, wenn diese Stelle durch Bekanntmachung des Bun-

desministeriums der Justiz im Bundesgesetzblatt dazu bestimmt ist, Geschmacksmusteranmeldungen entgegenzunehmen.

(2) Die Anmeldung muss enthalten:

1. einen Antrag auf Eintragung,
2. Angaben, die es erlauben, die Identität des Anmelders festzustellen,
3. eine zur Bekanntmachung geeignete Wiedergabe des Musters und
4. eine Angabe der Erzeugnisse, in die das Geschmacksmuster aufgenommen oder bei denen es verwendet werden soll.

Wird ein Antrag nach § 21 Abs. 1 Satz 1 gestellt, kann die Wiedergabe durch einen flächenmäßigen Musterabschnitt ersetzt werden.

(3) Die Anmeldung muss den weiteren Anmeldungserfordernissen entsprechen, die in einer Rechtsverordnung nach § 26 bestimmt worden sind.

(4) Die Anmeldung kann zusätzlich enthalten:

1. eine Beschreibung zur Erläuterung der Wiedergabe,
2. einen Antrag auf Aufschiebung der Bildbekanntmachung nach § 21 Abs. 1 Satz 1,
3. ein Verzeichnis mit der Warenklasse oder den Warenklassen, in die das Geschmacksmuster einzuordnen ist,
4. die Angabe des Entwerfers oder der Entwerfer,
5. die Angabe eines Vertreters.

(5) Die Angaben nach Absatz 2 Nr. 4 und Absatz 4 Nr. 3 haben keinen Einfluss auf den Schutzumfang des Geschmacksmusters.

(6) Der Anmelder kann die Anmeldung jederzeit zurücknehmen.

§ 12 Sammelanmeldung

(1) Mehrere Muster können in einer Anmeldung zusammengefasst werden (Sammelanmeldung). Die Sammelanmeldung darf nicht mehr als 100 Muster umfassen, die derselben Warenklasse angehören müssen.

(2) Der Anmelder kann eine Sammelanmeldung durch Erklärung gegenüber dem Deutschen Patent- und Markenamt teilen. Die Teilung lässt den Anmeldetag unberührt. Ist die Summe der Gebühren, die nach dem Patentkostengesetz für jede Teilanmeldung zu entrichten wären, höher als die gezahlten Anmeldegebühren, so ist der Differenzbetrag nachzuentrichten.

§ 27 Entstehung und Dauer

(1) Der Schutz entsteht mit der Eintragung in das Register.

(2) Die Schutzdauer des Geschmacksmusters beträgt 25 Jahre, gerechnet ab dem Anmeldetag.

§ 28 Schutzfristverlängerung

(1)   Die Aufrechterhaltung des Schutzes wird durch Zahlung einer Aufrechterhaltungsgebühr jeweils für das 6. bis 10., 11. bis 15., 16. bis 20. und für das 21. bis 25. Jahr der Schutzdauer bewirkt. Sie wird in das Register eingetragen und bekannt gemacht.

(2)   Wird bei Geschmacksmustern, die auf Grund einer Sammelanmeldung eingetragen worden sind, die Aufrechterhaltungsgebühr ohne nähere Angaben nur für einen Teil der Geschmacksmuster gezahlt, so werden diese in der Reihenfolge der Anmeldung berücksichtigt.

(3)   Wird der Schutz nicht aufrechterhalten, so endet die Schutzdauer.

§ 37 Gegenstand des Schutzes

(1)   Der Schutz wird für diejenigen Merkmale der Erscheinungsform eines Geschmacksmusters begründet, die in der Anmeldung sichtbar wiedergegeben sind.

(2)   Enthält für die Zwecke der Aufschiebung der Bekanntmachung eine Anmeldung nach § 11 Abs. 2 Satz 2 einen flächenmäßigen Musterabschnitt, so bestimmt sich bei ordnungsgemäßer Erstreckung mit Ablauf der Aufschiebung nach § 21 Abs. 2 der Schutzgegenstand nach der eingereichten Wiedergabe des Geschmacksmusters.

§ 38 Schutzumfang

(1)   Das Geschmacksmuster gewährt seinem Rechtsinhaber das ausschließliche Recht, es zu benutzen und Dritten zu verbieten, es ohne seine Zustimmung zu benutzen. Eine Benutzung schließt insbesondere die Herstellung, das Anbieten, das Inverkehrbringen, die Einfuhr, die Ausfuhr, den Gebrauch eines Erzeugnisses, in das das Geschmacksmuster aufgenommen oder bei dem es verwendet wird, und den Besitz eines solchen Erzeugnisses zu den genannten Zwecken ein.

(2)   Der Schutz aus einem Geschmacksmuster erstreckt sich auf jedes Muster, das beim informierten Benutzer keinen anderen Gesamteindruck erweckt. Bei der Beurteilung des Schutzumfangs wird der Grad der Gestaltungsfreiheit des Entwerfers bei der Entwicklung seines Musters berücksichtigt.

(3)   Während der Dauer der Aufschiebung der Bekanntmachung (§ 21 Abs. 1 Satz 1) setzt der Schutz nach den Absätzen 1 und 2 voraus, dass das Muster das Ergebnis einer Nachahmung des Geschmacksmusters ist.

§ 40 Erlaubte Nachbildung

Rechte aus einem Geschmacksmuster können nicht geltend gemacht werden gegenüber

1. Handlungen, die im privaten Bereich zu nichtgewerblichen Zwecken vorgenommen werden;
2. Handlungen zu Versuchszwecken;
3. Wiedergaben zum Zwecke der Zitierung oder der Lehre, vorausgesetzt, solche Wiedergaben sind mit den Gepflogenheiten des redlichen Geschäftsverkehrs vereinbar, beeinträchtigen die normale Verwertung des Geschmacksmusters nicht über Gebühr und geben die Quelle an;
4. Einrichtungen in Schiffen und Luftfahrzeugen, die im Ausland zugelassen sind und nur vorübergehend in das Inland gelangen;
5. der Einfuhr von Ersatzteilen und von Zubehör für die Reparatur sowie für die Durchführung von Reparaturen an Schiffen und Luftfahrzeugen im Sinne von Nummer 4.

§ 41 Vorbenutzungsrecht

(1) Rechte nach § 38 können gegenüber einem Dritten, der vor dem Anmeldetag im Inland ein identisches Muster, das unabhängig von einem eingetragenen Geschmacksmuster entwickelt wurde, gutgläubig in Benutzung genommen oder wirkliche und ernsthafte Anstalten dazu getroffen hat, nicht geltend gemacht werden. Der Dritte ist berechtigt, das Muster zu verwerten. Die Vergabe von Lizenzen (§ 31) ist ausgeschlossen.

(2) Die Rechte des Dritten sind nicht übertragbar, es sei denn, der Dritte betreibt ein Unternehmen, und die Übertragung erfolgt zusammen mit dem Unternehmensteil, in dessen Rahmen die Benutzung erfolgte oder die Anstalten getroffen wurden.

§ 42 Schadenersatz und mehr

(1) Wer entgegen § 38 Abs. 1 Satz 1 ein Geschmacksmuster benutzt (Verletzer), kann von dem Rechtsinhaber oder einem anderen Berechtigten (Verletzten) auf Beseitigung der Beeinträchtigung und bei Wiederholungsgefahr auf Unterlassung in Anspruch genommen werden.

(2) Handelt der Verletzer vorsätzlich oder fahrlässig, ist er zum Ersatz des daraus entstandenen Schadens verpflichtet. An Stelle des Schadenersatzes kann die Herausgabe des Gewinns, den der Verletzer durch die Benutzung des Geschmacksmusters erzielt hat, und Rechnungslegung über diesen Gewinn verlangt werden. Fällt dem Verletzer nur leichte Fahrlässigkeit zur Last, kann das Gericht statt des Schadenersatzes eine Entschädigung festsetzen, die in den Grenzen zwischen dem Schaden des Verletzten und dem Gewinn des Verletzers bleibt.

§ 43 Vernichtung

(1)   Der Verletzte kann verlangen, dass alle rechtswidrig hergestellten, verbreiteten oder zur rechtswidrigen Verbreitung bestimmten Erzeugnisse, die im Besitz oder Eigentum des Verletzers stehen, vernichtet werden.

(2)   Statt der in Absatz 1 vorgesehenen Maßnahmen kann der Verletzte verlangen, dass ihm die Erzeugnisse, die im Eigentum des Verletzers stehen, gegen eine angemessene Vergütung, welche die Herstellungskosten nicht übersteigen darf, überlassen werden.

(3)   Sind die Maßnahmen nach den Absätzen 1 und 2 gegenüber dem Verletzer oder Eigentümer im Einzelfall unverhältnismäßig und kann der durch die Rechtsverletzung verursachte Zustand der Erzeugnisse auf andere Weise beseitigt werden, so hat der Verletzte nur Anspruch auf die hierfür erforderlichen Maßnahmen.

(4)   Die Bestimmungen der Absätze 1 bis 3 sind entsprechend auf die im Eigentum des Verletzers stehenden, ausschließlich oder nahezu ausschließlich zur rechtswidrigen Herstellung von Erzeugnissen benutzten oder bestimmten Vorrichtungen anzuwenden.

(5)   Wesentliche Bestandteile von Gebäuden nach § 93 des Bürgerlichen Gesetzbuchs sowie ausscheidbare Teile von Erzeugnissen und Vorrichtungen, deren Herstellung und Verbreitung nicht rechtswidrig ist, unterliegen nicht den in den Absätzen 1 bis 4 vorgesehenen Maßnahmen.

§ 44 Haftung des Arbeitgebers

Ist in einem Unternehmen von einem Arbeitnehmer oder Beauftragten ein Geschmacksmuster widerrechtlich verletzt worden, so hat der Verletzte die Ansprüche aus den §§ 42 und 43 mit Ausnahme des Anspruchs auf Schadenersatz auch gegen den Inhaber des Unternehmens. Weitergehende Ansprüche aus anderen gesetzlichen Vorschriften bleiben unberührt.

§45 Entschädigung

Handelt der Verletzer weder vorsätzlich noch fahrlässig, so kann er zur Abwendung der Ansprüche nach den §§ 42 und 43 den Verletzten in Geld entschädigen, wenn ihm durch die Erfüllung der Ansprüche ein unverhältnismäßig großer Schaden entstehen würde und dem Verletzten die Abfindung in Geld zuzumuten ist. Als Entschädigung ist der Betrag zu zahlen, der im Falle einer vertraglichen Einräumung des Rechts als Vergütung angemessen gewesen wäre. Mit der Zahlung der Entschädigung gilt die Einwilligung des Verletzten zur Verwertung im üblichen Umfang als erteilt.

§ 59 Geschmacksmusterberühmung

Wer eine Bezeichnung verwendet, die geeignet ist, den Eindruck zu erwecken, dass ein Erzeugnis durch ein Geschmacksmuster geschützt sei, ist verpflichtet, jedem, der ein berechtigtes Interesse an der Kenntnis der Rechtslage hat, auf Verlangen Auskunft darüber zu geben, auf welches Geschmacksmuster sich die Verwendung der Bezeichnung stützt.

E.2   Marken- und Namensrecht

§ 12 Namensrecht

Wird das Recht zum Gebrauch eines Namens dem Berechtigten von einem anderen bestritten oder wird das Interesse des Berechtigten dadurch verletzt, dass ein anderer unbefugt den gleichen Namen gebraucht, so kann der Berechtigte von dem anderen Beseitigung der Beeinträchtigung verlangen. Sind weitere Beeinträchtigungen zu besorgen, so kann er auf Unterlassung klagen.

Bürgerliches Gesetzbuch (Auszug)

§ 17 Begriff Firma

(1)   Die Firma eines Kaufmanns ist der Name, unter dem er seine Geschäfte betreibt und die Unterschrift abgibt.

(2)   Ein Kaufmann kann unter seiner Firma klagen und verklagt werden.

Handelsgesetzbuch HGB (Auszüge)

§ 18 Anforderungen an die Firmenbezeichnung

(1)   Die Firma muss zur Kennzeichnung des Kaufmanns geeignet sein und Unterscheidungskraft besitzen.

(2)   Die Firma darf keine Angaben enthalten, die geeignet sind, über geschäftliche Verhältnisse, die für die angesprochenen Verkehrskreise wesentlich sind, irrezuführen. Im Verfahren vor dem Registergericht wird die Eignung zur Irreführung nur berücksichtigt, wenn sie ersichtlich ist.

§ 19 Bezeichnung der Firma bei Einzelkaufleuten, einer OHG oder KG

(1)   Die Firma muss, auch wenn sie nach den §§ 21, 22, 24 oder nach anderen gesetzlichen Vorschriften fortgeführt wird, enthalten:

1.   bei Einzelkaufleuten die Bezeichnung »eingetragener Kaufmann«, »eingetragene Kauffrau« oder eine allgemein verständliche Abkürzung dieser Bezeichnung, insbesondere »e.K.«, »e.Kfm.« oder »e.Kfr.«;

2.   bei einer offenen Handelsgesellschaft die Bezeichnung »offene Handelsgesellschaft« oder eine allgemein verständliche Abkürzung dieser Bezeichnung;

3. bei einer Kommanditgesellschaft die Bezeichnung »Kommanditgesellschaft« oder eine allgemein verständliche Abkürzung dieser Bezeichnung.

(2) Wenn in einer offenen Handelsgesellschaft oder Kommanditgesellschaft keine natürliche Person persönlich haftet, muss die Firma, auch wenn sie nach den §§ 21, 22, 24 oder nach anderen gesetzlichen Vorschriften fortgeführt wird, eine Bezeichnung enthalten, welche die Haftungsbeschränkung kennzeichnet.

Markengesetz
(Auszüge)

§ 1 Geschützte Marken und sonstige Kennzeichen

Nach diesem Gesetz werden geschützt:
Marken, geschäftliche Bezeichnungen, geografische Herkunftsangaben.

§ 2 Anwendung anderer Vorschriften

Der Schutz von Marken, geschäftlichen Bezeichnungen und geografischen Herkunftsangaben nach diesem Gesetz schließt die Anwendung anderer Vorschriften zum Schutz dieser Kennzeichen nicht aus.

§ 3 Als Marke schutzfähige Zeichen

(1) Als Marke können alle Zeichen, insbesondere Wörter einschließlich Personennamen, Abbildungen, Buchstaben, Zahlen, Hörzeichen, dreidimensionale Gestaltungen einschließlich der Form einer Ware oder ihrer Verpackung sowie sonstige Aufmachungen einschließlich Farben und Farbzusammenstellungen geschützt werden, die geeignet sind, Waren oder Dienstleistungen eines Unternehmens von denjenigen anderer Unternehmen zu unterscheiden.

(2) Dem Schutz als Marke nicht zugänglich sind Zeichen, die ausschließlich aus einer Form bestehen, die durch die Art der Ware selbst bedingt ist, die zur Erreichung einer technischen Wirkung erforderlich ist oder die der Ware einen wesentlichen Wert verleiht.

§ 4 Entstehung des Markenschutzes

Der Markenschutz entsteht durch die Eintragung eines Zeichens als Marke in das vom Patentamt geführte Register, durch die Benutzung eines Zeichens im geschäftlichen Verkehr, soweit das Zeichen innerhalb beteiligter Verkehrskreise als Marke Verkehrsgeltung erworben hat, oder durch die im Sinne des Artikels 6bis der Pariser Verbandsübereinkunft zum Schutz des gewerblichen Eigentums (Pariser Verbandsübereinkunft) notorische Bekanntheit einer Marke.

§ 5 Geschäftliche Bezeichnungen

(1) Als geschäftliche Bezeichnungen werden Unternehmenskennzeichen und Werktitel geschützt.

(2) Unternehmenskennzeichen sind Zeichen, die im geschäftlichen Verkehr als Name, als Firma oder als besondere Bezeichnung eines Geschäftsbetriebs oder eines Unternehmens benutzt werden. Der besonderen Bezeichnung eines Geschäftsbetriebs stehen solche Geschäftsabzeichen und sonstige zur Unterscheidung des Geschäftsbetriebs von anderen Geschäftsbetrieben bestimmte Zeichen gleich, die innerhalb beteiligter Verkehrskreise als Kennzeichen des Geschäftsbetriebs gelten.

(3) Werktitel sind die Namen oder besonderen Bezeichnungen von Druckschriften, Filmwerken, Tonwerken, Bühnenwerken oder sonstigen vergleichbaren Werken.

§ 10 Berühmte Marken

(1) Von der Eintragung ausgeschlossen ist eine Marke, wenn sie mit einer im Inland im Sinne des Artikels 6bis der Pariser Verbandsübereinkunft notorisch bekannten Marke mit älterem Zeitrang identisch oder dieser ähnlich ist und die weiteren Voraussetzungen des § 9 Abs. 1 Nr. 1, 2 oder 3 gegeben sind.

(2) Absatz 1 findet keine Anwendung, wenn der Anmelder von dem Inhaber der notorisch bekannten Marke zur Anmeldung ermächtigt worden ist.

§ 12 Marke kraft Benutzung

Die Eintragung einer Marke kann gelöscht werden, wenn ein anderer vor dem für den Zeitrang der eingetragenen Marke maßgeblichen Tag Rechte an einer Marke im Sinne des § 4 Nr. 2 oder an einer geschäftlichen Bezeichnung im Sinne des § 5 erworben hat und diese ihn berechtigen, die Benutzung der eingetragenen Marke im gesamten Gebiet der Bundesrepublik Deutschland zu untersagen.

§ 14 Ausschließliches Recht des Inhabers einer Marke; Unterlassungsanspruch; Schadenersatzanspruch

(1) Der Erwerb des Markenschutzes nach § 4 gewährt dem Inhaber der Marke ein ausschließliches Recht.

(2) Dritten ist es untersagt, ohne Zustimmung des Inhabers der Marke im geschäftlichen Verkehr ein mit der Marke identisches Zeichen für Waren oder Dienstleistungen zu benutzen, die mit denjenigen identisch sind, für die sie Schutz genießt, ein Zeichen zu benutzen, wenn wegen der Identität oder Ähnlichkeit des Zeichens mit der Marke und der Identität oder Ähnlichkeit der durch die Marke und das Zeichen erfassten Waren oder Dienstleistungen für das Publikum die Gefahr von Verwechslungen besteht, einschließlich der Gefahr, dass das Zeichen mit der Marke gedanklich in Verbindung gebracht wird, oder ein mit der Marke identisches Zeichen oder ein ähnliches Zeichen für Waren

oder Dienstleistungen zu benutzen, die nicht denen ähnlich sind, für die die Marke Schutz genießt, wenn es sich bei der Marke um eine im Inland bekannte Marke handelt und die Benutzung des Zeichens die Unterscheidungskraft oder die Wertschätzung der bekannten Marke ohne rechtfertigenden Grund in unlauterer Weise ausnutzt oder beeinträchtigt.

(3) Sind die Voraussetzungen des Absatzes 2 erfüllt, so ist es insbesondere untersagt, das Zeichen auf Waren oder ihrer Aufmachung oder Verpackung anzubringen, unter dem Zeichen Waren anzubieten, in den Verkehr zu bringen oder zu den genannten Zwecken zu besitzen, unter dem Zeichen Dienstleistungen anzubieten oder zu erbringen, unter dem Zeichen Waren einzuführen oder auszuführen, das Zeichen in Geschäftspapieren oder in der Werbung zu benutzen.

(4) Dritten ist es ferner untersagt, ohne Zustimmung des Inhabers der Marke im geschäftlichen Verkehr ein mit der Marke identisches Zeichen oder ein ähnliches Zeichen auf Aufmachungen oder Verpackungen oder auf Kennzeichnungsmitteln wie Etiketten, Anhängern, Aufnähern oder dergleichen anzubringen, Aufmachungen, Verpackungen oder Kennzeichnungsmittel, die mit einem mit der Marke identischen Zeichen oder einem ähnlichen Zeichen versehen sind, anzubieten, in den Verkehr zu bringen oder zu den genannten Zwecken zu besitzen oder Aufmachungen, Verpackungen oder Kennzeichnungsmittel, die mit einem mit der Marke identischen Zeichen oder einem ähnlichen Zeichen versehen sind, einzuführen oder auszuführen, wenn die Gefahr besteht, dass die Aufmachungen oder Verpackungen zur Aufmachung oder Verpackung oder die Kennzeichnungsmittel zur Kennzeichnung von Waren oder Dienstleistungen benutzt werden, hinsichtlich deren Dritten die Benutzung des Zeichens nach den Absätzen 2 und 3 untersagt wäre.

(5) Wer ein Zeichen entgegen den Absätzen 2 bis 4 benutzt, kann von dem Inhaber der Marke auf Unterlassung in Anspruch genommen werden.

(6) Wer die Verletzungshandlung vorsätzlich oder fahrlässig begeht, ist dem Inhaber der Marke zum Ersatz des durch die Verletzungshandlung entstandenen Schadens verpflichtet.

(7) Wird die Verletzungshandlung in einem geschäftlichen Betrieb von einem Angestellten oder Beauftragten begangen, so kann der Unterlassungsanspruch und, soweit der Angestellte oder Beauftragte vorsätzlich oder fahrlässig gehandelt hat, der Schadenersatzanspruch auch gegen den Inhaber des Betriebs geltend gemacht werden.

§ 15 Ausschließliches Recht des Inhabers einer geschäftlichen Bezeichnung; Unterlassungsanspruch; Schadenersatzanspruch

(1)   Der Erwerb des Schutzes einer geschäftlichen Bezeichnung gewährt ihrem Inhaber ein ausschließliches Recht.

(2)   Dritten ist es untersagt, die geschäftliche Bezeichnung oder ein ähnliches Zeichen im geschäftlichen Verkehr unbefugt in einer Weise zu benutzen, die geeignet ist, Verwechslungen mit der geschützten Bezeichnung hervorzurufen.

(3)   Handelt es sich bei der geschäftlichen Bezeichnung um eine im Inland bekannte geschäftliche Bezeichnung, so ist es Dritten ferner untersagt, die geschäftliche Bezeichnung oder ein ähnliches Zeichen im geschäftlichen Verkehr zu benutzen, wenn keine Gefahr von Verwechslungen im Sinne des Absatzes 2 besteht, soweit die Benutzung des Zeichens die Unterscheidungskraft oder die Wertschätzung der geschäftlichen Bezeichnung ohne rechtfertigenden Grund in unlauterer Weise ausnutzt oder beeinträchtigt.

(4)   Wer eine geschäftliche Bezeichnung oder ein ähnliches Zeichen entgegen Absatz 2 oder 3 benutzt, kann von dem Inhaber der geschäftlichen Bezeichnung auf Unterlassung in Anspruch genommen werden.

Die Autoren

Uwe Koch arbeitete als Korrektor und Werbetexter, bevor er Jurist wurde. Er schreibt in Fachzeitschriften zu Fragen der Werbung und der digitalen Druckvorstufe. Als Autor von Romanen und Sachbüchern übte er Funktionen im Verband deutscher Schriftsteller aus. Er unterrichtet an der Universität Hamburg und hält Seminare für Eventmanager, Konzertveranstalter und andere Entscheider am Set und hinter der Bühne. In der Hamburger Anwaltskanzlei frank und thiele, koch arbeitet er auf den Gebieten Medien- und Familienrecht.

Dirk Otto, geboren 1969 in Ludwigshafen am Rhein. Seit Dezember 2000 arbeitet er als Rechtsanwalt in Hamburg und Berlin. Davor studierte er in England (Exeter), Marburg und Hamburg. Bis Anfang 2003 war er Freier Redakteur in der Nachrichtenredaktion des NDR-Fernsehens. Er publiziert regelmäßig zu Fragen des Vertrags-, Urheber- und Designrechts und war unter anderem für die Universität der Künste, Berlin, als Dozent tätig. Als Rechtsanwalt betreut er die Bereiche Gewerblicher Rechtschutz, Urheber-, Vertrags- und Softwarerecht.

Mark Rüdlin, geboren 1962 in Ebern/Unterfranken. Studium in Berlin, Tübingen und Hamburg. Nach einer anfänglichen Tätigkeit als geschäftsführender Vorstand in einer Sozialeinrichtung ist er seit 2000 als selbstständiger Rechtsanwalt tätig. Von 2001 bis 2008 war er Geschäftsführer der Datamedical GmbH. Neben der anwaltlichen Tätigkeit im IT-Recht arbeitet er mit Schwerpunkt im Bereich Datenschutz in Krankenhäusern und sonstigen medizinischen Einrichtungen.

Die drei Autoren im Netz: *www.rechtfuerkreative.de*

Index

Von der ersten Idee bis zur
fertigen Website

Prinzipien und Grundlagen
guten Designs

Kreativ mit Webstandards,
(X)HTML und CSS

Manuela Hoffmann

Modernes Webdesign

Gestaltungsprinzipien, Webstandards, Praxis

Ein Wegweiser für modernes Webdesign, der gleichzeitig Praxis,
Anleitung und Inspiration liefert. Die Grafikerin und Webdesignerin
Manuela Hoffmann (pixelgraphix.de) führt Sie von der Idee über erste
Entwürfe bis hin zur technischen Umsetzung mit HTML und CSS. Inkl.
Vorlagen und Templates für Photoshop und WordPress.

397 S., 2. Auflage 2010, komplett in Farbe, mit DVD, 39,90 Euro
ISBN 978-3-8362-1502-2

>> www.galileodesign.de/2244

www.galileodesign.de

Von den Grundlagen zum perfekten
Seitenlayout

Navigationen, Bildergalerien,
Formulare, Mikroformate, Weblogs,
Online-Shops u. v. m.

Mit DVD: Alle Beispieldateien zu
den Workshops, über 1 Stunde
Video-Lektionen zu CSS und Testversion
Adobe Photoshop CS 5

Heiko Stiegert

Modernes Webdesign mit CSS

Schritt für Schritt zur perfekten Website

In ausführlichen Praxisworkshops zeigt Ihnen dieses Buch, wie Sie
moderne und professionelle Webdesigns standardkonform mit CSS
realisieren. An attraktiven Beispielen wird dazu sowohl die Gestaltung
einzelner Seitenelemente als auch das Layout unterschiedlicher Arten
von Websites demonstriert. Die zahlreichen Profi-Tipps und -Tricks
lassen garantiert keine Frage offen!

444 S., 2011, komplett in Farbe, mit DVD, 39,90 Euro
ISBN 978-3-8362-1666-1

>> www.galileodesign.de/2455

Galileo Design

 Video-Training

Grafiken, Navigationen und
Texte gestalten

Webdesign-Grundlagen und
CSS-Tipps vom Profi

Geeignet auch für ältere
Photoshop-Versionen

Jonas Hellwig

Webdesign mit Photoshop

Webseiten konzipieren, gestalten und umsetzen

Sie wollen anspruchsvolle, moderne Webdesigns mit Photoshop
gestalten? In diesem Training zeigt Ihnen Web-Experte Jonas
Hellwig, wie Sie Photoshop als Webdesigner effizient einsetzen.
Ein kurzweiliger Lernkurs für alle, die mit ihren Webseiten auf-
fallen wollen.

DVD, Windows und Mac, 88 Lektionen, 9 Stunden Spielzeit, 39,90 Euro
ISBN 978-3-8362-1582-4

>> www.galileodesign.de/2349

Galileo Design

Die Regeln guter Gestaltung auf den Punkt gebracht

Schriften, Farben und Bilder gekonnt kombinieren

Mit zahlreichen Anleitungen, Hintergrundinfos und Tipps

Claudia Runk

Grundkurs Grafik und Gestaltung

Mit konkreten Praxislösungen

Wer sich zum ersten Mal mit dem Thema Grafik und Gestaltung beschäftigt, hat zahlreiche Fragen. Wo soll man anfangen, wenn man vor einer leeren weißen Seite steht, die „gestaltet" werden will? Dieses verlässliche Nachschlagewerk führt Sie Schritt für Schritt in die Geheimnisse guter Gestaltung ein. Es zeigt Ihnen, welche Grundregeln es zu beachten gilt und wie sie auf die verschiedenen Bereiche wie Layout, Farbe, Bilder und Schriften angewendet werden können. Mit zahlreichen Beispielen, Vorher-nachher-Vergleichen und praktischen Checklisten!

314 S., 2010, komplett in Farbe, 24,90 Euro
ISBN 978-3-8362-1437-7

>> www.galileodesign.de/2157

Galileo Design

Perfekte Drucksachen erstellen:
Form, Farbe, Schrift und Bild

Alle Prinzipien und Layouttechniken
sicher im Griff

DTP-Grundlagen: Auflösung,
Farbmanagement, Druck-
verfahren u.v.m.

Markus Wäger

Grafik und Gestaltung

Das umfassende Handbuch

Was macht eine Drucksache perfekt? Dieses umfassende Praxisbuch
zeigt Ihnen, wie Sie mit Form, Farbe, Schrift und typografischen
Rastern und Bildern ansprechende Layouts erstellen. Es erwartet
Sie wertvolles Hintergrundwissen zur Druckvorstufe sowie zahlreiche
Tipps und Tricks aus der Praxis.

620 S., 2010, komplett in Farbe, 39,90 Euro
ISBN 978-3-8362-1206-9

>> www.galileodesign.de/1812

*» Ein Muss für jeden spezialisierten Kreativen, der über den Tellerrand
seiner Disziplin hinausblicken will.«*
DOCMA, 03/2011

Galileo Design

www.galileodesign.de

Die Regeln guter Gestaltung
praxisnah erklärt

Anleitungen und Tutorials zu
Schrift, Farbe & Layout

Inkl. Komplett-Workshop –
von der Idee bis zum Druck

Christian Binder

Grundkurs Grafik und Gestaltung

Mit konkreten Praxislösungen

Gute Gestaltung kann man lernen, am besten mit diesem Lernkurs.
Anhand von vielen Praxisbeispielen erfahren Sie, was gute Gestaltung
auszeichnet und wie Sie selber Ihre Layouts optimieren. Mit vielen
Tipps rund um Druckvorstufe und Webdesign.

DVD, Windows, Mac und Linux, 66 Lektionen, 8 Stunden Spielzeit, 39,90 Euro
ISBN 978-3-8362-1743-9, April 2012

>> www.galileodesign.de/2837

Galileo Design

Das Praxishandbuch zum Nachschlagen

Werten Sie Ihre Printprodukte durch gute Typografie auf

Mit Anwendungsbeispielen in InDesign und QuarkXPress

Claudia Runk

Grundkurs Typografie und Layout

Für Ausbildung und Praxis

Diese liebevoll gestaltete Einführung zeigt, wie es geht – von der passenden Schriftwahl über Abstände bis hin zu Grundlinienrastern und den optimalen Seitenformaten. Beispiele aus Print und Internet, umgesetzt mit InDesign und QuarkXPress, vervollständigen das Buch.

319 S., 3. Auflage 2012, 24,90 Euro
ISBN 978-3-8362-1794-1

>> www.galileodesign.de/2627

Dreamweaver richtig einsetzen und viel Arbeit sparen

Eigene statische und dynamische Webseiten erstellen

Mit HTML, CSS, JavaScript, Spry, PHP und MySQL

Tilo Rust

Adobe Dreamweaver CS5

Das umfassende Training

Die ideale Schulung für angehende Webdesigner! Lernen Sie die Grundlagen der Webgestaltung und die vielfältigen Werkzeuge von Dreamweaver kennen. Sie begleiten Ihren Trainer Tilo Rust bei der Entwicklung kompletter Projekte vom grafischen Entwurf bis hin zur Endabnahme. Lernen Sie die Anforderungen bei der Erstellung einer Webpräsenz kennen und machen Sie es von Anfang an richtig.

DVD, Windows und Mac, 121 Lektionen, 13 Stunden Spielzeit, 39,90 Euro
ISBN 978-3-8362-1571-8

>> www.galileodesign.de/2374

Galileo Design

Dreamweaver CS5 von A bis Z

Mit komplettem Beispiel-Projekt
und zahlreichen Praxistipps

Vollversionen XAMPP, PHP 5.3 &
MySQL 5.4 auf DVD

Inklusive Testversion von
Dreamweaver CS5

Richard Beer, Susann Gailus

Adobe Dreamweaver CS5

Das umfassende Handbuch

Alles, was Sie für Ihre tägliche Arbeit mit Dreamweaver CS5 wissen
müssen, finden Sie in diesem umfassenden Handbuch! Sie lernen
sämtliche Funktionen im Praxiseinsatz kennen und erfahren, wie Sie
attraktive und moderne Websites erstellen. Im ersten Teil des Buchs
werden der Aufbau statischer Websites mit Bildern, Tabellen und
Formularen sowie CSS-Layouts und Effekte mit JavaScript und Spry
behandelt. Der zweite Teil führt Sie dann in die Entwicklung dynamischer
Websites mit PHP und MySQL sowie weitere fortgeschrittene Themen ein.

731 S., 2010, mit DVD, 39,90 Euro
ISBN 978-3-8362-1567-1

>> www.galileodesign.de/2338

Für ambitionierte Einsteiger und
Fortgeschrittene

Alle Werkzeuge, Funktionen und
Techniken praxisnah erklärt

Attraktives Beispielmaterial,
liebevoll gestaltet

Über 100 Seiten Workshops zum
Mitmachen

Monika Gause

Adobe Illustrator CS5

Das umfassende Handbuch

Klar strukturiert und leicht verständlich finden Sie hier Erläuterungen
zu allen wichtigen Funktionen von Adobe Illustrator CS5. Dass die
Arbeit mit Illustrator in erster Linie aber Spaß macht, zeigt dieses
Buch durch eine Fülle liebevoll gestalteter Zeichnungen. Die Fach-
zeitschrift DOCMA sagt: »Selbst alte Vektorhasen können hier eine
Menge lernen.«

764 S., 2010, komplett in Farbe, mit DVD, 59,90 Euro
ISBN 978-3-8362-1588-6

>> www.galileodesign.de/2361

Galileo Design

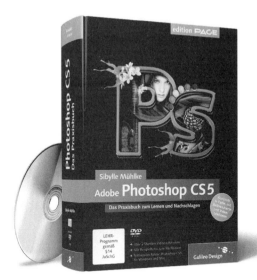

Das bewährte Standardwerk in
neuer Auflage

Photoshop von A bis Z auf über
1100 Seiten in Farbe

Mit Referenzkarte und Video-Lektionen

Großer Infoteil mit Tastenkürzeln,
Insidertipps u.v.m.

Sibylle Mühlke

Adobe Photoshop CS5

Das Praxisbuch zum Lernen und Nachschlagen

Dieses Handbuch hat sich zum Ziel gesetzt, alles nötige Wissen
rund um Photoshop CS5 für Sie aufzubereiten und leicht zugänglich
zu präsentieren. Komplett in Farbe, mit DVD, Referenzkarte, Infoteil,
Glossar und Zusatzinfos im Web – hier finden Sie immer, was Sie
brauchen!

1177 S., 2011, komplett in Farbe, mit DVD und Referenzkarte, 49,90 Euro
ISBN 978-3-8362-1586-2

>> www.galileodesign.de/2353

Galileo Design

InDesign von A bis Z: alle Werkzeuge,
Funktionen, Techniken

Professionell in der Druckvorstufe arbeiten

Mit zahlreichen Praxisworkshops und
Insider-Tipps

Ideal auch für Umsteiger von QuarkXPress

Hans Peter Schneeberger, Robert Feix

Adobe InDesign CS5

Das umfassende Handbuch

Wenn Sie InDesign CS5 in vollem Umfang und professionell nutzen
wollen, sollten Sie sich auf dieses umfassende Handbuch verlassen,
denn mit seiner Hilfe meistern Sie InDesign CS5 gekonnt. Themen
des Buchs: Einstieg in InDesign, Typofunktionen, Formate, Bilder,
Buch-Funktionen, GREP, Druckausgabe, XML, Variablen, InCopy.

977 S., 2010, komplett in Farbe, mit DVD und Referenzkarte, 59,90 Euro
ISBN 978-3-8362-1589-3

>> www.galileodesign.de/2359

Galileo Design

Das umfassende Handbuch zur digitalen Fotografie

Digitale Technik verständlich erklärt

Mit vielen Tipps für die fotografische Praxis

Auf der Buch-DVD: Beispiel-bilder, Testberichte, Software-Testversionen u.v.m.

Christian Westphalen

Die große Fotoschule

Digitale Fotopraxis

Alles zur Digitalfotografie! Vollständig und aktuell präsentiert dieses Schwergewicht unter den Fotoschulen Kamera- und Objektivtechnik, Regeln und Prinzipien der Bildgestaltung, Umgang mit Licht und Beleuchtung, Blitzfotografie, Techniken der Scharfstellung und vieles mehr. Die großen Fotogenres werden vorgestellt, und Sie erhalten Anregungen und Kniffe für Ihre tägliche Fotopraxis. Dieses Werk ist Ihr Begleiter auf Ihrem fotografischen Weg!

601 S., 2011, komplett in Farbe, mit DVD, 39,90 Euro
ISBN 978-3-8362-1311-0

>> www.galileodesign.de/1950

»Das umfassende Handbuch garantiert Wissen pur und bietet wertvolle Tipps«
prophoto-online.de, Dezember 2010

Galileo Design

Der umfassende Einstieg in die Naturfotografie

Aufnahmepraxis pur: Landschaften, Tiere und Makro

Inkl. Nachbearbeitung mit Lightroom und Photoshop Elements

Hans-Peter Schaub

Digitale Fotopraxis: Naturfotografie

Naturmotive gekonnt in Szene setzen

Lernen Sie in diesem umfassenden Handbuch alles, was Sie als ambitionierter Naturfotograf wissen möchten! Der erfahrene Naturfotograf Hans-Peter Schaub führt Sie vor die Haustür und zeigt Ihnen, dass überall um Sie herum Naturmotive zu finden sind – egal, ob Sie bevorzugt Landschaften, Tiere oder Pflanzenmakros fotografieren. Dieses Buch inspiriert Sie mit wunderschönen Bildern zu Ihren eigenen Fotografien und liefert Ihnen wichtige Praxistipps, damit Sie im richtigen Moment bei bestem Licht auslösen können!

356 S., 2010, komplett in Farbe, mit DVD, 39,90 Euro
ISBN 978-3-8362-1408-7

>> www.galileodesign.de/2116

Galileo Design

Fotografieren, Veröffentlichen, Verwerten, Rechte schützen

Urheberrecht, Recht am eigenen Bild, Panoramafreiheit u.v.m.

Inkl. Beispielfotos, Checklisten und Vertragsgestaltung

Wolfgang Rau

Recht für Fotografen

Der Ratgeber für die fotografische Praxis

Darf ich das fotografieren? Darf ich das Foto veröffentlichen? Wolfgang Rau sagt in diesem Buch klipp und klar, was geht und was nicht. Sie lernen anschaulich, anhand zahlreicher praktischer Beispiele Ihre Rechte und Grenzen beim Fotografieren kennen. Ob es um Fotos von Natur, Architektur oder Menschen geht, um Begriffe wie Urheberrecht, Panoramafreiheit oder das Recht am eigenen Bild, um die Frage, wie Sie Ihre Rechte schützen oder selbst Verträge aufsetzen – alles wird in diesem Buch kompetent und verständlich erklärt. Damit Sie sich wieder auf die Hauptsache konzentrieren können: die Fotografie!

ca. 350 S., 34,90 Euro
ISBN 978-3-8362-1795-8, Februar 2012

>> www.galileodesign.de/2904

In unserem Webshop finden Sie unser aktuelles
Programm mit ausführlichen Informationen,
umfassenden Leseproben, kostenlosen Video-Lektionen –
und dazu die Möglichkeit der Volltextsuche in allen Büchern.

www.galileodesign.de

Galileo Design

Know-how für Kreative.